“十二五”职业教育国家规划教材
经全国职业教育教材审定委员会审定

高职高专旅游类专业精品教材

饭店
服务质量管理

（第3版）

胡敏 主编 / 张雪丽 副主编

清华大学出版社
北 京

内 容 简 介

本书全面、系统地介绍了饭店管理与服务质量的关系，饭店服务质量管理的一般要求和各管理环节、服务产品的质量管理，全面质量管理的理念和管理模式，优质服务经济学，饭店服务质量管理方法、饭店服务质量改进以及服务质量管理创新等内容。本书列举了大量饭店服务质量管理案例，注重对学生服务质量及管理意识的培养，内容深入浅出、通俗易懂，是高职高专饭店管理及相关专业一本具有一定新意的教材，也可以作为星级饭店基层从业人员学习培训的基础读物。

图书在版编目 CIP 数据

饭店服务质量管理/胡敏主编.--3版.--北京：清华大学出版社，2015（2019.2重印）
（高职高专旅游类专业精品教材）
ISBN 978-7-302-36273-9

Ⅰ.①饭…　Ⅱ.①胡…　Ⅲ.①饭店—服务质量—质量管理—高等职业教育—教材
Ⅳ.①F719.2

中国版本图书馆CIP数据核字(2014)第078594号

责任编辑： 刘士平
封面设计： 傅瑞学
责任校对： 李　梅
责任印制： 杨　艳

出版发行： 清华大学出版社
网　　址： http：//www.tup.com.cn，http：//www.wqbook.com
地　　址： 北京清华大学学研大厦A座　　**邮　　编：** 100084
社 总 机： 010-62770175　　**邮　　购：** 010-62786544
投稿与读者服务： 010-62776969，c-service@tup.tsinghua.edu.cn
质量反馈： 010-62772015，zhiliang@tup.tsinghua.edu.cn
课件下载： http：//www.tup.com.cn，010-62795764
印 装 者： 北京国马印刷厂
经　　销： 全国新华书店
开　　本： 185mm×260mm　　**印　　张：** 19.25　　**字　　数：** 442千字
版　　次： 2008年6月第1版　2015年4月第3版　　**印　　次：** 2019年2月第6次印刷
定　　价： 39.00元

产品编号：059278-01

前言

FOREWORD

饭店提供的产品以服务为主，饭店管理的根本是服务管理。饭店的服务质量是饭店各方面工作的综合反映，是企业形象内涵所在，决定企业的成败，也是顾客是否认可饭店的首要因素。

服务质量是饭店的生命，是其发展永恒的主题，也是核心竞争力的基础。当前饭店业正面临着各种各样的挑战，激烈的竞争、全球化发展和不断改进的质量技术等，都在提醒着饭店经营管理者必须认真对待消费者对高品质服务日益增长的需求，提供高品质的服务也成为饭店业最普遍和最紧迫的挑战之一。但令人遗憾的是，饭店服务质量管理的理论研究滞后于饭店业对服务质量的认知和管理实践。无论遵循何种管理理念、采用何种管理模式，饭店服务质量管理必须嵌入饭店的管理体系和管理活动中。

本书从饭店业及饭店管理的基础——组织结构和管理制度的认知着手，引出饭店服务的交互性和动态性，提出饭店服务质量管理的基本要求。但饭店服务质量的管理远不止于此，复杂的饭店服务质量管理环节和饭店服务产品质量控制与管理，说明饭店的服务质量管理是一项系统的综合性工程，需要引入全面质量管理理念。里兹—卡尔顿饭店管理公司和金马饭店的实战案例，从波多里奇国家质量奖和 ISO 9000 质量标准两个角度告诉我们饭店应该如何实施全面质量管理，全面质量管理又是如何通过提高服务质量来为饭店赢得竞争和市场的。饭店优质服务的经济分析也告诉我们，不断满足或超过顾客和员工的期望所做的提高服务质量的努力是一种投资，饭店从中可以获得可观的回报。在饭店服务质量管理的过程中，饭店只有采取有效的管理方法，不断地对服务质量进行改进，才能真正提高服务质量，提供令顾客满意的服务，从而使饭店取得良好的经济效益。值得一提的是，本书的最后一章还对当前热门的创新问题进行了详细的分析，对饭店业中服务质量管理创新进行了介绍并列举了大量实例。

本书共分 10 章，每章由“学习目标”和“引例”开篇，以“典型案例”和简练的“本章小结”结束。在内容编写上，结合高职高专教学的特点，力求将理论框架设计得简单明了，将内容安排得新颖有趣，并穿插富有启发性或操作性的补充阅读材料和案例，使学生对学习充满兴趣，可以由浅入深地学习和思考饭店服务质量管理的相关知识。

本书第3版是作者与中国饭店业最具规模的30家饭店管理公司之一——浙江南苑控股集团有限公司合作开发的教材。浙江南苑控股集团是以酒店业为核心产业,以食品生产、销售与实业投资等相关产业相结合的民营企业,是"中国服务业企业500强"之一。第3版教材的编写参考借鉴了南苑集团旗下酒店的岗位要求、操作规程、质量标准和服务质量管理实例;南苑集团人力资源总监刘屏女士全程参与教材的修订,丰富了行业和岗位的特色。本书由胡敏担任主编,张雪丽担任副主编,张雪丽负责第1~5章的编写,胡敏负责第6~10章的编写。在第3版的修订过程中,张雪丽、刘屏对案例和补充阅读材料进行第一轮增删,胡敏负责全书修订,并补充新的案例和阅读材料,完成全书总纂。由于水平有限,疏漏之处在所难免,敬请读者批评指正。

编　者

2015年3月

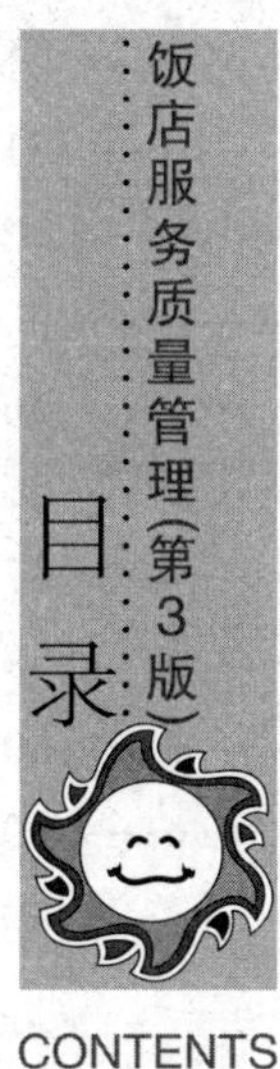

CONTENTS

第一模块 饭店服务质量管理基础知识

第一模块

饭店服务质量管理基础知识

第1章 概　述

学习目标

通过本章学习，达到以下目标。

知识目标：了解服务的定义、基本特征及服务观念的历史演进；掌握服务质量的概念、服务质量的内涵和组成要素；理解服务质量的评价标准和测量方法；掌握服务质量管理的要点。

技能目标：能够运用服务质量差距模型改进企业的服务质量和营销效果。

引　例

IBM：服务制胜

60年前，IBM的主要产品是商用打字机；30年前，IBM靠大型计算机独霸市场；18年前，IBM PC还是个人计算机的标准。现在，如果有人问，IBM最大的特色又是什么呢？大中华区信息系统服务事业部(PSS)总经理孙锡铭的答案是——服务。

在IBM的全球营业额中，有30%来自服务收入。这意味着IBM服务业的产值有260亿美元。就大中华区而言，IBM服务收入占总收入的比例在中国香港是51%，在中国台湾达42%，在中国内地只有15%。而大中华区的4000多名IBM员工，每100人中有40人隶属于IBM的服务部门。这一组数字，让人很容易搞清楚“IBM的服务”到底与别人有何不同。

在2005年的IT行业中，Compaq的个人计算机销量世界最大；Intel公司独占CPU市场；微软则垄断了PC操作系统。不过，在单独的产品领域似乎已不再抢眼的IBM，其850亿美元的年营业额仍无人能望其项背。实际上“蓝色巨人”是IT业内产品线最多、最全的“杂家”，所有的人都是IBM的对手，所有的人又都不是它的对手。这样的悖论真有些奇怪。

总裁郭士纳上任后，IBM的股票从低谷中的40美元至今上涨了10倍。郭士纳扭转乾坤用的并不是技术“魔棒”。这位曾被称为“饼干专家”的总裁，希望找到能让IBM巨轮永远前行的良策。IBM每天获得的专利超过3项，但郭士纳并不相信技术能完全主导像IBM这样巨型企业的命运。新技术刚出现时总是先在市场中闪一下光，而不久就会像

“流星”一样消失得无影无踪。特别是对百年企业来说,许多“短命”企业“成”也技术,“败”也技术。例如,摩托罗拉的“铱星计划”,技术绝对领先,而现实是“铱星公司”已面临破产;网景公司发明的浏览器很“棒”,但微软战胜网景与技术关系不大。又如“电子商务”,两年前IBM宣传时很多人都不能理解。现在,每一个厂家都推“E-Everything”,IBM早已被淹没其中。在技术创新上没有永远的领先者,甚至独领风骚几载也办不到。

郭士纳先生为IBM制订的新策略是靠“服务”抓住客户,通过主动的服务来满足客户的一切需求。据说,这比“产品导向、市场导向”更为实际。

资料来源:冯蕾.中国经营报,2005-02-25

从上述案例可知,IBM公司成功的关键是服务。当今世界,产品品种繁多让顾客无所适从,于是服务便成为在各个领域竞争中取胜的关键。

1.1 服　务

服务业的兴旺是世界性的潮流。服务业越兴旺,服务质量的竞争就越激烈,不注重改善服务质量的企业家是绝对经营不好服务业的。服务质量是服务业的生命,每个企业都在想方设法提高产品质量、改善服务质量。改善服务质量要从点滴做起,要使每一点改善都能带给顾客更大的方便与满意,这也是服务业生命的源泉。

1.1.1 服务的定义

有关服务概念的研究首先是从经济学领域开始的,最早可追溯到亚当·斯密时代(18世纪)。不过,由于服务产业包罗万象,很难界定其范围大小,迄今为止尚未有一个权威的定义能为人们所普遍接受。

1960年,美国营销学会(AMA)将服务定义为:服务为销售商品或在商品销售中所提供的活动、利益和满足。

质量管理和质量保证标准ISO 8402:1992中关于服务的定义:服务为满足顾客的需要,供方和顾客之间接触的活动以及供方内部活动所产生的结果。这种定义包括四个层次:在供方与顾客的接触中,供方或顾客可表现为人员或设备;在顾客与顾客的接触中,顾客的活动对服务的提供可能是必不可少的;有形产品的提供或使用可构成服务提供的一个部分;服务可与有形产品制造和提供相联系。

市场营销学界普遍认为在AMA(1960)定义的基础上做进一步补充完善之后的定义比较全面,基本反映了服务活动的本质。该定义认为:服务是可被区分界定的,主要为不可感知却可使欲望获得满足的活动,而这种活动并不需要与其他的产品或服务出售联系在一起。生产服务时可能会或不会利用实物,而且即使需要借助某些实物协助生产服务,这些实物的所有权将不涉及转移问题。

西方饭店认为服务就是SERVICE(本意也是服务),而每个字母都有丰富的含义。

S——Smile(微笑),其含义是服务员应该对每一位宾客提供微笑服务。

E——Excellent(出色),其含义是服务员将每一服务程序、每一微小服务工作都做得很出色。

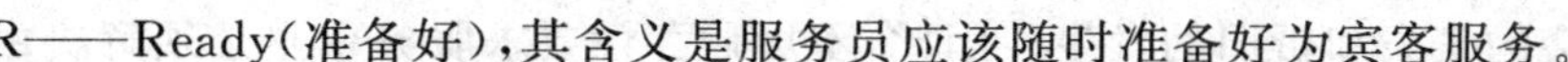

R——Ready(准备好),其含义是服务员应该随时准备好为宾客服务。

V——Viewing(看待),其含义是服务员应该将每一位宾客看做是需要提供优质服务的贵宾。

I——Inviting(邀请),其含义是服务员在每一次接待服务结束时,都应该显示出诚意和敬意,主动邀请宾客再次光临。

C——Creating(创造),其含义是每一位服务员都应该想方设法精心创造出使宾客能享受其热情服务的氛围。

E——Eye(眼光),其含义是每一位服务员都应该始终以热情友好的眼光关注宾客,适应宾客心理,预测宾客要求,及时提供有效的服务,使宾客时刻感受到服务员在关心自己。

以上各种定义都有一定的片面性,都过于强调某一方面而忽视另外一些方面。这不仅是因为服务作为一种看不见、摸不着的活动,难以为人们所感知从而无法准确地进行研究,还因为随着服务在国民经济生活中的地位越来越重要,其范围也越来越广,从而使研究人员无法从整体上予以概括。

1.1.2 服务的基本特征

为了将服务同有形商品区分开来,研究者从产品特征的角度探讨服务的本质。服务的基本特征包括无形性、不可分离性、不可贮存性、差异性和缺乏所有权。

1. 无形性

无形性是服务的最主要特征,包括两层含义。一是与有形的消费品或产业用品相比,服务的特质及组成服务的元素很多时候都是无形的,让人不能触摸或凭肉眼看不见。二是不仅其特质无形无质,甚至使用服务后的利益也很难被觉察,或要等一段时间后,享用服务的人才能感觉其“利益”的存在。医疗服务就是如此。因此,购买服务必须参考许多意见与态度等方面的信息,再次购买则依赖先前的经验。但服务的无形性并不“完全”,很多服务需要有关人员利用实物。随着企业服务水平的日益提高,很多消费品和产业用品是与附加的顾客服务一起出售的。

2. 不可分离性

服务的不可分离性是指服务的生产过程和消费过程同时进行,也就是说,服务人员提供服务给顾客时,也正是顾客消费服务的时刻。二者在时间上不可分离,这是由于服务本身不是一个具体的物品,而是一系列的活动或过程,所以在服务的过程中消费者和生产者必须直接发生联系,生产的过程也就是消费的过程。服务的这种特性表明,顾客只有并且必须加入服务过程中才能最终消费到服务,也就是说,顾客在某种程度上参与了服务的生产过程。这在餐饮业中特别明显。

3. 不可贮存性

基于服务的无形性以及服务中生产与消费的同时进行,使得服务不可能像有形的消费品和产业用品一样被贮存起来,以备未来出售,而且消费者在大多数情况下,也不能将服务携带回家安放。当然,提供服务的各种设备可能会提前准备好,但生产出来的服务如果不消费掉,就会造成损失(如饭店内的空房)。不过这种损失不像有形产品损失那样明显，仅表现为机会的丧失和折旧的发生。因此，不可贮存性要求服务企业必须解决由于缺乏库存所引起的产品供求不平衡、制订分销战略选择渠道和分销商，以及设计生产过程以便有效地弹性处理被动服务需求等问题。

4. 差异性

差异性是指服务的构成成分及其质量水平经常变化，很难统一界定。一方面，由于服务人员自身因素（如心理状态）的影响，即使由同一服务人员所提供的服务也可能会有不同的水准；另一方面，由于顾客参与服务的生产和消费过程，顾客本身的因素（如知识水平、兴趣和爱好等）也直接影响服务的质量和效果。

5. 缺乏所有权

缺乏所有权是指在服务的生产和消费过程中不涉及任何东西所有权的转移。既然服务是无形而又不可贮存的，服务在交易完成后便消失，因此消费者就没有“实质性”地拥有任何实物。

从上面五种特征分析中可以看出，无形性大体上可以被认为是服务的最基本特征，其他特征都是从这一特征中派生出来的。事实上，正是因为服务的无形性，才不可分离，而不可贮存性、差异性和缺乏所有权在很大程度上是由无形性和不可分离性两大特征决定的。

1.1.3 服务观念的历史演进

服务业是一个年轻的行业，不像农业那样历史悠久，也不像工业那样发展得突飞猛进。从经济史的角度，可以看到服务观念和服务业的历史变迁。

18世纪法国重农学派认为土地是财富的“唯一的实体形态”，因而只有农业才是生产性的，而其他非农业生产活动都被视为是“没有生产性的”。

亚当·斯密批评这种重农主义的观点，认为实物产品的生产与农业一样使生产获得实际收益，但认为服务业“不是生产且是非生产性的，因为服务一旦完成便消失遁形，同时它不能固着或呈现在可售卖的物品里面”。

另一位经济学家萨伊则驳斥亚当·斯密的观点，认为凡是存在效用、能使消费者得到满足的活动，都是生产性的，并用“服务业”一词来形容非物质性活动。马歇尔的观点则强化了萨伊的观点，认为服务和生产其实很难区分开来，但可以肯定，两者都是效用产出者。

随着时代的进步，实物产品和服务的区别愈来愈小。现在的一般观念中，一件东西和一项服务之间唯一的差别在于，一项服务不会变成一种物品的形态。

1.2 服务质量

服务质量不同于实物产品的质量，有其特殊性。一方面，由于服务的不可感知性，企业无法制订明确的质量标准来衡量服务的质量；另一方面，由于服务生产与消费过程同时进行，企业也不可能通过控制生产过程、减少操作上的失误来保证产品的质量符合既定的质量标准。但这并不是说，服务质量是一个虚无缥缈的概念。

1.2.1 服务质量的概念

1. 质量的概念

质量指产品或服务满足规定或潜在需要的特征和特性的总和。它既包括有形产品，也包括无形产品；既包括产品内在的特性，也包括产品外在的特性。也就是说，质量包括了产品的适用性和符合性的全部内涵。

2. 服务质量的定义

优质服务质量的定义主要有常见的两种。一是生产导向的定义，优质指服务符合规格，即从服务提供者角度定义服务质量，要求服务满足一定的规格和规范。二是市场导向的定义，优质指服务符合客人的需要，即从服务接受者的角度定义服务质量，认为优质服务要求符合客人的需要，适于客人使用，强调服务的使用价值和客人的满意程度，要求服务提供商根据客人的需要确定服务质量标准，提供客人满意的服务。

一般来讲，现在的服务质量要求将这两部分合二为一。

服务质量是服务的客观现实和客人的主观感觉融为一体的产物。

服务提供商为客人提供正确的服务，并做好所有服务工作，才能提高客人感觉中的服务质量。

1.2.2 服务质量的内涵

鉴于服务交易过程的顾客参与性和生产与消费的不可分离性，服务质量必须经顾客认可，并被顾客所识别。

1. 服务质量由服务的技术质量、职能质量、形象质量和真实瞬间构成

服务质量既是服务本身的特性与特征的总和，也是消费者感知的反应，因而服务质量由服务的技术质量、职能质量、形象质量和真实瞬间构成，并通过感知质量与预期质量的差距来体现。

(1) 技术质量。技术质量是指服务过程的产出，即顾客从服务过程中所得到的东西。例如，宾馆为旅客休息提供的房间和床位、饭店为顾客提供的菜肴和饮料、航空公司为旅客提供的飞机及舱位等。对于技术质量，顾客容易感知，也便于评价。

(2) 职能质量。职能质量是指服务推广过程中顾客所感受到的服务人员在履行职责时的行为、态度、穿着、仪表等带来的利益和享受。职能质量完全取决于顾客的主观感受，难以进行客观的评价。技术质量与职能质量构成了感知服务质量的基本内容。

(3) 形象质量。形象质量是指企业在社会公众心目中形成的总体印象，包括企业的整体形象和企业在所在地区的形象。企业形象通过视觉识别系统、理念识别系统和行为识别系统多层次地体现。顾客可从企业的资源、组织结构、市场运作、企业行为方式等多个侧面认识企业形象。企业形象质量是顾客感知服务质量的过滤器。如果企业拥有良好的形象质量，少许的失误会得到顾客的谅解；如果失误频繁发生，则必然会破坏企业形象。倘若企业形象不佳，则企业任何细微的失误都会给顾客造成很坏的印象。

(4) 真实瞬间。真实瞬间指的是服务过程中顾客与企业进行服务接触的过程。这个过程是一个特定的时间和地点，是企业向顾客展示自己服务质量的时机。真实瞬间是服

务质量展示的有限时机。一旦时机过去,服务交易结束,企业也就无法改变顾客对服务质量的感知。如果在这一瞬间服务质量出了问题,也无法补救。真实瞬间是服务质量构成的特殊因素,是有形产品质量所不包含的因素。服务生产和传送过程应计划周密,执行有序,防止棘手的"真实瞬间"出现。如果出现失控状况并任其发展,那么出现质量问题的危险性就会大大增加。

2. 服务质量有预期服务质量与感知服务质量之别

预期服务质量即顾客对服务企业所提供服务预期的满意度。感知服务质量则是顾客对服务企业提供的服务实际感知的水平。如果顾客对服务的感知水平符合或高于其预期水平,则顾客获得较高的满意度,从而认为企业具有较高的服务质量;反之,则会认为企业的服务质量较低。从这个角度看,服务质量是顾客的预期服务质量同其感知服务质量的比较。

预期服务质量影响顾客对整体服务质量的感知。如果预期质量过高,不切实际,则从某种客观意义上说即使所接受的服务水平很高,顾客也会认为企业的服务质量较低。预期服务质量受四个因素的影响:市场沟通、企业形象、顾客口碑和顾客需求。

市场沟通包括广告、直接邮寄、公共关系、促销活动等,直接为企业所控制。这些方面对预期服务质量的影响是显而易见的。例如,在广告活动中,一些企业过分夸大自己的产品及所提供的服务,导致顾客心存很高的预期质量,然而顾客一旦接触企业,则发现其服务质量并不像宣传的那样,这会使顾客对其感知服务质量大打折扣。

企业形象和顾客口碑只能间接地被企业控制,这些因素虽受许多外部条件的影响,但基本上还是企业绩效的函数。顾客需求则是企业的不可控因素。顾客需求的千变万化及消费习惯、消费偏好的不同,决定了这一因素对预期服务质量的巨大影响。

3. 服务质量的评判具有很强的主观性

服务质量是顾客感知的对象,因此在一定的环境和道德前提下,消费者会根据自身的需要和期望,对服务质量进行评判。消费者对服务质量的评判受自身知识、消费经历、兴趣爱好、消费环境的影响,具有很强的主观性。

4. 服务质量具有关联性和过程性

服务是一系列的活动或过程。服务质量是服务过程质量的综合,具有关联性和过程性。服务的提供需要服务企业各部门、各环节的相互配合和协调,某个部门或环节的差错都可能影响所提供服务的质量。因此,服务质量控制必须重视服务过程的控制,特别是对服务过程中的关键环节、关键服务点和关键岗位的控制。

1.2.3 服务质量的评价标准及测量方法

1. 服务质量的评价标准

美国的服务管理专家白瑞、巴拉苏罗门、西斯姆等通过对信用卡、零售银行、证券经纪、产品维修与保养四个服务行业的考察和比较研究,认为顾客在评价服务质量时主要从十个标准进行考察:可靠性、反应性、胜任能力、易于接触、友爱、易于沟通、可信性、安全性、顾客的理解程度、可感知性。上述标准与口碑、个人需求、以往经验和外部沟通等其他因素一起影响顾客对服务质量的理解和感知，从而决定着“感知服务质量”的高低。不过，在进一步研究中，上述十个标准被归纳为五个，将可靠性、反应性和可感知性保留不变，而把胜任能力、友爱、可信性和安全性概括为保证性，把易于接触、易于沟通以及对顾客的理解程度概括为移情性。

(1) 可靠性。可靠性是指饭店在服务中履行自己事先做出的各种承诺，为客人提供正确、安全、可靠的服务的概率。可靠性要求饭店严格按照服务规程操作，降低发生差错的可能性，确保客人的消费权益不受损害。因为服务差错给企业带来的不仅是直接的经济损失，而且可能意味着失去很多潜在的顾客。在服务过程中，客人最恼火的莫过于企业失信。可靠性是客人评价饭店服务质量的重要标准，凡经营业绩突出的饭店都十分重视这一点，如在世界各地出售的麦当劳的汉堡包，其大小、分量、规格、味道是完全一样的。

(2) 反应性。反应性是指企业随时准备愿意为顾客提供便捷、有效的服务。对于顾客的各种要求，企业给予及时满足，同时服务传递的效率则从另一侧面反映了企业的服务质量。研究表明，等候服务时间的长短是关系到客人感知服务质量优劣的重要因素，尤其在时间就是财富的当今社会，服务效率低下可能会让饭店失去已有的客人。因此，饭店应当在尽可能减少客人等候时间上下工夫。

(3) 可感知性。可感知性是指服务产品的“有形部分”，如各种设施设备以及服务人员的外表等。由于服务产品的本质是一种行为过程而不是某种实物，具有不可感知的特性，所以顾客只有借助这种有形的、可视的部分来把握服务的实质。服务的可感知性从两个方面影响顾客对服务质量的认知，一方面提供了有关服务质量本身的有形线索；另一方面它们又直接影响顾客对服务质量的感知。

(4) 保证性。保证性是指服务人员的友好态度与胜任能力。它能增强顾客对企业服务质量的信心和安全感。服务员态度友好，对客人关怀备至，就能够最大限度地满足客人情感上的需要；反之，则会让客人感到不快与失望。从饭店是客人的“家外之家”开始，饭店经营者一直倡导服务的情感色彩。

(5) 移情性。移情性是指企业要真诚地关心顾客，了解他们的实际需要(甚至是私人方面的特殊需要)并予以满足，使整个服务过程富有“人情味”，而不仅仅是态度友好。

2. 服务质量的测量方法

根据以上五个标准，白瑞等建立“SERVQUAL”模型来测量企业的服务质量。具体的测量主要通过问卷调查、顾客打分的方式进行。问卷包括两个相互对应的部分，一部分用来测量顾客对企业服务的期望；另一部分则测量顾客对服务质量的感受。而每一部分都包含上述五个标准。在问卷中，每一个标准都具体化为四五个问题由被访者作答。显然，对于某个问题，顾客从期望角度和从实际感受角度所给的分数往往不同，二者之间的差异就是此企业服务质量的分数，用公式表示如下。

SERVQUAL 分数＝实际感受值－期望分数

推而广之，评估整个企业服务质量水平实际上就是计算平均 SERVQUAL 分数。假定有 N 个顾客参与问卷调查，根据上述公式，单个 SERVQUAL 分数加总再除以问题的数目，就是企业平均 SERVQUAL 分数。不过，上述计算暗含着一个假定，即顾客认为这五个标准同等重要。而事实上，这五个标准在不同行业中的重要性是不同的，即使在同一行业中,如饭店业中不同星级饭店,顾客对这五个标准预期的重要性是不同的;同一间饭店,顾客对不同部门的标准预期也不同。因此,考虑到服务标准的相对重要性,评估企业服务质量就要计算加权平均SERVQUAL分数。

服务质量测定具体程序如下所述。

第一步,测定顾客的预期服务质量。

第二步,测定顾客的感知服务质量。

第三步,确定服务质量。

服务质量=感知服务质量-预期服务质量

服务质量评分量化方法的大致步骤如下。

第一步,选取服务质量的评价标准。

第二步,根据各项标准在所调查的服务行业的地位确定权数。

第三步,对每项标准设计4~5道具体问题。

第四步,制作问卷。

第五步,发放问卷,请顾客逐条评分。

第六步,对问卷进行综合统计。

第七步,采用的"SERVQUAL"消费者期望值模型分别测算出预期服务质量和感知服务质量。

第八步,根据上述公式,求得差距值,其总值越大,表明感知服务质量离预期服务质量差距越大,服务质量越好;反之,则服务质量越差。

1.3 服务质量管理

饭店服务质量管理是指饭店为提高服务质量而制定的质量目标和实现该目标所采取的各种手段。饭店产品质量在很大程度上取决于情绪易于波动的服务员的现场服务表现,因而具有很大的不稳定性。而饭店吸引回头客的关键在于拥有良好而稳定的质量。因此,饭店都非常注重服务质量管理。那么,服务质量管理的要点到底是什么呢?

1.3.1 认识服务质量的差距

美国的服务管理研究组合PZB(A. Parasuraman, Zeithaml, V. and L. Berry)对顾客感知服务质量进行了更为深入的研究。他们于1985年提出了差距模型,如图1-1所示,专门用来分析质量问题的根源。

1. 服务质量差距模型分析

所谓服务质量差距,是指顾客对服务的期望与顾客对企业所提供的服务感受之间的差距,也可理解为服务的客观现实与顾客主观感受质量的差距。"服务质量差距模型"表述了要满足顾客必须弥合的五个差距,其中心内容为顾客差距(差距5)即顾客期望与顾客感知的服务之间的差距——差距模型的核心。要弥合这一差距,就要对以下四个差距进行弥合。

(1) 差距1——不了解顾客的期望。

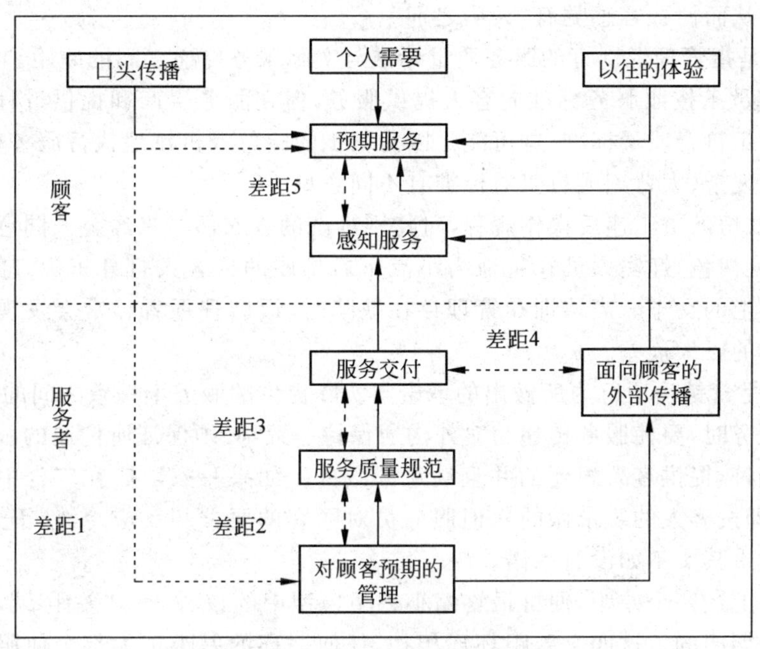

图 1-1　服务质量差距模型

(2) 差距 2——未选择正确的服务设计和标准。

(3) 差距 3——未按标准提供服务。

(4) 差距 4——服务传递与对外承诺不相匹配。

"服务质量差距模型"为人们提供了研究服务的一种结构化的综合方法，可以作为服务组织改进服务质量和营销效果的基本框架。

"差距 1"是指顾客对服务的期望与管理者对这些期望的理解之间的差别。

饭店在提供服务时，只有准确理解了客人期望什么以及什么对于客人真正重要，才能提供客人期望的服务，这是服务的第一步。但是，在服务中服务员往往不知道客人真正的目的，有时甚至误解，给客人带来不便，引起客人的投诉。除加强培训，提高服务员对顾客服务时的眼力和观察力外，还要合理设计调查表，在不同的时间段使用不同的调查表以了解顾客的真实需要。平时在与顾客交谈时多了解一点，特别是对老客户的意见和建议要予以重视。

"差距 2"是指管理者对顾客期望的理解与制定顾客导向的服务设计、服务标准之间的差别。

造成"差距 2"的原因是管理者不能将对顾客期望的理解转换成具体的服务质量标准。这可能有很多原因，或许是管理者并没有真正认识到服务质量，或许是他们认为实现高水平的顾客满意度是不可能的。当服务设计没有实现标准化的时候，"差距 2"也会出现，这样就会导致令人满意的服务的交付因人而异。为缩小这一差距，要求在了解客人需求的基础上，仔细设计服务标准。以客人为导向的服务标准不是为了满足企业的效率需要，而是为了满足客人的期望。例如，去某家高级餐馆时，你会发现有的服务员很仔细，也很会体贴人，而且还主动地与顾客交流，而有的服务员尽管服务没有出错，却让人觉得不够热情、细致,从而使顾客感觉有“天壤之别”。

“差距 3”是指管理者制订的服务质量标准与实际服务传递之间的差距。

饭店要求员工按照服务标准向客人提供服务,但在服务生产和提供过程中往往会出现员工的行为不符合质量标准,这可能是因为员工的疏忽或机械地执行服务标准,也可能是因为标准太复杂、太苛刻或员工对标准有不同意见。

例如,洗衣房的员工违反操作规程,对特别难洗的客衣污渍未经客人同意进行特别处理,导致污渍处褪色;迎宾人员礼貌地为小汽车后排座的男客人打开车门,却发现惹恼了前排副驾驶座上的女士。当培训和管理存在缺陷时,饭店管理者经常会发现自己必须面对愿望和现实的巨大反差。

“差距 4”是营销沟通行为所做出的承诺与实际提供的服务不一致之间的差异。

在提供服务时,要使服务传递与对外沟通保持一致,必须保证所传递的服务与对客人承诺的服务相符,提供客人想要的并且满意的服务。如果一家饭店在广告中声称其菜单是定制化的(即按客人的要求做的),但服务员对顾客的要求却反应冷淡,不予理睬,这种承诺产生的效果其实不如没有承诺。

努力缩小上述四个差距,便可最终缩小差距模型中的核心——“差距 5”,使顾客感到得到了他们所期望的。这四个差距环环相扣,任何一环的差距扩大都会使服务质量受到影响。

2. 服务质量差距分析的意义

国内外营销专家认为,仅靠产品几乎不可能创造任何一种可持续的竞争优势,有了高质量的产品,还要提供高质量的服务。只有这样,企业才能保持长盛不衰。产品质量是企业的生命,服务质量是企业生命的保护神。这不仅适用于生产企业,也适用于服务企业。美国市场营销协会(AAAA)顾客满意度手册所列数据显示,一个公司平均每年有10%~30%的顾客流失,因产品质量而导致顾客流失的占 14%,而因服务质量而导致的流失却占 68%。从表面上看,顾客流失主要是由于顾客对产品质量和服务质量不满意而造成的。但从深层次看,顾客流失主要是因为存在着服务质量差距。对服务质量差距进行分析与研究,不论是对于促进企业自身的生存与发展,还是对于促进整个国民经济的持续、稳步发展,都具有十分重要的意义。具体来说,有以下几方面。

(1) 有利于企业更有针对性地了解服务质量中存在的问题和不足,发现服务质量管理中的主要漏洞和薄弱环节,为改进服务工作,提高服务质量,提升服务质量管理水平提供客观依据。

(2) 有利于企业及时调整服务规范和服务质量标准,优化服务流程,改革服务机制,整合服务资源,实现企业的可持续发展。市场调查表明,客户服务水平提高 20%,营业额将提升 40%。

(3) 有利于企业掌握顾客意之所思、心之所想,以便有效提供适销对路的高附加值的服务产品,充分满足顾客的需求和期望。

(4) 有利于企业及时识别和把握市场机会,获取市场优势并将其转化为竞争优势。

(5) 有助于实施顾客满意战略。

(6) 有利于顾客获得更多、更快的优质服务,实现顾客价值的最大化。

1.3.2 运用服务质量管理的基本手段

饭店服务质量管理的基本手段有质量方针、质量标准、质量体系、服务规范、质量评定和质量认证。

(1) 质量方针是由饭店最高管理者正式颁布的饭店总的质量宗旨和质量方向。

(2) 质量标准是由有关各方协商一致，经国家标准化管理部门或旅游行政管理部门批准，按照特定的形式发布，对饭店服务质量应达到的数量和质量要求所作的统一规定。一般分为三个方面：工作标准、技术标准和管理标准。

(3) 质量体系是指为实施质量管理的组织结构、职责、程序、过程和资源。

(4) 服务规范是指为达到某一服务标准而采用的程序化、定量化、制度化为主要内容的科学方法。

(5) 质量评定是由旅游管理部门组织客人、专职质量评定人员和有关专家，按照饭店服务质量标准的要求，对饭店服务质量进行的综合评估。

(6) 质量认证是指质量认证机构根据服务质量管理标准，对符合要求的饭店进行资格认证，并颁发相应的质量认证证书的活动。

1.3.3 实行服务承诺

服务承诺也称服务保证，是一种以顾客为尊、以顾客满意为导向，在服务产品销售前许诺若干服务项目以引起顾客的好感和兴趣，招徕顾客积极购买服务产品，并在服务活动中忠实履行承诺的制度和营销行为。

1. 服务承诺的内容

服务承诺的内容包括服务质量的保证，服务时限的保证，服务附加值的保证，服务满意度的保证等。例如，顾客只要不满意，无论何种原因，都可以全额退款；误点绝不超过5分钟，否则退钱(交通企业)；存取款只需1分钟，保证不延误时间。

服务承诺制的实行有利于企业提高服务质量，满足消费者需求并令其满意，改善企业自身的形象。例如，美国的汉普顿连锁旅馆提出“服务不满意可以全额退款”的承诺，尽管1993年全部退款额高达110万美元，但汉普顿连锁旅馆的大胆保证，却为其带来了1100万美元的额外收入。可以看出，服务承诺直接影响着一个企业的成功和失败，而服务保证落到实处就会拥有顾客的信任，同时企业也会获得意想不到的收益。

2. 实行服务承诺的措施

实行服务承诺可以采取以下措施。

(1) 制订高标准。可以是无条件的满意度保证，也可以针对单项服务(如送餐时间等)提供高标准保证。无条件保证的好处是不论时间如何变化，顾客所期待的与实际得到的服务都能保持一致。

(2) 不惜付出相当的赔偿代价。不管提出什么保证，赔偿代价都要有实际的意义，才能吸引心存不满的顾客主动前来投诉，有效地挽回失望的顾客，刺激企业汲取失败的教训。不痛不痒的保证，等于没有保证。

(3) 特别情况特别处理。例如，美国波士顿一家餐厅的员工，在客人食物中毒之后,拿着免费餐券要补偿对方,结果严重得罪了客人。可想而知,餐厅如果还想跟这些火冒三丈的客人重修旧好,需要的当然是比免费餐券更有意义的东西。这时,应及时通知高层主管出面处理,一方面采取适当措施,另一方面更可以借此机会实际了解顾客所遭受的不幸。

(4) 提供简洁的保证。企业的服务保证必须言简意赅,让顾客一看便知。

(5) 简化顾客申诉的程序。提供服务要多花一些心思与代价,尽量减少申诉过程的不便,才不至于既流失顾客,又失去从申诉中学习改善的机会。

(6) 将服务满意度列入企业发展的经济指标。在现代服务营销活动中,由于人们的价值观、时间观念的改变,企业推行服务承诺更有必要,顾客对企业推行服务承诺的期待也更强烈,服务承诺成为企业提高服务质量不可分割的组成部分。

1.3.4 确立服务质量意识

现代服务业的质量意识主要包括以下四个方面。

(1) 只有好的质量与坏的质量之分,而不存在较好的质量与较差的质量之分。例如,一位宾客对饭店的住宿和饮食都很满意,可在办理离店手续时等了15分钟,客人可能因此而生气。这样的服务质量就是坏的质量。

(2) “我们在第一次做一件事的时候,就要把这件事做好。”这是印在维也纳万豪宾馆“质量手册”封面上的一句口号。要做到这一点,就要求事先培训好员工,防止错误的发生。

(3) 开展无缺陷运动,设立无缺陷日和无缺陷周,使员工养成无缺陷工作的习惯。

(4) 确立质量的成本与责任意识。坏的质量将增加不必要的成本支出,就是由立即纠正或赔款所产生的支出。不少饭店为了增加员工的质量责任意识,对服务不好的员工进行罚款。

典型案例

广州碧水湾温泉度假村服务制胜秘诀

碧水湾温泉度假村位于广州从化,2002年开业,“硬件”不算一流,但多年坚持服务制胜的经营战略。近年来,入住率保持在80%以上,客源70%以上都是回头客。在携程网广州500多家酒店点评中,“碧水湾”曾以服务4.7分排名第一。

该度假村坚持“我们令客人满意,客人才会让我们满意”的服务理念。到过“碧水湾”的宾客都有过这样的经历:当进入客房,会看到桌子上有一张用钢笔写的、内容不同的便条和一份小礼物。记者随意浏览了一张档存字条。

尊敬的贵宾:

您好。欢迎光临碧水湾。在为您整理房间时,发现您喜欢吃砂糖和香蕉,便多添了一些,请您享用。您有吸烟的习惯,特意为您添加了薄荷糖,有清新口气和润喉的作用。祝度假开心,万事如意。

服务员严路花

2011年12月13日

与字条一起，还有一个活灵活现的小卡通“马”，原来房间的客人，生肖属马。

一位客人在温泉区询问服务员，哪些温泉对风湿腿有缓解疼痛的作用。服务员立即热情地将客人带到想去的池子，并耐心细致地向客人介绍温泉疗法方面的知识。当他泡完温泉准备离开时，一位服务人员主动为他送来了医治风湿腿疼的中草药，药袋中，服务人员还用便条写好了使用的方法及治疗的功效。

这种个性化、亲情化的服务在客人心中留下了深刻的印象，为酒店、为服务员赢得了很多赞誉。

“从开业之初，碧水湾就坚持主打优质服务牌。”度假村总经理姜忠平在谈到这点时津津乐道：“我们让客人满意了，客人也会让我们满意，回报给我们良好的效益。”

据悉，2010年，“碧水湾”接待游客36万人次。2011年，尽管“碧水湾”周边又开发了很多温泉，行业竞争日趋激烈，但“碧水湾”的接待量，仍比2010年提高了10%。

资料来源：耿闻．中国旅游报·第一旅游网，2012-05-23

【分析与讨论】 广州碧水湾温泉度假村坚持主打优质服务牌，赢得了市场也赢得了尊重。具体分析“碧水湾”人的工作，讨论碧水湾温泉度假村是如何在激烈的市场竞争中取胜的，服务员是如何向客人提供个性化、亲情化服务的。

本章小结

服务质量是服务业的生命和希望。本章简要概述了服务、服务质量和服务质量管理的概念，重点分析了服务的基本特征和服务质量差距模型。服务企业要想提高自身的服务质量，就要对服务质量差距进行分析与研究，有针对性地了解服务质量中存在的问题和不足，发现服务质量管理中的主要漏洞和薄弱环节，运用服务质量管理的基本手段，实践服务承诺，引导企业员工树立正确的服务质量意识。

思考与练习

概念与知识

主要概念

质量　服务质量　服务质量差距　服务承诺

选择题

1. 西方饭店认为SERVICE(服务)，每个字母都有丰富的含义，其中R是指(　　)。
   A. Ready 准备好　　B. Right 正确的
   C. Responsibility 责任心　　D. Reasonable 合理的
2. 下列不属于服务基本特征的是(　　)。
   A. 无形性　　B. 缺乏所有权
   C. 差异性　　D. 不可储存性

E. 不可分离性　　F. 可感知性

3. 饭店准确无误地完成所承诺服务的能力，称为服务质量评价的(　　)标准。

A. 反应性　　B. 可靠性

C. 移情性　　D. 保证性

4. 服务承诺通常对除下述(　　)项不作承诺。

A. 服务满意度　　B. 服务附加值

C. 服务时限　　D. 服务质量

E. 赔款保证

简答题

1. 简述服务质量的内涵。
2. 顾客评价服务质量的标准有哪些？
3. 实行服务承诺有哪些措施？
4. 现代服务业的质量意识有哪些？
5. 对服务质量差距的分析有何意义？

分析与应用

实训题

根据白瑞的"SERVQUAL"消费者期望值模型，为某一企业或饭店设计问卷调查，测量顾客对企业服务的期望和顾客对该企业服务质量的感受，并评价该企业的服务质量。

第2章 饭店业与饭店管理

学习目标

通过本章学习，达到以下目标。

知识目标：了解饭店管理基本模式、饭店组织的构成四要素；熟悉饭店组织结构设计的原则及内容，熟悉饭店制度的四种类型；掌握饭店管理的特征、饭店制度的功能和饭店制度管理的基本要求。

技能目标：能够根据饭店组织的构成四要素和设计原则，设计一家中型饭店的组织结构图。

引　例

浙江南苑控股集团有限公司

浙江南苑控股集团是以酒店业为核心产业，以食品生产销售与实业投资等相关产业相结合的民营企业，是"中国服务业企业500强"之一。南苑集团实行"立足酒店业，多元化发展"的经营战略，经过多年的精耕细作，旗下以南苑饭店、南苑环球酒店、南苑新芝宾馆、嘉兴平湖南苑国际酒店等为豪华酒店，以宁海南苑温泉山庄、舟山南苑桃花岛会所、南苑东钱湖度假酒店、南苑五龙潭山庄等为休闲度假之所，以台州南苑商务酒店、北京宁波宾馆、南苑新城酒店等为商务酒店的酒店业，覆盖从奢华享受、休闲度假到商务旅行的各个领域，全力打造中国优秀民族酒店品牌，为客户带来无限惊喜与满意。

1. 奢华时尚之旅邂逅浪漫惊喜——豪华酒店

高瞻远瞩的经营视野，容天下之势的宽阔胸怀，极度奢华的建筑风格，荟萃多国的珍馐美食，体贴入微的个性化服务，南苑饭店、南苑环球酒店、南苑新芝宾馆、嘉兴南苑国际酒店(筹)，为顾客诠释无与伦比的奢华体验，铭记一段难忘的旅程，欣喜尽在点滴之间，荣耀无限。

2. 此时悦境胜过人间无数——度假酒店

取自地下158米处"氡热泉水"的宁海温泉山庄，坐拥"太湖气魄"与"西子风韵"完美集成的南苑东钱湖度假酒店，依山傍水、灵气超俗的南苑五龙潭山庄，汇聚无限传说的舟山南苑桃花岛会所，每一处都选自风光旖旎的生态景区，以不可多得的人间胜境，打造奢华私密的度假天堂,为顾客拂去尘中疲惫,静享非凡乐趣。

3. 辉煌商路的绝佳站点——商务酒店

南苑一贯坚持"高品质服务"的经营理念,在着力打造奢华酒店的同时,也为商旅人士创建高端品位的商务酒店。台州南苑商务酒店、北京宁波宾馆、南苑新城酒店、南苑E家,均地处城市商贸中心,服务配套与娱乐设施一应俱全,让顾客轻松上阵,以愉悦的心情开启全新商旅。

资料来源:http://www.nanyuangroup.cn(南苑集团官网)

由以上资料可知,南苑集团是一个拥有多个饭店品牌的酒店集团,每个品牌饭店形成了自身特有的经营风格。要想管理好饭店,提高饭店服务质量的前提是要先认识饭店,对旅游饭店的特征、组织结构、制度管理等有一个全面的认识。

2.1 饭店特征分析

饭店是指为公众提供住宿和其他服务的商业性的建筑设施与机构。作为企业,它具有商业性,即以营利为目的,其使用者要支付一定的费用。饭店通过生产和销售饭店产品而获取收益,是自主经营、自负盈亏的企业。但饭店是作为以客人的招徕和接待为特征的服务行业,具有与其他行业不同的特征。

2.1.1 消费特征

从消费的角度分析,饭店具有享受性和文化性。

1. 享受性

饭店满足客人的不仅仅是简单的物质需要,而且还是享受性产品,这是现代消费的必然需求,也是与一般商品和服务的主要区别。饭店是以提供劳务为主的服务性企业,其所提供的产品是有形的设施设备与无形的服务的有机结合,其中以服务为主,设施设备为辅。饭店产品中的实物部分,实际上只起着促进服务销售的作用。同时,饭店是一个具有综合功能的企业。现代饭店不仅要满足客人住宿和饮食的基本需求,还必须同时满足不同客人的多种消费需求。综合服务已成为饭店竞争的重要手段。一家饭店的功能越是完备,就越能满足客人的多样化需求。

2. 文化性

文化性,即饭店产品中体现的文化氛围和内涵。随着社会经济的发展,人们对饭店的需求由简单的生理需求逐渐发展到高层次的文化享受和心理上的满足。所以,饭店之间的竞争也由低层次的价格竞争逐步走向高层次的质量和企业文化的竞争,这就必然使饭店的业务经营呈现明显的文化特性。饭店的这种文化特性主要体现在有形的物质文化和无形的精神文化两个方面。有形的物质文化主要表现为具有文化艺术氛围的建筑造型、功能设计、装饰风格、环境烘托等和艺术画廊、音乐厅、表演展览厅等文化娱乐设施,以及具有民族文化和国外文化的菜肴等物质产品。无形的精神文化主要表现在物质文化和服务活动中的思想意识,以及经营活动中的经营文化和管理文化。所以,现代饭店的管理者必须具有较高的文化艺术修养。

2.1.2 饭店业的产业特征

在市场经济条件下，饭店是实行独立核算、自负盈亏的企业。与其他类型的企业一样，具有经营上的自立性、组织上的完整性、经济上的独立性以及对外关系上的法人地位等基本条件。但作为以客人为中心组织经营活动的特殊服务行业，具有与其他工商企业不同的产业特点。

1. 高资金、劳动密集型

饭店要满足现代消费者的需要，必须具有相对充裕的空间以及与饭店类型相匹配的功能和现代化的设施和设备，这就导致饭店的建设必须投入相当多的资金。为保持良好的状态和适应消费者的需求变化，还需要足够的设备维护保养和更新改造资金。同时，饭店是以手工劳动为基础的企业，饭店服务的特点又是人对人、面对面的，要保证饭店业务的正常运行并保持必要的品质，就必须有足够的人力资源为保证，这就使饭店业必然成为一种劳动密集型的产业。

2. 高敏感度

饭店业是高敏感度的产业，其业务活动受到多种因素的制约。饭店业是一个综合性的产业，饭店需求是一种派生需求，对外部条件具有很强的依赖性。从客观因素来讲，最基本的有四大因素：社会政治因素，即国家的政策、社会秩序、外交关系等；文化因素，即文化、舆论等因素；经济因素，即市场经济的发展程度、国民经济的发展水平和人们的消费能力等；本地区旅游资源的吸引力及季节性等因素影响。上述四个因素是变化的，这些变化将直接影响饭店的经营业务，所以饭店业务经营活动必然具有较大的波动性。这就要求饭店的管理者必须对客观环境保持高度敏感，并对环境变化做出快速反应，以减小饭店经营的风险。

3. 高竞争度

市场供求关系决定了饭店的竞争形式，而进入和退出壁垒则决定了饭店竞争的强度。饭店是较早进入市场化运作的行业，这决定了饭店业进入和退出市场的自由度，但饭店本身的建筑等特性又导致饭店的功能退出具有很高的壁垒。同时，饭店业也是最早对外开放的行业，这决定了饭店业必然存在国内市场国际化、国际竞争国内化的趋势。

4. 高文化性

饭店是创造快乐的企业。消费者到饭店消费，与其说是来住宿、吃饭、娱乐，还不如说是来寻求一种享受的经历。当饭店的使用价值在被宾客消费时，就具有两重含义：一是满足宾客旅游生活中基本的物质方面的需要；二是满足宾客精神和心理上对文化的需要。这两重含义同时表现在饭店产品上。因此，饭店管理遵循饭店产业文化性强的特点，需要努力生产这样一种产品，即不仅是一种高标准的完美的物质成果，而且更是一种弥散着浓郁韵味的文化象征。因此，饭店管理不仅在物质管理上要达到标准，而且在业务运行上要达到规范，同时在业务运行中还应注入大量文化和精神因素的蕴涵，重视文化和精神感受氛围的营造和渲染。

2.1.3 饭店类型

饭店发展到一定时期必然会出现类型众多的局面,于是就产生了对饭店进行分类的需要。对饭店进行分类的目的主要有两种。第一,便于饭店的市场定位。对饭店来说,知道本饭店的类型,就确定了饭店的市场定位,从而确定客源对象,确定经营的方向,有明确的经营目标。对宾客来讲,了解某饭店的类型,便于旅居选择。第二,便于饭店投资建设决策。饭店明确自身的类型,就明确了自身的投资量、建设规模、结构布局、档次等级、管理服务的水准要求等,便于指导饭店的建设和管理。

世界各地的饭店类型多种多样,很难用统一的标准进行描述。按照不同的标准或特点,可以对饭店有不同的分类。

1. 根据市场特点划分

饭店根据市场的特点可分为商务型饭店、长住型饭店、度假型饭店、会议型饭店、观光饭店和汽车饭店六类。

(1) 商务型饭店。商务型饭店也称暂住型饭店,多位于城市的中心地区,以接待商务客人为主。这类饭店目前在饭店业中占的比例较大。商务型饭店为适应细分市场的需求,也分为各种等级。其中,既有服务设施齐全、豪华、舒适、等级较高的商务饭店,也有设施简洁实用、服务便利的商务饭店。

(2) 长住型饭店。长住型饭店的客人通常长期或永久居住,他们是在当地短期工作或度假的客人或者家庭。长住型饭店与客人之间通常需要签订一个契约,这不同于其他类型饭店与客人间的法律关系。长住型饭店的建筑布局与公寓相似,客房多采用家庭式布局,以套房为主,配备适合客人长住的家具和电器设备,通常都有厨房设备供客人自理饮食。这类饭店一般只提供住宿、饮食等基本服务,但服务讲究家庭式气氛,亲切、周到、针对性强。这类饭店的组织、设施、管理一般较其他类型的饭店简单。

(3) 度假型饭店。度假型饭店主要以接待游乐、度假的客人为主。目前,在中国这类饭店有两种类型。一类是国际标准的度假饭店,如三亚的世贸君澜度假酒店。此类饭店多位于海滨、山区、温泉、海岛、森林等地,开辟各种娱乐体育项目(如滑雪、骑马、狩猎、垂钓、划船、潜水、冲浪、高尔夫球、网球等活动)来吸引客人。因此,这些度假区及活动的吸引力是度假型饭店能否成功的关键。另一类是周末度假饭店,即度假与会议相结合的饭店,如杭州富春山居度假村。这类饭店一般位于城郊,环境优美,交通便利,饭店内既有齐全的娱乐设施,又有完善的会议设施,周末及节假日以接待度假客人为主,平时主要以接待会议客人为主。

(4) 会议型饭店。会议型饭店的主要接待对象是各种会议团体。会议型饭店通常设在大都市和政治、经济中心及交通方便的游览胜地,要求饭店配备足够数量的、多种规格的会议厅或大的多功能厅,其中多功能厅可根据需要用作会议厅、舞厅或宴会厅,有的饭店还设展览厅。会议型饭店除应具备相应的住宿和餐饮设施以外,还须具备会议设备,如投影仪、录放像设备、扩音设备和先进的通信、视听设备,接待国际会议的饭店还需要具备同声传译系统。会议型饭店一般提供高效率的接待服务,帮助会议组织者协调和组织会议各项事务。

(5) 观光饭店。观光饭店,又可称为团队饭店,以接待旅游团队客人为主。大多位于旅游城市,客房均为标准间,装饰比较简洁,除提供一般团队餐的餐厅外,基本上没有更多的配套设施。该类饭店一般以低成本赢得优势。

(6) 汽车饭店。汽车饭店常见于欧美国家公路干线上。早期此类饭店设施简单,规模较小,有相当一部分仅有客房而无餐厅、酒吧,以接待驾车旅行者投宿为主。现在,有的汽车饭店不仅在设施方面大有改善,且日趋豪华,多数可提供现代化的综合服务。美国的假日饭店集团、华美达饭店集团、霍华德约翰逊集团等均拥有大量的汽车饭店。

2. 根据计价方式划分

(1) 欧式计价饭店。欧式计价饭店的客房价格仅包括房租,不含食品、饮料等其他费用。世界各地绝大多数饭店均属此类。

(2) 美式计价饭店。美式计价饭店的客房价格包括房租以及一日三餐的费用。目前尚有一些地处偏远的度假型饭店仍属此类。

(3) 修正美式计价饭店。修正美式计价饭店的客房价格包括房租和早餐以及一顿正餐(午餐或晚餐)的费用,以便客人有较大的自由安排白天活动。

(4) 欧陆式计价饭店。欧陆式计价饭店的房价包括房租及一份简单的欧陆式早餐(即咖啡、面包和果汁)。此类饭店一般不设餐厅。

(5) 百慕大计价饭店。百慕大计价饭店的房价包括房租及美式早餐的费用。目前,房租含早餐的计价方式已为许多中国饭店所采用。

3. 按照饭店规模划分

根据饭店所拥有的客房数量的多少以及饭店设施规模的大小,可分为大、中、小型三类。目前,300 间以下的通常被认为是小型饭店,300～600 间为中型饭店,600 间以上为大型饭店。根据中国旅游饭店的统计年鉴,饭店的规模分为五类,即 500 间以上、300～499 间、200～299 间、100～199 间、99 间以下。

4. 按照饭店等级划分

饭店等级指一家饭店的豪华程度、设施设备水平、服务范围和服务质量等方面所反映出的级别与水准。不少国家和地区根据饭店的位置、环境、设施和服务等情况,按照一定的标准和要求对饭店进行分级,并用某种标志表示出来,在饭店显著的地方公之于众。目前,分级制度在世界上已较为广泛,尤其在欧洲更为普遍,但不同的国家和地区采用的分级制度各不相同,用以表示级别的标志与名称也不一样。目前国际上采用的饭店等级制度与表示方法主要有星级制、字母表示方法和数字表示方法三种。

(1) 星级制。星级制是把饭店根据一定标准分成的等级,分别用星号(★)来表示以区别其等级的制度。比较流行的是五星级别,星越多,等级越高。这种星级制在世界上,尤其是欧洲,采用得最为广泛。我国也采用此种分级方法。

(2) 字母表示方法。一些国家将饭店的等级用英文字母表示,即 A、B、C、D、E 五级,A 为最高级,E 为最低级,有的虽是五级却用 A、B、C、D 四个字母表示,最高级用 A1 或特别豪华级表示。

(3) 数字表示方法。用数字表示饭店的等级,一般用豪华表示最高级,继豪华之后由高到低依次为 1、2、3、4,数字越大,等级越低。

等级制度的划分是一件十分严肃和重要的工作,一般由国家政府或权威机构作出评定,但不同国家评定饭店等级的机构不完全一样。国外比较多的是由国家政府部门和行业协会共同评定,也有一些地方由几个国家级行业协会联合制订统一的标准,共同评定。我国饭店等级的评定主要由旅游主管部门——国家旅游局和地方旅游局根据各自所管理和监督的范围进行评定。无论采用哪种方法评定等级,无论由谁来评定,必须按照等级划分的有关要求和标准来进行,还有一套完备的申请、调查、复查与抽查的鉴定程序。饭店等级评定机构单位有权根据规定对已定级的饭店进行降级或除名处理。

补充阅读材料2-1

我国旅游饭店星级划分及标志

用星的数量和颜色表示旅游饭店的星级。旅游饭店星级分为五个级别,即一星级、二星级、三星级、四星级、五星级(含白金五星级)。最低为一星级,最高为五星级。星级越高,表示饭店的等级越高(为方便行文,"星级旅游饭店"简称为"星级饭店"。)

星级标志由长城与五角星图案构成,用一颗五角星表示一星级,两颗五角星表示二星级,三颗五角星表示三星级,四颗五角星表示四星级,五颗五角星表示五星级,五颗白金五角星表示白金五星级。

资料来源:旅游饭店星级划分与评定(GB/T 14308—2010)

5. 按照产业组织形式划分

按产业组织形式来分,可分为单体饭店和连锁饭店(饭店联号)。饭店联号是指拥有经营或管理两个以上饭店的公司或系统,以固定、相同的集团商标在国内或国外所经营管理的饭店中推广相同的形象、风格和标准,如饭店的建筑风格、服务水平、经营管理、员工培训、市场拓展、采购业务、广告宣传等。集团化经营是饭店业发展的基本趋势之一,同时饭店联号在世界饭店中的支配、主宰作用日益明显,不仅占有大量的市场份额,而且领导世界潮流。

(1) 饭店集团的经营方式

① 直接经营。直接经营是饭店集团最原始的形式。这种形式最突出的特点是,饭店集团既是各饭店的经营者,又是拥有者。饭店集团负责筹措建造饭店的资金,建设、经营和管理饭店,饭店集团承担一切风险。当然,通过购买饭店或购买其股票以达到控制该饭店的方法,也可以达到直接经营的目的。

② 租赁经营。饭店集团的租赁经营是指饭店集团通过租赁的方式取得饭店经营权,对饭店进行经营管理。饭店集团无须筹措建造或购买饭店的资金,只需向饭店的所有者交付一定的租金即可取得经营权。饭店的租赁期与租金的数额由双方协商确定。租金一般按定额支付,也有的有一个基本租金标准,并根据饭店实际营业状况而变化。

③ 控股经营。控股经营方式是指饭店集团通过对饭店股份的控制取得对饭店的控制权,把饭店纳入集团中。集团公司对饭店有监督权、决策权,并可以按照股份分得盈利,但集团不拥有饭店的全部产权,因此,饭店集团对饭店没有完全的支配权。

④ 委托管理。委托管理也称合同管理。委托管理是指饭店集团与饭店的所有者(私

人公司或国家)签订合同,由饭店集团代饭店业主经营,即饭店集团不直接投资建造或购买饭店,而是从饭店拥有者手中接过一个现成的饭店,受饭店所有者委托,根据饭店集团的程序经营管理。饭店集团根据合同,向饭店拥有者收取管理费,而剔除所有成本后的剩余利润则属于饭店所有者。有些管理合同也需要饭店集团带进一定量的资金。饭店管理合同分短期和长期两种,较小饭店的采用的是 1～10 年短期管理合同,但大部分饭店的合同管理期限超过 25 年甚至 30 年,其期限长度正好与开发商还清债务的时间相当。管理费一般由基本报酬与奖金两部分组成。基本报酬可以是定额的,也可以根据营业额按一定比例提取,奖金则是根据盈利按比例分成。委托管理将投资风险转向饭店所有者,有利于连锁饭店集团将精力集中于饭店运营,从而加速集团扩张,这种经营方式也是饭店集团进入那些不允许外国人直接投资的国家的唯一途径。对饭店拥有者来说,它可以借助于饭店集团经营管理的优势赢得顾客,打开市场,同时也培养了人才。

⑤ 特许经营权转让。饭店的特许经营权是集团在饭店经营管理方面所拥有的一种"专利"。饭店的拥有者无须出让饭店的拥有权或经营权,而是交纳一定的费用,向饭店集团购买这种特许经营权。获得这种特许经营权的饭店有权使用其名称、标志、饭店设计图纸,采用其经营管理的程序、服务标准与广告材料等,并可以加入饭店集团的预订网络,以其名义进行推销。在饭店建造前的选址、设计、人员培训和在开业后的日常经营中,饭店集团为使用特许经营权的饭店业主提供指导与咨询,协助解决饭店经营中出现的问题。特许经营权转让的费用一般包括一次性的转让费和继续使用费。特许经营权转让的合同中还规定期限甚至区域,但一般来说使用期限可以自动延长,其区域则可以是一个国家或一个国家的一个区域。委托管理与转让特许经营权的共同点在于,它们都不涉及饭店所有权的变化,而区别在于,前者对委托管理的饭店的标准、质量等进行完全的控制,从事日常的饭店经营,后者则主要提供咨询、指导。

从总体上讲,世界上真正实行直接经营方式的饭店集团越来越少,而采取委托经营与转让特许经营权的越来越多。

(2) 饭店集团的优势

饭店集团之所以是饭店发展的一个方向,是因为它具有品牌、规模经济、人力资源、市场网络等方面的优势。

① 品牌优势。服务业的特点决定了饭店能否获得理想利润,取决于其是否拥有著名的品牌。国际饭店集团统一的商标和标识向顾客承诺了某种客人预期的服务质量,这对于饭店集团及其成员在竞争中扩大知名度和市场规模起着举足轻重的作用。特别是当旅游者在一个陌生的环境中消费时,品牌能在很大程度上树立起顾客对产品和服务的信心。

② 规模经济优势。所谓规模经济就是经济资源集聚化形成的经济。规模经济可分为三种类型。第一种是生产规模经济,就是单一产品生产规模的扩大,其效果就是长期平均费用下降或边际收益递增。第二种是经营规模经济,又称企业规模经济或公司化规模经济,是指同一企业通过发展多种经营功能而产生的经营功能的扩大,其效果是健全和完善企业组织机构,发挥企业经营的综合优势。第三种是企业集团化规模经济,即生产经营规模经济与经济联合规模的结合。国际饭店集团为了保证稳定的产品和服务水平,要求其所属饭店的设备和原材料规格化、标准化,如厨房设备、中央空调、电梯设备等,通常都

由集团总部的物资采购部门集中购买,而统一的大批量购买可使各饭店的成本大大降低,从而提高经营利润。此外,饭店集团可以通过品牌延伸、产品线延伸及多元化经营来实现范围经济,分散企业风险。

③ 人力资源优势。国际饭店集团都十分重视自身人力资源方面优势的开发和保持,一些以管理合同为主要扩张形式的饭店,更是将优秀的管理人才看作饭店利润的主要来源。国际饭店集团在人力资源方面的优势首先表现在员工的教育培训上,许多饭店集团都在自己的总部或地区中心建立了培训基地和培训系统,用于轮训各成员饭店的管理人员和培训新生力量。其次,统一的人力资源管理也是饭店集团在人才方面优势的表现。由总部统一领导的人力资源部门负责在全世界范围内招聘、考评各级员工,并为他们制订工资福利计划,建立能力和绩效档案以及职业生涯发展计划。

④ 市场网络优势。饭店集团一般都拥有比较完整的信息、宣传和预订网络,这对于饭店集团赢得市场竞争优势是极为重要的。

2.2 饭店管理特征分析

饭店的服务管理是饭店管理的基本内容之一,并且与饭店管理的其他方面紧密相关(如人力资源管理、组织制度管理等)。因此,在分析饭店需要什么样的服务之前,首先要分析饭店管理的一般概念。

2.2.1 饭店管理的特征

饭店管理实际上是指饭店的经营与管理。经营与管理既有联系,又有区别。经营是商品经济特有的范畴,是企业经济活动的反映,是以市场为对象,以商品生产和交换为手段,使饭店的内部条件与外部环境达到动态平衡的一系列有组织的经济活动。而管理则是劳动社会化的产物,适用于一切组织,是饭店管理者对拥有和能够支配的人力、物力、财力、信息、知识等各种资源所进行的一系列有组织的活动。但是,经营与管理又是密不可分的,两者既相互联系又相互独立。饭店的管理特征由饭店产品的特性决定,主要包括以下五个方面。

1. 饭店管理的超前性

饭店的需求是一种非基本需求,不同于人们日常的衣食住行等基本需求,具有较强的替代性。同时,饭店需求还是一种派生需求,即人们一般不会专门为住店而来,而是因公务或旅游而产生需求的。当地的经济和旅游发展态势决定饭店业的发展水平,因此饭店管理要有高度的预见性和先见性,正确把握当地经济的发展趋势,制订科学的经营发展战略,同时注意引导消费、创造需求,以领导消费新潮流。

2. 饭店管理的服务性

饭店商品是由固定的有形设施组成的特殊产品,不能作为物的形式而离开服务独立存在。饭店的各种商品必须通过服务人员按照饭店的服务标准、服务程序和服务方法,实现交换并满足客人的需求。饭店的建筑设施等实物,离开服务就没有存在的意义。因此,饭店服务管理的优劣直接决定着客人对饭店产品的满意程度。服务管理不仅是饭店管理中的重头戏，也是重要特色之一。

3. 饭店管理的整体性

饭店对客人的服务是多部门、多功能的服务，是一个系统的整体服务。从一位客人抵店开始到离店，管理必须具有整体效果，不应在任何一个环节、一个小的过程中出现纰漏，不能出现管理上的漏洞或死角导致顾客的不满。因此，饭店服务管理必须着眼于饭店本身的系统性、整体性，正确处理整体与部分、部分与部分之间的相互关系，严密、系统地实施管理，以取得整体管理效益。

补充阅读材料2-2

当客人被卡在电梯里

夏日的一天下午，酒店监控中心打电话至前台："1 号电梯、2 号电梯停止运行，一位女士被卡在 1 号电梯内。"大堂副理立即打电话通知前厅部经理、工程部经理及相关人员尽快解救，被困客人的现场工作在紧张有序地进行着。

工程通过监控中心，了解到客人被卡的位置在 16 楼至 17 楼之间后，立即派电梯工到顶层机房，进行手工操作，准备将电梯调到 17 楼，以便打开电梯门让客人出来。

大堂副理、前厅部经理立即分别到 16 楼和 17 楼，带上应急灯，对着电梯门安慰客人："张小姐，请您放心，我们正在处理，您不会有什么危险……"不断与客人交流，给予安慰，缓解客人的恐惧感。

酒店的医生立即背上急救箱，赶到 17 楼等候。

客房部立即在电梯边准备一间房，楼层服务员准备好热茶、毛巾，以备客人出电梯时使用。

电梯门终于打开，惊魂未定的张小姐立即冲出电梯，要求马上回自己的房间休息。

大堂副理立即陪同张小姐回到自己的房间，服务人员随即送上毛巾和热茶，医生为其测量血压，同时酒店代表将鲜花、果盘送进房间，表示慰问。

退房时，大堂副理向客人表示歉意，并赠送酒店的小礼物。张小姐认为虽然在酒店有这样一次特殊的经历，但仍十分感谢酒店。

资料来源：王大悟，刘耿大．酒店管理 180 个案例品析．北京：中国旅游出版社，2007

4. 饭店管理的时效性

饭店作为一个特殊企业，其产品是定时、定量的。因此，饭店管理必须注重时效，向每一天、每一个房间要效益。

5. 饭店管理的多变性

饭店是以人为中心的行业，而人是最多变的因素。饭店客人来源千差万别，而且千变万化，他们来饭店消费，无论是对餐饮、住宿还是娱乐，需求各异，并且需求随时都在变化之中。同时，饭店员工的需求也是多样且变化的，素质也不尽相同。同一项服务，不同的员工就会带来不同的服务质量，每位员工在不同情绪状态下，又会有不同的服务效果。因此，饭店管理必须能够适应多变的管理环境，视客人和员工的变化情况，积极实施各种管理措施,以取得最佳管理效果。

2.2.2 饭店管理的基本模式

从西方管理学发展开始,对企业管理的研究已经经历了200多年的历史,其间经历了传统管理、科学管理和现代管理三个发展阶段,并形成了形式多样的管理模式。企业管理模式可以从三个方面来划分:主要的产权制度、管理方法和管理特征。

1. 按主要的产权制度划分

饭店企业制度模式以企业产权制度为基础和核心,按照财产的组织形式和所承担的法律责任来划分,主要有三种基本模式:业主制、合伙制和公司制。

(1) 业主制模式。业主制企业是指由个人独立出资举办、完全归个人所有和控制的企业。这种企业法律上称为自然人企业,也称为个人企业或独资企业。企业由业主直接经营,独享全部利润,独立承担企业风险,同时对企业债务负有完全偿付责任。业主制一般适合于功能相对简单、规模不大的小饭店。

(2) 合伙制模式。合伙制企业是由两个或两个以上的所有者共同所有的企业。合伙人既可以以资金或其他财物出资,也可以以权利、技术、信用和劳动等形式出资。合伙企业成员共同经营、共担风险、共享利润,一旦企业亏损倒闭,所有合伙人就必须以其全部财产承担企业债务责任,并且相互之间的责任是连带的。从这些特点上看,合伙制企业与业主制企业只有数量上的不同,没有实质上的区别,都具有古典企业制度的特征。

(3) 公司制模式。公司制企业是由许多人集资创办并组成的一个法人实体,在法律上具有独立人格,有权以自己的名义提出法律诉讼。公司制企业既有中外合资公司,也有国家与民营合资公司和民营合资公司。公司制企业与业主制企业和合伙制企业主要的区别是,公司是法人,而业主制企业和合伙制企业不是。从我国饭店业的现状来看,基本形式为有限责任公司和股份有限公司。有限责任公司是指股东以其出资额为限对公司承担责任,公司以其全部资产对公司的债务承担责任的公司,由2人以上50人以下的股东组成。股份有限公司是由一定人数以上(5个以上发起人)的股东所设立,其全部资本分为等额股份,股东以其所持股份对公司承担责任,公司以其全部资产对公司债务承担责任的公司。

除了以上三种基本模式外,还有一种国有独资模式。国有独资模式是指由国家独立投资建立的企业。在饭店业,主要是一部分由政府招待所改制而成的饭店,也有一部分是由国家投资兴建的饭店。

2. 按管理方法划分

企业随着发展壮大其管理方法也应该发展的观点认为,企业管理方法是随着企业发展而不断演进的。以这种发展观为基础,按管理方法划分,饭店企业的管理模式可以分为五种:管理型管理模式、监督型管理模式、监控型管理模式、管控型管理模式和治理型管理模式。

(1) 管理型管理模式。企业初创时期,事务相对简单、管理层次和管理幅度也还没有十分宽泛,因此可以采取直接管理的方法。这里的管理是一种狭义的直接指挥、协调、检查的职能。规模不大的饭店,总裁与部门之间也可以是直接管理,这会使管理更加有效。管理型管理模式也是最原始、最直接和最简单的一种形式。

(2) 监督型管理模式。监督型管理模式是对经营管理过程中的管理者行为是否尽职尽责、自律守法以及经营管理结果和效果采用一定分析评价机制进行考核，从而达到管理效果的一种管理模式。这也发展出了平衡记分法等各种考核方法，以期客观公平地评价管理者和员工的工作绩效，达到提高管理效能的目的。

(3) 监控型管理模式。监控型管理模式是饭店母公司对子饭店管理的一种方法，但既不是参与经营管理过程，也不是只管结果，而是有点像探照灯，时刻关注着子公司的行为和结果。为了既达到对被投资企业的监控，又符合公司法及上市公司监管机构的规则，现在不少企业用一些实施信息化的手段在做经营管理活动的监控，效果也很不错。

(4) 管控型管理模式。管控型管理模式是基于饭店母公司作为饭店子公司的投资身份而衍生出来的管理方法，体现在一些关键要素上大股东实施以"控制"为特征的管控行为。比如一些集团对子饭店的战略规划、投资进退、高级人事、资金担保等重大要素实施终极审定机制。母公司本身并没有参与子饭店经营管理，但其意图通过对核心要素的控制来传递，以达到管理的目的。

(5) 治理型管理模式。这里的治理定义为一家饭店公司的法定的三会四权的法人治理结构。三会指的是股东会、董事会、监事会，四权指的是股东会、董事会、监事会、管理层的职能。这种运作机制包括具体到董事会、监事会如何配置，以及怎样让他们发挥作用、履行职责，还包括股东层面、董事会如何通过科学合理的激励与约束策略来促使管理层的利益与公司利益、股东利益实现有效的捆绑，最大限度地发挥经营管理者的积极性和创造性，使企业的即期业绩和可持续发展能力都得到提升。

在实际的饭店经营管理实践中，上述5种方法往往复合运用的，效果好坏取决于高层管理者对企业发展态势、阶段以及法律法规和政策环境的理解，如何搭配并融会贯通，是有效与否的关键。

3. 按管理特征划分

从饭店管理特征来说，可以分为制度管理模式与情感管理模式。

(1) 制度管理模式。制度管理模式是以任务为中心的管理模式，通过各种规章制度的建立和实施，控制饭店的各项业务活动，协调人与人之间的关系。其特点是：第一，在管理体系中，饭店的一切活动均以制度为准则。第二，在信息传递上，自上而下的信息采取"指令"的形式，自下而上的信息以"报告"的形式传递。第三，在组织结构上，主要采取直线制，存在着严格的等级结构，下级计划是上级计划的组成部分，各级之间垂直联系占优势，各下属部门之间水平联系只起补充作用。制度管理模式的管理层次类似金字塔，最高决策层位于塔尖，信息经过中层流向塔基。第四，对下管理主要采取专制方式，即饭店的一切活动都是以命令的方式实现的，往往缺少协商和讨论的余地。一切决策都取决于领导者，其他员工往往处于一种被指挥、被监督、被控制的地位。这种管理模式的优点是具有高度的统一性，可以节约开支，简化决策程序，在建立饭店业务活动的系统化、标准化、程序化、规范化方面有着重要的作用。其缺点是容易淡化员工的参与意识和主人翁责任感，压抑了才能、智慧和积极性的发挥，不利于信息的交流、集思广益、科学决策。下级处于被动地位，难以发挥主动性，最高决策层虽可综观全局，但难以监督执行情况，容易产生官僚主义。

(2)情感管理模式。情感管理模式实际上是以人为中心的管理模式。其特点是:第一,在管理体系中,在信息传递方面,上下纵向沟通仍很必要,但横向信息网络的沟通显得更为重要。第二,在组织结构上,等级界限已相对模糊,下级机构有相当权力,各职能部门的横向联系比较紧密,主要采取事业部制、模拟分散管理、矩阵等组织形式。这种模式打破了金字塔式的管理体制,使权力分散到不同的层次,其优点是可以发挥下级职能部门的主动性,简化最高一级的行政机构,便于提高效率。分权使管理层次简化,更便于沟通信息,加强横向接触。第三,对下管理,主要采取民主方式,企业的每一个人都有参与管理的权利与可能,都有充分发表意见的机会和发挥自己主动性和创造性的条件。它的形式可以是多种多样的,如职工代表大会制、管理委员会制度、民主监督会制度、职工参与制等。这一模式有利于强化职工的参与意识和主人翁责任感,有利于发挥员工的智慧和听取正确的意见,有利于信息的交流和调动员工的积极性与创造性。

当然,在实际的饭店管理中,纯粹制度管理或纯粹情感管理的情况是不存在的,而是以制度管理为主还是以情感管理为主的问题。一般来说,新饭店应偏重制度管理模式,而运行相对成熟的老饭店应注重情感管理。

2.3 饭店组织结构

组织结构是指组织内部的指挥系统、信息沟通网络和人际关系等各部分之间的一种组成关系。它体现了人们在工作中的相互关系,反映了组织不同层次、不同部门、不同职位的职责与权力,同时也为各部门、各环节之间的沟通与协作提供了框架,为整个饭店企业管理奠定了基础。组织结构的模式将随着组织任务的发展而更新演变,并最终影响组织效能的发挥。

2.3.1 饭店组织结构形式

饭店企业的组织结构形式,经历了由简单到复杂、由一维到多维的发展过程。

1. 直线制

直线制,顾名思义是按直线垂直领导的组织形式,这是一种最简单的组织形式,又叫层级制。这种饭店组织结构可以非常形象化地用一个金字塔表示,如图2-1所示。饭店组织的命令和信息,从饭店的最高层到最低层垂直下达和传递,各级管理人员集各种所需要的管理职能于一身,统一指挥,兼顾多种业务,饭店的全体员工按照其担任的具体工作划分为三个层次。饭店管理自上而下层层制约,实行垂直领导。

管理
执行
操作

图2-1 金字塔形组织结构

金字塔结构虽然具有结构简单、权责分明、命令统一、运转敏捷、信息沟通迅速等特点,但由于把管理职能都集中在一个人身上,要求管理者必须具备全面的知识和才能,而事实上在现代化的饭店里这是很难办到的。此外,每个部门关心的是本部门的工作,因而部门间的协作比较差。因此,只适合用于产品单一、规模较小、业务单纯的小型饭店。

2. 直线—职能制

直线—职能制又称混合制,是以直线制控制严密为基础,吸取职能制中充分发挥专业人员作用的优点综合而成的一种组织结构。目前我国单体饭店普遍采用这种组织结构形式。直线—职能制组织结构设置了两套系统:一套是按命令统一原则组织的业务指挥系统;另一套是按专业化原则组织的管理职能系统。采用这种组织形式,企业内部的组织机构和部门分为两大类。一类是直线部门,包括营业部门、后台保障部门(如饭店前厅部、餐饮部、客房部、工程部等);另一类是职能部门(如饭店的财务部、人力资源部等)。在直线部门工作的员工,称为直线人员;在职能部门工作的员工,则称为职能人员。直线—职能制的组织结构形式规定,直线部门中各种职位是按照垂直系统直线排列的,下级只接受直接上级的指令,直线人员只接受直线上级领导,各级主管负责人在自己的职权范围内有一定的决定权,对其所属下级有实行指挥和命令的权力,对自己部门的工作负全面责任。职能部门按专业化原则组织,这里的职能管理人员是指挥人员的参谋,对直线部门只能进行业务指导和监督,而不能对其进行直接指挥。职能部门拟定的计划、决策、方案、制度等,涉及各部门的,应由总经理批准发布,由各部门对该部门下达执行命令,以避免多头领导、多头指挥。所以,职能部门和直线部门的关系是指导和被指导、监督和被监督、服务和被服务的关系。

直线—职能制组织形式的优点是职能高度集中、职责清楚、秩序井然、工作效率较高、整个组织有较高的稳定性。而缺点则是直线部门和职能部门容易出现脱节,当职能部门和直线部门之间目标不一致时,容易产生矛盾,致使上层主管的协调工作量增大。同时,整个组织系统的适应性较差。直线—职能制组织结构,如图2-2所示。

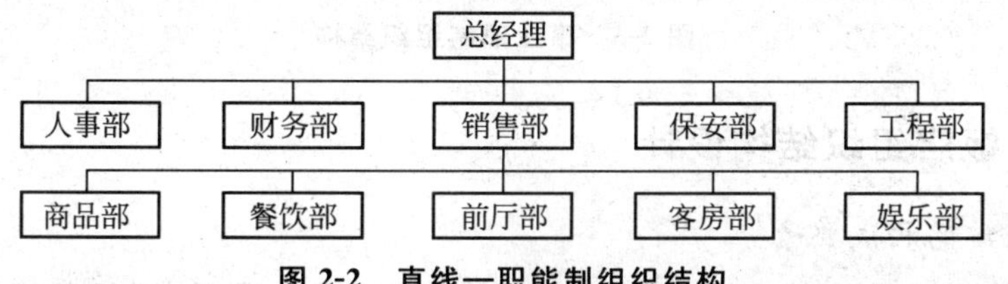

图2-2 直线—职能制组织结构

3. 事业部制

事业部制由美国通用汽车公司经理A.P.斯隆在20世纪20年代创建,是一种适用于饭店企业集团公司的分权式组织结构,实行集中决策下的分散经营。其主要特点是,在总公司与各产业之间,增设一级组织(Division),即事业部或分公司。事业部有按产品种类划分的,也有按地区划分的。这种结构的特点是集中决策,分散经营。总公司总体指导各个事业部,主要控制财务和人事等。总裁之下设若干副总裁,每人分管若干事业部。事业部经理在业务经营方面有相当大的自主权,可以在公司总方针规定的范围内独立经营、独立核算、自负盈亏。公司、事业部、分公司三级都设有职能部门。

事业部制结构的优点在于以下方面:①可使最高管理层摆脱日常行政事务,集中精力研究公司的战略方针。②可以发挥主动性,根据实际情况,灵活经营。饭店集团将多元化经营和专业化经营结合起来,向社会提供多种产品与服务,既可使饭店因多元化经营而减小市场风险,提高经营的稳定性,又可以使饭店各部门因专业化分工提高生产率,提高饭店的市场竞争力。③按产品性质划分事业部,部门对于饭店的贡献容易考核与评估,有利于倡导部门之间的合理竞争,有利于促进不同部门改善自己的工作,从而促进饭店的发展,有利于业务的专业化与协作。④有利于培训全面管理人才。每个部门的经理都需独当一面,从事自己产品的经营活动,这类似于对一个完整企业的经营管理。因此,饭店可以借此进行人才培养和选拔。

事业部制结构的缺点有以下几点:①各层次重复,需要相同的资源。②需要的管理人员多,特别是具有全面领导才能的经营人才。③事业部某些职能管理机构与集团总部的机构重叠导致管理行政费用的增加。④各事业部容易产生独立倾向,甚至相互竞争,忽视整个公司利益,影响饭店经营活动的统一指挥。

采取此种组织结构的多数为多元化经营的饭店集团。除了传统的饭店业务,集团通常还从事旅行社、旅游汽车公司等经营活动,有的还介入到房地产等其他经营领域。事业部制组织结构,如图2-3所示。

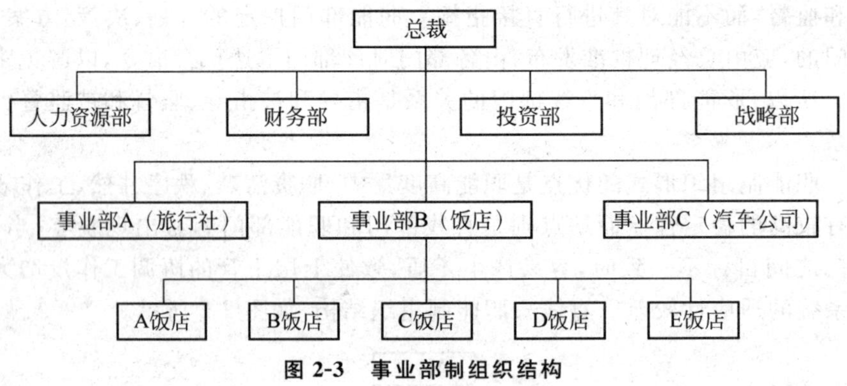

图2-3　事业部制组织结构

2.3.2　饭店组织结构设计

1. 饭店组织的构成要素

饭店组织作为一个系统,一般包含特定的目标、人员与职务、组织环境和人际环境四个基本要素。

(1) 特定的目标。任何组织都是为目标而存在的,不论这种目标是明确的还是模糊的,目标总是组织存在的前提。没有目标,也就没有组织存在的必要性。一个饭店,通常可划分为前厅部、客房部、餐饮部、营销部、工程部、保安部、财务部等部门,这些部门还可分成各个小单位。例如,餐饮部还可分为厨房和餐厅,厨房又包括炉台烹调、粗加工、细加工、面点制作等。这些部门都是为了完成组织的总目标而建立的,并为完成组织的目标而制定了部门的目标。当各个子目标得以实现时,组织总目标的实现就得到了保证。目标是一个组织的向心力,是一个组织的导航塔,是组织形成的最根本原因。

(2) 人员与职务。组织是由一群人所组成的,不同层次的人群形成了组织的有机体。人既可以是组织中的管理者,又可以是组织中的被管理者。建立良好的人际关系,是建立组织系统的基本条件和要求。明确每个人在系统中所处的位置以及相应的职务,便可形成一定的组织结构。组织中的管理者必须根据个人的特点、才干、品质等,科学地进行分工，合理安排个人的职务，使人人都各尽所能、各司其职。一个组织是否具有生命力，能否在激烈的市场竞争中得以生存与发展，关键在于组织当中的人是否到位。

(3) 组织环境。组织环境可分为外部环境和内部环境。外部环境是指组织所处的国家和地区的政治、文化、生活习俗、消费习惯等。内部环境是指组织内部的设施、设备、企业文化、人际关系等。

对于一个组织，外部环境是不可控因素，内部环境是可控因素。一个组织只有不断调整自己的内部环境去适应外部环境，才能得以生存和发展。由于不同的组织有自身特殊的环境，其管理方式就有所不同。在具体的组织管理工作中，各种组织原则的运用必须灵活多变，并根据具体内外部环境的情况变化加以改进，这样才能使组织在复杂的外部环境中得以生存。

(4) 人际环境。在一个组织中，存在上下级之间、同级之间、部门与部门之间等各种关系。一个组织能否协调一致、发挥组织的优势，很大程度上取决于组织的领导者能否带领组织成员处理好各种关系。饭店要完成经营目标，必须不断命令、指导员工协同工作、执行任务。从人际关系角度来讲，下属人员对管理者的各种指令可以接受，也可以阳奉阴违。接受也可分为依从、认同、内化三个不同的接受程度。这三种不同程度的接受，可以产生不同的工作效果。如果管理人员无法处理这些关系，将很难行使权力进行有效的管理。

由此可见，一个饭店的组织具有一定的结构基础，组织中的每一个成员要能够明确知道自己在组织中的地位和作用，明白职责和权限，才能使工作指令顺着指挥链从上一级向下一级传达。这种组织结构有利于严格控制，因为任何人都无权过问职责以外的事务；同时也有利于实行生产专业化，提高效率，减少人与人之间的摩擦；还有利于监督、检查工作，容易协调组织中各部门间的关系。

2. 饭店组织结构设计的原则

饭店的组织结构设计是以组织结构安排为核心的组织系统的整体设计工作。组织结构设计原则指的是对饭店组织建构的准则和要求。凡是符合设计原则的通常被认为是合理的，否则就需要进行组织变革。如何变革，同样要从组织设计原则中寻找方向。为了达到组织的功能要求，组织结构设计必须考虑目标明确化、等级链、分工协作、管理幅度以及精简高效原则。

(1) 目标明确化原则。任何一个组织的存在，都是由其特定的目标决定的。也就是说，每一个组织和这个组织的每一个部分都是与特定的任务、目标相关的，否则就没有存在的意义。所以，饭店的组织结构形式必须要为经营业务服务，服从饭店的经营目标，使组织机构与饭店的目标密切相连，并把各级管理人员和全体员工组成一个有机的整体，为社会提供符合需要的高质量服务产品，创造良好的社会经济效益。人是组织中的灵魂，组织的建立只是为组织目标的实现创造了一定的条件。因此，组织设计要有利于人员在工作中得到培养、提高与成长，有利于吸引人才，发挥员工的积极性和创造性。

(2) 等级链原则。等级链是组织系统中处理上下级关系的一种法规。等级链的基本含义是饭店组织中从上到下形成若干管理层次，从最高层次的管理者到最低层次的管理者之间组成一条等级链，依次发布命令、指挥业务。这种链条结构反映的组织特点如下所述。

① 强调层次管理。饭店管理组织必须根据饭店的规模、等级形成若干管理层次，提倡层层负责，原则上不能越级指挥。

② 强调责权统一。职责与职权是组织理论中的两个基本概念。职责是指职位的责任、义务。职权是指在一定职位上，为完成其责任所应具有的权力。在等级链的原则中，各管理层均有明确的职责，并拥有相应的权力。光有责而无权，则难以履行职责；而光有权而无责，也会造成滥用权力、瞎指挥，产生官僚主义。

③ 强调命令统一。命令统一就是要求各级管理组织机构必须绝对服从上级管理机构的命令和指挥，每个管理层次的指令均应与上一级组织的指令保持一致，而每一个员工原则上也只有一个上级，只听命于直属上司的领导。谁下指令谁负责任。当然，下级在执行上级的指令时，不是简单地复述上级的指令，而应在不违背上级指令的情况下，结合本身的实际情况有所发挥、有所创造。

(3) 分工协作原则。分工就是按照提高管理专业程度和工作效率的要求，把单位的任务、目标分成各级、各部门、个人的任务和目标，以避免名义上共同负责，实则职责不清、无人负责的混乱现象。协作就是在分工的基础上，明确部门之间和部门内的协调关系和配合方法。坚持分工协作的原则，关键是要尽可能地按照专业化的要求来设置组织结构，在工作中严格分工，分清各自的职责，在此基础上，要把相关的协作关系通过制度加以规定，使部门内外的协调关系走上规范化、标准化、程序化的轨道。

(4) 管理幅度原则。所谓管理幅度，是指一名上级领导者所能直接、有效地领导的下级人数。因为每一个人的能力和精力有限，所以一个上级领导能够直接、有效地指挥下级的人数是有一定限度的。根据"法约尔跳板"原理，随着饭店规模的扩大，管理层次也就相应增多，形成一个金字塔形状。当然，一名饭店管理者具体能领导多少员工还取决于上下级工作能力、工作复杂性、工作标准化与程序化程度、信息沟通方式，以及管理者自身的经历、能力、工作经验和外部环境的变化等多种因素。

(5) 精简高效原则。所谓精简高效的原则，就是在保证完成目标，达到高质量的前提下，设置最少的机构，用最少的人完成组织管理的工作，真正做到人人有事干，事事有人干，保质又保量，负荷都饱满。为此，饭店管理组织机构中的每个部门、每个环节以至每个人都为了统一的目标，组合成最适宜的结构形式，实行最有效的内部协调，使事情办得快而准确，极少重复和扯皮现象，而且具有较强的应变能力。

3. 饭店组织结构设计的内容

组织结构设计是饭店企业组织工作的要点所在，通过饭店组织结构的设计确定和维护饭店组织内部的相互关系，形成一定的饭店组织模式，并且还要建立饭店内部管理体制，以利于企业组织的内部协调。

(1) 选择饭店组织管理总体模式。饭店组织管理总体模式的选择既要根据饭店的性质、规模、环境等客观条件，又要充分认识饭店企业的战略、目标和任务等要求。与此相联系的是内部的组织管理形式，目前主要有三种方式。一是总经理领导下的驻店经理制。这一形式的特点是总经理对饭店全面负责，并主管主要职能部门，而日常的业务运行则由驻店经理负责，即相当于运行总经理。驻店总经理下面一般设总监，总监下设若干部门。二是总经理领导下的副总经理分工负责制。这一形式的特点是总经理全面负责并主管自认为重要的部门，如人力资源、财务等，副总经理则按业务专长、管理能力等分管相应的部门。分管部门对分管副总负责，副总对总经理负责。三是总经理负责制。这种形式的特点是所有部门都对总经理负责，副总经理不分管部门，而只作为总经理的参谋和助手，帮助总经理做好协调控制和专项工作。

(2) 饭店组织机构的设置。任何一个饭店组织系统，不仅要与外部保持必要的联系(即输出与输入)，而且在组织系统内部也要形成一个封闭的回路。只有形成封闭的回路，方能形成相互制约、相互作用的力量，从而保证各部门正常运转，达到有效管理的目的。为此，饭店组织必须具有决策机构、执行机构、监督机构和反馈机构四类基本的职能机构。首先，饭店必须有决策机构，对饭店经营管理的目标、方向、业务、策略等做出抉择。决策机构的设计，关键在于科学性和民主性。当饭店组织的决策机构做出决策后，必须由执行机构来执行这些决策，没有准确有效的执行，饭店就不可能有正常的运行以及较高的效率和效益。执行机构的设计关键是要建立以总经理为首的业务指挥系统，强调自上而下逐级负责和一对一的原则。为了保证有效执行，还必须设立监督机构和反馈机构。没有监督，执行机构就失去了制约；没有反馈机构，领导者就无法知道饭店组织的运转情况与决策指令的偏差，会使整个管理活动陷入情况不明的盲目状态之中。

(3) 岗位设计。岗位是组织的细胞，是责任、权力、素质、利益的有机结合体。岗位设计就是将实现企业目标必须进行的活动划分成最小的有机相连的部分，以形成相应的工作岗位。活动划分的基本要点是工作的专门化，即按工作性质的不同进行划分；通过工作的专门化，让每一个组织成员或若干成员能执行有限的一组工作。由于每个人的能力都是有限的，不可能完成大量的各种不同性质的工作，因此只有通过工作的专门化才能挑选出具有不同才能的人去从事相应的不同性质的工作。设计工作岗位时要注意以下几个方面的问题。

① 合理分工是岗位科学设置的基础。无论是饭店的培训还是管理都应以合理的分工为基础提高自身的工作效率。分工过细会使工作变得重复而琐碎，使得员工感觉工作兴味索然，进而影响工作情绪与兴趣。岗位设计应考虑到员工对工作的满足感。许多研究表明，工作内容的扩大化和丰富化能够提高员工的工作兴趣，提高其工作积极性。

② 岗位设计必须以责任为中心。这是该岗位存在的理由，也是该岗位在饭店业务活动及管理中的地位与价值。根据责任赋予相应的权力，冠以特定的名称，再确定必要的素质要求，即任职资格，然后设计相对等的待遇。

③ 岗位设计要以饭店员工的素质为基础，兼顾人力资源市场供求状况。如果仅仅从理想化的角度来设计而无人能够胜任这项工作，对饭店经营与管理无任何好处。

④ 岗位设计要注意新技术的影响。技术创新可以产生新的工作岗位或改变原有工作岗位的要求。例如，饭店使用计算机，产生了维护计算机硬件和软件运转的新岗位，而总服务台订房员的工作内容也发生了很大变化；计算机的使用提高了工作效率，减少了人力需求的数量。

(4) 管理层次和管理幅度的确定。饭店管理层次的多少与某一特定的管理人员可直接管辖的下属人员数(即管理幅度的大小)有直接关系。在某部门中操作人员数量一定的情况下，一个管理人员能直接管理的下属人数越多，该部门内的组织层次也就越少，所需要的行政管理人员也越少;反之,一个管理人员能直接管辖的员工人数越少,所需的管理人员就越多,相应的组织层次也就越多。管理幅度的大小,主要取决于以下几个方面的因素。

① 管理者的能力。管理者的综合能力、理解能力、表达能力强,可以迅速地把握问题的关键,就下属的请示提出恰当的指导与建议,并使下属明确理解,从而缩短与每一位下属接触所需的时间,管理幅度就可以大一些;反之,则小。

② 下属的成熟程度。下级具有符合要求的能力,训练有素,则无须管理者事事指点,从而减少向上司请示的频率,管理者的管理幅度就可加大;反之,则小。

③ 工作的标准化程度。若下属的工作基本类同,指导就方便;若下属的工作性质差异很大,就需要个别指导,管理幅度就小。

④ 工作条件。例如,助手的配备情况、信息手段的配备情况等都会影响到管理者从事管理工作所需的时间。若配有助手、信息手段先进、工作地点近,则管理幅度可以大些。

⑤ 工作环境。组织环境稳定与否会影响组织活动内容和政策的调整频率与幅度大小。环境变化越快,变化程度越大,组织中遇到的新问题就越多,下属向上级的请示就越有必要、越经常。因此,环境越不稳定,管理人员的管理幅度越小。

在管理幅度确定的情况下,可以根据操作人员数量的多少和各管理者管理幅度的大小,计算出所需的管理人员数和相应的组织层次。

(5) 建立信息沟通网络。信息沟通是企业组织形成及保持的重要条件。饭店组织内的信息沟通有多种形式,其中正式沟通主要包括由上而下的沟通、自下而上的沟通、横向沟通、斜向沟通四种形式。这四种沟通形式可组合成组织信息传递的多种模式,即被称为组织信息沟通网络,表明在一个组织中,组织信息是怎样传递或交流的。采用哪一种信息沟通网络,主要取决于沟通目标的定位。无论哪一种模式,都不可能在任何情况下都是最好的。

(6) 建立组织管理制度。饭店组织是一个复杂的系统。为了保证这个系统的正常运转,发挥出组织的最大效能,必须有一套严格的规章制度。组织管理制度主要包括各级组织及相关管理者的职责。

2.4 饭店制度管理

没有规矩,不成方圆。饭店管理以制度为基础。要保证饭店的正常运行,并实现预期的目标,就必须实施制度化管理。

2.4.1 饭店制度的类型

饭店制度是企业组织管理过程中借以引导、约束、激励全体组织成员行为,确定办事方法,规定工作程序的各种章程、条例、守则、规程、程序、标准、办法的总称。依照制度规范涉及层次和约束内容的不同,可将其分为以下四大类。

1. 基本制度

基本制度主要包括企业的法律和财产所有形式、企业章程、董事会组织、高层管理组织规范等方面的制度和规范。规定企业所有者、经营管理人员、企业组织成员各自的权利、义务和相互关系，确定了财产的所有关系和分配方式，制约着企业活动的范围和性质，是涉及企业所有层次、决定企业组织的根本制度。

2. 管理制度

管理制度是为企业管理各基本方面规定活动框架、调节集体协作行为的制度，是用来引导、约束、激励集体性行为的成体系的活动和行为的规范，如人事管理制度、安全管理制度、财务管理制度等。组织管理体系中，有相当一部分是管理制度，是将单独分散的个人行为整合为有目的的集体化行为的必要环节，是饭店管理的基本手段。

3. 业务技术规范

业务技术规范是涉及某些技术标准、技术规程的规定，如服务规程、操作规程等，是针对饭店业务活动过程中那些大量存在、反复出现，又能摸索出科学处理办法的事务所制定的作业处理规定。业务技术规范大多有技术背景，以经验为基础，是概括和提高了的工作程序和处理办法，其所规定的对象均具有可重复性特点，程序性很强，是人们用来处理常规化、重复性问题的有力手段。

4. 个人行为规范

饭店企业中，个人行为规范是指专门针对个人行为制定的规矩，如礼貌服务守则、员工行为规范等。个人行为规范是所有对个人行为起制约作用的制度规范的统称，是企业组织中层次最低、约束范围最宽，但也是最具基础性的制度规范。个人行为规范是组织中对行为和活动约束的第一个层次，其效果好坏、程度如何，往往是更高层次约束能否有效实现的先决条件。

可见，制度规范包括的范围很广，从个人行为到企业形态、基本制度，从技术要求到业务规程、管理过程，涉及企业组织的所有层次和方面。所有这些制度规范结合起来，实质上构成了饭店管理过程中一套完整的激励和约束系统。

补充阅读材料2-3

某酒店员工奖罚制度细则

一、处罚和奖励种类

(一) 处罚种类

1. 行政处罚：告诫、警告、辞退。

2. 经济处罚：各类行政处罚附带相应的经济处罚。

(1) 告诫：罚款 5～50 元；

(2) 警告：罚款 100～200 元；

(3) 辞退：只发放按出勤日计算的基本工资。

(二) 奖励种类

1. 行政奖励：通报表扬、嘉奖、晋级。

2. 经济奖励：各类行政奖励附带相应的经济奖励。

(1) 通报表扬：奖金 50～100 元；

(2) 嘉奖:奖金150～300元;

(3) 晋级:原有岗位工资晋升一级(并不代表职位变动)。

二、实施细则

(一) 处罚细则

1. 告诫过失

(1) 由于工作失误或不慎,引起客人不快的;

(2) 工作推诿、懈怠,工作被动导致服务工作受影响;

(3) 在服务中漫不经心;

(4) 没有正当理由,未能很好地完成本职工作的;

(5) 工作时饮酒或睡觉;

(6) 为个人目的下班后在酒店逗留,影响他人正常工作的;

(7) 未经许可,擅自在宿舍留宿外来人员的;

(8) 个人的仪容仪表没有达到酒店要求;

(9) 不遵守员工宿舍规定;

(10) 不遵守酒店着装规定;

(11) 上下班不按时打卡或签到;

(12) 无故迟到或早退20分钟以内的;

(13) 工作时在工作地点以外地区游逛;

(14) 违反酒店礼貌规定;

(15) 擅自在公共场所制造噪声或有其他干扰他人的行为;

(16) 违反员工餐厅规定;

(17) 随地吐痰,乱扔废弃物及其他不卫生习惯;

(18) 不维护工作区域,员工宿舍,更衣室等地点的卫生;

(19) 未经许可进入非公共区域(如厨房等);

(20) 报告工作时不诚实;

(21) 随意使用酒店客人设施;

(22) 工作时间干私活;

(23) 管理干部所管辖的直接下属1个月内合计3次以上告诫过失的;

(24) 管理干部发现员工过失不予纠正或隐瞒不报的;

(25) 管理干部的直接下属有重大违纪现象的。

2. 警告过失

(1) 由于违规操作或不慎造成财产轻度损失或客人投诉;

(2) 未经许可随意使用酒店计算机,国际/国内直拨电话或其他设备造成公司损失的;

(3) 未经公司或客人许可进入宾客房间;

(4) 未经许可,擅自在客房内过夜的(需同时缴纳等额的房款);

(5) 未经许可在酒店兜售物品;

(6) 因粗心大意丢失酒店房卡;
(7) 未遵守酒店经营程序,导致酒店,客人或员工损失;
(8) 浪费酒店财物,如餐具、食品、纸张等;
(9) 制造或传播有损酒店、客人或员工形象的闲言碎语;
(10) 未经许可更改工作班次;
(11) 未通知有关人员而无故缺勤一天,未对工作造成较大影响的;
(12) 违反/拒绝接受酒店/主管的决定、指示、政策或工作程序;
(13) 不参加酒店或政府有关部门规定的定期体检;
(14) 违反酒店/国家防火规定、安全政策等,未造成严重后果的;
(15) 为其他员工打卡;
(16) 拿取/食用酒店或客人的食品或饮料,尚不构成盗窃的。

3. 辞退过失

(1) 同客人吵架或当客人的面争吵;
(2) 对客人粗鲁或顶撞客人;
(3) 向客人索要或暗示希望得到小费;
(4) 为个人目的向客人多收或少收或更改账单/收据;
(5) 欺骗或骚扰客人;
(6) 未经许可复制酒店钥匙;
(7) 未经酒店许可受雇于其他公司或从事其他工作;
(8) 在未通知的情况下,无故缺勤连续两天或本月累计两日;
(9) 故意不向酒店报告自己的传染性疾病;
(10) 拾遗不交,据为己有,如现金等;
(11) 同酒店客人进行个人交易,从而与饭店利益发生冲突;
(12) 组织或参与不道德活动;
(13) 在酒店质量监测活动中有弄虚作假等欺诈行为或知情不报、管理不善;
(14) 偷窃行为;
(15) 骚扰、欺辱、危害酒店客人或员工;
(16) 斗殴或怂恿打架斗殴;
(17) 从事任何违法活动,如赌博等;
(18) 违反国家其他法令;
(19) 由于失职,造成酒店较大损失或宾客投诉的。

备注:

1. 在告诫处分有效期内,重犯类似错误将给予警告处分;
2. 在警告处分有效期内,再犯任何错误将同时给予留店察看处分,岗位工资下调一级;
3. 留店察看期间,有违纪现象的公司将对其进行辞退处理;
4. 处分的有效期:告诫1个月,警告3个月,留店察看6个月。

(二)奖励细则

1. 通报表扬

(1)由于优质服务而得到宾客表扬的;

(2)一贯工作表现好,得到领导认可的;

(3)拾金不昧;

(4)连续三个月没有违纪现象的;

(5)积极参加文化和业务培训,业务和文化考核达标并名列前三名的;

(6)服务技能优越,能够带领其他员工共同进步的;

(7)为维护社会公德和酒店秩序见义勇为的。

2. 嘉奖

(1)对酒店经营管理提出合理化建议,并证明行之有效的;

(2)因能及时发现苗头或采取相关措施,防止或避免了可能发生的事故或损害酒店的事件的;

(3)见义勇为且为酒店挽回较大经济损失的;

(4)在外派工作、有关竞赛或评比中为酒店争得显著荣誉的;

(5)3个月内连续两次以上受到通报表扬的;

(6)其他表现优异或贡献突出的。

3. 晋级

(1)发现事故苗头或采取相应措施避免重大安全事故,为酒店挽回重大损失的;

(2)1年内连续3次以上受到嘉奖的;

(3)服务技能优越、管理水平突出得到到宾客多次表扬或事迹突出的;

(4)本年度得到公司嘉奖的。

2.4.2 饭店制度的功能

1. 饭店正常运行的保证功能

饭店制度所确定的工作职责、权力范围、每项工作或服务的程序、质量标准和应该承担的责任等,实际上是为每个员工确定了工作的准则,对其行为具有引导与控制作用。同时,饭店的每一项制度都是饭店对员工进行管理的法律依据。饭店招聘、解雇员工,对员工工作质量的评估等,都必须以饭店的规章制度为准绳。饭店正是通过以制度为依据的有序管理,建立饭店运行的正常秩序,保证了业务经营活动的正常进行。

2. 饭店优质服务的控制功能

饭店要在市场竞争中得以生存和发展,服务质量是关键。饭店服务具有综合性、全过程性、直接性,以及生产与消费同一性的特点,不仅需要满足消费者物质方面的需求,而且要满足消费者精神方面的需求;需要饭店人员自始至终以同等优质的服务面对消费者,任何环节的失误都意味着整个产品的失败;是一种面对面的服务过程,服务状况与服务质量是与服务者和被服务者的心理需求反映的适应性相联系的。饭店产品的这些特点决定了饭店服务的劳动密集度,使管理层难以提供一种真实具体的考核与监督服务质量标准。

而信息的非对称性与活劳动的服务更使监督成为难题。因此，饭店这种非实体性产品给服务员提供了机会主义和“搭便车”的空间，这也增加了饭店管理层对服务质量真实考核的难度。因此，饭店的制度管理就显得尤为必要。只有通过制度，控制服务人员的服务质量等级，才能有效地控制饭店的服务质量。

3. 饭店企业活力的激励功能

饭店制度不仅为员工提供了工作的准则，指明了前进的方向，而且给员工带来了一定的压力和动力，如饭店的等级制度、流动制度、竞赛制度、奖罚制度等，这必然会激励员工奋发向上，不断进取，从而使企业产生一种活力。

2.4.3 饭店制度管理的基本要求

制度管理就是以制定制度与执行来协调企业组织集体协作行为的管理方式。饭店制度管理的基本要求主要表现在科学性、严肃性和艺术性三个方面。

1. 科学性

制度的科学性，即饭店的制度必须符合饭店管理的客观规律。

(1) 制度的目的性。饭店制度必须根据饭店经营管理的需要和全体员工的共同利益来制定，服从饭店经营管理的目标。对员工而言，制度不仅要起到规范员工行为的作用，而且还必须起到引导与激励的作用。制度的出发点应本着“鼓励发扬优点、抑制消除缺点”的思想，从而使制度起到“扬善”的目的，促进员工人性中优点的发挥。只有员工积极参与工作，饭店各项工作才能顺利开展。因此，饭店在制定制度的过程中，既要充分考虑饭店目标，又要充分考虑员工的利益。如果仅从饭店目标考虑而不顾及员工利益，那么就会影响到制度的执行。

补充阅读材料2-4

客房部员工集体怠工事件

某饭店在开业第二年，由于市场原因，客房出租率徘徊在30%左右。为了节省开支，进行裁员，只留下50%的客房服务员。半年后，市场情况好转，在不得不招收大量新人上岗的情况下，还是存在员工短缺的问题。为保证服务质量，客房部临时决定所有员工停休两周。但是两周后，客房出租率仍然居高不下，客房服务员由日常管理12间客房，上升到管理14间客房。由于工作量加大，服务人员为了完成任务，准时下班，加快了工作速度，将按程序应该30分钟完成一间客房的工作缩短到20分钟。在速度加快、清扫不到位、管理人员又不够的情况下，服务质量问题增多，引起客人投诉。饭店管理当局非常重视客人的投诉，对客房部施加了很多压力，提出如果再有这么多客人投诉，将更换客房部经理。客房部经理要求领班严格管理，不准出现任何质量问题。领班为了保证服务质量，增加了查房频率，一旦检查出不合格的房间，就要求员工返工。有的员工承受不了这么大的工作压力，以请病假来逃避。一个员工请病假，他的工作只好加到其他员工身上，有时一名员工一天不得不整理18间客房，并且每天加班到晚上七八点钟。这种状况持续了一段时间，突然有一天，客房部管理人员上班时，发现所有楼层的服务员都不见了,他们意识到事态的严重性,一起在饭店内外到处寻找,终于在饭店不远的操场上发现了这些服务人员。经过劝说与许诺,这些服务人员才重新回到工作岗位。这个事件,应该说主要责任在管理者身上,管理人员缺乏对员工利益的考虑和对动态的把握。

资料来源:李任芷.旅游饭店经营管理服务案例.北京:中华工商联合出版社,2000

(2) 制度的可行性。制度的可行性是指制度必须符合客观实际。饭店的规范不应千篇一律,而必须考虑到绝大多数员工的思想觉悟水平、心理承受能力以及饭店实施的客观条件,要符合人们的行为规律。

补充阅读材料2-5

执行行为规范陷入尴尬局面

一天,一位饭店管理专家入住某饭店,饭店按VIP规格接待。临走时,专家对该饭店的盛情款待表示感谢,并提了几条意见作为回报。其中提到,从管理人员到普通员工,行为举止比较随意,如手插口袋、手抱胸前、工作场所拨弄头发、两三人并行等。饭店总经理听后觉得很有道理。当天就布置人力资源部拟定员工的行为规范,并要求在两天内完成。第二天人力资源部把行为规范初稿交总经理,总经理阅后感到满意,认为条文比较具体,足以纠正员工的不良行为举止,故于当天上午下发至各部门经理,并于下午召开了部门经理会议,听取各部门意见。大家认为此举很有必要。于是总经理决定马上实施,要求第二天贯彻到每个员工,第三天开始正式执行。为了加强执行的力度,要求人力资源部在实施当天加强检查,并规定凡违反行为规范者扣发当月奖金。但遗憾的是,执行的第一天就有41%的员工不同程度地违反了规范。对是否执行扣发当月奖金的规定,饭店管理层出现了分歧。之所以出现如此被动局面,关键是该制度决策违反了人的行为规律。"冰冻三尺,非一日之寒",人的习惯并非一朝一夕形成的,而习惯的改变也不是说改就能改的。

资料来源:邹益民,周亚庆.饭店管理——理论、方法与案例.北京:高等教育出版社,2004

(3) 制度的严谨性。制度是企业的法,体现了循序渐进、尊重人的规律,因此制度必须是严谨的。在制定制度时,必须有科学严谨的态度,定什么制度,定到什么程度,均应认真研究,仔细推敲,切忌随心所欲。同时,要注意制度条文要明确、具体、易于操作。

2. 严肃性

制度就是"高压线"。制度的严肃性,即维护制度的权威性、公平性和规范性。

(1) 制度的权威性。制度的权威性即执行制度要严格、重力度。制度作为企业的法规具有强制性,不一定要获得所有人的理解之后再执行。因此,一旦制度已制定成型,就应严格执行,以维护其权威。

(2) 制度的公平性。制度是全体员工共同遵守的准则,是员工行为的依据,具有无差别性的特点。制度管理必须以事实为依据,以制度为准绳,有制度必依,违反制度必究,在任何情况下,饭店管理者都不能在制度管理上亲疏有别,否则便会损害员工的工作积极性,并危及制度的严肃性,使制度管理的环境发生异化,让制度管理难以实行。"平等"的另一层意思是赏罚分明,功就是功,过就是过,做到赏罚有理有据,合情合理。

补充阅读材料2-6

陈女士的经历

陈女士是B城喜来登饭店出色的餐饮部经理，喜来登向她提供了领导技能、培训员工的技能、沟通与展示、激励下属员工、餐饮管理等方面的培训。经过几年的实践，她深知“没有不好的员工，只有不合格的管理者”这个道理。她尊重员工，认为只有为员工提供学习与提高的机会才能调动员工的积极性。同时，自己以身作则，关注、理解顾客的需求。后来，陈女士被派往另一城市的G饭店协助饭店进行餐饮部的管理。

上任的第一天，当她在人事部门经理陪同下走进能容纳400人进餐的中餐厅时，惊讶地发现，近20个服务员(包括一名领班)，在刚刚结束早餐服务的餐厅里尽情享用本该是客人享用的食品，而餐厅用餐后的杯盘狼藉尽收眼底。陈女士没有说什么，在当天的餐厅例会上发表20分钟的就职演说时也没有提及早餐的事。在三天后的员工第一次培训时，陈女士强调了饭店的纪律，但还是没有对三天前的事提出批评。她认为，员工都是有觉悟的，惩罚只会伤害他们的自尊心，想用管理原饭店的方法来处理问题。但随着时间的推移，员工不断发生违纪问题和服务不规范怠慢客人的问题，陈女士仍以加强培训(由一周一次改为一周三次)来处理，但并没有解决根本问题。

其实，陈女士在新环境中应该意识到，不能套用老饭店的管理方法，单纯地信任和尊重员工，不足以建立良好的纪律。在制度管理中，不能忽视“奖优罚劣”，必须做到有功必奖，有过必罚，小过即改，既往不咎，制度面前人人平等。对优秀员工要奖，对犯规员工要罚。饭店服务需要标准化，而严格是标准化的保证。

陈女士经过反思后，在加强培训的同时，加强了对现场的管理，发现问题及时纠正和帮助，并加强奖罚的力度。不久，G饭店的餐饮服务就发生了很大变化，客人和管理层都对陈女士的管理给予肯定。

资料来源：李任芷．旅游饭店经营管理服务案例．北京：中华工商联合出版社，2000

(3) 制度的规范性。在处理违章时要有严格的程序，防止情绪化管理。此外，还必须注意修订制度的严肃性，既要在实践中不断完善制度，又要保证制度的相对稳定和持续性。

3. 艺术性

俗话说，制度无情人有情。因此，一方面应严格按照制度办事；另一方面在具体管理中要注意方式方法，把管理工作艺术化，从而提高管理的有效性。

饭店制度管理的艺术性强调，一是必须注意针对性，在执行制度中坚持“一把钥匙开一把锁”，必须根据不同的人采取不同的办法。二是要注意灵活性，要做到具体情况具体分析，灵活处理，如奖惩并举、恩威并施、将功补过、多样化选择等。诺贝尔经济学奖得主道格拉斯·诺斯指出，只要保持制度的灵活性与在此制度下选择的多样化，一切预测都没有什么必要，因为弹性的制度能确保在此路不通的情况下，还有其余的路可以走。三是要做到以理服人，以情感人，做好思想工作。四是要注意创造性，要求与时俱进、方式多样、生动活泼。

典型案例

技术能手犯错误该不该处罚

一天，某饭店二楼中餐厅的一位厨师在厨房抽烟，被厨师长看到并按规定做了罚款处罚。两天后，该厨师又因上班前和朋友一起喝酒导致工作出错遭到了厨师长的严厉批评。在月度考核中，厨师长按规定扣发了该厨师的部分奖金及技术津贴。对此，该厨师感到非常不满。一星期后，对面新开张的一家个体饭店的老板得知此事，即找到该厨师做工作，表示可以在其原收入2500元的基础上再加2000元高薪聘请他。于是，第二天该厨师即向厨师长提交了辞职报告。厨师长在询问了辞职的原因后，即在报告上签了同意辞职的意见后交给餐饮部经理。

该厨师是一位技术骨干，在饭店的几次技术比武中名列前茅，平时也爱钻研业务，常有创新菜肴推出，但缺点是自控能力较差。餐饮部经理接到报告后，当即找该厨师谈话，极力挽留。该厨师表示可以留在饭店，但提出了三点要求：一是补发上月扣除的技术津贴；二是在年底增资考核中不影响其增加一级工资；三是调离原厨房。餐饮部经理同意了该厨师的要求。

资料来源：李任芷．旅游饭店经营管理服务案例．北京：中国工商联合出版社，2000

【分析与讨论】 这是在饭店业内经常发生的事情。饭店业内人员流动频繁，留住好员工是件困难的事。饭店内的能人违反规章制度时该如何处理，值得思考。在此案例中，发生冲突时厨师长的处理方法是否正确？为什么？餐饮部经理的做法是否正确？为什么？

本章小结

旅游饭店是一类很特殊的企业，其特殊性形成了自身特有的运行规律，有别于其他企业的自身特征和管理特征。管理好饭店，一是要根据饭店企业的客观实际，遵循组织结构设定的原则，选择能符合自身发展需要的组织机构。二是应建立和完善管理制度体系，实施科学的制度化管理。组织机构和管理制度也是饭店进行服务质量管理的基础和依托。

思考与练习

概念与知识

主要概念

饭店　组织结构　等级链　直线—职能制　饭店制度

选择题

1. 下列特征不属于饭店业的产业特征的是(　　)。

A. 高资金　　B. 高文化性　　C. 享受性

D. 高竞争度　　E. 高敏感度

2. 百慕大计价饭店是指饭店的客房价格包括房租以及(　　)的费用。

A. 欧陆式早餐　　B. 美式早餐

C. 早餐以及一顿正餐(午餐或晚餐)　　D. 一日三餐

3. 饭店在对客服务中要求任何一个环节不能出现纰漏,不能由于管理上的漏洞或死角,导致旅客的不满,这是饭店管理的(　　)特征。

A. 多变性　　B. 时效性　　C. 整体性

D. 服务性　　E. 超前性

4. 饭店企业制度模式是以(　　)为基础和核心,按照财产的组织形式和所承担的法律责任来划分的。

A. 企业产权制度　　B. 法人财产制度

C. 公司制度　　D. 市场导向

5. 在等级链的原则中,(　　)是指职位的责任、义务;(　　)是指在一定职位上,为完成其责任所应具有的权力。

A. 职权　职责　　B. 职责　职权

C. 职务　职权　　D. 职责　职务

6. 在饭店的制度中,(　　)是企业组织中层次最低、约束范围最宽,但也是最具基础性的制度规范。

A. 基本制度　　B. 管理制度

C. 业务技术规范　　D. 个人行为规范

简答题

1. 饭店的组织结构主要有哪几种形式?各自的适用范围如何?

2. 饭店组织结构的设计应遵循哪些原则,包括哪些内容?

3. 如何理解和贯彻“制度无情人有情”这一观点?

4. 饭店制度有哪些类型?饭店制度管理的基本要求有哪些?

分析与应用

实训题

剖析一家三星级以上的中型饭店的组织结构及岗位设置,分析其优缺点。

第3章 饭店服务质量及其管理的一般要求

学习目标

通过本章学习，达到以下目标。

知识目标：认识饭店服务质量的重要性，熟悉饭店服务质量的构成、属性和特点；了解饭店交互服务质量管理的基本内容；理解饭店服务动态管理的基本内容；掌握饭店服务质量管理的一般要求。

技能目标：根据饭店服务质量的构成内容，观察星级饭店的服务动态管理，了解宾客对该饭店的满意程度。

引　例

产品推介会花落谁家

某市的一家著名公司拟在某海滨城市举行一次产品推介会，邀请的来宾均是有身份的重要客户，为此公司总裁特别指示公司营销部门须选择高档次、高质量的饭店。该城市有两家星级饭店，其中一家是设施齐全、规模较大的现代风格的饭店，另一家则具有悠久历史，但设施相对陈旧。为了检验两家的质量，负责此次活动的营销部副经理李先生决定做一次暗访来体验以选择饭店。

某日中午，李先生来到了设施豪华的A饭店。他走到总台，询问服务员饭店有什么样的房间，总台服务员看了一眼，有点不太情愿地回答，有套房、单人房和标准房，李先生又问有什么样的套房和单人房，价格多少？服务员说："你住宿吗？"李先生说："今天不住。"服务员说，总台右边有房价表，自己去看。接着李先生来到二楼的中餐厅，迎宾员正和一熟人聊天，因为比较专注，直到李先生走到其面前才发现客人的光临。她说了一声"欢迎光临"，就把李先生引到餐厅门口的一张小方桌边。李先生说希望能坐在靠窗的餐位，她就把他引领到了窗边转身走了。虽已是用餐时分，但摆了20余桌的餐厅仅有两桌客人。看台服务员见李先生入座，就送上毛巾和茶水，并递上了菜单。李先生翻了一遍菜单后，对服务员说，因今天还要赶路，就来一份蛋炒饭和榨菜肉丝汤，并问汤能否来半份。服务员没好气地说，没有半份的汤。点完菜，过了10分钟，李先生的茶水也喝完了，但服务员视而不见，蛋炒饭还没有上来。于是李先生就对服务员说，是否可以催一下炒饭快点儿上。服务员则回答，菜是一个个烧出来的，没那么快。过了15分钟，炒饭总算上来了，但汤又过了7分钟才上来。用完餐后，他就来到了B饭店。

他以同样的方式与总台服务员交流，但得到了与A饭店完全不同的礼遇。B饭店的服务员不仅耐心细致地回答了李先生的询问，而且还介绍了饭店正开展的一项客房促销活动。于是，李先生就在B饭店住了下来。当天下午5点，他来到三楼餐厅。此时，餐厅还没到营业时间，餐厅服务员正在开餐前例会。他推门进去，餐厅迎宾员见有客人进来，立即迎上前来表示欢迎，李先生则表示只想看一看。迎宾员则带他参观了几个有特色的小餐厅，之后又来到了大餐厅，李先生见大厅口有一个用餐等候区，表示自己从乡下来，现在有点渴和累，问能否在这坐下来休息一下。服务员立即请李先生入座，并给他送上一杯茶。李先生喝了茶，道了谢离开三楼来到了二楼咖啡厅，他点了沙拉等西餐菜点后，要求再加一道地道的阳春面。服务员表示尽力满足。从李先生到餐厅门口开始直到用餐结束，服务人员始终亲切礼貌，热情耐心，服务规范，效率很高。李先生在结账时询问营销部在哪里，说他有一项业务需同他们联系。服务员请李先生稍等，当即联系营销部，请他们到餐厅来迎接李先生。不到两分钟，一位销售经理即来到了李先生面前。

可想而知，这次新产品推介会顺理成章地在B饭店举行，而B饭店也赢得了一位大客户。

资料来源：邹益民．饭店整体管理原理与实务．北京：清华大学出版社，2004

从上述案例可见，饭店之间的竞争，其实质是服务质量的竞争，谁的服务质量好，谁就能在竞争中取胜。服务质量管理，是关系到饭店生存与发展的重要问题，也是饭店经营者管理和关注的重点。服务由硬件和软件组成，由无数个服务细节和无数个服务人员的服务行为构成，只有环环扣紧，步步到位，才能保证饭店服务质量。

3.1 饭店服务质量

在市场总体供大于求、客房出租率下降、竞争异常激烈的情况下，许多饭店认识到了服务质量的重要性。高质量的服务能够减少服务补救带来的成本，最大限度地提高顾客满意度，增加顾客忠诚度，形成较好的饭店口碑。服务质量已经成为饭店的生命线，也是饭店工作的重点。

3.1.1 饭店服务质量的含义

1. 饭店服务

饭店服务是由有形的实物产品和无形的服务活动所构成的集合体。广义的饭店服务还应包括核心服务、辅助服务、延伸服务、服务的可及性及宾主关系等内容。

核心服务是饭店为客人提供的最基本的服务，能够满足客人在饭店中的最基本需求并向客人提供最基本的利益，如清洁的客房、可口的餐饮等。辅助服务，也称支持服务，是饭店为了使客人能得到核心服务而提供的其他一些必需的促进性服务，如预订服务、行李服务等。延伸服务也可称为附加服务，是在核心服务、辅助服务的基础上提供给客人的额外超值服务，可以增加核心服务的价值，使饭店的服务产品新颖并区别、竞争于其他饭店，如娱乐健身服务、医疗急救服务、商务秘书服务等。核心服务、支持服务和延伸服务构成了饭店的主体服务。服务的可及性是指客人进入主体服务的难易程度和饭店向客人提供主体服务的方式,与饭店提供各项服务的时间、布局、设备、设施、饭店的地理位置、交通状况等密切相关。宾(消费者)主(饭店服务人员)关系是指提供过程中买卖双方的相互接触、相互影响、相互作用而产生的互动关系。由于客人自始至终参与饭店服务的生产、交换、消费的全过程,因此员工的素质、客人对服务的参与程度、员工与客人之间的关系,都成为饭店服务的重要组成部分,并且渗透到服务的每个环节。

2. 饭店服务质量

对饭店服务质量的概念界定,学术界及业界尚未统一,目前存在四种不同的观点。一是认为饭店服务质量只局限于饭店软体服务的质量,由服务项目、服务效率、服务态度、礼仪礼貌、操作技能、清洁卫生、环境气氛等构成。这一观点缩小了饭店服务质量涵盖的内容,实际上只是饭店服务质量的一部分。二是认为饭店服务质量由产品质量、有形产品质量和无形产品质量三部分构成。这一观点得到比较普遍地接受。三是认为饭店服务质量由饭店技术质量、功能质量、客人的期望质量和经验质量决定,这种观点把客人纳入饭店服务质量的构成要素之中,拓宽了饭店服务质量的内涵。四是认为饭店服务质量是指客人在入住饭店活动的过程中享受到服务的使用价值,是客人得到的某种物质和精神的感受。这一观点因将质量完全定义为客人的感受而过于片面。

对饭店服务质量界定的不规范是导致当前饭店服务质量评价不系统的原因之一。根据国际标准化组织颁布的ISO 9004—2《质量管理和质量体系要素——服务指南》,“服务”是指“为满足顾客的需要,供方和顾客之间接触的活动以及供方内部活动所产生的结果”,“质量”是指“反映实体满足明确或隐含需要的能力和特性的总和”。因此,饭店服务质量可以定义为:以饭店设备、设施等有形产品为基础和依托,以饭店员工所提供的活劳动而形成的无形产品所带来的,让客人在饭店中获得物质和精神需要的满足程度。

3.1.2 饭店服务质量的构成要素

根据国际标准化组织颁布的ISO 9004—2《质量管理和质量体系要素——服务指南》,饭店服务质量主要由硬件质量和软件质量构成(见图3-1)。硬件质量是指与饭店设施设备等实物有关的并可用客观的指标度量的质量,软件质量则是指饭店提供的各种劳务活动的质量。

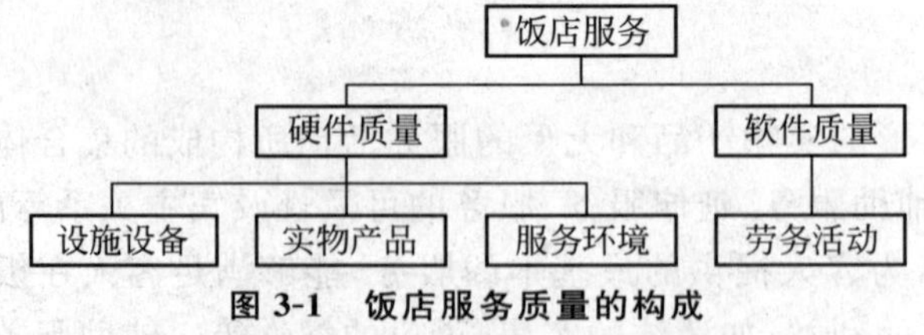

图3-1 饭店服务质量的构成

1. 硬件质量

饭店产品的硬件质量主要指饭店提供的设施设备和实物产品以及服务环境的质量,主要满足宾客物质上的需求。硬件质量的高低决定着饭店产品供给能力的大小。

(1) 饭店设施设备的质量。饭店是凭借其设施设备来为客人提供服务的,设施设备是饭店赖以生存的基础,是饭店劳务服务的依托,反映出一家饭店的接待能力。同时,饭店设施设备质量也是服务质量的基础和重要组成部分,是饭店服务质量高低的决定性因素之一。

饭店设施设备包括客用设施设备和供应设施设备。

① 客用设施设备也称前台设施设备,是指直接供宾客使用的那些设施、设备,如客房设备、康乐设施等。它要求做到设置科学,结构合理;配套齐全,舒适美观;操作简单,使用安全;完好无损,性能良好。其中,客用设施设备的舒适程度是影响饭店服务质量的重要方面,舒适程度的高低一方面取决于设施设备的配置;另一方面取决于对设施设备的维修保养。因此,随时保持设施设备完好率,保证各种设施设备正常运转,充分发挥设施设备效能,是提高饭店服务质量的重要组成部分。

② 供应设施设备是指饭店经营管理所需的不直接和宾客见面的生产性设施设备,如锅炉设备、制冷供暖设备、厨房设备等。供应设施设备也称后台设施设备,要求做到安全运行、保证供应,否则也会影响服务质量。

补充阅读材料3-1

饭店设施设备的完好保证

所谓设备完好,其标准主要有三条:一是性能良好;二是运转正常;三是耗能正常。要达到这一标准,饭店在设备管理方面必须重视设备的维修保养,做到迅速、优质。

饭店设备管理部门主要应注意以下四个问题。一是维修速度,即设备从报修到修复的时间,要迅速及时。二是维修的作风,主要表现为维修人员在现场维修过程中所表现的态度和行为,要求做到礼貌、协作。三是维修效果,即维修后设备的使用效果,要做到正常运转,返修率低。四是维修费用,即维修设备时的物耗和工耗,要求勤俭节约,修旧利废,提高效率。同时,设备使用部门要达到"三好"要求。第一,管好设备,即落实设备使用的责任制,管好本部门使用的设备。第二,用好设备,即所有设备使用、操作均必须严格按照操作规程来进行操作。第三,保养好设备,即在使用过程中必须做好设备的日常维护,保证设备的完好。

至于操作人员,则应达到"四会"要求。第一,会使用,即操作人员要熟悉设备的用途和基本原理,正确使用设备。第二,会维护,即能按照设备的维护规程做好维护保养。第三,会检查,即能按规定进行点检。第四,会排除故障,即能鉴别设备正常与异常现象,懂得拆装方法,会做一般的调整和简单故障的排除。

资料来源:邹益民. 饭店整体管理原理与实务. 北京:清华大学出版社,2004

(2) 饭店实物产品质量。实物产品可直接满足饭店宾客的物质消费需要,其质量高低也是影响宾客满意程度高低的一个重要因素。因此,实物产品质量也是饭店服务质量的重要组成部分之一。饭店的实物产品质量通常包括以下内容。

① 菜点酒水质量。饭店管理者必须认识到饮食在宾客的心目中占有的重要位置以及不同客人对饮食的不同要求,如有的客人为求满足新奇感而品尝名菜佳肴,而有的客人只为了寻求符合口味的食品而喜爱家常小菜。无论哪种宾客,通常都希望饭店饮食产品

富有特色和文化内涵,要求原料选用准确,加工烹制精细,产品风味适口等。另外,饭店还必须保证饮食产品的安全和卫生。菜点酒水质量是饭店实物产品质量的重要构成内容之一。

② 客用品质量。客用品也是饭店实物产品的一个组成部分,是指饭店直接供宾客消费的各种生活用品,包括一次性消耗品和多次性消耗品。客用品质量应与饭店星级相适应,避免提供劣质客用品,给客人留下极其恶劣的印象。饭店提供的客用品数量应充裕,能够满足客人需求,而且供应要及时。另外,饭店客用品的品种还应满足宾客的需要,而不仅仅是摆设,以能够满足本饭店客源需求为佳。饭店还必须保证所提供客用品的安全与卫生。

③ 商品质量。为满足宾客购物需要,饭店通常都设有商场部,而商场部商品质量的优劣也影响饭店服务质量。饭店商品质量应做到花色品种齐全、商品结构适当、商品陈列美观、价格合理等。更为重要的是注重信誉,杜绝假冒伪劣商品,而且饭店所供商品应符合宾客的购物偏好。

④ 服务用品质量。服务用品质量是指饭店在提供服务过程中供服务人员使用的各种用品,如客房部的清洁剂、餐饮部的托盘等,是提高劳动效率、满足宾客需要的前提,也是提供优质服务的必要条件。服务用品质量要求品种齐全、数量充裕、性能优良,使用方便、安全和卫生。管理者对此也应加以重视,否则饭店也难以为宾客提供令其满意的服务。

(3) 服务环境质量。饭店服务环境质量是指饭店的服务气氛给宾客带来感觉上的美感和心理上的满足感。饭店的服务环境质量主要表现在大堂、餐厅、酒吧、客房楼层、商场和大门外等场所,以大堂的环境气氛最为重要。饭店的环境气氛应当宁静、和谐、舒适、温馨,力求典雅,富有文化气息。构成饭店服务环境质量的要素是建筑结构、装潢装饰、设施设备、员工穿着、员工气质、员工举止、背景音乐、客人结构、门前状况等。所有这些构成了饭店所特有的环境氛围,在满足宾客物质方面需求的同时,又可满足其精神享受的需要。可见,饭店服务环境质量既与硬件有关,又离不开饭店管理,同时还与饭店宾客的素养有关。

由于第一印象的好坏,很大程度上是受饭店环境气氛影响而形成的,为了使饭店能够产生这种先声夺人的效果,饭店应格外重视饭店服务环境的管理。优雅、舒适的环境气氛往往是客人决定入住或用餐的主要因素,所以饭店应在这方面不遗余力地设法改善。

2. 软件质量

饭店产品的软件质量指的是无形的服务,通常包括以下九个方面的内容。

(1) 服务项目。服务项目,即为满足客人的需要而规定的服务范围和数目。饭店服务项目的多少,一方面反映服务的档次;另一方面直接关系到顾客的方便程度。饭店服务项目的设置有两个原则:一是本店主要客源的普遍需求;二是本店人力、财力与物力的条件。其中第一个原则更为重要。如果多数客人有某种需求,而饭店一时无法满足的,则应尽可能快地创造条件予以设置,至少应通过各种途径(甚至在饭店外)设法满足客人。

服务项目设置切忌赶时髦、摆花架子。有些饭店花了不少钱增设的服务项目一年内问津者寥寥，多半是经营者在办公室内拍脑袋的结果；而有些十分简单的项目，如大堂提供墨水、邮票、红药水、绳子等零星物品，许多饭店却忽视了，而这恰恰是客人极有可能需要的。

(2) 服务效率。服务效率是指员工在其服务过程中对时间概念和工作节奏的把握，应根据宾客的实际需要灵活掌握，要求员工在宾客最需要某项服务之前及时提供。因此，服务效率并非仅指快速，而是强调适时服务。饭店服务效率有三类。

① 用工时定额来表示的固定服务效率。例如，清扫一间客房用30分钟、夜床服务5分钟、宴会摆台用5分钟等。

② 用时限来表示服务效率。例如，总台入住登记每位宾客不超过3分钟；办理结账离店手续不超过3分钟；租借物品服务要求服务人员5分钟内送至客人房间；接听电话不超过三声等。

③ 有时间概念，但没有明确的时限规定，是靠宾客的感觉来衡量的服务效率。例如，餐厅点菜后多长时间上菜？代购物品何时送交？这类服务效率问题在饭店中大量存在，若使客人等候时间过长，很容易让客人产生烦躁心理，并会引起不安定感，进而直接影响客人对饭店的印象和对服务质量的评价。

(3) 服务态度。服务态度是指饭店服务人员在对客服务中所体现出来的主观意向和心理状态，其好坏是由员工的主动性、创造性、积极性、责任感和素质高低决定的，因而饭店要求服务人员应具有“宾客至上”的服务意识并能够主动、热情、诚恳、耐心、周到地为宾客提供服务。饭店员工服务态度的好坏是很多宾客关注的焦点，尤其当出现问题之时，服务态度常常成为解决问题的关键，宾客可以原谅饭店的许多过错，但往往不能忍受饭店服务人员恶劣的服务态度。因此，服务态度是无形产品质量的关键所在，直接影响饭店的服务质量。

补充阅读材料3-2

日本客人的“妈妈”

几位日本朋友每次入住萧山宾馆，都会向员工问起：“妈妈现在好吗？”员工也会心领神会地微笑，回答：“很好，谢谢您的关心。”

这里所说的“妈妈”，不是日本客人的母亲，也不是他们某个朋友的母亲，而是萧山宾馆的一位年长的员工，即公卫组的汪小凤师傅。日本的客人对汪师傅的服务态度与服务精神非常敬佩。他们认为，汪师傅的微笑、欠身、用尊称问候这一连串动作与所表达的感情，使他们想起了远在日本的母亲。

对于很多人来说，星级饭店的魅力，不仅仅在于豪华的设施，而在于在这里他们找到了一种尊荣的感觉，一种优雅的氛围。员工的优质服务不仅能为饭店赢得宾客的再次光顾，也能为自己赢得宾客的尊重，就像那几位日本客人遇见汪师傅，在汪师傅向他们问候的同时，也会非常尊敬地向汪师傅一鞠躬，再鞠躬，并经常会向其他人关切地问起：“妈妈现在好吗？”

资料来源：陈灿荣，郁国刚．饭店服务艺术．北京：中国财政经济出版社，2002

(4) 礼仪礼貌。礼仪礼貌包括服饰、服装、仪表、仪容、语言、习俗、礼节等方面。员工在上班时应穿饭店规定的岗位服装,且须保持清洁挺括,不破损,不掉扣子。男员工不留长发、怪发、勤剃胡须;女员工适度化妆,不浓妆艳抹或珠光宝气。说话时音量适中,语调平顺,用词恰当,讲究礼貌用语,给客人以亲切、友好、热情、真挚、富有极强人情味的感觉。员工的站、行、坐等姿态需体现出自身的教养和对客人的尊重,不可漫不经心、随随便便,更不可趾高气扬、盛气凌人。员工对各国、各民族的风俗人情知识应有一定了解,不要在无意间做出伤害客人感情的事。员工要掌握国际国内已经约定俗成的礼节,如拜访、接待、握手、递送与接受名片、欢迎、道别、介绍、称呼、行礼、送礼、禁忌等。

(5) 职业道德。职业道德是人们在一定的职业活动范围内所遵守的行为规范的总和。在饭店服务过程中,许多服务是否到位实际上取决于员工的事业心和责任感。因此,遵守职业道德也是饭店服务质量的最基本构成之一,不可避免地影响着饭店的服务质量。作为饭店员工,应遵循"热情友好,真诚公道;信誉第一,文明礼貌;不卑不亢,一视同仁;团结协作,顾全大局;遵纪守法,廉洁奉公;钻研业务,提高技能"的旅游职业道德规范,真正做到敬业、乐业和勤业。

(6) 操作技能。操作技能是饭店提高服务质量的技术保证,指饭店服务人员在不同场合、不同时间,对不同宾客提供服务时,能适应具体情况而灵活恰当地运用其操作方法和作业技能以取得最佳的服务效果,从而显现出服务人员的技巧和能力。操作技能取决于服务人员的专业知识和操作技术,要求其掌握丰富的专业知识,具备娴熟的操作技术,并能根据具体情况灵活多变地运用,从而达到具有艺术性,给客人以美感的服务效果。只有掌握好操作技能,才能使饭店服务达到标准,保证饭店服务质量。

(7) 清洁卫生。尽管饭店有星级之分,清洁卫生的基本要求是相同的。客人入住饭店的动机可能不尽一致,但他们对饭店的清洁卫生要求却大同小异。饭店的清洁卫生内涵丰富,既包括餐厅、酒吧的食品与饮料的卫生,也包括公共区域、客房以及其他所有区域的清洁整齐状况与员工服装、个人卫生习惯等内容。饭店清洁卫生直接影响宾客身心健康,是优质服务的基本要求,必须高度重视。

(8) 服务时机。服务时机,即在什么时候提供服务,包括营业时间(如餐厅营业时间)和某一单项服务行为提供的时间(如整理房间),在一定程度上反映了饭店服务的适应性和准确性。

(9) 安全保密。促使客人入住饭店的又一个重要原因是饭店较之旅馆、招待所更为安全。因此,饭店必须保障宾客、员工及饭店本身的安全。饭店应制定严格的安保制度,创造出一种安全的氛围,给宾客心理上以安全感。

上述硬件质量和软件质量的最终结果是宾客满意程度,是宾客享受饭店服务后得到的感受、印象和评价。它是饭店服务质量的最终体现,也是饭店服务质量管理努力的目标。宾客满意程度主要取决于饭店服务的内容是否适合和满足宾客的需要,是否为宾客带来享受感。饭店重视宾客满意度自然也就必须重视饭店服务质量构成的所有内容。

3.1.3 饭店服务质量属性

饭店的服务质量,对顾客而言就是服务的使用价值。要使顾客得到一种愉快的经历,饭店服务必须具有以下六大质量属性:功能性、经济性、安全性、时效性、舒适性和文明性。

1. 功能性

所谓功能性,就是饭店服务的有效性。饭店服务的基础功能就是满足客人最基本的生活需求,这是饭店服务最基础和最基本的一个质量特性,表现在三个方面:设施设备有效;饭店用品有效;服务规程有效。

2. 经济性

所谓经济性,就是物有所值,要让客人的支付能够得到相应的服务。为此,饭店服务要考虑服务成本和服务功能的相关性,还要考虑客人的付出与客人得到的关系。

3. 安全性

所谓安全,就是保证客人的人身不受伤害,财产不受损失,同时使客人在心理上有一种安全感。饭店的安全性涉及三个方面:安全的设施设备;有效的安全管理;保证服务的安全性。

4. 时效性

所谓时效性,就是保证服务的效率,包括及时、准时和省时。饭店要根据客人的需要,合理安排营业时间,减少不必要的手续,尽量节约客人的时间。

5. 舒适性

饭店的舒适性,主要包括功能齐全、设施完善、环境优美、布置典雅、用品适用、整洁卫生、服务周到、安全方便八个方面。

6. 文明性

所谓文明性,就是饭店服务过程中一种自由、亲切、友好、真诚、谅解的氛围。这要求饭店服务必须做到文明礼貌、热情大方、举止文雅、乐于助人。对于客人任何请求或询问,积极热情地回应,让客人有得到尊重的感觉。

3.2 饭店服务的交互管理和动态管理

饭店服务的提供和消费往往是同时进行的,顾客在服务消费过程中参与服务生产,并与服务提供者发生多层次和多方面的交互作用。服务交互过程的好坏直接影响顾客对服务的评价,决定着服务质量的高低。

3.2.1 饭店服务交互质量管理的内涵

1. 服务交互过程

过程性是服务最为核心和基本的特性之一。服务是一种过程,服务的生产与消费的同时性,决定了服务的完成需要顾客的共同参与。萧斯克(Shostack,1985)使用了“服务交互”(Service Intèraction)概念,用来指更广泛的“顾客与服务企业的直接交互”,既包括顾客与服务人员的交互,也包括顾客与设备和其他有形物的交互。顾客在饭店所进行的消费,其核心价值是在消费过程中创造的,顾客直接参与服务的生产过程。顾客是饭店服务的消费者,也是生产合作者。顾客在服务消费过程中与饭店发生多层次、多方面的交互作用。

服务交互过程对于顾客、服务人员和服务企业都具有极其重要的意义。对于一线服务人员而言,与顾客的交互是他们工作的重要组成部分。对于顾客来说,交互过程是其消费服务和满足服务需求的必然,服务交互质量影响他们对服务质量的体验,并影响未来的购买决策。对于服务企业来说,服务交互过程具有重要的战略意义,“与顾客简短的交互过程是决定顾客对服务总体评价最重要的因素”,是企业吸引顾客、展示服务能力和获得竞争优势的时机。瑞典学者诺曼(R. Normann,1984)将决定企业成败的短暂的交互过程称为“真实瞬间”(Moment of Truth)。“真实瞬间”让顾客便于判别服务是良好的还是差的,“真实瞬间”会印在顾客的大脑中,会被他(她)记住,并会被他(她)传播。

2. 服务交互质量

顾客在饭店里得到的服务由两个部分组成,一是作为过程的服务;二是作为过程结果或产出的服务。作为产出的服务指的是服务的最终结果,是顾客购买服务的基本目的。例如,入住饭店,“产出”是住宿、饮食。顾客在获得这一产出的过程中,感知的不仅是产品,而且也包括服务过程。芬兰学者格朗鲁斯(Geran Nuse)将服务质量划分为两个方面,一是与服务产出有关的技术质量(Technical Quality);二是与服务过程有关的功能质量(Functional Quality)。前者说明是什么(What),后者反应如何(How)。因此,服务质量是由产出质量和交互质量综合作用的结果,说明饭店所提供的产品存在着较大的同质性,而且产品的可模仿性较强。为了在竞争中取胜,饭店必须以提高服务过程的质量来获得差异性。因此,提高服务交互质量,对于饭店提高市场竞争力具有十分重要的作用。

3. 饭店服务交互质量管理

饭店服务交互质量管理是指为实现饭店交互服务质量的提高而采取的加强交互过程的控制,实施交互服务的培训,并创造顾客参与服务过程的互动环境的管理活动。

3.2.2 饭店服务交互管理的基本内容

饭店服务不是有形的物体,在本质上是一种过程活动。服务的生产、销售及消费往往是同时进行的,服务结束,消费完毕。接受饭店服务的宾客既是消费者,也是服务生产的合作者。在饭店服务发生的过程中,顾客要与饭店多角度、多层次地发生交互作用。饭店服务过程中的人际交互虽然短暂,但目的性极强,利益在此交互作用下受到的影响最大。实体环境的交互虽间接参与服务,但也可以影响宾客和饭店员工的情绪,进而影响消费者的满意度。

对于饭店而言,饭店与顾客的交互是不可避免的。饭店与顾客短暂的交互过程是饭店维系老顾客和吸引新顾客,展示饭店服务实力、获得竞争优势和树立饭店良好信誉的有利时机。服务质量的高低取决于顾客的感知,服务质量的最终评价者是顾客而不是饭店。从顾客感知角度看,直接影响顾客感知的主要是服务过程中直接与顾客交互的部分。顾客感知的满意程度主要是以个体的兴趣、偏好为决定因素,服务效果往往随顾客的主观期望而存在较大差异性。这就使交互质量的改善既承受着极大的挑战,又富有无限的契机。因此,可以认为,交互质量是赫兹伯格理论中的激励因素,它的改进对提高顾客满意度效果显著。饭店的交互质量管理不仅限于饭店内部服务行为的管理,还包括对内外环境的了解，其具体的管理内容包括以下七个方面。

1. 对市场需求的了解

由于服务不能储存，饭店难以采用库存的方法调节服务的供求，但许多饭店的服务需求却表现出明显的周期性。在服务需求高峰期间，顾客蜂拥而至，令饭店应接不暇，此时大大增加了服务人员的劳动负荷和压力，使他们容易在心理上产生厌烦情绪。同时，顾客也对恶劣的服务环境产生不满，导致交互质量低下。在此情况下，如果饭店处理不力，则会推迟下一需求高峰期的来临，甚至导致饭店永远无法迎接下一个高峰的来临。饭店应深入了解市场需求，把握需求变化规律，通过合理配置服务人员、价格变动和其他促销手段来调整需求。

2. 现场服务的引导和监督

由于顾客直接参与饭店服务过程，服务过程的好坏直接暴露在顾客面前，做得好，顾客下次还会再来且会带更多的消费者来；做得不好，他们不但会离去且会带来负效应的口碑宣传。一个忠诚的顾客对饭店的终生价值是巨大的，特别是当忠诚的顾客通过口碑为饭店带来更多的新顾客时，他为饭店带来的价值就像一座"金字塔"。况且，顾客是服务过程的合作者，他们的投入对服务的顺利进行至关重要。为了使那些比较复杂或新的服务项目合作成功，现场的监督和引导是必不可少的。当顾客遇到一些问题超出一线员工的授权时，高级主管的出现会让顾客感到备受重视，有利于问题及时解决。

3. 服务补救

美国哈佛大学教授哈特在一篇文章中指出，"无论多么努力，即使是最出色的服务企业也不能避免偶然的航班晚点、烤老的牛排和遗失的邮件"。可见，在饭店服务过程中，失误是难免的。导致服务失误的原因很多，如员工行为不当、顾客不够配合、设计不尽如人意或一些不可控因素的发生等。但是无论饭店有什么为自己开脱的理由，服务的失误都会带来顾客满意度的下降和消极的口碑宣传，影响饭店形象。因此，饭店应首先耐心听取顾客的抱怨而不是极力寻找为自己开脱的理由。其次，应诚恳地承认问题所在，向顾客表示歉意。最后，应以最快的速度做出反应。这一点很关键，说明饭店真正关心顾客的利益，想顾客之所想，急顾客之所急。有研究表明，如果顾客抱怨能够得到及时解决，则企业可以留住95%的不满意顾客。如果企业办事拖拉，则虽然问题最终解决，但只能留住64%的不满意顾客。

补充阅读材料3-3

客商硬要赊账

一位美籍华人客商在上海一家宾馆入住两个半月。那天，他在两位朋友的陪同下到总台结账，前台服务员经查核计算机资料告诉他："先生，您的支票只剩三百余元了，而您手头这笔账就有四百多元，请准备好现金再结账。"客商说："那就给我赊账吧。"服务员答道："先生，对不起，根据宾馆有关规定，您不能赊账。"客商大为不悦，觉得在朋友面前丢了面子，下不了台，便带着客人气冲冲回到客房。

客商马上给宾馆公关销售部打电话，将刚才在总台发生的事诉说了一遍，指责服务员在他朋友面前不给他赊账是对他的无礼,最后说:"难道我连这点房费都付不起吗?"接电话的小彭原来不是负责接待这位客商的,对他并不了解,因此感到很突然。但她立刻冷静下来,答道:"先生,刚才前台服务员确实对你说话态度比较生硬,有失礼之处,我代表宾馆向您道歉。不过服务员也有难处,因为按宾馆规定,凡是客人消费的钱款收不回来就由当事的服务员负责。这一点也请先生谅解。"客商情绪开始缓和,但接着又把难题扔给小彭:"那么,我现在就请您给我赊账。"小彭灵机一动,顿时有了主意,她平静地答道:"让我请示一下宾馆领导,请您过5分钟再给我打电话。"实际上她本人就有赊账权,但她不想让客商产生可以随便赊账的感觉。5分钟后客商打来电话,小彭告诉他:"宾馆领导同意给您赊账,请您写个便条承诺一下,然后在近几天内补上支票,好吗?"客商高兴地答应了。

第二天上午,小彭又给客商所在公司打电话,接电话的是他的秘书曲小姐,小彭便请曲小姐向客商转达她的建议,今后这类账目往来事宜不必劳驾老板亲自出马,可由曲小姐出面办理,也不必再找宾馆前台服务员,可直接找她处理。当天下午,曲小姐就拿了一张支票送到公关销售部小彭手里,并转达了老板对她的谢意。

资料来源:王大悟.酒店管理180个案例品析.北京:中国旅游出版社,2007

4. 调动激励因素

由于交互过程的主角是一线服务人员和顾客,服务人员的情绪会带到交互过程中,进而影响交互质量。因此,内部员工满意度与顾客满意度具有相互影响的作用。行之有效的激励做法是扩展一线人员的工作空间,丰富他们的工作内容,增加其决策权力,提供更高层次培训的机会等,而不是让他们离开自己熟悉的环境和热爱的顾客。有些饭店总以为应该把那些优秀的人员提升到更重要的工作岗位,但事实上把这些人调离熟悉的工作,反而会让他们体会不到满意的顾客给其带来的喜悦,从而使这些出色员工的工作满意度下降。

5. 听取顾客反馈意见,完善服务后续工作

顾客接受饭店的服务后,即使是不满意,向饭店提出抱怨的人也很少,大多数顾客对不满意的服务保持了沉默。因此,饭店应采取有的放矢的反馈措施。例如,设置热线电话,及时对顾客的抱怨进行沟通;定期进行顾客感知质量调查。为提高调查问卷回收率,可以采取奖励的办法,同时辅之以与顾客联谊、座谈、现场采访等方式,并对收集的信息分门别类和综合分析。这样不仅有利于客观了解顾客对饭店服务质量的评价,而且有利于服务质量的及时改进。

6. 竞争管理

服务质量低下往往因为员工缺少紧迫感和危机感。有这样一则案例。挪威一家远洋捕捞公司由于一直无法将活的沙丁鱼带到岸上,生产出的鱼罐头毫无鲜味。一位管理学教授解决了这个问题,办法很简单。他建议在每个水槽里放进一条小鲶鱼,原来懒洋洋的沙丁鱼一见有鲶鱼的威胁立即迅速游动起来,整个鱼槽被激"活"了。这就是"鲶鱼效应"。我们可以将"鲶鱼"引入饭店质量管理中来,饭店应在内部员工缺乏积极性时从先进饭店

引入服务高手作为“鲶鱼”,对自己的员工产生无形的影响力和压力,带动全员积极进取,不断提高服务质量。

7. 服务质量责任管理

有研究表明,顾客把消极经验传播出去的速度要比积极经验高出12倍。为避免或减少顾客的消极经验传播,饭店应建立质量责任中心,以服务质量作为考核每一责任中心业绩的重要依据。服务质量的高低以顾客满意度作为评价标准。一方面,让每一名员工明确自己的授权范围,积极提高服务质量以创造更好的业绩。另一方面,发生服务失误能够明确责任,避免相互推诿,并以此为鉴,寻找服务交互过程存在的问题,深入研究成因和性质,据以完善下一交互质量。服务交互过程的研究是改善服务质量,使饭店获得竞争优势的重要手段。饭店要抓住短暂的交互过程,研究饭店自身的服务质量现状,调查不同消费群体需要的差异性,找到关键控制环节,提高交互质量,使服务质量更符合顾客的主观期望。

3.2.3 饭店服务的动态管理

饭店服务的动态管理是由服务本身内在的动态性所决定和控制的。只有动态的管理体系才能适应服务的动态发展,才能最终满足消费者的动态需求。饭店服务的动态管理包括四个层面的具体内容。

1. 服务项目的动态管理

饭店的服务项目需要根据市场的变化进行不断地调整和更新,既包括对部分既有项目的淘汰,也包括新服务项目的产生。饭店既有服务项目的淘汰应该有一个严格的筛选过程,应该慎重地分析服务项目的营业额变化趋势,依据其历年的贡献状况及其趋向来进行选择。例如,饭店部分康乐项目,如果某项目长期不能为饭店带来利润,就可以考虑将其剔除出去。如果该项目对于保持饭店服务的完整性还有价值,则可以选择采用外包的方式对其实施间接管理,通过这种动态管理保持饭店的核心竞争力。新服务项目的产生必须参考顾客的需求意见,项目的增设必须全面考虑饭店星级、客源、资金、人员、设备设施、技术保障的能力,通过综合的权衡来决定新服务项目的设置。例如,宽带网络服务,对于高星级饭店而言,其商务客人往往较多,这种服务项目应该成为必备的项目之一。而对于低星级饭店而言,必要性并没有那么高。

2. 服务标准的动态管理

服务标准的动态管理是指根据行业的服务规划对既有标准的调整和改造。饭店服务标准往往是饭店行业或单体饭店在长期的实践经营中,根据客人的需求和服务操作的成本等因素综合确定的。大部分饭店服务标准是饭店的行业规范,也是客人对饭店及其档次进行识别的主要依据,具有较强的稳定性。但是随着技术条件的变化和服务观念的变化,某些既有的服务标准也可能需要进行调整和变革,这就要求饭店具有动态管理思想,及时而慎重地对既有服务标准进行调整、改良,以适应市场的变化。

3. 服务员的动态管理

饭店服务员是饭店服务的具体操作者。服务员的服务状态、积极性将直接影响到饭店服务的质量,对其实施动态管理,是饭店实现动态激励的必然要求。饭店服务员的动态管理应从动态考核入手,考核的指标既要包括服务投诉率、服务消耗、出勤率、安全率等量化指标,也要包括思想品德、遵纪守法、团队协作、奉献精神等难以量化的因素。饭店员工的薪酬分配也应根据综合考核结果来进行确定。在这种动态管理中,同样的岗位可能因为考核结果的差异而导致员工不同的收入,对员工形成强效激励,员工也因此更为注重其在服务中的表现,注重和宾客间的情感交流,从而有助于饭店服务质量的稳定和提高。

4. 服务管理人员的动态管理

对饭店的服务管理人员实施动态管理是提高饭店服务管理绩效的重要手段。饭店服务人员的动态管理应该形成较为稳定的管理制度,使各级服务管理人员对自己的工作有一个较为稳定的预期,并能根据这一预期来选择自己的工作行为,从而达到持续激励、动态激励的效果。

在晋升体制上,管理人员可以从优秀的服务人员中进行挑选。较高层次的管理岗位空缺时应主要从饭店现有的管理人员中进行选拔,所有的管理人员都应有从较低的管理岗位上升到较高的管理岗位的机会。这种动态升迁制度可以使饭店的优秀管理人员留在饭店内,不致造成人才流失。对服务管理人员实施末位淘汰制度,也是动态管理的内容之一。末位淘汰制度使管理人员产生竞争的危机感,对少数工作业绩较差的管理人员作用较大,因为稍不努力就有可能被淘汰,掉到下一级别的岗位当中,让下一级的管理人员对上一级的管理人员形成竞争的压力。

3.3 饭店服务质量管理的一般要求

饭店的服务质量管理是从系统的角度,把饭店作为一个整体,以控制饭店服务的全过程、提供最优服务为目标,运用一整套质量管理体系、手段和方法,以服务质量为对象而进行的管理活动。

3.3.1 饭店服务质量管理的特点

饭店服务所需要的人与人、面对面、随时随地提供服务的特点以及饭店服务质量特殊的构成内容使其质量内涵与其他企业有极大的差异性。为了更好地实施对饭店服务质量管理,饭店管理者必须正确认识与掌握饭店服务质量的特点。

1. 质量构成的综合性

饭店服务质量构成复杂,除从提供给客人服务的角度分为设施设备质量、环境质量、用品质量、实物产品质量和劳务活动质量外,也可以从质量的形成过程来看服务质量。服务质量包括设计阶段的设计质量、建设阶段的建设质量、开业准备阶段的准备质量和营业阶段的服务质量。一般来讲,饭店服务的每一过程、每一环节都有若干内容和影响因素,各种内容和因素又互相联系、互相制约。因此,要提高服务质量,必须实行全员控制、全过程控制和全方位控制。

饭店服务质量构成的综合性的特点要求饭店管理者树立系统的观念,把饭店服务质量管理作为一项系统工程来抓,多方收集饭店服务质量信息,分析影响质量的各种因素,特别是可控因素，还要顾及饭店其他部门或其他服务环节，更好地督导员工严格遵守各种服务或操作规程，从而提高饭店的整体服务质量。正如人们平时所说的"木桶理论"，一只由长短不一的木条拼装而成的木桶，其盛水量取决于最短的那根木条的长度。因此，饭店服务质量应该有自己的强项和特色，但不能有明显的弱项和不足，否则就要影响服务质量的整体水平。

2. 质量呈现的一次性

饭店服务质量构成是综合性的，但就提供过程而言，是由一次次的具体服务来完成的。每一次劳动所提供的使用价值，如微笑问好、介绍菜点等，就是一次具体的服务质量。由于服务的无形性和生产与消费的同步性，服务质量高低，往往一锤定音，事后难以修补，无法回炉。也就是说，即使宾客对某一服务感到非常满意，评价较高，并不能保证下一次服务也能获得好评。这就要求饭店员工做好每一次服务工作，争取每一次服务都能让宾客感到非常满意，从而提高饭店整体服务质量。

3. 质量评价的主观性

服务质量的最终检验者是饭店的客人，尽管饭店服务质量有一定的客观标准，但客人对饭店的评价往往是主观的。服务消费在一定意义上说是一种精神消费，其满意程度往往与客人的爱好、情绪等有关。客人评价饭店的服务质量时，一般既不会考虑如何形成，也不会对服务进行一分为二的分析，而是凭借其主观感受做出最后评价。所谓"100－1＝0"，就是这个道理。要提高服务质量，就必须注意客人的需要，掌握客人的心理，理解客人的心态，以便提供让客人动心的服务。

4. 对人员素质的依赖性

饭店服务质量的高低，既取决于设施设备、环境、用品、产品等物质因素，也取决于服务态度、服务技巧、服务方式、服务效率等精神因素，这两种因素均离不开人的因素。不仅如此，员工的精神面貌、劳动纪律、心理状态、身体状况、服务技能等都直接影响服务质量的高低，有些本身构成饭店的服务质量。由此可见，要提高饭店的服务质量，饭店管理者应合理配备、培训、激励员工，努力提高他们的素质，发挥其服务主动性、积极性和创造性，同时提高自身素质及管理能力，从而创造出满意的员工。满意的员工是满意客人的基础，是不断地提高饭店服务质量的前提。

3.3.2 饭店服务质量管理的基本要求

根据饭店服务质量在管理方面的特点，饭店服务质量管理应该满足以下四个方面的要求。

1. 以人为本，内外结合

饭店的质量管理一方面必须坚持顾客至上，把顾客的需要作为饭店服务质量的基本出发点，饭店质量目标的确立、质量标准的制订以及饭店服务质量管理活动的组织均应以此为依据。另一方面，饭店管理者心中必须装有员工，注重员工的塑造、组织和激励，以提高员工的素质，并使其达到最佳组合和积极性的最大限度发挥，从而为保证质量的稳定提高奠定良好的基础。

2. 全面控制,“硬、软”结合

饭店服务质量构成复杂,影响因素众多。既有硬件的因素,又有软件的因素;既有物质的因素,也有精神的因素;既有饭店的因素,也有社会的因素;既有员工的因素,也有顾客的因素。所以,要提高服务重量,必须树立系统观念,实行全员、全过程和全方位的管理;既要注意硬件设施的建设和完善,更要重视智力投资,抓好软件建设。

3. 科学管理,点面结合

饭店的服务对象是人,来饭店消费的顾客既有共同需求,又有特殊的要求。作为饭店,既有饭店的共性,不同的饭店又有自己的特点。所以,饭店的服务质量,既要注重顾客的共同需要,又要注意顾客的特殊要求;既要坚持贯彻国家的服务标准,抓好面上的管理,又要根据自身特点,具体情况具体处理,确立具有特色的服务规范和管理办法。

4. 预防为主,防管结合

饭店服务具有生产和消费同一性的特点,因此要提高服务质量,就必须树立预防为主,事前控制的思想,防患于未然,抓好事前的预测和控制。同时,各级管理者要坚持走动式管理,强化服务现场管理,力求把各种不合格的服务消灭在萌芽状态。

典型案例

谁的责任

佳节刚过,南方某宾馆的迎宾楼失去了往日的喧哗,寂静的大厅半天也看不到一位来宾的身影。客房管理员A紧锁着眉头,考虑着节后的工作安排。突然她喜上眉梢,拿起听筒与管理员B通话:“目前客源较少,何不趁此机会安排员工休息?”管理员B说:“刚休了七天,再连着休,会不会休假太集中,而以后的二十几天没休息日,员工会不会太辛苦?”管理员A说:“没关系,反正现在客源少,闲着也是闲着。”两人商定后,就着手安排各楼层员工轮休。

不到中旬,轮休的员工陆续到岗,紧接着客源渐好,会议一个接着一个,整个迎宾楼又恢复了昔日的热闹,员工们为南来北往的宾客提供着优质的服务。紧张的工作夜以继日地度过了十几天后,管理员A正为自己的“英明决策”感到沾沾自喜时,下午四点服务员小陈突然胃痛;晚上交接班时,小李的母亲心绞痛住院;小黄的腿在倒开水时不慎烫伤。面对接二连三突然出现的问题,管理员A似乎有点乱了方寸。怎么办?姜到底是老的辣,管理员A以这个月的休息日已全部休息完毕为由,要求家中有事、生病的员工,如果休息就要请假,而请一天的病事假,所扣的工资、奖金是一笔不小的数目。面对这样的决定,小黄请了病假,小陈、小李只好克服各自的困难,仍然坚持上班。

第二天中午,管理员B接到客人的口头投诉,被投诉的是三楼的小李及四楼的小陈。原因均是面无笑容,对客人不热情。管理员B在与管理员A交接班时,转达了客人对小李、小陈的投诉。管理员A听后,陷入沉思……

【分析与讨论】 员工与客人的互动过程是饭店服务质量最主要的展示过程。确保员工在任何状态下保持职业素养是一项复杂的系统工作。就该宾馆而言,在这起投诉事件中，主要的质量管理责任应该由谁来负责？从质量管理角度而言，应如何优化管理者的管理行为？

本章小结

本章介绍了饭店服务质量的基本内容，包括饭店服务质量的含义、构成和特点。在此基础上，进一步阐述了饭店服务质量管理最重要的方法——交互管理和动态管理，总结出饭店服务质量在管理方面的四个特点，提出了饭店服务质量管理的四个基本要求。

思考与练习

概念与知识

主要概念

饭店服务质量　饭店服务交互质量管理

选择题

1. 饭店服务最基本、最基础的质量特性是(　　)。

A. 功能性　　B. 舒适性　　C. 文明性　　D. 经济性

2. “物有所值”，体现了饭店服务质量的(　　)特性。

A. 功能性　　B. 舒适性　　C. 经济性　　D. 安全性

3. 饭店企业流行的“100－1＝0”服务公式，说明饭店服务质量管理具有(　　)特征。

A. 质量构成的综合性　　B. 质量呈现的一次性

C. 质量评价的主观性　　D. 对人员素质的依赖性

4. 由于饭店服务具有生产和消费同步性的特点，所以饭店的质量管理必须坚持(　　)的原则。

A. 以人为本，内外结合　　B. 全面控制，“硬、软”结合

C. 科学管理，点面结合　　D. 预防为主，防管结合

5. 饭店服务质量必须实行全员控制、全过程控制、全方位控制，这主要是由服务质量(　　)所决定。

A. 构成的综合性　　B. 呈现的一次性

C. 评价的主观性　　D. 对人员的依赖性

简答题

1. 简述饭店服务质量的属性。
2. 简述饭店服务质量软件构成的内容。
3. 饭店服务交互质量管理的基本内容有哪些？
4. 饭店服务的动态管理包括哪些具体内容？
5. 饭店服务质量管理的基本要求有哪些？

分析与应用

实训题

在本地寻找一家星级饭店,了解顾客对该饭店的硬件质量和软件质量的评价,分析顾客对该饭店整体服务质量的满意度。

第二模块

饭店服务质量管理的过程和环节

第4章

饭店服务质量管理环节

学习目标

通过本章学习，达到以下目标。

知识目标：掌握饭店服务设计管理要点；掌握服务现场管理的要点；了解饭店服务质量控制体系的环节组成。

技能目标：运用所学知识，尝试设计饭店服务质量调查表，并能撰写服务质量检查报告。

引 例

菜肴不够吃

一天晚上，一家开业不久的饭店某餐厅来了一批客人，共有六位成年人和两位小孩。客人看过菜单后，因对该饭店的菜肴、点心了解不多，便向餐厅服务员小何询问，小何当即主动热情地帮客人点菜、配菜，并说"一定让你们满意"。然后，小何便替客人点了一组菜肴和点心。

客人用餐结束时，向餐厅经理胡先生提出投诉。他们认为餐厅服务员代点的菜肴分量不足，葱姜梭子蟹（一只）等菜肴，连一人一块都没有，结果是菜肴价格不低，却没能吃饱。餐厅经理胡先生立刻向客人道歉，婉转地向客人解释小何为他们所点的菜肴的原料价格，消除了客人对价格的疑虑；接着对菜肴数量、分量等也做了详尽的说明，并向客人表示餐厅可向客人赠送两份蛋炒饭和一个水果拼盘，客人表示接受。

本例中的小何在代客人点菜时，没有按餐厅的服务标准提供服务，因而导致客人投诉。餐厅经理胡先生对投诉的处理比较及时、到位，最终消除了客人的不满。

上述案例说明新开业的饭店企业在岗前培训时一定要到位，应让每位员工明确饭店的服务标准，饭店管理者（餐厅经理、领班等）在经营过程中应加强服务现场的巡视，督促员工按标准提供服务。当发现不符合餐厅质量标准的情况发生时，应对员工进行及时指导和纠正，从而为客人提供优质服务。这是饭店服务质量管理不可或缺的环节。

4.1 饭店服务设计

饭店服务质量管理是围绕着质量管理的目标展开的。饭店服务质量管理的基本目标是贯彻饭店服务质量等级标准,提供适合顾客需要的服务劳动使用价值,维护和保障顾客的合法权益,不断提高饭店的服务质量。要达到这一目标,必须抓好饭店服务设计,也就是根据饭店的性质、档次及服务提供的内容,设计服务功能,制订服务规范,提供服务控制规范,确定服务质量要求和标准。

4.1.1 服务功能设计

饭店服务有两种基本功能,一是饭店产品的经济功能;二是饭店产品的效用功能。饭店服务是一种感知服务,要把顾客感知服务与饭店所提供的服务协调起来,饭店必须站在客人的角度,从三个层次来理解服务的功能:核心功能、辅助功能和延伸功能。在这三个层次上,确保核心功能和辅助功能的质量,是使顾客满意的前提条件;延伸功能是服务灵活性的具体体现,同时也是该服务项目在现有价值之外的附加价值。服务功能的三个层次的全部意义在于提供一个具有质量保证和一定灵活性并且有竞争优势的服务产品。

1. 核心功能的设计

核心功能是指顾客购买饭店服务的基本收益,与顾客期望紧密相关。例如,顾客在一家饭店下榻,客房可让其在晚间得到休息,餐厅则可让其免受饥渴之苦。核心功能是服务功能设计的起源和依据。在这一层次我们需要建立顾客利益的观念。顾客利益观念要求饭店提供的服务应该基于顾客所追求的核心利益。对顾客来说,只有首先满足他们基本利益的服务才是值得购买的。因此,在设计一种服务时,设计者应研究清楚,顾客购买这种服务追求的核心利益是什么,要解决什么问题。也就是说,设计出的服务功能一定要满足顾客的核心利益,解决其基本问题,否则便不可能成功。

2. 辅助功能的设计

辅助功能是顾客自己并不直接需要,但要得到核心服务所需经历的过程,即辅助服务过程,如总台入住接待服务、结账服务、客房整房服务、餐厅点菜服务等。对此,顾客一般要求越快、越简洁越好。辅助功能和核心功能构成了饭店服务功能的主体,是不可或缺的,应该能满足顾客的一般需要。

3. 延伸功能的设计

延伸功能是为了满足个别顾客的特殊需求而提供的特殊和临时性的功能,通常超越了顾客的期望和预料,是额外提供的功能。一般来说,饭店即使不提供延伸功能服务,顾客也没有理由抱怨或投诉。延伸功能是实际功能的扩大部分,包括为顾客提供的附加功能和利益,常常超越顾客的心理预期,在饭店经营中被称作“创造惊喜”,其作用是增加饭店服务的价值,使饭店的服务与其他竞争者区分开来,从而培养顾客忠诚度。所以,延伸功能的设计往往被饭店作为差异化竞争战略的一部分。

补充阅读材料4-1

酒店服务向路上延伸

也许出行的人都曾经忍受过在旅途中等待的滋味，再美好的旅程也会被这样或者那样的等待所破坏。于是，不少精明的酒店便根据顾客的需求将服务扩展至很多交通枢纽，无论酒店的客人身处何地，酒店都能为他们提供随时随地的服务。Transumer专栏作家沙琳·鲁克对酒店品牌如何将自己的服务延伸至机场候机厅、火车站和其他空间做了研究。她在一篇专栏文章中提到，不少酒店都在机场设立了独立的休息室，这些酒店品牌犹如两栖动物一般，可以在不同领域行动自如，将自己的行动范围无限扩展。

如果没有能够为客人提供便捷的服务，不能为乘客缩短旅行中漫长的等待时间，就会破坏游客的旅行体验。于是，酒店纷纷和机场合作建立独立的休息室，这种休息室既延伸了酒店的品牌服务，也为机场提供了必要的服务设施，一举两得。

这些休息室为客人提供了周到的服务。比如立鼎酒店集团(Leading Hotels)就和遍布世界的多个交通枢纽中心合作，打造属于它们的乘客休息室，并提供打包产品。W酒店的"无论何时何地"的服务理念同样体现在W休息室中，在波多黎各维克斯机场中的W休息室就在波多黎各海岸边，由W酒店的设计师帕特丽夏设计完成。这里提供新鲜的水果和鲜榨果汁、糕点、薯条以及热毛巾，并有专人负责安排客人的行李，如果需要，还有提供乘客到W酒店的短途接送服务。同样，在摩洛哥马拉喀什有一家由宫殿改建而成的La Mamounia酒店，如果该酒店的客人抵达马拉喀什机场，也可以使用酒店在机场中的休息室，该休息室的内部装饰和酒店一脉相承，客人可以在这里使用无线网络，享用摩洛哥特有的甜品，感受舒适的环境。

在夏威夷大岛的华拉莱地区有一家四季度假酒店，他们在科纳机场(KOA)1号航站楼设有休息室，这里应有尽有：酒吧、纯平电视、茶点、杂志、报纸，当然还有无线网络和为手提电脑、手机提供的充电站。"我们的机场候机室可以将我们酒店的服务延伸，为我们的客人在回家的旅途中提供更长时间的舒适环境和服务。"洛杉矶四季酒店及度假村公关总监布拉德·帕克说道。

希尔顿酒店在马尔代夫航空公司(Trans Maldivian Airlines)水上飞机的中转站设有休息室，这样希尔顿的客人即拥有了独立的候机空间。客人在休息室中不仅可以观赏水上飞机起落时壮丽的景象，还可以享用SPA、淋浴室、游戏室、免费无线网络和计算机。虽然休息室对希尔顿酒店的客人是免费的，但是非酒店的客人也可以花费80美元在晚上租用它，如果遇到航班延误，他们就不必为此多支付一天的房费，而且可以在此享用机场提供的晚餐。

亚布·普歇尔伯格是世界著名的酒店和餐厅设计师，他正在为马尔代夫的Viceroy酒店机场休息室设计内部装饰。"酒店的机场休息室是一个正在流行的趋势，尤其对那些偏远的度假村而言十分必要。"普歇尔伯格说道，"客人为了抵达目的地千里迢迢地赶来，你应该在客人下飞机的那刻起就提供周到的服务，因此除了机场，车和船的中转站也应该成为酒店服务体验的延伸。"更有一些酒店干脆将自身与交通枢纽紧密地联系在一起，圣保罗的Emiliano酒店拥有自己的停机坪，方便客人出行。伦敦甚至有一间直升机酒店，Verta酒店就毗邻伦敦直升机场，极大地缩短了客人等待的时间。

资料来源：王登硕．环球时报·环球旅游，2011-12-05

4.1.2 服务产品设计

1. 服务产品组合

服务产品的设计，主要是服务产品组合的设计。产品组合就是饭店根据目标市场的需要和变化，结合饭店的自身条件，决定提供产品系列的品种。饭店产品组合由饭店产品的广度、长度、深度和一致性所决定。

(1) 广度。广度指饭店共有多少项分类产品，如饭店客房、餐饮、康乐等。

(2) 长度。长度是指一项分类产品可以提供多少种不同项目的服务，如康乐有桑拿、健身、网球等。

(3) 深度。深度指每一项目中又能提供多少服务内容，如桑拿有干蒸、湿蒸、擦背等服务内容。

(4) 一致性。一致性则是指各分类产品的使用功能、生产条件、销售渠道或其他方面的关联程度。

2. 服务产品设计准则

服务产品的设计需要考虑以下准则。

(1) 适应需求。顾客的需求是饭店服务的基础，也是饭店经营活动的起点。研究顾客需求的目的是为了确定科学的服务结构。顾客需求结构一般包括四个方面。一是功能需求，是顾客最基本的需求，如饭店的餐饮产品解决顾客"饿"的实际问题。二是形式需求，指顾客对饭店产品的质量、外观、构成、名称、方式等方面的需求，质量是这种需求的核心。三是价格需求，是对饭店提供的产品合理收费的需求，以及在一定的价格波动空间内获得定价选择权的需求。四是外延需求，是指顾客希望获得附加利益和服务的需求，外延需求的核心是心理需求。为满足不同类型顾客的需求，饭店的产品可以某一类顾客的需求为目标进行产品组合，如会议组合产品、蜜月度假产品、奖励度假产品等。

(2) 顾及成本。经济性是饭店经营和顾客消费的基本准则之一。饭店的服务设计必须考虑消费者的成本。对消费者而言，在获得某项服务时，其付出的成本主要包括以下方面。

① 货币成本，即消费者为满足需求、得到利益所耗费的货币价值。

② 时间成本，即消费者在得到和消费服务过程中所花的时间价值。

③ 体力成本，即消费者在等待和使用服务中的体力支出。

④ 精神成本，即消费者购买和消费服务过程中所付出的精神代价。例如，由于饭店某个环节上的不周或员工态度的冷漠，以致发生争执而产生的烦恼。

饭店应该对顾客的这些成本进行分析，根据实际情况，降低顾客成本，提高服务质量。

(3) 保证品质。品质指品位和质量。饭店产品必须保证有品位和高质量。有品位，即饭店提供的服务不能有失顾客的身份，而应凸显和提升顾客的身份和地位。高质量，即饭店提高的服务应使顾客有舒适和舒心之感。要达到这一要求，饭店服务必须做到“三个凡是”的“黄金标准”，即凡是顾客看到的必须是整洁美观的；凡是提供给顾客使用的必须是安全有效的；凡是饭店员工，对待顾客必须是亲切礼貌的。服务标准是饭店服务产品品质的保证之一，许多饭店都在这方面设计了工作标准，如表 4-1 所示。

表 4-1　服务产品品质保证的标准

序号	服务产品	标　准
1	通信联系	所有通信和电话需在两个工作日内回复，如需额外时间，问讯人应接到来自酒店方的沟通，感谢他们的问讯并通知需要附加的回复时间
2	托婴服务	提前 4 小时预约，2 小时起计
3	免打扰房	尽管客人的隐私权需被尊重，但管家部的员工必须在 24 小时内至少进客房一次
4	失物招领	必须在妥当的安全保障下根据饭店的要求，用一个完整的记录录入计算机来说明该物品是在什么时候由谁在哪里找到，最终如何处理。所有失物至少被保存 6 个月后酌情处理或者根据当地饭店的要求执行
5	擦鞋服务	任何时间由管家部提供
6	夜床服务	此项服务用于每晚的住房，遥控器会被摆放在床头柜上，并为次日离店的客人呈放意见表
7	客人需求用品	管家部尽可能予以提供插座转换器、婴儿床、特殊枕头、熨斗/烫衣板、一次性刮胡刀、冰块、各类花瓶、折床、剪刀、文具用品、清洁剂、棉织品等
8	洗衣/熨衣服务	每周 7 天服务，所有洗衣标签在送还客人前须从衣物上取下，在24 小时之内交还客人，至少 16 小时提供加急服务
9	修补服务	简单的修补服务不收费
10	布草	洁净无污迹、无破损

(4) 注重特色。求新是人们普遍具有的一种心理。饭店服务产品的设计人员应注意和利用这种求新心理，使服务产品因其“新奇”、“独特”而对顾客具有吸引力。由于饭店有形产品的相同性和相似性，饭店产品差异化主要通过不同人的服务来形成。同时，由于无形产品的特性，服务项目很容易被竞争对手模仿，创新便成为饭店永葆青春活力的源泉。饭店服务特色的塑造不仅仅在于服务项目的创新，还在于与当地文化或传统的有机结合。随着社会经济的发展，顾客的消费将从追求质量的满足逐渐转向感情消费的阶段。感情消费，并不满足于传统意义的标准化服务，也并不以原有的价值标准来衡量与饭店的交换关系，而是一种以满足个人情感为特征的消费方式和行为。为此，饭店的产品设计必须注重顾客的感情诉求，注重满足顾客的精神性需求，触及顾客的灵魂深处使顾客感到具有价值感、社会归属感和满足感。总之，饭店服务设计还应能引导和创造消费新趋势。

补充阅读材料4-2

美国酒店削减客房服务

在你下次入住酒店时，如果前台人员和行李员是同一个人，又或者说大堂没有前台人员或行李员，请你不要感到意外。消费者不断降低其旅行预算，为了削减成本，一些酒店在效仿航空公司的做法,即采取“不提供非必要服务”的政策。科伦传播公司最新的纽约商业报告指出,纽约最大的酒店——纽约市中心希尔顿酒店拥有近2 000间客房,它将在8月开始停止提供客房服务(Room Service),并解雇55名客房服务员工。该酒店的发言人表示,“有可能的话,我们致力于安排优秀的员工担任不同的职位。”Travelzoo的编辑总监Andrew Young表示,为2 000多位顾客提供服务需要耗费很高的成本和大量的时间。去年10月,希尔顿夏威夷度假村也停止提供客房服务。“与航空公司类似,酒店正在寻求方法来最大化辅助收入和削减成本。”

与此同时,酒店也在扩大它们的“高性价比”品牌的规模,也就是那些不提供客房服务的酒店。以洲际酒店集团(IHG)为例,它将增加454家快捷假日酒店(Holiday Inn Express,拥有约52 000间客房),这是该集团唯一的一家有限服务品牌。IHG的美洲区总裁Kirk Kinsell表示:“顾客现在经常不在客房内。”因此结果就是他们预订客房服务的次数减少了。而如果他们预订客房服务,那么他们也不会进行过多的消费。酒店业预测和分析机构PKF Hospitality Research称,去年美国酒店的每间实际入住房间的客房服务收入仅为3.33美元,这一水平与2011年的数据基本上是一致的。

酒店业数据分析机构Smith Travel Research的高级副总裁Jan Freitag表示:“全面服务酒店有餐厅,然而这些餐厅很难盈利。”在过去10年间,有限服务酒店的客房数量上升了16%,为270万间;而全面服务的客房数量上升了6%,为220万间。TripAdvisor网站最近发布的调查显示,商业中心、小酒吧和水疗实际上是酒店内最不受欢迎的设施;而免费无线上网、免费早餐和免费停车是最受顾客欢迎的。

专家指出,为了提供这些设施,一些酒店显然会在房价的基础上添加这些服务的成本。旅游网站Orbitz指出,西雅图酒店的日均房价在今年夏天同比上升了34%,为229美元;而旧金山酒店的日均房价则同比上升了26%,为265美元。在低端酒店和中档酒店解雇客房服务人员和行李员的同时,其他人则声称豪华酒店将增加礼宾服务,以符合更高的客房价格,从而让他们的顾客感到满意。位于佛罗里达州奥兰多的旅行顾问Christopher Elliott表示:“如果你不提供客房服务,那你就没有资格被授予AAA的五星钻石奖,然而这是每家高端酒店都希望获得的。”

预订网站Tingo.com的发言人George Hobica声称,尽管如此,一些高端酒店也在寻求方法来削减服务。以The Quail Lodge(位于加利福尼亚州的卡梅尔山谷)为例,在经过了为期3年、耗资2 800万美元的翻新后,它在今年三月重新开张,并削减了客房服务、前台服务和行李搬运服务。然而其房价则包含早餐、上网服务和停车服务。

专家表示,与航空公司一样,酒店在线上办理入住和动态定价方面已经做得越来越好。预订网站Getaroom.com的总裁Bob Diener表示,凯悦酒店集团旗下的安达仕(Andaz Hotels)酒店是最早为大堂的员工配备平板电脑和设置自动办理入住系统的酒店之一,旨在让客人无须在大量游客入住酒店时排队等候太长时间。“传统的前台正开始消失,”很多酒店现在都有动态定价策略,也就是说房价每天都会发生几次变化。“如果今天的入住率不高,那他们会降低房价;或者说如果你预订了3～4间的客房,而不是2间,那你可能会获得一个更低的价格。”

资料来源:Wing编译. 环球旅讯. http://www.traveldaily.cn/article/71000.html,2013-06-08

4.1.3　质量标准设计

1. 标准的含义

标准就是对重复性事物和概念所做的统一规定，以科学、技术和实践经验的成果为基础，经有关方面协商一致，由主管机构批准，以特定的形式发布，作为共同遵守的准则和依据。标准化是指在实践活动中对于重复性事物与概念实施统一标准，以获得最佳秩序和效益的活动。服务标准化就是强调饭店各部门、各岗位、每位员工的服务质量标准的集中统一。

2. 饭店服务标准类别

饭店服务标准化，要求饭店根据质量标准，并结合本饭店的实际，制订自己企业内部的标准体系。饭店内部的质量标准一般分为三个方面。

(1) 工作标准，是饭店对部门、各类人员的基本职责、工作要求、工作程序、工作规范、考核办法所做的规定，是衡量工作质量的依据和准则。

(2) 技术标准，是饭店对服务所要求达到的程度和水准所做的规定。饭店服务质量技术标准内容包括设施设备质量标准、实物商品质量标准、服务质量标准。

(3) 管理标准，是饭店对管理的规则、规章、程序及其他管理事项所规定的标准。

3. 标准的制订

制订一套切实可行的饭店服务标准，是一项十分复杂而细致的工作。制订标准要注意以下几点。

(1) 以顾客的需求为中心。

(2) 标准要简单、明确、可操作，易于员工理解。

(3) 定性和定量相结合，尽量使用定量标准。

(4) 标准必须配套，相互协调，自成体系。

(5) 标准的实施要坚持检查和考核，并不断加以修订完善。

4.2　饭店服务保证体系设计

如果说饭店服务设计制订服务规范、提供规范和服务控制规范，确定服务质量要求和标准，那么饭店服务保证体系设计则主要检查饭店服务人员所提供的服务是否有效地达到了服务标准。同时，饭店服务保证体系设计明确规定由哪个部门来检查饭店的服务质量，如何保障服务质量检查的权威性和有效性。

补充阅读材料4-3

某饭店开夜床服务工作标准

(1) 开夜床准备。正式工作前，准备好小推车，车上服务用品准备齐全，摆放整齐。将小推车推到客房门口一侧。敲门进房操作。提供服务时，房门打开，不许关门开夜床。

(2) 开夜床服务。服务员进房的后,打开壁灯拉好窗帘,打开空调调节室温。叠好床罩放在箱架上,将靠近床头一侧的毛毯连同上面一条床单一起掀起 60cm,成 45°角。同时打开夜灯,摆好拖鞋,客人睡衣放在开床一边,早餐单放在翻开的床单上。为贵宾提供的巧克力放在早餐单之上。整个操作快速、准确、动作规范。

(3) 房间整理服务。更换客人用过的玻璃杯、烟缸,倒掉纸篓垃圾,简单擦拭桌面,物品放在规定位置,不翻阅或挪动客人放在桌面上的物品。卫生间客人用过的口杯、烟缸、毛巾、浴巾、面巾等用品一起撤出,缺额补齐。简单清理面盆、浴盆、马桶,保持清洁。同时检查客房酒水饮料,开好酒单,补充酒水。整个房间整理遵守操作程序,服务快速、周详。

(4) 填写工作单。每间客房整理完毕,工作单填上客人房号、所住人数、开夜床进出时间、主要工作等内容填写清楚,关好房门。

整个开夜床服务做到整理过的房间整齐、舒适,用品齐全规范,气氛宜人,方便客人就寝。

4.2.1 服务质量检查的组织形式

为了做好饭店的服务质量保障工作,就需要建立相应的机构,在具体实施检查的过程中,各个饭店采取不同的组织形式。有些饭店成立了专职的部门——服务质量管理部。有些饭店在培训部或总经理办公室内设立相应的职能(见图 4-1 和图 4-2),有利于将质量检查与培训工作紧密地结合起来,从技术和业务的角度来完善饭店的服务质量,而后者(见图 4-2)则是为了赋予质量检查工作更大的行政权威,加重检查工作的分量。

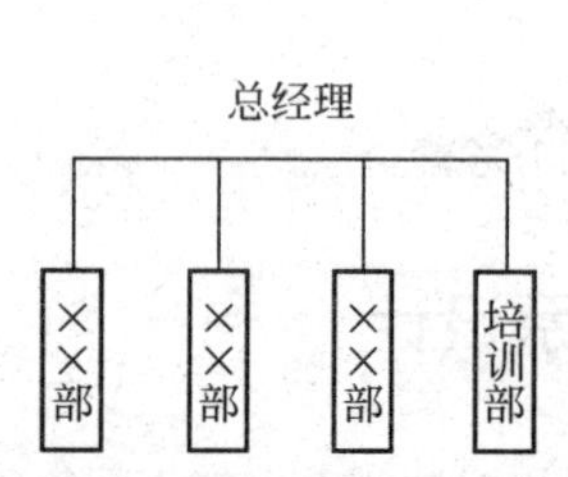

图 4-1 服务质量检查职能设在培训部

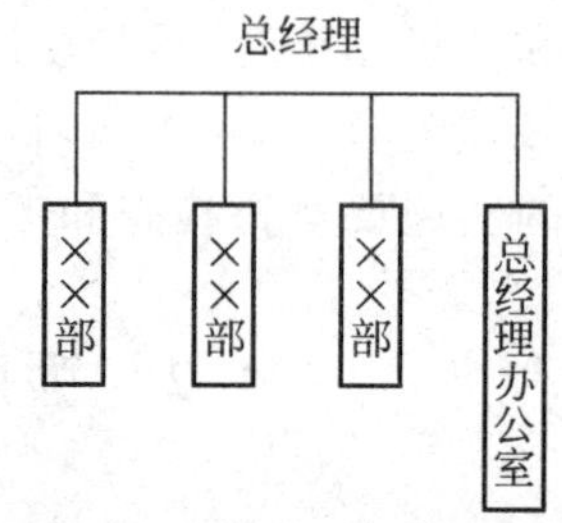

图 4-2 服务质量检查职能设在总经理办公室

也有一些饭店没有设立专职的部门,而是代之以非常设的服务质量管理委员会来执行检查(见图 4-3)。

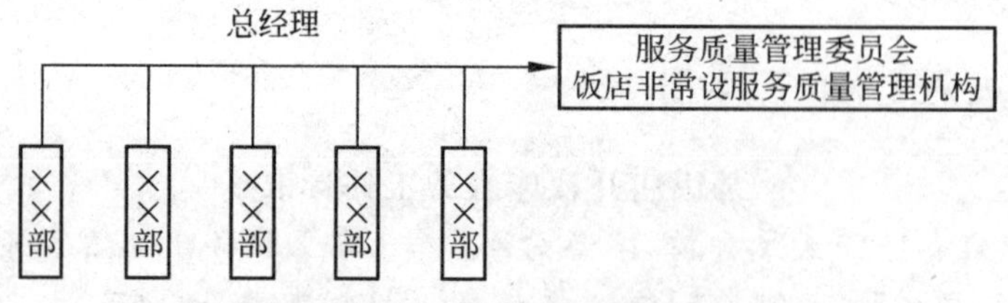

图 4-3 服务质量管理委员会的设置

上述各种组织形式都具备特有的优势，但也都有无法回避的缺陷。对此，我们可以通过表 4-2 来做进一步认识。

表 4-2　饭店服务质量检查的不同组织形式的比较

组织形式	优　势	不　足
设专职部门	有机构和人员上的保障	机构设置繁杂，有限的人员很难对饭店各个部门的情况都十分了解，故检查本身的质量会打折扣
设置于培训部之内	有利于服务质量检查与培训工作密切结合起来	缺乏权威性，缺乏其他部门的参与
设置于总经理办公室之内	检查的权威性得以加强	缺乏专业性，缺乏其他部门的参与
非常设服务质量管理委员会	兼顾了检查的权威性和专业化，实现了各个部门的参与	由于没有专职的部门和专业的人员，检查人员对于自己部门以外的业务不尽熟悉，往往造成自己人查自己部门，因此对存在的问题不够敏感，深层次问题不易查出，且容易出现各部门护短的情况

饭店在实施服务质量检查的过程中到底采用哪种组织形式，应根据自己的具体情况来决定，不可盲目地效仿别人，最适合解决自己所面临的问题的组织形式就是最好的形式。

但在选择服务质量检查的组织形式时，可以参考以下一些因素。

(1) 整个饭店的管理方式，是集权式的管理，还是分权式的管理，服务质量检查的组织形式应与饭店整体的管理方式相协调。

(2) 饭店服务质量目前所处的阶段和所面临的主要问题是什么？在检查的过程中主要缺乏什么？是权威、技术，还是各部门的重视程度？

(3) 饭店中高层管理人员的基本素质和专业能力。

(4) 饭店基层员工的服从性和技术操作能力。

有些饭店采用了专职的部门或机构和非常设委员会相结合的办法，也收到了很好的效果。

4.2.2　服务质量检查的实施方式

饭店服务质量检查的组织形式一经确定，就要考虑检查的方式。在实践中，检查的方式有多种多样，大体上可以归纳为以下几种。

1. 饭店统一检查

统一检查由饭店服务质量检查的最高机关组织，定期或不定期实施。由于是饭店服务质量检查的最高形式，因此具有较高的权威性，容易引起各部门的重视。在这种形式的检查中，要注意以下几点。

(1) 要注意对不同部门的重点检查，即使是在一家服务质量管理水平较高的饭店，部门与部门之间的服务质量也是会有较大差异的。

(2) 要注意检查的均衡性，饭店服务质量的最终表现是通过对客部门来实现的，但这并不意味着非对客部门的工作对服务质量没有影响。恰恰相反,非对客部门有时会起到某种决定性的作用。要注意检查的公正性,应该客观地反映检查的结果,不可戴“有色眼镜”,歧视性对待某些部门,这样做的结果只能恶化服务质量。

(3)要注意检查的权威性,对检查出的各种问题,要求有关部门必须高度重视,认真整改,不得以任何理由拒绝或拖延。

(4)要注意检查的严肃性,对于问题的当事人和责任人必须依照有关条例做出处理,不搞下不为例。

2. 部门自查

所谓自查,就是饭店按照服务质量的统一标准,要求各部门、各班组自己对自己的检查。饭店服务质量检查的体系可分三个层次。第一层次是店一级的检查;第二层次是部门一级的检查;第三层次是班组、岗位一级的检查。店一级的检查不可能每日进行,但又必须保证服务质量的稳定性,因此部门和班组的自查就显得尤为重要。需要强调指出的是,尽管是部门自查,也一定要按照饭店统一的质量标准进行,而不能自立标准,各行其是。否则,饭店的服务质量系统就会出现混乱。

饭店的服务质量管理机构要加强对部门检查结果的督察,随时抽查部门服务质量检查的记录,并随时与“记录”中的当事人进行核对,以防止可能出现的部门“嘲弄”行为。

补充阅读材料4-4

某饭店餐饮服务质量日常检查表

岗位:　　　　时间:　　　　检查人:

检查项目	检查细则	等级标准					备注说明
		5	4	3	2	1	
仪容仪表	1. 服务员是否按规定着装并穿戴整齐 2. 制服是否合体、清洁、无破损、无油污 3. 工牌是否端正地佩戴于左胸前 4. 是否留有怪异发型,发型是否符合标准 5. 男员工是否蓄胡须,留大鬓角 6. 指甲是否修剪整齐,是否留长指甲、涂有指甲油 7. 除手表、戒指外,是否还戴有其他首饰 8. 女员工是否按要求化淡妆上岗位 9. 站姿是否符合标准,是否有倚靠等不规范动作						
就餐环境	1. 地面有无杂物或污迹 2. 桌椅、工作台是否清洁,无污迹、水迹 3. 菜单是否清洁,有无油迹、有无缺页及破损 4. 餐具是否清洁,有无水迹、有无破损 5. 灯具照明是否正常,是否完整无损 6. 绿色植物有无枯萎或带有灰尘 7. 门窗是否清洁、无灰尘、无破损						

续表

检查项目	检查细则	等级标准					备注说明
		5	4	3	2	1	
服务规范	1. 宾客进入餐厅是否主动问候，表示欢迎 2. 是否协助宾客入座 3. 服务是否及时 4. 接受点菜时是否仔细聆听并复述所点菜品 5. 斟酒操作是否规范 6. 服务中是否用托盘操作 7. 上菜时是否准确地报菜名 8. 是否及时撤换餐具，更换烟缸 9. 结账是否迅速准确						
服务技巧	1. 尽可称呼宾客的姓名 2. 避免与宾客过于亲密 3. 能积极把握各种推销机会 4. 准确解释菜单 5. 与赶时间的宾客密切配合 6. 对有病的宾客、老人、儿童给以特别关照 7. 能灵活处理宾客投诉 8. 能为宾客创造愉快的用餐氛围 9. 及时处理醉酒等突发事件						

3. 外请专家进行技术诊断

饭店内部的各层次检查固然十分重要，但检查人员长久地处于一个固定的环境之中，难免会“身在此山中”，“不识庐山真面目”。因此，不时地请一些“局外人”来协助饭店的检查，会帮助饭店发现一些内部检查人员“麻痹”掉的问题。

如果饭店请到专家级的人士，那么这些检查就会表现出较高的专业性，同时还会带来一些其他饭店在控制服务质量方面的经验，这些对于任何饭店都是很重要的。

4. 走动式巡检

走动式巡检，是将检查融入每一次“路过此地”之中。饭店和各级管理人员万万不可将对服务质量的检查理解为仅仅是有组织的几次常规意义上的检查，而将其与非专门性的检查割裂开来。饭店管理人员的每一次走动都应作为是对服务质量的一次检查，对这一过程中发现的每一问题都应及时纠正。

不论是哪一层次的检查，其形式都可以分为明察和暗查两种。明察是在事先通知后的检查，可以了解被检查部门在较为充分准备之后的服务质量的状况。当然，这也可能因经过过多的“装饰”而缺乏真实性，但却可以反映饭店服务质量在临近自己最高水平时的基本状态。与之相反，暗查则是了解饭店服务质量日常基本水准的手段，与明察相比，尽管在暗查的过程中，会发现更多的问题，但反映的却是真实的情况。

检查要考虑到点与面的结合。所谓“点”就是以检查人员的面貌出现，按照事先确定的检查部门进行断面式的检查；所谓“面”就是模拟成来店的客人，从进店入住登记开始，依次在饭店各个场所出现并进行各种活动,直到最后办理离店手续的系列式检查。这种模拟检查可以弥补传统检查容易疏漏的缺陷,如入住登记的办理、行李员送客到房间的程序、餐厅的结账程序及效率等。

检查还要强调连续性,即在每一次检查前,注意对前次检查的回顾;在每一次检查中,特别注意对前次所查问题的复查,使得每一次服务质量检查之间能够形成一种有机的联系。

4.2.3 检查报告

对服务质量的每一次检查后,都应该完成一份服务质量检查报告,以反映检查的结果。起草报告时应做到客观、严格、公正、全面、细致。

(1) 客观,就是应该将检查现场发生的实际情况记录下来,一是一,二是二,不掺杂任何主观的看法和评论。

(2) 严格,就是以饭店管理模式和服务操作标准为依据,不放过任何一个微小的违章言行,以使服务质量能够保持在一个较高的水平上。

(3) 公正,就是不能以个人的好恶来组织报告的内容,不以个人的好恶对检查到的问题进行夸大或缩小。

(4) 全面,就是不能随意对检查过的内容进行取舍,使报告成为一个经过加工的"成品"。

(5) 细致,就是记录下检查中的每个细节。除了记录当事人行为外,还要记录其所使用的语言、所做出的表情和反应,记录好检查的时间、地点、场合、人物等一切应该记录下来的内容。

补充阅读材料4-5

××饭店服务质量检查报告

检查时间:××××年××月××日 15 时 30 分至次日 7 时 50 分

检查人员:×××

报告整理:×××

下午 15 时 30 分,以客人名义致电总台预订房间,一女服务员接听电话,服务态度较好。在介绍房间时,表述较简单,未能主动介绍两种标准间所含的不同(特色)服务项目。

14 时 35 分客人乘出租车到饭店前厅门口,门卫迎接手势规范,服务用语礼貌。

14 时 40 分,至总台办理入住手续,服务员(项××)主动询问有无预订,告知预订人的全名,查询后表示无此预订。客人表示是一位朋友帮忙订的,可能不是今天,服务员再次查询后还是回复未找到。

14 时 43 分,办理入住过程中,服务员(工号 7018)将客人的姓名"××"打印成"××冬"。赠送早餐券时未主动介绍用餐地点和时间,整个接待过程中服务员接听了一次电话(1 分钟左右),但未对客人说"对不起,请稍等"之类的礼貌用语。入住接待结束后,服务员无祝愿语。

14 时 50 分，至楼层，出电梯时楼层服务员（工号 6067）主动帮助按电梯并礼貌问候。

14 时 55 分，检查人员进入客房，对房间（806）状况进行了检查，总体情况良好，基本符合标准，但也存在一些问题，现记录如下。

(1) 房内空调关闭，房间内圈椅、拖鞋和床靠背上均有发丝。

(2) 便签夹上铅笔笔尖太短，不易书写。

(3) 一块小方巾上有一小片杂渍。

(4) 红茶茶叶罐无法正常打开。

15 时 05 分，致电服务中心要求送入热水一壶，服务中心称马上通知楼层服务员。3 分钟后接到电话告知房内配有电热水壶可使用。客人再次要求先送入一壶，3 分钟后楼层服务员按门铃送入开水。

15 时 10 分，致电总台询问饭店情况时，一女服务员接听，因其有事情需向边上同事交接，礼貌用语“请稍等”，但未将话筒按住，让客人清楚听到服务员之间的谈话。未等客人挂电话就将电话挂断。

15 时 40 分，客人至总台再次确认有无此预订，一实习生和服务员（刘×）查询后回复有此预订，客人称已开好房间可以取消。

16 时 20 分，大厅一公卫阿姨对客人较关注，主动为客人指引，但未使用普通话而是用方言。

18 时 30 分，与朋友一家三口出 806 房欲至餐厅用餐。楼层上一服务员推着装报纸的工作车对一客房敲了三下后无报称就开门，后与边上另一服务员见到客人后主动问好。在经过两服务员时，客人故意较大声地对小孩子说“今天住在这里要乖一点”，等等。另用餐回房后，向服务员要圆珠笔，让朋友小孩开门（光着脚），服务员未注意为客人提供小孩拖鞋。

18 时 45 分，客人一行（三大人一小孩）到餐厅用餐，检查结果如下。

1. 服务

(1) 领位小姐主动问好，并将我们领到座位上，语言和动作合乎标准。

(2) 看台服务员一递上菜单，在客人未翻开时就询问能否点菜；2 分钟后另一服务员也来征询能否点菜，语气中带有催促感，而非征求。

(3) 入座后，服务员能及时送上毛巾，向客人询问要不要茶水。客人问茶水是否收费时，服务员才告知需另收费用，客人表示不用茶水时，服务员多撤掉一套客用水杯。

(4) 服务员未能积极主动地推销酒水饮料，补空杯速度较慢。

(5) 服务员未主动斟倒酱醋。

(6) 服务员上热菜顺序颠倒，先上笋干毛豆后上盐水河虾，上菜时能报菜名。服务过程中主动续加酒水、更换骨碟，但在更换骨碟时未有致歉语且存在左右开弓现象。

(7) 用餐过程中服务员两次来说客人点的菜已无。客人欲将菜换为花蛤时，服务员称没有花蛤只有文蛤。客人称在明档台上有，服务员坚持一会儿后表示去厨房询问，数分钟后回复有花蛤。

(8) 投诉处理。用餐快结束时，客人在青菜野生菌煲中吃出一只死苍蝇，客人向服务员反映此事并表示不满,服务员说了声“对不起”后,把有苍蝇的汤碗端到服务台后无任何跟进处理。数分钟后,客人要求将剩下的煲撤走,服务员才上来表示将此菜退掉或换其他菜,客人称已无胃口,要求退掉。其后服务员也未对客人加以特别关注,未主动询问客人是否需要点心和其他面食。上水果时,服务员端上一盘小的单拼西瓜,客人再次表示不满,此时服务员欲拿回单拼水果,称拿回去换一盘。结账时,服务员说“刚才对不起,菜已经给您退掉了”,客人要求打折,服务员称只能凭打折卡打折。客人要求把领班叫过来,服务员离开到账台附近向领班汇报相关情况。5分钟后一个服务员拿着打了八折的账单(不含酒水、海鲜)过来,客人称现肚子已有不适,不想结账。此时,领班(胡××)和服务员一起过来对发生此类事情表示道歉,称餐费已经打折并做其他解释,后客人表示满意结账离开,看台服务员和领班送客人至门口并再次致歉。

2. 菜品

(1) 明档菜品保鲜不到位,有一盘螺蛳样菜长白毛。

(2) 冷菜及时上桌,白切鸡味道可以,藕片甜得发苦、偏老。

(3) 青菜野生菌煲中吃出一只死苍蝇。

22时30分,客人至大堂吧消费,一男服务员在吧台,看到有客人来主动问好并做好迎领,服务过程中服务语言和服务操作均比较到位。

次日用早餐时,客人入座后未有服务员询问客人是否需要咖啡或红茶。座位刚好在服务台旁边,服务员未及时在桌上放置餐巾纸,客人中途离座加菜食回来时,发现原坐过的餐桌已收拾过且被另一客人占了座位。

次日早上7时40分,致电服务中心询问有无维修工具,称有个包的拉链坏了,服务中心告知问过楼层后予以回复。8分钟后服务员将一工具送到;7时52分服务中心致电房间询问工具是否送到,表示已送到但未修好,问有没有其他工具,服务员称需要问一下才能确定。客人再次询问附近有无修包的地方,服务员表示客人若有需要饭店可以帮助修理。

服务中心在和客人通话时也有未等客人挂掉电话,自己就先将电话挂断的现象。

3. 总体印象

(1) 自饭店强化礼节礼貌服务以来,员工在这一方面的意识普遍提高,从这次检查的大部分岗位都能反映出来。

(2) 服务岗位的员工操作能力不足,部门对现场操作的监督力度也不够。

(3) 二线部门的服务意识有待加强。

4.2.4 检查中注意的问题

服务质量检查是保证饭店服务质量的有效形式,为了能在服务质量管理中发挥出最大的作用、收到最好的效果,需要在实施检查中注意以下几个方面的问题。

1. 各种检查的周期

应结合饭店服务质量的现状和特点,确定适宜的检查周期。周期过长,会使服务质量的控制力度弱化;周期过短,又会妨碍饭店其他工作的正常进行,同时检查本身也会流于形式。对宾馆服务质量的检查应该是多层次的，即岗位、班组一级的检查；部门一级的检查；饭店管理公司一级的检查(如果属于管理公司管理)。

层次低的检查的频率相对快些，层次高的检查的频率相对慢些。由于不同饭店的服务质量所处的状态不同，要求不同，发展阶段不同，因此应结合饭店的具体情况确定服务质量检查的频率，以达到最为理想的效果。

一般来讲，岗位、班组一级的检查应贯穿于每日的工作之中；部门一级的检查可每周进行两次左右；店一级的检查每月可进行一至两次。

2. 检查人员的素质

服务质量检查工作既是一项严肃的工作，又是一项具有一定难度的工作。其主要难度在于，要处理好检查与被检查之间的矛盾。人们一般都不喜欢自己的工作受到批评和挑剔，甚至还会表现出一种反感。一些饭店的服务质量检查流于形式，或是形成饭店内部的矛盾冲突，恶化了服务质量，其中重要的教训之一就是检查本身出现了问题，或者更确切地讲，是执行检查的人员出现了问题。因此，在选择服务质量检查人员和对这些检查人员进行管理时，应该考虑到以下条件和标准。

(1) 具有良好的职业道德和公正的人品。从事服务质量检查的人员应该出于公心，做到公正、客观。作为饭店服务质量管理的执行者，检查人员被赋予一定的权力，要教育和约束他们正确地行使这些权力。在饭店的服务质量检查过程中，确实容易出现滥用权力的现象，一些人员或是把检查当作发泄个人恩怨的机会，或是搞手下留情，相互掩盖问题，形成一种庸俗的默契。有一家饭店曾发生过这样一件事情。一位饭店服务质量的检查人员在检查餐厅(他曾在此提出无理要求，被拒绝后感到很没面子)时，趁服务员不注意将一堆脏物扔进接手桌的抽屉内，然后再栽赃给餐厅，并高额罚款。这样的“服务质量检查”不仅仅损害检查人员自身的形象，败坏饭店的风气，而且还会将整个饭店服务质量管理工作引向歧途。

(2) 专业能力。饭店服务质量检查是一项专业性很强的工作。“打铁先要本身硬”，发现问题的能力首先是基于自己对于这一领域专业掌握的程度。由于一些检查人员对被检查的工作内容掌握有限，检查工作就难以深入，总是停留在卫生、礼节礼貌和仪容仪表这类较为肤浅的表层问题上，将服务质量的检查逐步演化成卫生检查。其后果是饭店尽管在一些表面化的工作上具有一定的水准，但在整体服务能力上不断弱化。无论承认与否，服务质量检查的水平和深入程度，实际上就是饭店服务质量的导向。因此，在规范饭店服务质量管理而努力的过程中，也应该规范检查人员的工作，要求其掌握饭店的管理模式和有关操作规程，减少检查中的随意行为。

3. 检查人员的权威性

在有效确保检查人员的职业素质之后，就要考虑树立检查机构的权威性。饭店服务质量检查机构的组成人员不可能由饭店的最高领导层组成，一般由部门的负责人组成。从行政序列上分析，在进行全饭店范围内服务质量检查时，这种部门负责人之间跨部门的检查，往往缺乏传统的权威性，而缺乏权威性的检查是不利于强化服务质量管理的力度。饭店总经理可以向服务质量检查机构作出一些授权，以维护其权威性。具体来说，有以下办法。

(1) 有权了解、调查各部门和部门以下岗位服务质量状况,听取汇报。

(2) 检查机构可以根据检查结果,做出单笔罚款在××元人民币以下的处罚决定。

(3) 用所罚款项建立服务质量管理店内基金,由检查机构负责动用,主要用来奖励在饭店服务质量管理中表现突出的部门和个人,以及用于与饭店服务质量有关的其他活动。

(4) 决定单笔金额在××元人民币以下的奖励。

4. 前台和后台都应被列为检查的对象

毫无疑问,饭店服务质量现场都应被列为检查的对象。向客人提供服务的场所和岗位,即我们所说的直接服务现场(前台)。客人正是通过这里形成对饭店服务质量的印象。因此,饭店会理所当然地对直接服务现场的服务质量和管理提出更高的要求,这一点已经成为同业共识。与此同时,我们还应该认识到,直接服务现场服务质量的好坏,除了依赖于在这一现场工作的员工的努力程度之外,还在相当程度上取决于间接服务现场(即后台,如工程部、财务部)的配合和支持。间接部门应将直接服务部门看作是自己的"内部顾客",工作上也应强调"零缺点",才能保证整体服务水平的提高。

好的服务质量一定是直接服务现场和间接服务现场共同努力的结果。因此,服务质量的检查对象就不应该仅仅局限在饭店的直接服务现场。侧重对直接服务现场的检查是必要的,但不能因此忽视甚至放弃对间接服务现场的检查。在严格要求直接服务现场员工的同时,也应该对间接服务现场的服务效率进行检查。一些饭店在检查直接服务现场和间接服务现场质量时在掌握尺度上存在不适当的差距,这也会妨碍饭店服务质量整体水平的提高。两个服务现场管理长期的不和谐,会让直接服务现场成为无源之水、无本之木,以至于针对直接服务现场服务质量的任何改进措施都会显得苍白无力。

5. 检查应该从难、从严、从实际出发

曾经发生过这样一件事情。某饭店的服务质量检查人员在即将结束例行检查之前,来到财务部,发现室内空无一人。于是检查人员决定对脱岗人员进行罚款。被处罚人员不服并申诉离岗事出有因,而且是奉总经理之召。服务质量管理机构没有退让,在饭店总经理的支持下,不仅坚持处理决定,而且还要求当事人拿出避免再次发生这类事件的具体措施。从此以后,这家饭店各办公室一旦没有人在,便会在门上看到一个统一规格的小牌子,上面不仅写明了主人现在何处,而且还会告知大约什么时间回来。

这是一个典型的严格检查、严格要求的实例。按照常理,对于财务部这种间接服务现场人员脱岗一类的问题,一般不会从服务质量的高度引起重视,况且又事出有因。但这家饭店服务质量管理的难能可贵之处就在于,它从这一件稍纵即逝的"小事"中引出"后台服务保障效率"这样一个带有普遍规律的全局性问题,并得到了总经理的全力支持。另一个可圈可点之处在于,没有简单地以处罚为目的,而是最终以提高所有办公室的工作效率为目的。这就是对服务质量检查要从难、从严、从实际出发的最好解释。

4.2.5 检查后的处理与整改

在检查程序完成以后,还应该根据检查的结果,分析产生问题的原因,制订解决问题的方案,并采取措施予以落实。否则,检查就失去了意义。

4.3　饭店服务质量的现场管理和过程管理

服务现场指的是服务的具体场所和具体服务过程。服务现场管理是饭店服务质量得到最终体现的场所。饭店必须加强服务现场的管理。

4.3.1　服务现场管理要点

1. 加强对客交流

饭店管理人员现场管理的首要任务就是热情问候顾客,及时征询顾客的意见,适时提供必要的服务,帮助解决一些特殊的需要,使顾客有受尊重、受关照的感觉。

2. 控制服务标准

饭店管理人员应经常巡查所辖部门,调动员工的情绪,指挥和督促服务人员按标准规程提供服务,并通过观察判断,及时发现并纠正偏差。同时,要及时同相关部门保持联络,保证服务工作环环相扣,步步到位。

3. 关注重点服务

饭店管理人员在工作过程中,同样必须关注重点服务。一般来说,管理人员需要特别关注的顾客有重要顾客;爱挑剔、难以侍候的顾客;曾经对饭店投诉过的顾客;有缺陷、身体不适、消费低廉的顾客。例如,饭店前厅部在接待重要客人时,需根据"宾客订房单"或"免费房/内部用房申请单"上的要求进行 VIP 房的分配;选择同类房中方位、视野、景致、环境、保养等方面处于最佳状态的客房;在 VIP 客人到达之前将房卡、钥匙、登记单放在大堂副理处;大堂副理在宾客到达之前需做好房间的检查工作。在贵宾办理入店手续时,大堂副理、金钥匙或其他相关人员在大堂迎接宾客;亲自将宾客送至房间并在"宾客住宿登记单"上做登记。

4. 寻找并处理顾客的投诉

由于饭店和顾客的各种主客观原因,顾客对饭店环境、菜点、服务、价格等产生不满意的现象是难以避免的,但顾客对待不满意的态度是不同的。所以,饭店管理人员必须随时注意顾客的表情和情绪,主动征求顾客的意见,及时把顾客的不满情绪消灭在萌芽状态。对于顾客的投诉,则应给予足够的重视并注意处理的技巧。

5. 做好人力的调度

为了分工明确,职责清楚,责任到人,饭店服务一般采用分岗位区域负责制。但是在营业过程中,顾客的分布及活动时间往往不以人的意志为转移,必然会出现忙闲不均的状况,这就需要管理者现场调度,进行第二次甚至是第三次分工,以保证接待服务质量。另外,饭店接待活动有高峰和低谷,当高峰过后,管理人员应适时安排部分员工休息,以节约劳动力。

4.3.2　服务运作过程质量控制

饭店服务运作过程质量控制是指采用一定的标准和措施来监督和衡量服务质量管理的实施和完成情况,并随时纠正服务质量管理目标的实现。饭店服务运作过程质量的控制有以下三个特点。

(1) 全方位,是指饭店的每一个岗位都要参与服务质量管理。

(2) 全过程,是指饭店每一岗位的每一项工作从开始到结束都要进行服务质量管理。

(3) 全体人员,是指饭店所有员工都要参与服务质量管理。

在实际工作中,饭店的生产与服务的运作过程由服务的预备(准备)过程、服务过程、服务结束的反馈过程组成。因此,饭店服务运作过程的质量控制包括了上面三个过程的质量控制。

1. 服务预备过程的质量控制

服务预备过程的质量控制主要是指饭店在接待宾客前的各种服务准备工作的质量控制与管理。服务预备过程的质量控制是提高服务质量的前提条件,其根本目的是贯彻预防为主的方针,为提供优质服务创造物质技术条件,做好思想准备。饭店各部门的服务性质不同,事前准备工作的内容、形式、时间也不同,因此要根据各部门的不同情况来控制服务预备过程的质量。服务预备过程的质量控制与管理的主要内容包括资源整合与配置、人员培训。

(1) 资源整合与配置。根据所要提供的服务产品的质量要求对现有资源进行合理的整合与配置,通过服务组织将人力、物力、财力、能源、信息等资源进行合理地整合,并充分发挥各资源要素的积极作用和质量功能,以保证服务过程所需资源要素的质量。

(2) 人员培训。根据服务方式与服务操作程序文件、服务质量检查标准和服务质量管理文件等,对各岗位人员进行服务和管理培训,使各岗位人员认识和了解自己的岗位职责和质量职能,保证服务操作人员真正理解和掌握服务过程质量控制程序文件的内容,使他们的知识、技能和服务态度能满足饭店生产与服务质量要求的需要。

2. 服务过程的质量控制

服务过程的质量控制主要是指在直接接待宾客过程中的各项服务工作的质量控制和管理。

(1) 岗位人员控制。岗位人员控制包括服务人员的技术素质和服务意识要求、岗位职责监督、操作程序控制、现场督导、事故处理和服务记录管理。服务记录管理要求服务操作人员按服务过程控制文件的要求做好各项工作,并做好原始记录。控制中要密切注意员工的情绪和反应,发现问题应立即按规定程序采取有效措施予以解决。

(2) 设备物品质量控制。服务的设施、设备是完成服务的重要工具,是达到服务质量目标的重要保证。对饭店的设备控制应保证专业人员或有资格使用的人使用服务设备,严格按照操作规范去做,同时做好设备使用记录。另外,集体使用的物品在管理上容易上造成“你不管、我不爱护、大家财产不心痛”的局面。因此,设施、设备的管理应该与工程部订立维修保养合同,专人负责,每个设施或设备都建立一套档案,内有设备出产地、型号、维修保养的具体联系人,设备使用、维修状态,注意事项等,并定期检查、维修,发现问题和隐患及时纠正、修理并记录在案。

客用物品是指客用一次性消费物品和重复性消费物品,如餐饮食品、酒水、客房低值易耗品,以及家具、布草、电器等。客用物品的质量控制包括物品的识别(标志或卖相)管理、卫生质量控制、安全质量控制、适用性与满意度控制等方面。

(3) 关键环节质量控制。饭店服务过程的关键环节是指对饭店服务产品质量有重要影响的服务点或服务过程。广义上说,饭店服务过程中与顾客的每一次接触都属于服务过程的关键环节。例如,总台的 CHECK-IN 与 CHECK-OUT;餐厅引座、点菜和桌边服务等。关键环节质量控制包括关键环节的操作规范与服务程序的控制与管理,严格按照操作规程、服务程序和质量标准操作,控制涉及的人员素质、设备物品质量、环境质量等。关键环节质量控制的要点是防止失误,做好第一次服务。

(4) 服务方式变更控制。由于顾客的个性需求和柔性服务的需要,在服务提供过程中有时需要服务方式的变更,如客房服务中某些服务项目的增减、宴会服务中服务程序的变更等。服务方式由标准化向个性化的变更,要求注意以下几点。

① 征得顾客同意,并经服务部门经理批准。

② 每次服务方式变更后,应对相应的服务产品进行评价,以验证方式变更的有效性。

③ 当服务方式变更引起人员能力和服务产品特性之间的关系发生变化时,应将变化情况形成文件,并以文件形式及时通知有关部门和人员。

④ 所有服务方式的变更均应形成文件,以便形成新的标准。

(5) 环境质量控制。饭店服务过程的环境质量控制主要指客人的消费环境质量控制和员工的工作环境质量控制。

① 客人的消费环境质量控制。客人的消费环境包括可视环境和可感知环境。可视环境质量是指通过对服务营运点空间功能区的合理分割、绿化以及声、光、电和各种陈设与饰物的设计与组合,营造出能为宾客直接看到和感受到的环境氛围,是硬环境的质量控制。可感知环境质量是指通过各服务营运点的员工仪容仪表、言行举止以及对客服务意识、服务态度、服务技能与技巧的综合塑造,营造出带有较强情感性与可感知性的服务环境氛围,是属于软环境方面的质量控制。

② 员工的工作环境质量控制。员工的工作环境好坏直接影响到员工的工作质量。控制的目的是为员工创造一个能激发员工工作积极性、创造性的优良工作环境,提高员工的工作质量,包括创造方便员工服务操作的环境、学习氛围塑造、环境的卫生和安全质量控制、环境的舒适度和人性化控制等。

3. 服务结束的反馈过程质量控制

服务结束的反馈过程质量控制主要是指通过各种方式征集顾客服务消费后的意见和反映,根据饭店服务产品的质量反馈信息,分析提高饭店服务质量的方法与手段,以便在未来的服务质量计划中提高质量标准。

(1) 质量反馈信息控制。质量反馈信息控制包括服务质量信息的收集、分析、管理和使用。通过顾客意见单、常客意见征询、客人投诉、员工服务工作记录、质量管理部门检查记录等形式收集信息,并进行归类、整理、分析,总结质量控制的成功经验。

(2) 纠正措施与预防措施控制。纠正措施是指为解决已发现的质量问题和消除由于质量问题而引起的负面影响所采取的措施。预防措施是指为解决潜在质量问题和消除潜在的影响因素而采取的措施。在纠正措施与预防措施控制的实施中应注意以下几点。

① 职责分配。在饭店服务过程中出现问题的原因可能是多方面的,往往会涉及饭店的多个职能部门或个人,对质量问题的纠正与预防措施的实施也会涉及这些部门。为有

效地制订并实施纠正措施和预防措施,应根据质量管理机构设定的管理组织责任到人。

② 影响性评价。饭店应根据出现的质量问题对顾客及其他利益相关方满意度的影响程度进行影响性评价,并根据不同影响程度采取不同的纠正措施。

③ 可能原因调查与问题分析。对每一次质量事故写出书面报告,并对饭店的服务程序、服务规范及所有有关的服务记录、质量记录、顾客意见等进行认真分析,查清造成质量问题的主观原因和客观原因,以便有针对性地采取纠正措施和完善以后的预防措施。

④ 纠正措施和预防措施的制订。针对质量问题产生的主要原因采取纠正措施时,应重视可能存在的、影响质量的潜在原因,并根据服务过程变化的趋势、顾客需求的变化趋势、供应商提供中间产品质量的变化趋势,建立并实施预防控制程序,以防止出现质量问题。因此,饭店应对生产服务过程记录和质量检查中的质量记录所暴露出来的问题进行分析,寻找应重点加强控制的服务环节和服务点,找出影响质量的主要因素,并提出相应的预防措施。

(3) 新标准的制订。要把服务过程质量控制的成功方案和有效措施,纳入相应的质量程序文件和服务程序、服务流程说明书中,使其成为新的服务规范和服务标准。

补充阅读材料4-6

某酒店餐饮及宴会服务质量管理工作要点

部门	餐　前	餐　中	餐　后
餐饮部经理	1. 开好班前会:明确任务的分派;注重调动员工工作的积极性和良好的工作情绪 2. 餐前各区域卫生、设施、摆台及包间、大厅、传菜部等每日用物品、收银台酒水准备情况,关注员工正确的清洁流程和摆台标准化操作规范情况。如每张餐台的摆设是否一致;台布是否干净、熨烫平整、没有任何污迹或破损;餐具酒杯是否干净、擦亮、款式相配;备餐台是否保持清洁;所有植物和装饰花卉均新鲜、无腐败;餐椅的布艺或椅套部分是否干净;颜色是否协调;状况是否良好 3. 重要点位工作的检查,如:①婚寿宴现场的布置、物品准备(酒水、凉菜的提前摆放及敬酒酒杯、酒水的准备点位及人员的知晓情况)与广告点位的到位情况;②VIP接待灯光、温度、茶水、热毛巾的准备及	1. 关注大厅区域及重要接待点位如楼口服务动线,是否有序顺畅;若楼口、点菜等关键点位缺失需及时补位和调整 2. 关注点菜师及服务员的服务状况是否热情、主动、高效;在服务过程中,如果员工需要与其他同事交涉时,有否顾及客人的存在 3. 跟进VIP客人用餐与上菜节奏、出品顺序、主桌与主宾服务等情况,保证服务流程完整、到位和规范 4. 关注传出口菜品质量(上菜速度是否有轻重缓急的协调,上菜时菜品看起来是否吸引人,上菜时食品的温度是否合适,分量是否让人接受),传菜员工的操作规范,服务的正确性、及时性及灵活性	1. 跟进大型接待及VIP宴请退席时菜品的余留情况,评估客人对菜品的满意度;了解当班服务员收集客人对服务、菜品等意见 2. 跟进VIP及新客户的结账情况(能否在客人提出要求后1分钟内即呈上账单;账单是否放在一个干净的账单夹里,并附上酒店专用笔;账单是否清晰、正确地列出各项明细;等等),检查价格政策的执行正确性和有效性;抽查新价格、新政策的执行情况 3. 跟进收餐环节员工正确收拾餐具及分类堆码、负重及运送情况 4. 跟进员工餐具清洗及擦拭、摆放及卫生要求

续表

部门	餐　前	餐　中	餐　后
餐饮部经理	摆台和菜单;③已预订客人菜品的配置和落单情况;④客人委托服务的落实及交接事项的安排与登记;⑤生日宴客人蛋糕的预订、送达及餐车的装扮和赠送议程安排、相关人员的知会;⑥收银点位零钞、签字笔、收银夹等准备情况 4. 与行政总厨沟通了解当日清单的“推销”、“估清”等情况 5. 开市前员工到位情况的再次检查;关注新员工及情绪不稳定人员的服务状态,并给予及时有效的辅导 6. 收集了解今日预订客人的信息和菜单的落单安排 7. 检查餐厅照明灯具是否明亮开启 8. 站位与迎宾做好餐饮部开市迎客服务;关注VIP的抵店情况	5. 关注PA服务动向及操作规范 6. 关注客人加菜的出品情况 7. 关注用餐高峰期后来客人服务的传递、服务的保障情况 8. 加强对突发情况的预防、预估和控制、协调 9. 非当班经理亲自到VIP及大型接待现场参与和听取客人对服务、菜品等意见 10. 安排敬酒及生日蛋糕赠送顺序,参与或代表饭店总经理向VIP客人及生日宴客人送蛋糕、敬酒,表达对客人的尊重和祝福	5. 检查各区域及吧台每餐物品的归位、摆放及补货情况 6. 检查各区域卫生完成情况及水电气、门窗的关闭情况 7. 检查当班记录的记载及交接记录 8. 及时总结当市接待中的亮点及不足,并做好记载
行政总厨	1. 检查厨房员工个人卫生及加工操作环境卫生 2. 注重加工过程的控制,如加工数量控制、加工出净率的控制(提出净料与边角料的比例等)、加工质量的控制(验收要严格按质量标准,控制原料的加工形成、卫生、安全程度) 3. 注重配制过程控制(这是食品成本控制的核心) 4. 注重与餐饮部经理的沟通,强调当日清单的“推销”、“估清”等情况 5. 重点跟进当天VIP接待菜品、餐盘、每人每器皿等准备情况,确保万无一失 6. 重点检查大型接待各项准备情况,检查装盘规格和盘饰要求,确保餐具干净、整洁、无破损、无缺口	1. 注重烹调过程的控制;关注厨师烹调的操作规范、出菜速度、成菜温度、销售数量等重要环节的情况。对已烹调的菜肴品尝试味 2. 高峰起实行重点控制法:对某些经常容易出现生产问题的环节要重点管理、重点抓、重点检查 3. 现场把控好VIP接待各项菜品的出品质量和出品顺序、速度等 4. 大型接待加强宴会现场巡视,有效掌控好出品速度及出品数量的增减情况等	1. 制备供应工作结束,督导各班组做好清扫、收藏、安全工作 2. 对食品原料的利用、贮藏进行检查控制,查看当天食品的库存量 3. 及时与餐饮部经理了解和跟进、评估大型接待及VIP宴请现场客人对菜品的满意度 4. 抽查各生产区域卫生完成情况及水电气、门窗的关闭情况 5. 抽查当班记录及交接班记录

4.4 饭店服务质量评估

饭店服务质量管理的效果,最终主要表现在两个方面。一是看是否符合饭店服务质量的等级标准;二是看是否满足客人的物质和精神需要。饭店的服务质量管理应以此为准则,采取多种方法,加强检查考核,及时发现各种问题,并采取有效措施,不断完善管理,提高服务质量。

4.4.1 饭店服务质量调查

饭店服务质量调查主要有四种方式:直接面谈、电话访谈、问卷调查和暗访调查。饭店应综合考虑各种调查方式的优缺点,根据方便程度和尽可能得到完整资料的原则,选择采用调查途径。一般来说,应采用两种或两种以上调查途径相结合的方式以获取更充分的统计资料。有关直接面谈、电话访谈、问卷调查、暗访调查四种调查方式的优劣势,如表4-3所示。

表4-3 饭店企业调查主要方式的比较

调查方式	优　势	弊　端
直接面谈	可提出较为复杂与深入的问题 能借助相关资料让被调查者更好地理解调查者的观点 能较为完整地理解被调查者的观点	成本较高 需要素质较好的调查员 难以提出或回答较为敏感的问题
电话访谈	成本较低 快捷 可对是否进行深入调查进行选择	只能提问简单直接的问题 访谈时间短 需要高素质的人员仅通过语言沟通就能保持被调查者的兴趣与注意力
问卷调查	成本低 能较好地避免调查者的偏见 受调查者可以匿名 方便收集距离远的调查者的意见(通过E-mail还可提高回复的速度)	普通信件回复慢 回复率低 问卷必须简短与简单 样本难以做到具有代表性,某些被选择的调查对象可能不会回复
暗访调查	隐蔽性高,能获得更真实的调查资料	对调查人员的素质有极高的要求

在设计调查问卷上,努力做到各选项没有倾向性,即在各选项中并没有隐含调查者的主张。在把问卷统一发出去给调查对象进行填写之前,需要综合考虑问题是否容易理解、选项是否具有倾向性、问卷是否具有一定的完备性。

有时为了获得更为真实可靠的调查资料,可以结合暗访调查的方式,如由调查人员扮成神秘顾客,通过审查饭店服务环境、设施设备、要求饭店员工提供服务或故意刁难服务人员等途径,从中观察饭店服务质量上存在的问题。暗访最终应形成暗访调查报告。

补充阅读材料4-7

某酒店服务质量问卷调查表

尊敬的宾客：

××酒店在此承诺，愿为您提供最高水准的服务及饭店设施。为不断自我完善，追求完美，感谢您能填写此调查问卷。我们衷心感谢您的支持，并祝您在此度过轻松愉快的时光。

1. 您的自然情况：

姓名　　　　性别　　　　房间号码：

地址　　　　邮编　　　　E-mail　　　　电话

房间预订

2. 您是如何选择××酒店的？

☐ 推荐　☐ 旅行社　☐ 以往经历　☐ 饭店销售经理　☐ 饭店的声誉

☐ 会议/展览　☐ 广告　☐ 其他

3. 您预订饭店的渠道：

☐ 直接预订　☐ 政府机构　☐ 团体预定　☐ 企业公司　☐ 预订中心

☐ 旅行社

4. 您对预订服务的评价：

☐ 非常出色　☐ 满意　☐ 失望

5. 您来访的目的：

☐ 商务　☐ 度假　☐ 途经

6. 您对以下服务提出您的意见：

您的意见	非常出色	满意	失望
机场接送服务	☐	☐	☐
大堂副理	☐	☐	☐
门童	☐	☐	☐
接线员	☐	☐	☐
行李员	☐	☐	☐
客房服务员	☐	☐	☐
礼宾服务	☐	☐	☐
洗衣服务	☐	☐	☐
前台	☐	☐	☐
宾客服务中心	☐	☐	☐
商品部	☐	☐	☐

意见：

---

7. 接待人员是否向您介绍饭店的服务设施?

□ 是 □ 否

……意见:

客房

8. 您对客房的满意程度:

您的意见	非常出色	满意	失望
干净	□	□	□
浴室备品	□	□	□
舒适	□	□	□
房间设备	□	□	□

……意见:

---

9. 您认为房间设施是否需要更换或调整?

□ 是 □ 否

……意见:

康乐中心

10. 请填写您对康乐中心的意见:

您的意见	非常出色	满意	失望
设施设备	□	□	□
员工技能	□	□	□
卓越服务	□	□	□

……意见:

商务中心

11. 请对商务中心提出您的意见:

您的意见	非常出色	满意	失望
设施设备	□	□	□
员工技能	□	□	□
卓越服务	□	□	□
设施保养	□	□	□

……意见:

餐厅

12. 请对餐厅的食品及服务提出您的意见:

整体评价	非常出色	满意	失望
	□	□	□

食物质量	非常出色	满意	失望
中餐厅	□	□	□
大堂吧	□	□	□
西餐厅	□	□	□
房间送餐	□	□	□
服务质量	非常出色	满意	失望
中餐厅	□	□	□
大堂吧	□	□	□
西餐厅	□	□	□
房间送餐	□	□	□

意见：

公共区域

13. 请填写您的意见：

	非常出色	满意	失望
干净	□	□	□
地面清洁程度	□	□	□
维护标准	□	□	□

意见：

4.4.2　饭店服务质量评估

1. 饭店服务质量评价类别

饭店服务质量评估可分为有关部门的评估、饭店的自我评估和顾客的评估，而顾客的评估是对服务质量最权威的最终评估。

从顾客的角度来看，饭店服务质量不仅与服务的结果有关，而且也与服务的过程有关。通常顾客能比较客观地评估服务结果的技术性质。服务过程的质量则不仅与服务时机、服务方式、服务态度、服务技术有关，而且与顾客的个性特点有关。此外，顾客对服务过程质量的看法也会受到其他顾客的消费行为的影响。通常顾客对服务过程质量的评估带有很大的主观性。

2. 饭店服务质量的评价与改进过程

服务评价与改进过程就是实施服务过程作业的连续评价，以识别和积极寻求服务质量的改进机会。服务评价与改进过程包括以下三个程序。

(1) 数据的收集。用以下手段从服务运作的测量中得到的数据是有用的。①供方评定(包括质量控制)；②顾客评定(包括顾客反映、顾客投诉及要求的反馈信息)；③质量审核。对这些数据的分析将用于测量服务要求的完成和寻求改进服务质量的机会，以及所提供服务的效果和效率。

(2) 数据分析。现代统计方法在许多方面有助于数据的收集和运用,无论是在获得对顾客需要的更好理解方面,还是在过程控制、能力研究、预测方面,或者在质量测量方面,均有助于决策。

(3) 服务质量的改进。饭店应对持续改进服务质量和整个服务运作的效果和效率制订计划,对收集的数据进行分析,把分析结果反馈给运作管理者,并及时提出服务改进建议。服务质量改进活动应照顾短期和长期改进两方面的需要,在改进过程中定期向高层管理者报告,对长期质量改进建议进行管理评审。

3. 建立服务质量预警制度

质量调查、分析的最终目的是为了发挥预警的作用。所谓预警,就是根据每月的分析及积累的档案资料,预测出有可能出现的质量问题,及时予以警告,提醒各部门防患于未然。

服务质量预警制度主要包括主观培训和事先预防两个方面。饭店服务质量的高低从人员的角度看,很大程度上取决于以下三方面原因。一是新晋升管理人员的服务质量标准意识及管理能力和水平;二是老员工的服务倦怠及综合素质的提升;三是酒店员工的频繁流动造成的新员工的技能水平不能很快达到所在岗位的要求。为此,饭店应主要通过系统有效的培训,防范因为员工意识错位、意志消沉和能力不足而影响服务质量。同时,饭店服务具有一定的规律性,很多的质量问题是由一些特定的因素引发的。为此,饭店还应该建立服务的预警制度,做到防患于未然。例如,夏天应多检查室外游泳池,多注意食品的保鲜以保证食品安全。饭店还应根据业务的繁忙程度,发出有关事项的质量管理预报,根据员工在不同时段的行为特征,提请有关部门注意员工的动态。

4.4.3 饭店服务质量分析方法

在服务质量管理中,饭店只有采取有效的管理方法,才能真正提高服务质量,提供令顾客满意的服务,从而使饭店取得良好的经济效益。常用的服务质量分析方法有PDCA循环法、ABC分析法、因果分析法等。

典型案例

客人脚被扎伤

深圳某酒店质量管理部经理从4月9日下午回收的顾客满意度调查表中发现,2303房间客人Lead在调查表中写道,4月8日他在餐厅用餐,右脚被钉子扎伤了,流了很多血,但是在那儿的服务员认为无所谓,他想以人身伤害投诉,并保留对餐厅的索赔权。质量管理部到前台调客史档案,了解到Lead来自中国香港,是多次入住酒庄的常客,以前并没有投诉记录,现在客人还没有退房。大堂副理说昨天晚上22点30分,他们接到行政楼层的电话说客人的脚在餐厅扎破了,当时一个行李员和餐厅的人陪着客人到医院去看了,客人现在满意不满意她还不知道,她答应一会儿给客人打个电话跟踪一下结果。到餐厅调查当晚的情况,餐厅王经理说,当晚21点30分左右客人来用餐,一到就被榻榻米上露出来的钉子扎破了脚。本来钉子是不会露出来的，那块木板不知道什么时候断了，所以露出了钉子。当晚他们出钱让客人打了一针破伤风针，客人就回房间了。其实客人一来就被扎破了脚，他夫人也说没有事，直到吃完饭结账，客人要打折时才不满意，共消费了585元，给打了8.5折。王经理答应等酒店总经理回来后打个电话向客人道歉，但总经理到调查时还不知道这件事。

资料来源：王大悟．酒店管理180个案例品析．北京：中国旅游出版社，2007

【分析与讨论】 仔细分析整个事件的始末，我们不难发现，客人之所以投诉是因为他受伤后个性化需求没有得到满足，是因为酒店对客人关注和重视程度不够，没有让客人感觉到他在酒店受到了应有的尊敬和理解。没有人真正关注客人的实际需求，没有人对整个事件进行跟踪服务和检查。为什么会发生客人被钉子扎破脚的事呢？试从质量管理角度谈谈本例中钉子扎人事件的起因、处理过程及后续改进措施。

本章小结

饭店的服务质量管理是以服务质量为对象而进行系统的管理活动。为了提高饭店的服务质量，首先必须抓好饭店服务设计、服务保证体系设计，制订出符合饭店性质、档次的服务质量标准和服务规范。其次，根据饭店的服务规范要求，做好饭店服务质量的过程管理和现场管理，并运用各种方法来评估饭店服务质量，提高宾客的满意度。

思考与练习

概念与知识

主要概念

饭店服务标准化　服务质量预警

选择题

1. 饭店竞争非常激烈，(　　)的设计往往被饭店作为差异化竞争战略的一部分。

A. 核心功能　　B. 延伸功能　　C. 辅助功能　　D. 基础功能

2. 饭店产品的(　　)是指各分类产品的使用功能、生产条件、销售渠道或其他方面的关联程度。

A. 广度　　B. 深度　　C. 长度　　D. 一致性

3. 从客人实际经历服务的角度提出的技术性质量是指(　　)。

A. 服务设施的质量　　B. 服务过程的质量

C. 服务结果的质量　　D. 服务用品的质量

简答题

1. 饭店内部的质量标准分哪几个方面?
2. 饭店质量控制体系由哪几个环节组成?
3. 饭店服务质量检查有哪几种方式?各有什么特点?
4. 饭店服务质量检查报告起草应注意哪些问题?
5. 饭店服务质量评价与改进过程的要素有哪些?

分析与应用

实训题

找一家三星级饭店作为饭店服务质量调查的对象,完成一份服务质量检查报告。

第5章

饭店服务产品质量控制与管理

学习目标

通过本章学习，达到以下目标。

知识目标：了解饭店前厅部、客房部、餐饮部、康乐部、安全部和工程部的基本工作职能，掌握相关工作的基本程序，了解检查工作的重点及标准。

技能目标：能够熟悉饭店各部门的运作环节，掌握饭店各部门的服务质量检查重点。

引　例

宁波某饭店的服务质量管理问题

宁波某饭店是一家五星级宾馆，近几个月来，商务客人不断增加，服务质量方面的问题也随之而来。

一天早上9:30，来此地做生意的刘先生怒气冲冲地来到大堂值班经理处，投诉酒店未按要求提供叫醒服务，以致他睡到9点才醒来，严重耽误了早上的行程。刘先生对酒店表示强烈不满。原来，刘先生于前一天晚上致电总台要求次日7:30叫醒两次，总台进行书面登记后由礼宾将叫醒登记单送至宾服中心。但由于宾服员工工作失误，忘记提供叫醒服务，引发客人投诉。

下午，大堂值班经理接到一位许先生来电投诉，客人称刚进自己入住的客房，竟然发现里面有其他人住，还有人在洗澡，要求酒店给予说法。大堂经理立即开展调查，原来许先生入住的房间是当天的预退房，总台报查房后发现房内无卡无行李，住店客人许先生也联系不上，因此于16:50进行退房处理。但由于客人房卡未收回，总台也未按程序进行锁房处理，导致该房间打扫干净重新售出后，原来的房客仍然能持卡进入房间；大堂副理立即向许先生致歉，给许先生更换了房间，并赠送一份果盘，许先生最终接受道歉。

此事刚刚平息，餐厅又出了问题。一位在咖啡厅就餐的客人忽然大叫："Oh，terrible！"服务员马上过去，看到自助餐台上的红罗马生菜里有一条3公分长的百足虫，这次事件的结果是饭店减少了收入（给客人的餐费打折）。

资料来源：宁波某饭店服务质量实例

类似的投诉在各家饭店时有发生,因为宾客在饭店有食、宿、行、游、购、娱等多种需求,这就构成了饭店服务质量内容的多样性。而宾客的需求涉及饭店的多个服务部门和多种服务环节,如前厅部、客房部、餐饮部和康乐部等,这些服务构成了饭店服务的整体。如果某一个环节的服务不合格,就会影响饭店的整体服务质量。作为饭店服务人员,有必要熟悉饭店各部门的运作和管理,才能确保饭店每项服务的优质、高效。

5.1 前厅部服务质量管理

前厅部是饭店的营业橱窗,反映饭店的整体服务质量和饭店档次的高低。有一位顾客曾说:"每当我们走进一家饭店,不用看星级铜牌,也不用问业主是谁,凭我们'四海为家'的经验,通常就可以轻而易举地'嗅出'这家饭店是否为合资饭店,是否由外方管理以及大致星级水平……"

5.1.1 前厅部基本工作职能

1. 销售客房

前厅部的首要任务是销售客房,主要开展客房预订业务,掌握并控制客房出租状况,为客人办理登记入住手续,安排住房并确定房价,在饭店总体销售计划指导和管理下,具体完成未预订散客的客房销售和已预订散客的实际销售手续。

2. 提供各类前厅服务

前厅部作为对客服务的集中点,担负着直接为客人服务的工作,如机场迎接服务、门厅服务、妥善处理客人提出的各种随机性问题等。

3. 联络和协调对客服务

前厅部通过销售客房活动所掌握的客源市场预测、客房预订及到客情况应及时通知其他有关部门,使各部门能有计划地安排好各自的工作,并予以配合。前厅部通过与客人或接待单位接触、联络,将掌握的客人需求及接待要求传递给有关部门,检查监督落实情况,并将客人投诉意见及时反馈给各有关部门,以保证饭店的工作效率和服务质量。

4. 管理客账

前厅部为登记入住的客人提供最终一次性的结账服务。前厅部必须为住店客人分别设立账卡,接收各营业部门转来的客账资料,及时记录客人住宿期间的各项赊款,并在每天晚间加以累计、审核,以保持最准确的客账,并为离店客人办理客账、转账或收款等事宜。

5. 处理及提供信息和资料

客人一般都来自异国他乡,初来乍到,人生地疏,需要饭店能为他们提供必要的信息,如饭店内部的服务项目、设施、时间、收费以及饭店所在地有关旅游景点、商务联系、交通状况、饮食特色等方面的信息。前厅部需要搜集整理相关信息和资料,以便解答客人提出的有关问题。

5.1.2　前厅部组织机构设置

一般饭店前厅部组织机构设置，如图 5-1 所示。

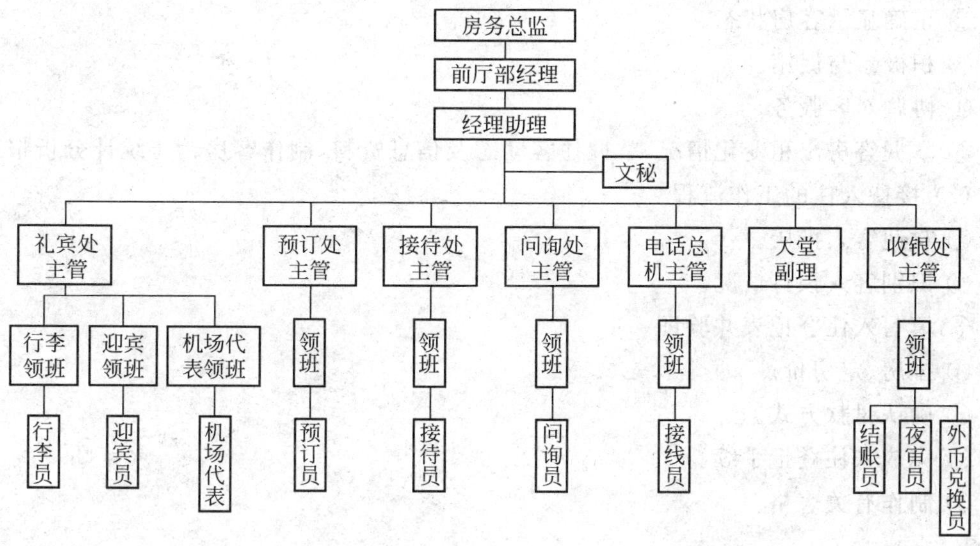

图 5-1　前厅部组织机构设置

5.1.3　前厅销售服务与管理

前厅部的首要工作是销售客房，主要包括客房预订、接待入住等业务内容。

1. 客房预订

客人在未抵店前向饭店预先提出用房的具体要求，称为预订。

(1) 预订处的主要职责

① 受理并确认各种来源的订房及订房的更改、取消。

② 记录、存放各种预订资料，保证预订总表及预订状况显示系统的正确性。

③ 做好客人抵店前的各项准备工作。

④ 制作预测客房情况的客情预测表及其他统计分析报表，为饭店领导及其他部门提供经营信息。

⑤ 管理客史档案。

(2) 预订工作的程序

① 通信联系。

② 明确订房要求及细节。

③ 接受预订或婉拒预订。

④ 确认预订。

⑤ 记录、贮存订房资料。

⑥ 预订取消或变更。

⑦ 客人抵店前准备。

2. 接待入住

(1) 接待处的主要职责

① 安排客人住店,办理登记入住手续,排房、定房价。

② 正确显示客房状态。

③ 积极参与促销。

④ 协调对客服务。

⑤ 掌握客房出租变化情况,掌握住客动态及信息资料,制作客房销售统计分析报表。

(2) 接待入住的工作流程

① 欢迎客人抵店。

② 识别客人预订情况。

③ 填写入住登记表并验证。

④ 排房、定房价。

⑤ 确认付款方式。

⑥ 完成入住登记手续。

⑦ 制作有关表格。

5.1.4 前厅服务与管理

前厅除做好预订和接待工作以外,还担负着大量直接为客人服务的日常工作,如迎宾服务、行李服务、问讯服务、电话总机服务、客史档案建立以及接受和处理客人投诉等。

1. 礼宾服务与管理

礼宾服务的主要岗位职责如下。

(1) 迎宾员。在门厅或机场车站迎送客人;代客召唤出租车,协助管理和指挥门厅入口处的车辆通行停靠,确保通道畅通和行人、车辆安全。

(2) 行李员。负责抵、离客人的行李运送及安全,提供客人行李寄存服务;陪同散客进房,介绍饭店的设施与服务项目;分送客用报纸,递送客人的信件和留言;传递有关通知单;回答客人的问讯。

(3) 传呼员。在公共区域呼唤找人;代客对外联络及其他委托代办事项。

2. 电话总机服务

电话总机提供的主要服务项目有电话转接;提供叫醒服务、请勿打扰电话服务、电话留言服务、电话问讯服务、电话找人服务等;办理长途电话业务;传播或消除紧急通知和说明;播放背景音乐。

5.1.5 工作检查标准

1. 大堂气氛检查标准

(1) 饭店的入口处是否有吸引力?是否有迎接客人的气氛?客人带着行李是否很容易进店?

(2) 长途旅行后回到一个宁静的港湾会产生舒适感，大堂里是否有这种宁静港湾的气氛？具体来说，有以下方面。

① 室内外噪声达到什么程度？大堂的隔音效果好吗？

② 背景音乐的音量是否适中？

③ 灯光如何？是优雅柔和还是耀眼照人？是否有利于烘托女士的化妆色彩？各种灯具是否都完好？

④ 气味如何？从外面进来会不会感到有难闻的味道？

⑤ 湿度和温度是否适中？

⑥ 地面、墙面、顶面如何？是否处于良好状态？

(3) 大堂内的各种设备是否完好？各种服务设施的挂牌是否白天黑夜都能看到？

(4) 装饰品太多还是太少？摆设如何？花草布置是否恰当？

(5) 大堂内的各种设备用具摆放位置是否适当？

(6) 大堂内有无供客人用的告示牌？

(7) 大堂里的时差钟是否准确？

(8) 大堂内的清洁卫生是否给人以无可挑剔的感觉？

(9) 大堂里所有员工的服装、表情、举止如何？

(10) 大堂里的客人是否有不雅的举止行为？

2. 预订工作检查标准

(1) 预订员是否经过培训？有无预订工作的书面规则？

(2) 接受电话预订的必备材料是否放在电话机附近？

(3) 遇到预订客房时，预订员是否查阅客人档案卡片？

(4) 预订处发出的各种信函，其书写格式、内容是否完善？

(5) 对于要回复的信件，预订员是否准备了登记本？

(6) 预订员是否根据饭店发出信息的不同性质，规定了轻重缓急？

(7) 当预订发生了更改，是否在每份预订资料上用红笔注明了变更情况？

(8) 当收到一份取消预订的信件时，预订员是否能给等候名单上的客人寄一封确认信？

(9) 为了减少差错，预订员是否合理地使用了颜色？例如，报价信件、预订和预订变更、预订取消、旅行社和会议，均有不同颜色。

补充阅读材料5-1

××饭店一般散客电话预订服务标准

服务环节	标　准
接听	• 铃响三声以内接听，动作轻 • 如果超过三声，接听电话时要对宾客说声“对不起，让您久等了”

续表

服务环节	标　　准
问候	·问候语:您好/早上(下午、晚上)好,这里是××饭店预订处 ·问候时面带微笑,让微笑通过声音传递给宾客 ·注意语音柔和、语调委婉、语言简洁规范、口齿清晰、语速有节奏,不宜太快或太慢。太快容易让宾客听不清楚,太慢容易让客人产生懒散的感觉
询问姓名	·询问宾客姓名拼写方式 ·通过计算机查询客史资料,了解宾客是否曾经入住或是否为贵宾等 ·清晰复述确认,做好记录
询问需求	·确认宾客需要预订房间的具体日期 ·查看计算机及客房预订,了解能否满足宾客的需求
推销房间	·介绍房间种类和房价(三种为宜),能够介绍不同房间的各自特色,能够合理解释不同房间价格差异的原因 ·询问宾客公司名称,初步识别宾客是否属于协议宾客或贵宾等 ·进一步确认是否属于合作单位,以便确定是否给予优惠价格
询问付款方式	·询问宾客付款方式,在预订单上注明 ·如果是公司或旅行社承担费用,应要求在宾客抵店前提供公司或旅行社电传书面信函,作为付款担保
询问抵达情况	·询问宾客抵达车次、时间或航班班次、时间 ·向宾客说明若无明确抵达车次、时间或航班班次、时间,饭店仅能保留房间到饭店规定时间
询问特殊要求	·询问宾客是否有其他特殊要求,特别关注宾客是否有宗教信仰 ·详细记录宾客特殊要求并复述 ·将宾客特殊要求记入客史资料
询问代理人情况	·如果是代理人订房,需要询问预订代理人姓名、预订代理人电话号码、预订代理人有无其他要求 ·简要复述预订情况,做好记录
复述预订内容	·在预订工作完成之前,用清晰、简洁的语言向宾客复述其预订客房的关键信息,具体包括:宾客姓名,日期、时间、车次(航班),房间种类、房价,付款方式,特殊要求,代理人情况
完成预订	向宾客致谢,等宾客挂断电话后,轻轻挂断电话

资料来源:罗峰,杨国强主编.前厅服务与管理.北京:中国人民大学出版社,2012

3. 前台接待工作检查标准

(1) 客人抵达饭店门口时,是否有人迎接,是否有人帮助提行李?

(2) 总台服务员的态度是否优良、方式是否恰当、效率是否较高?各种手续是否合乎规定?

(3) 行李员是否随时为客人提供服务?引领到客房是否符合要求?

(4) 各种行李及邮件等输送是否及时、准确?

(5) 问讯服务是否热情、耐心、周到?

(6) 各种委托代办服务是否手续清楚、提供及时?

(7) 各种电讯服务是否迅速、准确、及时?

4. 前台结账服务检查标准

(1) 客人到总台结账,接待人员是否要热情招呼客人?

(2) 接待人员在与客人交谈中是否面带微笑?

(3) 接待人员在结账过程中能否称呼客人姓名?

(4) 接待人员在交给客人账单前是否询问客人下榻愉快?

(5) 账单是否放在一个干净的信封内?

(6) 结完账后,接待人员有否真诚欢迎客人再次下榻?

(7) 办理结账总时长能否控制在 3 分钟之内? 在特殊情况下,结账总时长能否控制在 5 分钟之内?

(8) 客人离开饭店时有否祝客人旅途愉快?

5. 门卫行李岗位工作检查标准

(1) 门卫或行李员在饭店门口是否热情友好地迎接客人?

(2) 门卫或行李员见到客人乘坐的车子停下,是否主动上前问候客人,有无主动为客人拉车门?

(3) 是否主动帮助客人搬运行李等物件?

(4) 有无主动为客人开门或指引客人进入饭店大堂?

(5) 行李员是否主动询问客人的需要,帮助客人将行李送入客人所住的房间?

(6) 客人离店时电话打到行李部,行李员能否在电话铃响 3 声内接起,是否做到问候客人、报出自己的岗位和姓名?

(7) 行李员能否应宾客要求及时到房间收取行李?

(8) 行李员到达客房,是否做到按门铃或轻轻敲客人的房门?

(9) 客人开房门后,行李员见到客人有无首先问候客人?

(10) 帮助客人将行李放入行李车中,有无与客人确认行李件数?

(11) 有无主动询问客人是否需要饭店为其安排交通工具?

(12) 将客人送至饭店门口,有无为客人开车门?

(13) 有无感谢客人入住并祝愿客人旅途愉快?

6. 礼宾服务检查标准

(1) 电话铃响,是否 3 声内接听,问候客人并报出所在岗位?

(2) 如果客人走到服务台前,礼宾人员能否在 30 秒内与客人目光相视,热情招呼客人,并主动询问客人的需求并提供帮助?

(3) 礼宾服务台上是否备有及时更新的饭店宣传册?

(4) 礼宾人员能否提供地图并能指出附近景点与主要建筑物的准确位置?

(5) 所有宾客留言、传真或宾客要求转送的物品,能否应宾客的要求及时准确送达?

(6) 所有宾客留言是否用饭店专用纸记录清楚?

(7) 礼宾人员是否熟悉饭店各项产品相关信息?

(8) 礼宾人员是否熟悉饭店周边环境,包括当地的旅游景点、购物中心、特色商品、大型超市、餐饮特色等信息?

(9) 礼宾人员是否能够出色地完成客人委托代办业务,如购买生活用品、旅游用品等,并做到效率高、准确无差错?

补充阅读材料5-2

五星级饭店必备项目检查表(前厅部分)

序号	项　　目	是否达标
2	前厅	
2.1	功能划分合理,空间效果良好	
2.2	装饰设计有整体风格,色调协调,光线充足,整体视觉效果和谐	
2.3	总服务台位置合理,接待人员应24小时提供接待、问讯和结账等服务,并能提供留言、总账单结账、国内和国际信用卡结算、外币兑换等服务	
2.4	应专设行李寄存处,配有饭店与宾客同时开启的贵重物品保险箱,保险箱位置安全、隐蔽,能够保护宾客的隐私	
2.5	应提供饭店基本情况、客房价目等信息,提供所在地旅游资源、当地旅游交通及全国旅游交通的信息,并在总台能提供中英文所在地交通图、与住店宾客相适应的报刊	
2.6	在非经营区应设宾客休息场所	
2.7	门厅及主要公共区域应有符合标准的残疾人出入坡道,配备轮椅,有残疾人专用卫生间或厕位,为残障人士提供必要的服务	
2.8	应24小时接受包括电话、传真或网络等渠道的客房预订	
2.9	应有专职的门卫迎接服务人员,18小时迎送宾客	
2.10	应有专职行李员,配有专用行李车,24小时提供行李服务,提供小件行李寄存服务	
2.11	应提供代客预订和安排出租汽车服务	
2.12	应有专职人员处理宾客关系,18小时在岗服务	
2.13	应提供礼宾服务	
2.14	应有管理人员24小时在岗值班	

设施设备评分表(前厅部分)

序号	设施设备评分表	各大项总分	各分项总分	各次分项总分	各小项总分	计分	记分栏
3	前厅	62					
3.1	地面装饰		8				
	采用高档花岗岩、大理石或其他高档材料(材质高档、色泽均匀、拼接整齐、工艺精致、装饰性强,与整体氛围相协调)					8	
	采用优质花岗岩、大理石或其他材料(材质良好,工艺较好)					6	
	采用普通花岗岩、大理石或其他材料(材质一般,有色差)					4	
	采用普通材料(普通木地板、地砖等)					2	
3.2	墙面装饰		6				
	采用高档花岗岩、大理石或其他高档材料(材质高档、色泽均匀、拼接整齐、工艺精致、装饰性强,与整体氛围相协调)					6	
	采用优质木材或高档墙纸(布)(立面有线条变化,高档墙纸包括丝质及其他天然原料墙纸)					4	
	采用普通花岗岩、大理石或木材					2	
	采用墙纸或喷涂材料					1	
3.3	天花		5				
	工艺精致、造型别致,与整体氛围相协调					5	
	工艺较好,格调一般					3	
	有一定装饰					1	
3.4	艺术装饰		2				
	有壁画或浮雕或其他艺术品装饰					2	
	有简单艺术装饰					1	
3.5	家具(台、沙发等)		5				
	设计专业、材质高档、工艺精致,摆设合理,使用方便、舒适					5	
	材质较好,工艺较好					3	
	材质普通,工艺一般					1	

续表

序号	设施设备评分表	各大项总分	各分项总分	各次分项总分	各小项总分	计分	记分栏
3.6	灯具与照明		5				
	照明设计有专业性,采用高档定制灯具,功能照明、重点照明、氛围照明和谐统一					5	
	采用高档灯具,照明整体效果较好					3	
	采用普通灯具,照明效果一般					1	
3.7	整体装饰效果		4				
	色调协调,氛围浓郁,有中心艺术品,感观效果突出					4	
	有艺术品装饰,工艺较好,氛围一般					2	
	有一定的装饰品					1	
3.8	公共卫生间		9				
3.8.1	位置合理(大堂应设置公共卫生间,且与大堂在同一楼层)			2			
3.8.2	材料、装修和洁具(对所有公共卫生间分别打分,取算术平均值的整数部分)			3			
	设计专业(洁具、灯光、冷热水、照明、通风、空调等),采用高档装修材料,装修工艺精致,采用高级洁具					3	
	采用较高档装修材料,装修工艺较好,采用较好洁具					2	
	采用普通装修材料,装修工艺一般,采用普通洁具					1	
3.8.3	残疾人卫生间			2			
	有残疾人专用卫生间					2	
	有残疾人专用厕位					1	
3.8.4	公共卫生间设施(少一项,扣1分)						
	抽水恭桶						
	卫生纸						
	污物桶						
	半身镜						
	洗手盆						
	洗手液或香皂						
	烘手机或擦手纸						
3.8.5	每个抽水恭桶都有单独的隔间,隔间的门有插销,所有隔间都配置衣帽钩			1			

续表

序号	设施设备评分表	各大项总分	各分项总分	各次分项总分	各小项总分	计分	记分栏
3.8.6	每两个男用小便器中间有隔板,使用自动冲水装置			1			
3.9	客用电梯		10				
3.9.1	数量			2			
	不少于平均每70间客房一部客用电梯					2	
	不少于平均每100间客房一部客用电梯					1	
3.9.2	性能优良、运行平稳、梯速合理			2			
3.9.3	内饰与设备			4			
3.9.3.1	有一定装饰、照明充足				0.5		
3.9.3.2	有饭店主要设施楼层指示				0.5		
3.9.3.3	有扶手杆				0.5		
3.9.3.4	有通风系统				0.5		
3.9.3.5	与外界联系的对讲功能				0.5		
3.9.3.6	有残疾人专用按键				0.5		
3.9.3.7	轿厢两侧均有按键				0.5		
3.9.3.8	有抵达行政楼层或豪华套房楼层的专用控制措施				0.5		
3.9.4	有观光电梯			1			
3.9.5	有自动扶梯			1			
3.10	贵重物品保险箱		2				
3.10.1	数量不少于客房数量的8%,不少于两种规格			1			
3.10.2	位置隐蔽、安全,能保护宾客隐私			1			
3.11	前厅整体舒适度		6				
3.11.1	绿色植物、花卉摆放得体,插花有艺术感,令宾客感到自然舒适			2			
3.11.2	光线、温度适宜			2			
3.11.3	背景音乐曲目适宜、音质良好、音量适中,与前厅整体氛围协调			2			
3.11.4	异味,烟尘,噪声,强风(扣分,每项扣1分)			−4			
3.11.5	置于前厅明显位置的商店、摊点影响整体氛围			−4			

饭店运营质量评价表(前厅部分)					
序号	标　　准	评　　价			
2	前厅				
2.1	前厅服务质量				
2.1.1	总机	优	良	中	差
2.1.1.1	在正常情况下,电话铃响10秒内应答	3	2	1	0
2.1.1.2	接电话时正确问候宾客,同时报出饭店名称,语音清晰,态度亲切	3	2	1	0
2.1.1.3	转接电话准确、及时、无差错(无人接听时,15秒后转回总机)	3	2	1	0
2.1.1.4	熟练掌握岗位英语或岗位专业用语	3	2	1	0
2.1.2	预订	优	良	中	差
2.1.2.1	及时接听电话,确认宾客抵离时间,语音清晰,态度亲切	3	2	1	0
2.1.2.2	熟悉饭店各项产品,正确描述房型差异,说明房价及所含内容	3	2	1	0
2.1.2.3	提供预订号码或预订姓名,询问宾客联系方式	3	2	1	0
2.1.2.4	说明饭店入住的有关规定,通话结束前重复确认预订的所有细节,并向宾客致谢	3	2	1	0
2.1.2.5	实时网络预订,界面友好,及时确认	3	2	1	0
2.1.3	入住登记	优	良	中	差
2.1.3.1	主动、友好地问候宾客,热情接待	3	2	1	0
2.1.3.2	与宾客确认离店日期,对话中用姓氏称呼宾客	3	2	1	0
2.1.3.3	询问宾客是否需要贵重物品寄存服务,并解释相关规定	3	2	1	0
2.1.3.4	登记验证、信息上传效率高、准确无差错	3	2	1	0
2.1.3.5	指示客房或电梯方向,或招呼行李员为宾客服务,祝愿宾客入住愉快	3	2	1	0
2.1.4	行李服务	优	良	中	差
2.1.4.1	正常情况下,有行李服务人员在门口热情友好地问候宾客	3	2	1	0
2.1.4.2	为宾客拉开车门或指引宾客进入饭店	3	2	1	0
2.1.4.3	帮助宾客搬运行李,确认行李件数,轻拿轻放,勤快主动	3	2	1	0
2.1.4.4	及时将行李送入房间,礼貌友好地问候宾客,将行李放在行李架或行李柜上,并向宾客致意	3	2	1	0
2.1.4.5	离店时及时收取行李,协助宾客将行李放入车辆中,并与宾客确认行李件数	3	2	1	0
2.1.5	礼宾、问讯服务	优	良	中	差
2.1.5.1	热情友好,乐于助人,及时响应宾客合理需求	3	2	1	0
2.1.5.2	熟悉饭店各项产品,包括客房、餐饮、娱乐等信息	3	2	1	0
2.1.5.3	熟悉饭店周边环境,包括当地特色商品、旅游景点、购物中心、文化设施、餐饮设施等信息;协助安排出租车	3	2	1	0

续表

序号	标　准	评		价	
2.1.5.4	委托代办业务效率高,准确无差错	3	2	1	0
2.1.6	叫醒服务	优	良	中	差
2.1.6.1	重复宾客的要求,确保信息准确	3	2	1	0
2.1.6.2	有第二遍叫醒,准确、有效地叫醒宾客,人工叫醒电话正确问候宾客	3	2	1	0
2.1.7	结账	优	良	中	差
2.1.7.1	确认宾客的所有消费,提供总账单,条目清晰、正确完整	3	2	1	0
2.1.7.2	效率高,准确无差错	3	2	1	0
2.1.7.3	征求宾客意见,向宾客致谢并邀请宾客再次光临	3	2	1	0
2.2	前厅维护保养与清洁卫生	优	良	中	差
2.2.1	地面:完整,无破损、无变色、无变形、无污渍、无异味、清洁、光亮	3	2	1	0
2.2.2	门窗:无破损、无变形、无划痕、无灰尘	3	2	1	0
2.2.3	天花(包括空调排风口):无破损、无裂痕、无脱落、无灰尘、无水迹、无蛛网、无污渍	3	2	1	0
2.2.4	墙面(柱):平整、无破损、无开裂、无脱落、无污渍、无蛛网	3	2	1	0
2.2.5	电梯:平稳、有效、无障碍、无划痕、无脱落、无灰尘、无污渍	3	2	1	0
2.2.6	家具:稳固、完好,与整体装饰风格相匹配。无变形、无破损、无烫痕、无脱漆、无灰尘、无污渍	3	2	1	0
2.2.7	灯具:完好、有效,与整体装饰风格相匹配。无灰尘、无污渍	3	2	1	0
2.2.8	盆景、花木、艺术品:无枯枝败叶、修剪效果好,无灰尘、无异味、无昆虫,与整体装饰风格相匹配	3	2	1	0
2.2.9	总台及各种设备(贵重物品保险箱、电话、宣传册及册架、垃圾桶、伞架、行李车、指示标志等):有效、无破损;无污渍、无灰尘	3	2	1	0
小计		111			
实际得分:					
得分率:(实际得分)/该项总分×100%=					

资料来源:旅游饭店星级的划分与评定 GB/T 14308—2010

5.2　客房部服务质量管理

客房是饭店的基本设施,是客人住宿和休息的场所,是饭店的主体部分。客房服务是饭店销售的主要产品,客房营业收入是饭店经济收入的重要来源。客房服务质量水平是客人评价饭店服务水平的主要依据之一,是影响客人"如归感"形成的重要因素。

5.2.1 客房部基本工作职能

1. 搞好清洁卫生工作,为客人提供舒适的环境

清洁卫生是保证客房服务质量和客房价值的重要组成部分。饭店的良好气氛,舒适、美观、清洁的住宿环境,要靠客房服务人员的辛勤劳动来实现。客房部负责的清洁卫生工作包括两部分:一部分是客房房间的清洁卫生;另一部分是饭店公共区域的清洁卫生。因此,客房服务人员必须具备专业的清洁卫生知识和技能,也有人称客房部的服务员为饭店的美容师。

2. 维护保养饭店设备,确保客房的正常运转

饭店的设施设备有一定的使用寿命,持续高负荷的运转和不恰当的保养方法都会影响设施设备的使用年限,从而增加饭店在设备上的投入。客房部在日常的管理中,还要担负维护和保养客房与公共区域设施设备的任务,使之常用常新,保持良好的使用状态,并与工程部密切合作,保证设施设备的完好率,提高其使用效率,在为客人构筑舒适住宿环境的同时,为饭店创造更大的盈利空间。

3. 控制客房物料消耗,降低饭店的经营成本

客房的物料消耗在客房经营的变动成本中占有很大比重。客用的低值易耗品、清洁用品、客房布草等用品因每天用量大,管理稍有松懈,就有可能造成浪费流失。客房部主要根据预测的客房出租率编制预算,并制定有关的管理制度,落实责任。在满足客人使用、保证服务质量的前提下,控制物料消耗,减少浪费,努力降低成本,减少支出。

4. 负责客衣和员工制服及所有布件的洗涤和保管

客房部设有布件房和洗衣房,负责客衣、全店员工制服及餐饮部、康乐部布草的洗熨等。这些工作虽然细小琐碎,但责任却很重大。客衣的洗涤方法不当会引起客人投诉;员工制服的疏忽,会影响饭店的整体形象;餐巾如果没有清洁干净,会影响餐厅的整体服务质量。同时,洗衣服务还要对上述物品进行保管、发放和必要的缝纫工作。在保证服务规格的前提下,应尽可能延长布件的使用寿命,减少饭店在布件上的投入。

5.2.2 客房部组织机构设置

一般饭店客房部组织机构设置,如图5-2所示。

5.2.3 客房对客服务工作及管理

1. 客房对客服务工作的内容

(1) 迎宾服务,主要是为客人准备好合理的、能满足其需求的住房,并对客人致以热忱的欢迎。

(2) 接待贵宾。接到迎接贵宾抵达通知后,应彻底清扫房间,并按接待规格配备好相应物品。

(3) 洗衣服务。客房内应放有洗衣登记单和洗衣袋。客人可根据需要填写水洗衣服

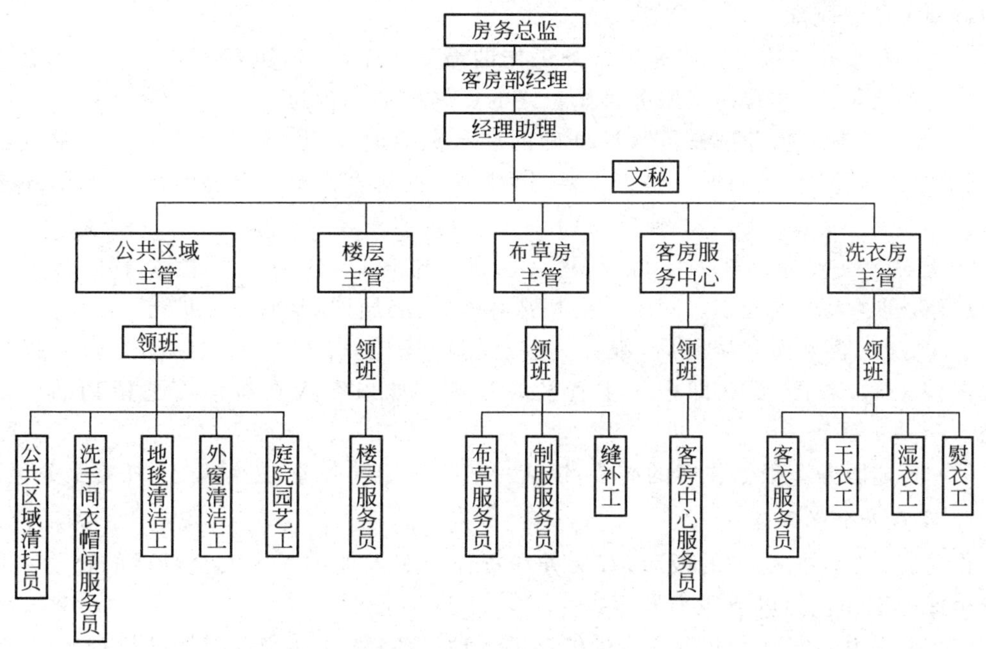

图 5-2　客房部组织机构设置

登记单、干洗衣服登记单或熨衣登记单。服务员在取洗衣袋时，应清点件数，检查衣物有无严重污点或破损等，然后将收集好的衣服放置在楼层工作间，通知洗衣房上楼收洗。客人送洗的衣服一般应于当日送回。

(4) 房内小酒吧服务。为了方便客人在客房内享用饮料和小食品的需要，同时增加饭店营业收入，体现服务水准，现代饭店(三星级以上)往往在客房内设置一处小酒吧(Mini-bar)。在套房内，往往有一个吧台及酒柜，一般客房内提供一个小冰箱，小冰箱内都放置一定数量和品种的饮料，包括烈酒、啤酒、汽水、果汁及花生、杏仁等佐酒小食品。在柜面上，放置一些玻璃器皿、杯垫、纸巾、调酒棒等用品，同时放置饮料收费单。收费单里说明各种饮料食品的价格及贮存在房内的固定数量。

(5) 拾遗处理，即将宾客或员工丢失的物品存放于饭店一个指定的比较安全的地点。服务员如拾到物品，需立即交到管家部服务中心。

管家部服务中心一旦收到遗留物品，应马上填写“宾客遗留物品单/失物认领单”(一式三联，一联留存，一联用于包装失物，一联交拾物者)，并录入计算机，不能过夜才登记。遗留物品单的内容包括物品编号、物品特征(包括颜色、大小、品牌等)、发现日期、地点、拾物者等内容，并请上交遗留物品者签名，同时需管家部经理审核签名。遗留物品单由专人负责妥善记录，简单易懂。对宾客遗留物品要想办法联系物品主人告知其有物品遗留，同时将失物按照日期及归类有序地存放在可上锁的指定区域，贵重物品存放在服务中心配置的保管箱内。管家部服务中心应以月度为单位，对遗留物品进行分类(贵重物品、一般物品、暂存物品)整理，上交给饭店财务部。所有的失物饭店至少保管 3 个月，贵重物品在饭店保险箱内至少保管 6 个月。所有遗留物品在规定保管日期后由财务部财务总监上报饭店总经理审批处理，并有相应单据备查。对于已处理的遗留物品，可由服务中心在计算机中将相关信息删除。

(6) 送客服务。这是饭店客房服务工作的最后一个环节,决定其是否能留给客人一次完美的住店经历,体现对客服务善始善终的良好态度和行为。

① 离店准备。客房服务员掌握准确的客人离店时间,检查是否有未完成的代办事项,征求客人的意见,询问客人是否需要叫醒服务,提醒客人检查自己的行李物品,不要有遗漏。

② 送别。主动帮助客人拿行李,将客人送到电梯口,代为按下电梯按钮,向客人告别,热情欢迎客人再次光临。对于一些特殊客人(老弱病残)要派专人护送。

③ 检查。客人离开楼层后,服务员应迅速回房检查,查看房间物品是否有损坏和遗失的现象,如果有,要立即报告主管及时处理。如果客人在客房有遗留物品应及时送还。

(7) 其他服务。根据住客的需要,饭店一般提供擦鞋服务、送餐服务、托婴服务等。

2. 客房安全保卫工作

作为客人"家外之家"的饭店,有义务和责任为客人提供一个安全舒适的环境。客房的安全保卫工作包括以下四个方面。

(1) 客房内的安全。购置安全性能高的各种设备;建立并健全定期的检查制度;告知客人设施设备使用、安全装置作用、紧急情况联络方式等信息。

(2) 客房走道安全。保安人员日常巡视,客房部工作人员积极配合,如发生安全问题,应及时向安全部报告。

(3) 客人伤病处理。配备相应医疗器材及人员,以备不时之需。客房服务员应多留意客人的身体状况,当出现异常时应及时救治。

(4) 火灾的预防和紧急处理。成立防火小组,制订具体的火灾预防措施及处理程序。

5.2.4 客房清洁保养工作及管理

1. 客房清洁保养工作

客房清洁保养的基本目标是保证客房产品的质量标准,满足客人对客房产品的清洁要求,保证并延长客房设施设备的使用寿命,减少饭店对客房维修改造的投入。客房清洁保养工作主要包括日常清洁保养和计划卫生等。

(1) 客房日常清洁整理,包括清洁整理客房、更换添补物品、检查保养设施设备。

(2) 客房定期清洁保养,包括日常清扫计划、周或季度等定期清扫计划。

2. 客房清洁保养检查制度

为保证客房清洁保养的质量符合饭店标准,及时发现问题并予以纠正,客房部必须建立内部逐级检查体系,主要包括服务员自查、领班普查、主管抽查及经理抽查。

(1) 服务员自查。服务员每整理完一间客房,应对客房的清洁卫生状况、物品摆放和设备家具是否需要维修等进行自我检查。服务员自查应在客房清扫程序中明确加以规定,加强员工的责任心,提高客房卫生的合格率,减轻领班查房的工作量,增进工作环境的和谐。

(2) 领班普查。领班普查是继服务员自查之后的第一道关,往往也是最后一道关,因为饭店往往将客房是否合格、能否出租的决定权授予楼层领班，只要他们认为合格的就能报前台出租给客人。所以，领班普查工作责任重大，需要由训练有素、责任心强的员工来担任此职。

(3) 主管抽查。为了加强对楼层领班的管理，合理分配调节日常工作，部门内部逐级检查体系必须保证主管抽查客房的最低数量，通常是领班查房数的10%以上。此外，主管还必须抽查住客房、仔细检查所有的贵宾房。主管的抽查工作也很重要，是建立一支合格领班队伍的手段之一，同时还可以为管理工作的调整和改进、实施员工培训计划和人事调动等提供比较有价值的信息。

(4) 经理抽查。经理抽查是了解工作现状、控制服务质量最为可靠而有效的方法。对于客房部经理来说，通过查房可以加强与基层员工的联系，并更多地征求了解客人的意见，对于改善客房部的服务和管理也有非常重要的意义。

客房部经理每年至少两次对客房设备家具状况进行全面检查，发现问题及时解决，这样做也有利于制订和改进有关清洁保养、更新改造的工作计划。因为经理人员的查房要求比较高，所以被形象地称为“白手套”式检查。

3. 检查方法

为提高客房检查的效率，保证客房检查的效果，饭店各级人员查房时，应通过看、摸、试、听、闻等方法，对客房进行全方位的检查。要求眼看不到污渍，手摸不到灰尘，耳听不到异声，鼻闻不到异味。

(1) 看。这是检查客房的主要方法。查房时，要查看客房是否清洁卫生，物品是否配备齐全并按规定摆放，设备是否处于正常完好状态，客房整体效果是否整洁美观。

(2) 摸。查房时，对客房有些不易查看或难以查看清楚的地方，如踢脚线、边角等，需用手擦拭，检查是否干净。

(3) 试。客房设备设施运转是否正常、良好，除查看外还需试用，如卫生间浴缸和洗脸盆水龙头放水，使用电视机遥控器等。

(4) 听。客房内噪声是否在允许范围内，日常检查主要靠听来判断，无法判断的再借助于相关仪器检测。检查客房设施设备，在看、试的同时，还需要耳听是否有异常声响，如卫生间水龙头是否有滴、漏水声，空调噪声是否过大等。

(5) 闻。客房内是否有异味，空气是否清新，需要靠嗅觉来判断。

5.2.5　工作检查标准

1. 查房标准

(1) 查房进入客房检查时，也要遵循工作程序——检查自动门铃，轻轻敲客房门三下，然后用钥匙打开客房门，与此同时要自报身份——“客房部”(Housekeeping)。

(2) 打开所有的灯光，以便检查室内各灯具是否正常好用。

(3) 检查客房门。具体项目为安全锁、门的停靠卡、防盗链、门上室内的饭店制度及客房价目表，同时要检查门的洁净程度。

(4) 检查衣柜。衣柜门应正常好用，衣柜隔板、衣裤架数量、洗衣袋及洗衣项目价目表都应按标准数量齐全。

(5) 检查地毯。地毯是否经过吸尘,洁净程度如何,是否有脏点及破损。

(6) 检查床。床要整洁、舒适,床具(床单、被单、枕套)要绝对洁净,没有脏污点,床头板要洁净无尘,床垫也要翻转过,保证客人的舒适。

(7) 检查床头柜。其表面整洁无尘,烟灰缸干净,火柴满装,台灯整洁好用。

(8) 检查电话。电话应非常好用,目录服务指南准确无误。

(9) 所有灯具、家具、电视机、空调旋钮以及悬挂的壁画等都应该擦拭得光亮、整洁。

(10) 窗帘拉绳、滑钩都要齐全、好用;窗帘无破损。

(11) 窗、玻璃门均应洁净、光亮、安全、好用。

(12) 办公桌面洁净,抽屉内整齐、无尘。

(13) 室内家具、陈设完整无损,且舒适、洁净、好用。

(14) 废纸屑筒内外要干净、无尘。

(15) 宾客使用的印刷品、文具,如饭店服务指南、送餐服务菜单、宾客意见表、文具用品、洗衣袋、洗衣单等要齐全。

(16) 墙壁、天花板应整洁、无尘。

(17) 内连房的房门要安全,门面要洁净。

(18) 卫生间门要洁净、安全。

(19) 梳妆台面应洁净,没有毛发和水点。

(20) 淋浴棉织品应齐全、干净、舒适。

(21) 易耗品,如面巾纸、卫生纸、烟灰缸/火柴、漱口杯、肥皂、梳子、浴帽等均要齐全、干净。

(22) 检查浴缸及淋浴区。浴缸要洁净无毛发、淋浴喷头要正常好用、浴缸下水管要通水流畅、浴皂盘要洁净并内装浴皂、浴巾布草架要安全。

(23) 镜面应洁净无脏点和水珠。

(24) 恭桶应消毒干净、无异味。

(25) 检查完毕,要填写客房检查登记表,如有要维修的项目应填写维修单,并要电话通知工程部前来维修。在检查过程中,发现有不符合客房卫生质量的地方或项目,也要即刻告知客房服务员重新整理客房。假若一切令人满意,符合本饭店规定的质量标准,就要把客房门锁好,退出房间。

2. 公共区域卫生检查标准

(1) 检查楼道:保持干净有序。防火门保持关闭状态;门及门框干净没有损坏;地面、墙纸干净无损坏;走廊地毯干净没污迹;走廊灯完好,排气孔干净,信号灯干净处于良好的工作状态;消防器材统一按规范摆放,并保持干净整洁。

(2) 检查客梯:是否有垃圾在烟灰缸内;电梯内是否有污迹、垃圾。确保电梯内无污渍、垃圾,四面墙光亮洁净,报警器运作正常。

(3) 检查工作间:工作间地面是否干净,确保工作间物品摆放整齐,布草洁净摆放,地面没有垃圾。楼梯干净整齐没有垃圾,楼梯扶手无灰尘,工作车、吸尘器干净并能正常运作。垃圾存放保持安静无漏损。

补充阅读材料5-3

五星级饭店必备项目检查表(客房部分)

序号	项　　目	是否达标
3	客房	
3.1	应有至少 50 间(套)可供出租的客房	
3.2	70%客房的面积(不含卫生间和门廊)应不小于 $20m^2$	
3.3	应有标准间(大床房、双床房),残疾人客房,两种以上规格的套房(包括至少 4 个开间的豪华套房),套房布局合理	
3.4	装修豪华,具有良好的整体氛围;应有舒适的床垫及配套用品;写字台、衣橱及衣架、茶几、坐椅或沙发、床头柜、全身镜、行李架等家具配套齐全、布置合理、使用便利;所有电器开关方便宾客使用;室内满铺高级地毯,或用优质木地板或其他高档材料装饰;采用区域照明,目的物照明效果良好	
3.5	客房门能自动闭合,应有门窥镜、门铃及防盗装置;客房内应在显著位置张贴应急疏散图及相关说明	
3.6	客房内应有装修精致的卫生间;有高级抽水恭桶、梳妆台(配备面盆、梳妆镜和必要的盥洗用品)、浴缸并带淋浴喷头(另有单独淋浴间的可以不带淋浴喷头),配有浴帘或其他有效的防溅设施;采取有效的防滑措施。采用豪华建筑材料装修地面、墙面和天花,色调高雅柔和;采用分区照明且目的物照明效果良好;有良好的无明显噪声的排风设施,温湿度与客房无明显差异;有 110V/220V 不间断电源插座、电话副机;配有吹风机;24 小时供应冷、热水,水龙头冷热标识清晰;所有设施设备均方便宾客使用	
3.7	客房内应有饭店专用电话机,方便使用;可以直接拨通或使用预付费电信卡拨打国际、国内长途电话,并备有电话使用说明和所在地主要电话指南	
3.8	应有彩色电视机,画面和音质优良;播放频道不少于 24 个,频道顺序有编辑,备有频道目录	
3.9	应有背景音乐,音质良好,曲目适宜,音量可调	
3.10	应有防噪声及隔音措施,效果良好	
3.11	应有纱帘及遮光窗帘,遮光效果良好	
3.12	应有至少两种规格的电源插座,电源插座应有两个以上供宾客使用的插位,位置方便宾客使用,并可提供插座转换器	
3.13	应有与本星级相适应的文具用品;配有服务指南、住宿须知、所在地旅游景点介绍和旅游交通图等;提供与住店宾客身份相适应的报刊	
3.14	床上用棉织品(床单、枕芯、枕套、被芯、被套及床衬垫等)及卫生间针织用品(浴巾、浴衣、毛巾等)材质高档、工艺讲究、柔软舒适;可应宾客要求提供多种规格的枕头	
3.15	客房、卫生间应每天全面清理一次,每日或应宾客要求更换床单、被套及枕套,客用品和消耗品补充齐全,并应宾客要求随时进房清理	

续表

序号	项　　目	是否达标
3.16	应提供互联网接入服务,并备有使用说明,使用方便	
3.17	应提供开夜床服务,夜床服务效果良好	
3.18	应提供客房微型酒吧(包括小冰箱)服务,配置适量与住店宾客相适应的酒和饮料,备有饮用器具和价目单;免费提供茶叶或咖啡;提供冷热饮用水,可应宾客要求提供冰块	
3.19	应提供客衣干洗、湿洗、熨烫服务,可在24小时内交还宾客,可提供加急服务	
3.20	应24小时提供送餐服务;有送餐菜单和饮料单,送餐菜式品种不少于8种,饮料品种不少于4种,甜食品种不少于4种,有可挂置门外的送餐牌,送餐车应有保温设备	
3.21	应提供自动和人工叫醒、留言及语音信箱服务,服务效果良好	
3.22	应提供宾客在房间会客服务,应宾客的要求及时提供加椅和茶水服务	
3.23	客房内应备有擦鞋用具,并提供擦鞋服务	

设施设备评分表(客房部分)

序号	设施设备评分表	各大项总分	各分项总分	各次分项总分	各小项总分	计分	记分栏
4	客房	191					
4.1	普通客房(4.1～4.10均针对普通客房打分)		26				
4.1.1	70%客房的净面积(不包括卫生间和门廊)			16			
	不小于36m^2					16	
	不小于30m^2					12	
	不小于24m^2					8	
	不小于20m^2					6	
	不小于16m^2					4	
	不小于14m^2					2	
4.1.2	净高度			4			
	不低于3m					4	
	不低于2.7m					2	
4.1.3	软床垫(长度不小于1.9m),宽度			6			
4.1.3.1	单人床				3		
	不小于1.35m					3	

续表

序号	设施设备评分表	各大项总分	各分项总分	各次分项总分	各小项总分	计分	记分栏
4.1.3.1	不小于1.2m					2	
	不小于1.1m					1	
4.1.3.2	双人床				3		
	不小于2.2m					3	
	不小于2.0m					2	
	不小于1.8m					1	
4.2	装修与装饰		11				
4.2.1	地面			3			
	采用优质地毯或木地板，工艺精致					3	
	采用高档地砖、普通地毯或木地板，工艺较好					2	
	采用普通地砖或水磨石地面，工艺一般					1	
4.2.2	墙面			2			
	采用高级墙纸或其他优质材料，有艺术品装饰					2	
	采用普通涂料或墙纸					1	
4.2.3	天花有装饰			2			
4.2.4	整体装饰效果			4			
	工艺精致、色调协调，格调高雅					4	
	工艺较好、格调统一					2	
	工艺一般					1	
4.3	家具		7				
4.3.1	档次			4			
	设计专业、材质高档、工艺精致，摆设合理，使用方便、舒适					4	
	材质较好，工艺较好					2	
	材质普通，工艺一般					1	
4.3.2	衣橱			3			
	步入式衣物储藏间					3	
	进深不小于55cm，宽度不小于110cm					2	
	进深不小于45cm，宽度不小于90cm					1	

续表

序号	设施设备评分表	各大项总分	各分项总分	各次分项总分	各小项总分	计分	记分栏
4.4	灯具和照明		11				
4.4.1	灯具配备			9			
4.4.1.1	主光源(顶灯或槽灯)				1		
4.4.1.2	门廊照明灯				1		
4.4.1.3	床头照明灯				1		
4.4.1.4	写字台照明灯				1		
4.4.1.5	衣柜照明灯				1		
4.4.1.6	行李柜照明灯				1		
4.4.1.7	小酒吧照明灯				1		
4.4.1.8	装饰物照明灯				1		
4.4.1.9	夜灯				1		
4.4.2	灯光控制			2			
	各灯具开关位置合理,床头有房间灯光"一键式"总控制开关,标识清晰,方便使用					2	
	各灯具开关位置合理,方便使用					1	
4.5	彩色电视机		6				
4.5.1	类型与尺寸			3			
	平板电视,不小于25英寸					3	
	普通电视,不小于25英寸					2	
	普通电视,不小于21英寸					1	
4.5.2	频道和节目			2			
	卫星、有线闭路电视节目不少于30套					1	
	外语频道或外语节目不少于3套					1	
4.5.3	有电视频道指示说明及电视节目单			1			
4.6	客房电话		5				
4.6.1	程控电话机,有直拨国际、国内长途功能			1			
4.6.2	有语音信箱及留言指示灯			1			
4.6.3	电话机上有饭店常用电话号码和使用说明			1			
4.6.4	附设写字台电话(双线制)			1			
4.6.5	配备本地电话簿			1			

续表

序号	设施设备评分表	各大项总分	各分项总分	各次分项总分	各小项总分	计分	记分栏
4.7	微型酒吧(包括小冰箱)		5				
4.7.1	数量			3			
	100%的客房有微型酒吧(包括小冰箱)					3	
	不少于50%的客房有微型酒吧(包括小冰箱)					1	
4.7.2	提供适量饮品和食品,并配备相应的饮具			1			
4.7.3	100%以上客房配备静音、节能、环保型小冰箱			1			
4.8	客房便利设施及用品		12				
4.8.1	电热水壶			1			
4.8.2	熨斗和熨衣板			1			
4.8.3	西装衣撑			1			
4.8.4	每房不少于4个西服衣架、2个裤架和2个裙架			1			
4.8.5	不间断电源插座(国际通用制式)不少于两处,并有明确标识,方便使用			1			
4.8.6	吹风机			1			
4.8.7	浴衣(每客1件)			1			
4.8.8	备用被毯(每床1条)			1			
4.8.9	咖啡(含伴侣、糖),配相应杯具			1			
4.8.10	环保或纸制礼品袋(每房2个)			1			
4.8.11	针线包			1			
4.8.12	文具(含铅笔,橡皮,曲别针等)			1			
4.9	客房必备物品(少一项,扣1分)						
	服务指南(含欢迎词、饭店各项服务简介)						
	笔						
	信封(每房不少于2个)						
	信纸(每房不少于4张)						
	免费茶叶						
	暖水瓶(有电热水壶可不备)						
	凉水瓶(或免费矿泉水)						
	擦鞋用具(每房2份)						
	“请勿打扰”、“请清理房间”挂牌或指示灯						

续表

序号	设施设备评分表	各大项总分	各分项总分	各次分项总分	各小项总分	计分	记分栏
4.9	垃圾桶						
	根据不同床型配备相应数量的枕芯、枕套、床单、毛毯或棉被						
4.10	客房卫生间		50				
4.10.1	70%的客房卫生间面积			8			
	不小于 8m²					8	
	不小于 6m²					6	
	不小于 5m²					4	
	不小于 4m²					2	
	小于 4m²					1	
4.10.2	卫生间装修			6			
	专业设计,全部采用高档材料装修(优质大理石、花岗岩等)、工艺精致,采用统一风格的高级品牌卫浴设施					6	
	采用高档材料装修,工艺较好					4	
	采用普通材料装修,工艺一般					2	
4.10.3	卫生间设施布局			4			
	不少于50%的客房卫生间淋浴、浴缸、恭桶分隔					4	
	不少于50%的客房卫生间淋浴和浴缸分隔					3	
	不少于50%的客房卫生间有浴缸					1	
4.10.4	面盆及五金件			2			
	高档面盆及配套五金件					2	
	普通面盆及五金件					1	
4.10.5	浴缸及淋浴			12			
4.10.5.1	浴缸和淋浴间均有单独照明,分区域照明充足				1		
4.10.5.2	完全打开热水龙头,水温在15s内上升到46℃～51℃,水温稳定				1		
4.10.5.3	水流充足(水压为0.2～0.35MPa)、水质良好				1		
4.10.5.4	淋浴间下水保持通畅,不外溢				1		
4.10.5.5	浴缸				3		
	高档浴缸(配带淋浴喷头)及配套五金件					3	
	普通浴缸(配带淋浴喷头)或只有淋浴间					1	

续表

序号	设施设备评分表	各大项总分	各分项总分	各次分项总分	各小项总分	计分	记分栏
4.10.5.6	所有浴缸上方安装扶手，符合安全规定				1		
4.10.5.7	淋浴喷头的水流可以调节				1		
4.10.5.8	淋浴有水流定温功能				1		
4.10.5.9	配备热带雨林喷头				1		
4.10.5.10	浴缸及淋浴间配有防滑设施(或有防滑功能)				1		
4.10.6	恭桶			3			
	高档节水恭桶					3	
	普通节水恭桶					1	
4.10.7	其他			15			
4.10.7.1	饮用水系统				2		
4.10.7.2	梳妆镜				2		
	防雾梳妆镜					2	
	普通梳妆镜					1	
4.10.7.3	化妆放大镜				1		
4.10.7.4	面巾纸				1		
4.10.7.5	110V/220V 不间断电源插座(低电流)				1		
4.10.7.6	晾衣绳				1		
4.10.7.7	呼救按钮或有呼救功能的电话				1		
4.10.7.8	连接客房电视的音响装置				1		
4.10.7.9	体重秤				1		
4.10.7.10	电话副机(方便宾客取用)				1		
4.10.7.11	浴室里挂钩不少于 1 处，方便使用				1		
4.10.7.12	浴帘或其他防溅设施				1		
4.10.7.13	浴巾架				1		
4.10.8	卫生间客用必备品(少一项扣一分)						
4.10.8.1	漱口杯(每房 2 个)						
4.10.8.2	浴巾(每房 2 条)						
4.10.8.3	地巾						

续表

序号	设施设备评分表	各大项总分	各分项总分	各次分项总分	各小项总分	计分	记分栏
4.10.8.4	面巾(每房2条)						
4.10.8.6	卫生袋						
4.10.8.7	卫生纸						
4.10.8.8	垃圾桶						
4.11	套房		14				
4.11.1	数量			3			
	不少于客房总数的20%(不包括连通房)					3	
	不少于客房总数的10%(不包括连通房)					2	
	不少于客房总数的5%(不包括连通房)					1	
4.11.2	规格			6			
4.11.2.1	至少有三种规格的套房				2		
4.11.2.2	有豪华套房				4		
	至少有卧室2间、会客室、餐厅、书房各1间(卫生间3间)					4	
	至少有卧室2间、会客室1间、餐厅或书房各1间(卫生间3间)					2	
4.11.3	套房卫生间			5			
4.11.3.1	有供主人和来访宾客分别使用的卫生间				2		
4.11.3.2	有由卧室和客厅分别直接进入的卫生间(双门卫生间)				1		
4.11.3.3	有音响装置				1		
4.11.3.4	配有电视机				1		
4.12	有残疾人客房,配备相应的残障设施		2				
4.13	设无烟楼层		2				
4.14	客房舒适度		35				
4.14.1	布草			15			
4.14.1.1	床单、被套、枕套的纱支规格				6		
	不低于80×60支纱					6	
	不低于60×40支纱					3	
	不低于40×40支纱					1	
4.14.1.2	床单、被套、枕套的含棉量为100%				1		

续表

序号	设施设备评分表	各大项总分	各分项总分	各次分项总分	各小项总分	计分	记分栏
4.14.1.3	毛巾(含浴巾、面巾、地巾、方巾等)的纱支规格				2		
	32 支纱(或螺旋 16 支),含棉量为 100%					2	
	不低于 16 支纱					1	
4.14.1.4	毛巾(含浴巾、面巾、地巾、方巾等)规格(一个规格不达标扣 0.5 分,扣满 2 分以上,降低一档)				6		
	浴巾不小于 1 400mm×800mm,重量不低于 750g;面巾不小于 750mm×350mm,重量不低于 180g;地巾不小于 800mm×500mm,重量不低于 450g;方巾不小于 320mm×320mm,重量不低于 55g					6	
	浴巾不小于 1 300mm×700mm,重量不低于 500g;面巾不小于 600mm×300mm,重量不低于 120g;地巾不小于 700mm×400mm,重量不低于 320g;方巾不小于 300mm×300mm,重量不低于 45g					3	
	浴巾不小于 1 200mm×600mm,重量不低于 400g;面巾不小于 550mm×300mm,重量不低于 110g;地巾不小于 650mm×350mm,重量不低于 280g					1	
4.14.2	床垫硬度适中、无变形,可提供 3 种以上不同类型的枕头			2			
4.14.3	温度			3			
4.14.3.1	室内温度可调节				2		
4.14.3.2	公共区域与客房区域温差不超过 5℃				1		
4.14.4	相对湿度:冬季为 50%～55%,夏季为 45%～50%			2			
4.14.5	客房门、墙、窗、天花、卫生间采取隔音措施,效果良好			2			
	客房隔音效果差,或部分客房靠近高噪音设施(如歌舞厅、保龄球场、洗衣房等),影响宾客休息					−4	
4.14.6	窗帘与客房整体设计匹配,有纱帘,方便开闭,密闭遮光效果良好			2			
4.14.7	照明效果			3			
	专业设计,功能照明、重点照明、氛围照明和谐统一					3	
	有目的物照明光源,满足不同区域的照明需求					2	
	照明效果一般					1	
4.14.8	客用品方便取用,插座、开关位置合理,方便使用			2			

续表

序号	设施设备评分表	各大项总分	各分项总分	各次分项总分	各小项总分	计分	记分栏
4.14.9	艺术品、装饰品搭配协调,布置雅致;家具、电器、灯饰档次匹配,色调和谐			2			
4.14.10	电视机和背景音乐系统的音、画质良好,节目及音量调节方便有效			2			
4.15	客房走廊及电梯厅		5				
4.15.1	走廊宽度不少于1.8m,高度不低于2.3m			1			
4.15.2	光线适宜			1			
4.15.3	通风良好,温度适宜			1			
4.15.4	客房门牌标识醒目,制作精良			1			
4.15.5	管道井、消防设施的装饰与周边氛围协调			1			

饭店运营质量评价表(客房部分)

序号	标准	评价			
3	客房				
3.1	客房服务质量				
3.1.1	整理客房服务	优	良	中	差
3.1.1.1	正常情况下,每天14时前清扫客房完毕。如遇“请勿打扰”标志,按相关程序进行处理	3	2	1	0
3.1.1.2	客房与卫生间清扫整洁、无毛发、无灰尘、无污渍	3	2	1	0
3.1.1.3	所有物品已放回原处,所有客用品补充齐全	3	2	1	0
3.1.1.4	应宾客要求更换床单、被套、毛巾、浴巾等	3	2	1	0
3.1.2	*开夜床服务	优	良	中	差
3.1.2.1	正常情况下,每天17时到21时提供开夜床服务;如遇“请勿打扰”标志,按相关程序进行处理	3	2	1	0
3.1.2.2	客房与卫生间清扫整洁、无毛发、无灰尘、无污渍	3	2	1	0
3.1.2.3	所有物品已整理整齐,所有客用品补充齐全	3	2	1	0
3.1.2.4	床头灯处于打开状态,遮光窗帘已充分闭合	3	2	1	0
3.1.2.5	床边垫巾和拖鞋放置到位,电视遥控器、洗衣袋等放置方便宾客取用	3	2	1	0
3.1.2.6	床头放置晚安卡或致意品	3	2	1	0
3.1.3	*洗衣服务	优	良	中	差
3.1.3.1	洗衣单上明确相关信息(服务时间、价格、服务电话、送回方式等),配备饭店专用环保洗衣袋	3	2	1	0

续表

序号	标　　准	评	价		
3.1.3.2	应宾客要求，及时收集待洗衣物，并仔细检查	3	2	1	0
3.1.3.3	在规定时间内送还衣物，包装、悬挂整齐	3	2	1	0
3.1.3.4	所有的衣物已被正确洗涤、熨烫，如果污渍不能被清除，书面告知宾客	3	2	1	0
3.1.4	*微型酒吧	优	良	中	差
3.1.4.1	小冰箱运行状态良好，无明显噪声，清洁无异味	3	2	1	0
3.1.4.2	提供微型酒吧价目表，价目表上的食品、酒水与实际提供的相一致	3	2	1	0
3.1.4.3	食品、酒水摆放整齐，且标签朝外，均在保质期之内	3	2	1	0
3.1.4.4	及时补充微型酒吧上被耗用的物品，应要求及时供应冰块和饮用水	3	2	1	0
3.2	客房维护保养与清洁卫生	优	良	中	差
3.2.1	房门：完好、有效、自动闭合，无破损、无灰尘、无污渍	3	2	1	0
3.2.2	地面：完整，无破损、无变色、无变形、无污渍、无异味	3	2	1	0
3.2.3	窗户、窗帘：玻璃明亮、无破损、无污渍、无脱落、无灰尘	3	2	1	0
3.2.4	墙面：无破损、无裂痕、无脱落、无灰尘、无水迹、无蛛网	3	2	1	0
3.2.5	天花(包括空调排风口)：无破损、无裂痕、无脱落、无灰尘、无水迹、无蛛网、无污渍	3	2	1	0
3.2.6	家具：稳固、完好、无变形、无破损、无烫痕、无脱漆、无灰尘、无污渍	3	2	1	0
3.2.7	灯具：完好、有效；无灰尘、无污渍	3	2	1	0
3.2.8	布草(床单、枕头、被子、毛毯、浴衣等)：配置规范、清洁，无灰尘、无毛发、无污渍	3	2	1	0
3.2.9	电器及插座(电视、电话、冰箱等)：完好、有效、安全，无灰尘、无污渍	3	2	1	0
3.2.10	客房内印刷品(服务指南、电视节目单、安全出口指示图等)：规范、完好、方便取用，字迹图案清晰、无皱折、无涂抹、无灰尘、无污渍	3	2	1	0
3.2.11	绿色植物、艺术品：与整体氛围相协调、完整、无褪色、无脱落、无灰尘、无污渍	3	2	1	0
3.2.12	床头(控制)柜：完好、有效、安全、无灰尘、无污渍	3	2	1	0
3.2.13	贵重物品保险箱：方便使用，完好有效、无灰尘、无污渍	3	2	1	0
3.2.14	客房电话机：完好、有效、无灰尘、无污渍，旁边有便笺和笔	3	2	1	0
3.2.15	卫生间门、锁：安全、有效、无破损、无灰尘、无污渍	3	2	1	0
3.2.16	卫生间地面：平坦、无破损、无灰尘、无污渍、排水畅通	3	2	1	0
3.2.17	卫生间墙壁：平整、无破损、无脱落、无灰尘、无污渍	3	2	1	0
3.2.18	卫生间天花：无破损、无裂痕、无脱落、无灰尘、无水迹、无蛛网、无污渍	3	2	1	0
3.2.19	面盆、浴缸、淋浴区：洁净、无毛发、无灰尘、无污渍	3	2	1	0

续表

序号	标准	评价			
3.2.20	水龙头、淋浴喷头等五金件:无污渍、无滴漏、擦拭光亮	3	2	1	0
3.2.21	恭桶:洁净、无堵塞、噪声低	3	2	1	0
3.2.22	下水:通畅、无明显噪声	3	2	1	0
3.2.23	排风系统:完好,运行时无明显噪声	3	2	1	0
3.2.24	客用品(毛巾、口杯等):摆放规范、方便使用,完好、无灰尘、无污渍	3	2	1	0
小计		126			
实际得分:					
得分率:(实际得分)/该项总分×100%=					

资料来源:旅游饭店星级的划分与评定 GB/T 14308—2010

5.3 餐饮部服务质量管理

餐饮服务是饭店服务的重要组成部分,与客房部一样,餐饮部是饭店的基本业务部门,是饭店营业收入的主要来源之一。餐饮部是饭店唯一生产、加工实物产品——食品的部门,通过为客人提供"色、香、味、形、器"俱美的食品及服务,满足客人的需求,增加对客人的吸引力,增强饭店的市场竞争力,提高饭店的经济收入。

5.3.1 餐饮部基本工作职能

餐饮管理的任务是全面筹划餐饮产品的产、供、销活动,组织客源,扩大销售,降低成本,提高质量,以满足客人需求,获得最大的经济效益。

1. 合理制订菜单——创新经营特色

餐饮部要满足客人对餐饮的需求,必须了解本饭店目标市场的消费特点与餐饮要求,掌握不同年龄、不同性别、不同职业、不同民族和宗教信仰客人的餐饮习惯和需求,并在此基础上制订出迎合客人需求的菜单,作为确定餐饮部经营特色的依据与指南,再根据菜单选购设备、配备人员、确定服务规范。

2. 控制餐饮成本——增加盈利能力

成本控制包括以下几个方面。

(1) 定价。根据制订的标准成本率确定食品销售价格。

(2) 采购。控制食品原材料采购价格。

(3) 验收、储藏、发放。加强食品原材料验收、储藏、发放管理,避免和降低损耗。

(4) 粗加工。抓好原材料粗加工关,控制加工损耗率。

(5) 食品加工。严格按标准菜谱操作,以保证在食品数量和质量符合标准的前提下,尽量降低成本。

3. 组织好食品加工过程——提供优质的餐饮产品

根据客人需要，合理加工食品原材料，组织厨师适时烹制出花色品种对路、色香味形俱佳的餐饮产品。

（1）要抓好厨师技术培训工作，完善烹饪技艺。

（2）合理安排生产程序，使加工、切配、面点、炉灶和原材料供应、餐厅服务等各环节保持协调，提高生产效率。

4. 加强餐厅服务管理——提高服务质量

餐厅是饭店餐饮产品的销售场所。餐饮产品不仅包含菜点等实物产品，还包括餐厅员工的服务。提高服务质量，同时也提高了餐饮部提供的产品质量。

5. 积极开展餐饮促销——增加营业收入

餐饮促销是饭店营销的重要组成部分。餐饮部要以饭店营销计划为指导，选择推销目标，开展促销活动（如市场开拓中的婚宴促销、自助餐厅的团队促销等），也可以通过对某种特色菜品的宣传促销，增加人均消费，提高餐饮的知名度。

5.3.2　餐饮部组织机构设置

餐饮部的组织机构因规模、等级、服务内容、服务方式、管理模式等方面的不同而不同。常见的餐饮部组织机构（B 型饭店、A 型饭店），如图 5-3 和图 5-4 所示。

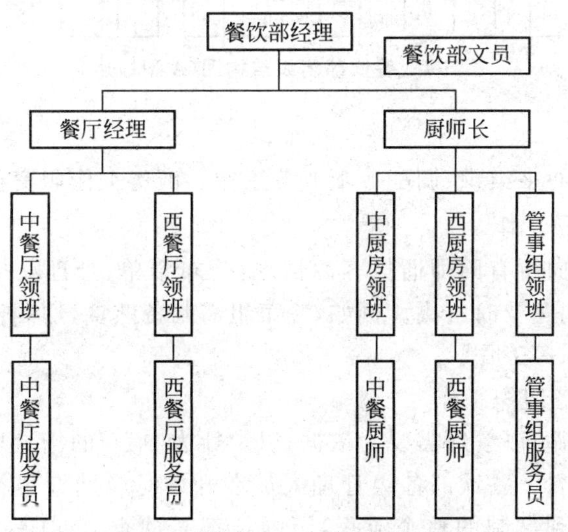

图 5-3　餐饮部组织结构图（B 型饭店）

5.3.3　餐饮生产管理

餐饮生产与管理是餐饮部的主要业务，也是餐厅进行销售服务的基础。

1. 厨房业务组织机构

世界各国的餐饮风格不同，厨房业务组织形式也大相径庭。国内绝大多数饭店设中厨、西厨。

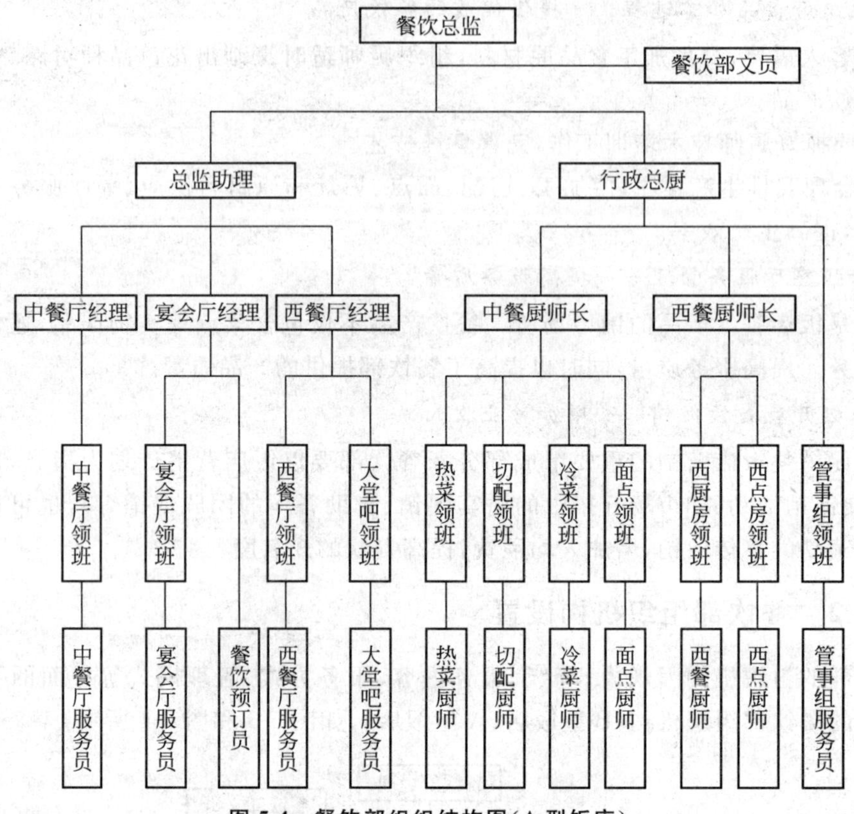

图 5-4 餐饮部组织结构图(A型饭店)

2. 厨房工作职能

厨房以餐厅为中心来组织、调配各项业务工作。厨房工作职责包括以下五个方面。

(1) 开餐前的准备工作

在开餐前厨房应向所有厨师通报客源情况,公布菜单;合理安排员工;检查各班组的准备完成情况,发现问题及时解决。例如,冷菜组需制备熟食,切制待用冷菜,拼摆花色冷盘,准备所需的调配料等工作。

(2) 开餐时的业务组织工作

开餐时厨房应遵循"以餐厅需要为依据,以炉灶为中心"的指导思想,根据宾客需求及时烹制美味可口的菜肴。餐饮部各级管理人员在开餐时应抽查菜肴质量,发现问题及时解决。从菜肴的配菜到烹制的整个流程,厨师长都需抽查。同时,餐厅的传菜员在取菜时,应检查菜点质量,做到"五不取",即数量不足不取;温度不适不取;颜色不正不取;调、配料不全不取;器皿不洁、破损或不符合规格不取。

(3) 抓好成本核算

厨房应根据核定的毛利率(标准成本)控制餐饮成本,在保证宾客利益的前提下,尽量节约,减少浪费。厨房应把好采购、验收、选洗、切配、烹调五关。

(4) 管好厨房设备

厨房设备是厨房进行食品生产的物质基础,是制作菜肴的物质条件。因此,厨房应遵循“用、管、养”合一原则，建立并健全设备的操作规程，将所有设备按专业分工定岗使用，加强设备的维护与保养，确保其正常运行。

(5) 搞好卫生管理

厨房卫生是厨房生产第一条需要遵守的准则。厨房卫生包括食品卫生、餐具卫生和个人卫生。

5.3.4 餐厅服务质量管理

餐厅是饭店餐饮部餐饮销售与餐饮服务的主业务单位，餐厅服务与管理水平的高低是客人评价一家餐厅优劣的主要依据。

1. 中餐散客服务(零点服务)、宴会服务

(1) 中餐散客服务基本程序

① 热情迎客。领座员引领进餐厅，有关区域服务员主动上前问好，选择合适餐桌，协助客人拉椅就座，调整餐台布置，递上菜单。

② 上茶递毛巾。从客人右边递送香巾，替客人落口布、松筷套，征询客人同意后给客人斟茶或冰水，同时上调料。

③ 接受点菜。服务员必须了解当天的特种菜肴和时令菜食，以及断档菜食或饮品，在客人点菜时进行介绍，做出建议，积极推销。点菜时站在客人右边，认真记录。点菜完毕后介绍推销酒水。

④ 开单下厨。点完菜，应复述客人所点菜食，按规定正确填写出点菜单。点菜单应一式三联，第一联送收银员；第二联让收银员盖过章后，由跑菜员交厨房或酒吧作为取菜和酒水的凭据；第三联由后台跑菜员划单用，此联可留存，作为备查资料。

⑤ 酒水服务。从酒吧领酒水。酒和饮料应从客人右边斟倒，鸡尾酒放在客人骨碟前正中。

⑥ 上菜服务。中餐进餐程式为冷菜—热菜(羹、大菜、蔬菜、汤)—饭或点心—甜食—水果—茶。上菜时，要跟配料或洗手盅的菜式，配料和洗手盅应先于菜上。

服务员应主动介绍菜式，有分菜需要的及时分菜。

⑦ 巡台服务。注意客人就餐情况，勤于巡台，及时满足客人的各种需要。主动更换骨碟、烟灰缸，添加酒水、米饭，检查菜肴是否上齐，及时撤下空菜盘送洗。

⑧ 准备结账。客人用餐完毕，主动询问客人还需要什么服务，如客人示意结账，即告知收款员，核对账单后将其放入收银夹内，从客人右边递上，按规定结账并道谢。

⑨ 礼貌送客。客人离座，应替客人拉椅、道谢、欢迎下次光临。之后整理餐桌，重新铺台。

(2) 中餐宴会服务程序

宴会是在普通用餐基础上发展而成的一种高级用餐形式，是指宾主之间为了表示欢迎、祝贺、答谢、喜庆等目的而举行的一种隆重、正式的餐饮活动。

① 宴会前准备包括以下几项。

- 制订宴会菜单。尊重客人意见，尽可能体现厨师特长，体现饭店特色。
- 准备原料。准备主料、配料、调料，整理、选料、清洗。

- 加工原料。进行切配等准备工作。
- 准备餐具。
- 布置环境。
- 在开宴前15分钟,服务员应从厨房端出冷菜摆放上桌。冷菜摆放应讲究造型艺术,注意位置对称,色彩和谐。摆放造型冷盘,观赏面正对主宾席位。

② 迎接客人。

③ 递送香巾。

④ 斟酒。

⑤ 派冷菜。从主宾开始,按顺时针方向进行。

⑥ 上菜。从固定口上菜,一般选在主席位左或右90°处。摆妥后,应拨动转盘,使菜肴先位于主宾面前。

⑦ 派菜。左手托菜,从主宾开始,按顺时针方向从客人左边派菜。

⑧ 席间服务。

⑨ 待散服务。客人要结束进餐时,应再次递上香巾,并可根据情况重换杯盏,递上茶水。

⑩ 结账送客。小型宴会当场结清,大型宴会事后处理。

补充阅读材料5-4

××饭店中式摆台标准

服务环节	标准
铺台布	• 台布要求干净,无破损和褶皱 • 站在主人位的右侧,打开台布,找出台布正面朝向自己一侧的边缘,任选一种方法将台布一次铺成 • 要求台布中心凸缝向上,且对准正、副主人,台布四周下垂部分均等
摆放转台	• 转台要求摆放在餐桌中央,转盘的中心和圆桌的中心重合,转盘边沿离桌边距离均等,误差不超过1厘米 • 转盘要求可以灵活转动
摆骨碟	• 从主人位开始,按顺时针方向摆放骨碟,图案对正,摆放距离均等,距桌边1.5厘米
摆翅碗	味碟摆放在骨碟的正前方,翅碗与味碟相距1厘米,匙羹把朝左
摆筷架、筷子	• 筷架放于长柄勺的右侧,将带筷套的筷子放在筷架上,以出筷架1/3为宜,筷子尾部距桌边1.5厘米 • 长柄勺与骨碟相距3厘米并与骨碟中心线平行 • 若使用多用筷架和长柄勺(共筷共勺),应在骨碟正前方,和葡萄酒杯的间距为1厘米,筷架放于葡萄酒杯右侧,将筷子、长柄勺置于筷架上,筷子、长柄尾对齐
摆牙签	• 小包装牙签放在筷子的右侧1厘米处,牙签距桌边5厘米 • 牙签盅放在正、副主人筷子的右上方

续表

服务环节	标　准
摆酒具	·在味碟正前方摆红酒杯，中心要对正，杯底与勺垫相距 1 厘米 ·在红酒杯的右侧摆白酒杯，间距 1 厘米，左侧摆水杯，间距 1 厘米 ·三杯中心和餐具成 30 度角
摆放烟灰缸	烟灰缸摆放四只，分别摆放在正、副主人位的右侧和左侧，距转台 3 厘米，成正方形
叠餐巾花	·折叠 10 种不同造型的餐巾花，花形要分出主次，主要为植物、动物、实物类 ·餐巾花要求一次成形，形象逼真，美观大方，并符合卫生要求 ·叠花完成后，按要求放入水杯中，并按照主次宾客位置合理摆放
花插	装饰品摆放在转台正中，花朝向主人位
摆椅子	·以正、副主人位为基准各放 3 张椅子成一直线，另两侧各放 2 张椅子，10 张椅子围成一个正方形 ·如要拉椅，椅背中心正对餐盘，椅面内沿紧贴桌布或台裙绕成圆形

资料来源：沈建龙，金辰怡主编．餐饮服务与管理．北京：中国人民大学出版社，2012

2. 西餐散客服务(零点服务)、宴会服务

(1) 西餐散客服务基本程序(以美式服务为例)

① 迎宾领座。客人入座后，点燃蜡烛，以示欢迎。

② 鸡尾酒、餐前小吃。西餐厅一般都有冰水供应，客人入座后，立即斟满水杯，并从左边递上面包黄油。接着请客人点鸡尾酒，从右边上酒，放在餐具右边或放在服务餐盘上。

③ 递送菜单，接受点菜。一般人手一份。询问所点菜肴的烹制要求，老嫩、咸淡、配菜、调料、上菜时间等。

④ 递送酒单，接受点酒。询问上酒时间。

⑤ 上开胃菜。从客人左手边上菜，先女宾后男宾、先长后幼、先宾后主。

⑥ 上汤类。从左边连同热碟放在服务餐盘中。如果原先台中没有汤匙，则应在上汤前摆上汤匙，放在客人右首最外面。

⑦ 上色拉。主菜色拉放在餐盘中，伴菜色拉放在客人左首。刀叉摆放规则是“左叉右刀”。

⑧ 上主菜。如上牛排时，大多数餐厅撤下服务餐盘。

⑨ 上水果与乳酪。上水果乳酪车，由客人挑选。

上完这道菜后，要撤下盐瓶、胡椒瓶、面包篮、黄油等，以及用过的餐具，为供应甜点做准备。

⑩ 上甜点(最后一道菜)。上餐后饮料。餐后饮料一般为咖啡、茶、餐后酒。酒通常以杯计，咖啡和茶有的以杯计，有的以客计。上咖啡前要端上奶油壶和糖罐；供应餐后酒一般使用餐后酒水车，由酒水员推至餐桌边，供客人选用。

结账送客。

(2) 西餐宴会服务基本程序

西餐宴会是按照西方国家宴会形式提供的一种餐饮服务形式,具有宴会的一般特点,其服务程序与中餐宴会相似,但在摆台布置、服务操作等方面有其特殊要求。

① 宴会服务形式。西餐宴会服务有英式、美式、俄式三种。

英式服务适合家庭式便宴,气氛轻松,较为随便,菜肴装在大盘中由服务员端上餐桌,然后由客人自己动手依次传递从中取食。

美式服务因其速度快、效率高,适合大型西餐宴会。不需要派菜服务,每道菜每客一盘,食物相同,多采取流水作业。一桌菜可以一次端出,保证各桌同时上菜。

俄式服务常见于豪华宴会。上菜时服务员先分派餐盘,然后逐一派菜,费时较多。

② 宴会摆台。西餐宴会摆台一般采用全摆台,所需餐具包括服务餐盘、餐巾、色拉刀叉、主餐刀叉、鱼刀鱼叉、面包盆、黄油刀、甜点刀叉、冷水杯、红葡萄酒杯、白葡萄酒杯、香槟酒杯、汤匙。具体摆台时应根据宴会菜单预订的菜肴道数、种类和上菜程序,以及所用酒类、饮料的品种来决定所需餐具和酒杯。

③ 宴会席间服务。宴会席间服务的具体内容因宴会规格标准、菜肴道数、菜色品种不同而不同,但一般的服务要点与西餐散客服务大致相同。

3. 自助餐服务程序

(1) 开餐前准备

① 餐台服务员的准备工作

a. 开餐之前,负责看台的服务员要将菜台的卫生清理干净,要更换菜台的台布,菜台上面可以摆放鲜花装饰点缀。

b. 已经消毒的餐具要准备充足,并且要按照规定码放在菜台的一侧。除此之外,保温用具和厨师到餐厅为客人做现场切配用的一切用具都要准备齐全。

c. 开餐前,将菜品放在菜台上面,如果只使用一组菜台,那么冷盘、热菜、点心、水果要分别依次摆放,其中热菜要放在保温槽子里保温,保温的方法是在保温槽子下面点燃固体燃料,使槽子里面的水保持沸腾的状态,从而使菜品始终保持温度。另外要准备好客人取菜用的刀叉、餐盘。

② 看台服务员的准备工作

a. 整理餐桌卫生。

b. 按照规定摆台,摆台一般按照零点摆台方法做,只是餐桌上面不摆放餐盘和口布花。

c. 准备好酒水、饮料,整齐地码放在服务桌上。

(2) 自助餐餐间服务

① 餐台服务员的工作程序

a. 当客人进入餐厅时,服务员要有礼貌,热情地、面带微笑地迎接客人,并且要向客人介绍菜品的名称、口味,向客人递送餐盘。

b. 当客人取菜后,服务员要及时地整理菜台,撤下空菜盘,及时地添加菜品,使菜台上面的菜品始终保持丰盛、整洁、美观。

c. 看菜台的服务员要与厨房保持密切的联系,菜品的添加要及时与各个灶间沟通,将餐厅的菜品情况及时地反映给厨房，看菜台的服务员要细心地观察菜台的菜品，当菜品剩的不多时就要通知后厨加菜，不要等到菜品用光后再通知后厨，避免出现空档，影响客人用餐。

d. 随时整理菜台，并背着客人做好菜肴的归类，将用过的餐盘送回后台。

注意：要及时更换保温槽子里面的热水，检查固体燃料是否需要更换。

② 看台服务员的服务程序

a. 客人来到餐厅后，要询问客人的要求，是否需要饮品，如有需要，要给客人斟好。

b. 客人每次离座取菜品时，服务员要将客人的餐位整理好。

c. 当客人用完餐要离开时，要主动拉开餐椅，面带微笑地送走客人，并表示感谢。

d. 及时撤掉客人用过的餐具，保持桌面的卫生。

(3) 自助餐服务应注意的事项

① 备品的供应一定要及时、迅速，保证客人的使用。

② 在服务中讲究语言的艺术，要做到礼貌待客。

③ 除了自助餐台上面的菜品要准备充分外，还可以根据客人的口味喜好，多准备一些客人爱吃的食品种类。

5.3.5 工作检查标准

1. 中餐厅服务质量检查标准

(1) 客人进入餐厅或在客人路过时，是否主动问候，表示欢迎？

(2) 迎接宾客是否使用服务敬语？使用敬语时是否行礼？

(3) 在通道上路遇客人是否礼让并问候？

(4) 是否协助宾客入座？

(5) 是否为宾客斟酒并说“请用菜”？

(6) 是否积极推销菜点和饮品？

(7) 出现断档菜肴或饮料时是否主动为宾客介绍相近菜品？

(8) 当出现客人为上菜速度过慢而抱怨时是否主动安慰客人？

(9) 斟倒酒水时，是否按操作规程进行？是否把最后的酒水倒进主人杯中却让主宾空杯？

(10) 上第一道菜时，是否向客人说“对不起，让您久等了，祝各位贵宾用餐愉快”？

(11) 上菜时，是否向宾客报菜名？

(12) 是否为宾客派菜或派汤？

(13) 派菜或派汤时，是否做到均等且略有剩余，以示菜肴的丰盛？

(14) 是否为需要更换骨碟的客人换骨碟？

(15) 递送物品时，是否使用托盘？

(16) 宾客招呼，是否迅速到达？

(17) 宾客吩咐完毕后，是否退一步行礼并说“请您稍等”，而不是立即转身？

(18) 上热菜热汤时，是否提示客人？以免发生意外。

(19) 是否向带小孩的客人提示注意小孩的安全？

(20) 菜肴出现问题时,是否先致歉后找管理人员?

(21) 撤换餐具时,是否发出很大响声?

(22) 上最后一道菜时,是否告之宾客菜已上齐?

(23) 是否为宾客提供微笑服务?

(24) 是否及时、正确地更换灰缸?

(25) 遇到自己熟悉的客人,是否热情寒暄并向客人介绍值台服务员?

(26) 服务期间的站立姿势是否符合规范要求?

(27) 在服务工作时是否做到"四勤"、"五声"、"三轻"(四勤指眼勤、脚勤、手勤、嘴勤;五声指顾客进店有"迎声"、顾客询问有"答声"、顾客帮忙有"谢声"、照顾不周有"歉声"、顾客离去有"送声";三轻指说话轻、走路轻、操作轻)?

(28) 是否记住此用餐客人的姓名、职务?

(29) 客人要求结账时,是否核对过账单做到准确无误?

(30) 结账是否准确迅速无误?

(31) 结账完毕后,是否向客人表示感谢?

(32) 是否向客人征询意见?

(33) 客人起身要离开时,是否提示客人有无失落物品?

(34) 是否送客人下楼并在大厅门口与客人道别?

(35) 与迎宾是否顺利交接,以防止跑单?

(36) 客人走后,是否迅速翻台,为下一餐准备?

(37) 是否按安全检查表仔细检查,做到杜绝事故发生?

(38) 是否将客人的用餐意见和建议及时反馈给主管和经理?

2. 自助餐厅质量检查标准

(1) 迎宾员岗位

① 迎宾员迎送客人的态度是否热情友好?

② 迎宾员的迎送服务是否及时、准确?

③ 迎宾员的迎送服务是否规范、符合标准?

④ 迎宾员是否能够准确识别常客、回头客,并及时传递顾客信息,为客人提供个性化的服务?

(2) 看台服务员

① 服务员的服务态度是否热情友好?

② 服务员的餐桌服务是否及时、有序?

③ 服务员的餐桌服务是否规范、符合标准?

④ 服务员能否及时发现客人的需求并提供个性化的服务?

(3) 餐台服务员

① 布菲台上的物品及餐具摆放是否标准?

② 餐中布菲台的卫生是否干净、整齐?

③ 是否对布菲台周围的客人提供热情、及时的服务?

④ 酒精罐是否正常燃烧?菜品温度是否合适?

(4) 酒水员

① 为服务员提供酒水、杯具、其他各项物资是否准确、及时、符合要求？

② 是否对吧台周围的客人提供热情、及时的服务？

3. 中餐摆台质量检查标准

(1) 餐桌坐椅是否坚固牢靠？

(2) 台布是否干净、无污渍？

(3) 铺台布时，台布的四个角是否均匀遮盖四个桌腿？

(4) 餐桌坐椅是否摆放整齐？

(5) 骨碟摆放距离是否相等？

(6) 汤碗是否摆在骨碟的左上方？

(7) 汤勺勺把的方向是否顺序一致朝左？

(8) 筷子是否摆在骨碟右侧？

(9) 啤酒杯(水杯)是否摆放在骨碟前，且图案朝向坐椅？

(10) 台签正面是否朝向入口处便于客人寻找？

(11) 酒水单是否清洁干净无污渍且按规定摆放？

(12) 花瓶及瓶花是否干净无灰尘且按规定摆放？

(13) 摆台用品的卫生是否合格？

(14) 摆台用品是否无破损？

(15) 摆台时如需要摆放调料盅是否干净且盅内调料常换常新？

(16) 摆台是否净手且持拿摆台用品部位符合规范要求？

(17) 是否符合总体要求，即摆设配套整齐、一致、清洁、卫生，令人有清新、舒畅的感觉？

4. 就餐环境检查标准

(1) 玻璃门窗及镜面是否清洁、无灰尘、无裂痕？

(2) 窗框、工作台、桌椅是否无灰尘和污渍？

(3) 地板有无碎屑及污痕？

(4) 墙面有无污痕或破损处？

(5) 盆景花卉有无枯萎、带灰尘现象？

(6) 墙面装饰品有无破损、污痕？

(7) 天花板是否清洁、无污痕？

(8) 天花板有无破损、漏水痕迹？

(9) 通风口是否清洁？通风是否正常？

(10) 灯泡、灯管、灯罩有无脱落、破损、污痕？

(11) 吊灯照明是否正常？吊灯是否完整？

(12) 餐厅内温度和通风是否正常？

(13) 餐厅通道有无障碍物？

(14) 餐桌椅是否无破损、无灰尘、无污痕？

(15) 广告宣传品有无破损、灰尘、污痕？

(16) 菜单是否清洁？是否有缺页、破损？
(17) 台面是否清洁卫生？
(18) 背景音乐是否适合就餐气氛？
(19) 背景音乐音量是否过大或过小？
(20) 总体环境是否能吸引宾客？

补充阅读材料5-5

五星级饭店必备项目检查表(餐饮部分)

序号	项目	是否达标
4	餐厅及吧室	
4.1	各餐厅布局合理、环境幽雅、空气清新，不串味，温度适宜	
4.2	应有装饰豪华、氛围浓郁的中餐厅	
4.3	应有装饰豪华、格调高雅的西餐厅(或外国特色餐厅)或风格独特的风味餐厅，均配有专门厨房	
4.4	应有位置合理、独具特色、格调高雅的咖啡厅，提供品质良好的自助早餐、西式正餐；咖啡厅(或有一餐厅)营业时间不少于18小时	
4.5	应有3个以上宴会单间或小宴会厅；提供宴会服务，效果良好	
4.6	应有专门的酒吧或茶室	
4.7	餐具应按中外习惯成套配置，材质高档，工艺精致，有特色，无破损磨痕，光洁、卫生	
4.8	菜单及饮品单应装帧精美，完整清洁，出菜率不低于90%	
5	厨房	
5.1	位置合理、布局科学，传菜路线不与非餐饮公共区域交叉	
5.2	厨房与餐厅之间，采取有效的隔音、隔热和隔味的措施；进出门分开并能自动闭合	
5.3	墙面满铺瓷砖，用防滑材料满铺地面，有地槽	
5.4	冷菜间、面点间独立分隔，有足够的冷气设备；冷菜间内有空气消毒设施	
5.5	冷菜间有二次更衣场所及设施	
5.6	粗加工间与其他操作间隔离，各操作间温度适宜，冷气供应充足	
5.7	洗碗间位置合理(紧临厨房与餐厅出入口)，配有洗碗和消毒设施	
5.8	有必要的冷藏、冷冻设施，生熟食品及半成食品分柜置放；有干货仓库	
5.9	有专门放置临时垃圾的设施并保持其封闭，排污设施(地槽、抽油烟机和排风口等)保持畅通清洁	
5.10	采取有效的消杀蚊蝇、蟑螂等虫害措施	
5.11	应有食品化验室或留样送检机制	

设施设备评分表(餐饮部分)

序号	设施设备评分表	各大项总分	各分项总分	各次分项总分	各小项总分	计分	记分栏
5	餐饮	59					
5.1	餐厅(5.1和5.2对各个餐厅分别打分,然后根据餐厅数量取算术平均值的整数部分)		32				
5.1.1	布局			8			
5.1.1.1	接待区装饰风格(接待台、预订台)与整体氛围协调				1		
5.1.1.2	有宴会单间或小宴会厅				3		
5.1.1.3	靠近厨房,传菜线路不与非餐饮公共区域交叉				2		
5.1.1.4	有酒水台				1		
5.1.1.5	有分区设计,有绿色植物或一定装饰品				1		
5.1.2	装饰			11			
5.1.2.1	地面装饰				4		
	采用优质花岗岩、大理石、地毯、木地板或其他与整体装饰风格相协调的高档材料(材质高档、色泽均匀、拼接整齐,装饰性强,与整体氛围相协调)					4	
	采用普通大理石、地毯、木地板或其他材料(材质一般,有色差,拼接整齐,装饰性较强)					2	
	采用普通材料(普通木地板、地砖等)					1	
5.1.2.2	墙面装饰				4		
	采用优质花岗岩、大理石或其他与整体装饰风格相协调的高档材料(材质高档、色泽均匀、拼接整齐、装饰性强,与整体氛围相协调)					4	
	采用优质木材或高档墙纸(布)(立面有线条变化,高档墙纸包括丝质及其他天然原料墙纸)					3	
	采用普通花岗岩、大理石、木材					2	
	采用普通墙纸或喷涂材料					1	
5.1.2.3	天花				3		
	工艺精致,造型别致,格调高雅					3	
	工艺较好,格调一般					2	
	有一定装饰					1	
5.1.3	家具			3			
	设计专业、材质高档、工艺精致,摆设合理,使用方便、舒适					3	

续表

序号	设施设备评分表	各大项总分	各分项总分	各次分项总分	各小项总分	计分	记分栏
5.1.3	材质较好,工艺较好					2	
	材质普通,工艺一般					1	
5.1.4	灯具与照明			3			
	照明设计有专业性,采用高档定制灯具,功能照明、重点照明、氛围照明和谐统一					3	
	采用高档灯具,照明整体效果较好					2	
	采用普通灯具,照明效果一般					1	
5.1.5	餐具			3			
	高档材质,工艺精致,有一定的艺术性,与整体氛围协调					3	
	较好材质与工艺					2	
	一般材质与工艺					1	
5.1.6	菜单及酒水单			3			
	用中文、英文及相应外文印制,有独立酒水单,装帧精美,出菜率不低于90%					3	
	用中英文印刷,装帧较好,出菜率不低于90%					2	
	有中文菜单,保持完整、清洁					1	
5.1.7	不使用一次性筷子和一次性湿毛巾,不使用塑料桌布			1			
5.2	厨房		12				
5.2.1	应有与餐厅经营面积和菜式相适应的厨房区域(含粗细加工间、面点间、冷菜间、冻库等)			2			
5.2.2	为某特定类型餐厅配有专门厨房(每个1分,最多2分)			2			
5.2.3	位置合理、布局科学,传菜路线不与非餐饮公共区域交叉			2			
5.2.4	冷、热制作间分隔			1			
5.2.5	配备与厨房相适应的保鲜和冷冻设施,生熟分开			1			
5.2.6	粗细加工间分隔			1			
5.2.7	洗碗间位置合理			1			
5.2.8	厨房与餐厅间采用有效的隔音、隔热、隔味措施			1			
5.2.9	厨房内、灶台上采取有效的通风、排烟措施			1			

续表

序号	设施设备评分表	各大项总分	各分项总分	各次分项总分	各小项总分	计分	记分栏
5.3	酒吧、茶室及其他吧室		7				
5.3.1	装修与装饰(包含台、家具、餐具、饮具等)			4			
	专业设计,材质高档、工艺精致,氛围协调,呈现一定主题					4	
	较好材质与工艺					2	
	普通材质与工艺					1	
5.3.2	氛围			3			
	环境高雅、独特,装饰及灯光设计有专业性					3	
	氛围较好					2	
	氛围一般					1	
5.4	餐饮区域整体舒适度		8				
5.4.1	整体设计有专业性,格调高雅,色调协调、有艺术感			2			
5.4.2	温湿度适宜,通风良好,无炊烟及烟酒异味			2			
5.4.3	专业设计照明,环境舒适,无噪音。背景音乐曲目、音量适宜,音质良好			2			
5.4.4	餐具按各菜式习惯配套齐全,无破损,无水迹			2			
5.4.5	任一餐厅(包括宴会厅)与其厨房不在同一楼层			−2			

饭店运营质量评价表(餐馆部分)

序号	标准	评价			
4	餐饮				
4.1	餐饮服务质量				
4.1.1	自助早餐服务	优	良	中	差
4.1.1.1	在宾客抵达餐厅后,及时接待并引座;正常情况下,宾客就座的餐桌已经布置完毕	3	2	1	0
4.1.1.2	在宾客入座后及时提供咖啡或茶	3	2	1	0
4.1.1.3	所有自助餐食及时补充,适温、适量	3	2	1	0
4.1.1.4	食品和饮品均正确标记说明;标记牌洁净统一	3	2	1	0
4.1.1.5	提供加热过的盘子取用热食;厨师能够提供即时加工服务	3	2	1	0
4.1.1.6	咖啡或茶应宾客要求及时添加,适时更换烟灰缸	3	2	1	0

续表

序号	标 准	评	价		
4.1.1.7	宾客用餐结束后,及时收拾餐具,结账效率高、准确无差错。宾客离开餐厅时,向宾客致谢	3	2	1	0
4.1.1.8	自助早餐食品质量评价	3	2	1	0
4.1.2	正餐服务	优	良	中	差
4.1.2.1	在营业时间,及时接听电话,重复并确认所有预订细节	3	2	1	0
4.1.2.2	在宾客抵达餐厅后,及时接待并引座;正常情况下,宾客就座的餐桌已经布置完毕	3	2	1	0
4.1.2.3	提供菜单和酒水单,熟悉菜品知识,主动推荐特色菜肴,点单时与宾客保持目光交流	3	2	1	0
4.1.2.4	点菜单信息完整(如烹调方法、搭配等),点单完毕后与宾客确认点单内容	3	2	1	0
4.1.2.5	点单完成后,及时上酒水及冷盘(头盘),根据需要适时上热菜(主菜),上菜时主动介绍菜名	3	2	1	0
4.1.2.6	根据不同菜式要求及时更换、调整餐具,确认宾客需要的各种调料,提醒宾客小心餐盘烫手,西餐时,主动提供面包、黄油	3	2	1	0
4.1.2.7	向宾客展示酒瓶,在宾客面前打开酒瓶,西餐时,倒少量酒让主人鉴酒	3	2	1	0
4.1.2.8	红葡萄酒应是常温,白葡萄酒应是冰镇;操作玻璃器皿时,应握杯颈或杯底	3	2	1	0
4.1.2.9	宾客用餐结束后,结账效率高、准确无差错,主动征询宾客意见并致谢	3	2	1	0
4.1.2.10	正餐食品质量评价	3	2	1	0
4.1.3	酒吧服务(大堂吧,茶室)	优	良	中	差
4.1.3.1	宾客到达后,及时接待,热情友好;提供酒水单,熟悉酒水知识,主动推荐,点单时与宾客保持目光交流	3	2	1	0
4.1.3.2	点单后,使用托盘及时上齐酒水,使用杯垫,主动提供佐酒小吃	3	2	1	0
4.1.3.3	提供的酒水与点单一致,玻璃器皿与饮料合理搭配,各种酒具光亮、洁净、无裂痕、无破损,饮品温度合理	3	2	1	0
4.1.3.4	结账效率高、准确无差错;向宾客致谢	3	2	1	0
4.1.4	送餐服务	优	良	中	差
4.1.4.1	正常情况下,及时接听订餐电话,熟悉送餐菜单内容,重复和确认预订的所有细节,主动告知预计送餐时间	3	2	1	0
4.1.4.2	正常情况下,送餐的标准时间如下。事先填写好的早餐卡:预订时间5分钟内;临时订早餐:25分钟内;小吃:25分钟内;中餐或晚餐:40分钟内	3	2	1	0
4.1.4.3	送餐时按门铃或轻轻敲门(未经宾客许可,不得进入客房);礼貌友好地问候宾客;征询宾客托盘或手推车放于何处,为宾客摆台、倒酒水、介绍各种调料	3	2	1	0

续表

序号	标　　准	评	价		
4.1.4.4	送餐推车保持清洁,保养良好;推车上桌布清洁,熨烫平整。饮料、食品均盖有防护用具	3	2	1	0
4.1.4.5	送餐推车上摆放鲜花瓶;口布清洁、熨烫平整、无污渍;盐瓶、胡椒瓶及其他调味品盛器洁净,装满	3	2	1	0
4.1.4.6	送餐完毕,告知餐具回收程序(如果提供回收卡,视同已告知),向宾客致意,祝愿宾客用餐愉快	3	2	1	0
4.1.4.7	送餐服务食品质量评价	3	2	1	0
4.2	餐饮区域维护保养与清洁卫生	优	良	中	差
4.2.1	餐台(包括自助餐台):稳固、美观、整洁	3	2	1	0
4.2.2	地面:完整,无破损、无变色、无变形、无污渍、无异味	3	2	1	0
4.2.3	门窗及窗帘:玻璃明亮、无破损、无变形、无划痕、无灰尘	3	2	1	0
4.2.4	墙面:平整、无破损、无裂痕、无脱落、无灰尘、无水迹、无蛛网	3	2	1	0
4.2.5	天花(包括空调排风口):平整、无破损、无裂痕、无脱落、无灰尘、无水迹、无蛛网	3	2	1	0
4.2.6	家具:稳固、完好、无变形、无破损、无烫痕、无脱漆、无灰尘、无污染	3	2	1	0
4.2.7	灯具:完好、有效、无灰尘、无污渍	3	2	1	0
4.2.8	盆景、花木:无枯枝败叶、修剪效果好,无灰尘、无异味、无昆虫	3	2	1	0
4.2.9	艺术品:有品位、完整、无褪色、无灰尘、无污渍	3	2	1	0
4.2.10	客用品(包括台布、餐巾、面巾、餐具、烟灰缸等):方便使用,完好、无破损、无灰尘、无污渍	3	2	1	0
小计		117			
实际得分:					
得分率:(实际得分)/该项总分×100%=					

资料来源:旅游饭店星级的划分与评定 GB/T 14308—2010

5.4 康乐部服务质量管理

饭店是提供客人吃、住、行、娱、购等系列服务的场所。其中,康乐部是为客人提供娱乐、休闲、健身等活动场所的部门,是饭店借以吸引客人,招徕生意,提高饭店声誉和营业额的重要手段和途径。目前康乐部逐步从其所隶属的部门独立出来,形成一个专业化的经营部门,成为与客房、餐饮、前厅等部门平行的重要部门。现在绝大多数三星级以上的大饭店都设有康乐部。

5.4.1 康乐部基本工作职能

1. 康乐部的分类

康乐活动所包括的内容很多,除了传统项目外,新的康乐项目层出不穷。由于受饭店的规模、等级、环境及其对康乐项目的投资等条件的局限,不同饭店的康乐部经营的项目都不尽相同。通常饭店的康乐活动内容包括三大类:康体类、保健美容类和娱乐类。

康体类项目主要有健身房、弹子房、乒乓球房、保龄球房、高尔夫球场、壁球房、网球房、游泳池(兼有室内、室外、室内外三种类型)等。保健美容类项目主要包括理发室、美容室、按摩室、桑拿室等。娱乐类项目主要有游戏室、棋牌室、卡拉OK室、KTV包厢、多功能咖啡厅、闭路电视、阅览室、酒吧、舞厅等。

2. 康乐部的基本职能

康乐部的任务就是满足顾客在康乐方面的需求,各种娱乐设施、器械设备全面满足宾客对健康、健美、度假休闲的需求。具体说来,康乐基本职能有以下几个方面。

(1) 提供娱乐服务

娱乐享受是客人重要的消费因素。客人广泛多样,娱乐口味和喜爱项目因人而异,要求也难以划一。为提供优质的娱乐服务,康乐部应在硬件设施方面多引进先进新颖的娱乐器械,更应在软件服务上不遗余力。

(2) 提供健身服务

客人的强身健体要求大多是非常强烈的。体育锻炼的目的因人而异,形式也呈多样性。常见的大众运动有跑步、练拳、做操、跳舞等,也有借助各种器械的专门运动,如骑自行车、单双杠、举重、各种肌肉运动等。康乐部应因地因店而异,设置游泳池、健身房等各种专门场所,以满足客人的健身需求。

(3) 提供健美服务

爱美之心,人皆有之。现代健美通常包括体型健美、发型健美、脸形健美等方面。健身房、游泳池等可为体形健美服务提供场所,而发型健美、脸形健美服务则可以在美容美发室、按摩室中获得。

(4) 满足顾客安全的需求

休闲健身场所特别是健身房具有一定的危险性,其中器械设备也具有一定的损耗性。为杜绝突发事件的发生,每天应定时检查,并进行场所、设备、器械的安全保养工作。对使用中出现的不安全因素,如有的器械出现明显的损坏、断裂、老化等现象,必须妥善解决。每月的重点检查和维修也是必不可少的。

(5) 满足顾客卫生的需求

康乐场所应是个高雅、洁净的地方,但因其客流量较大,设备使用频繁,尤其是器械设备经过许多人的触摸,因此清洁卫生工作特别重要。例如,游泳池卫生要求较高,应保证泳池边、台、地面、椅等的洁净;保证池水清澈、透明、无杂物、无沉淀物、无青苔,水质符合国际标准。而美容室的卫生要求更高,所有的美容设备、美容物品都直接与客人的头部、面部接触,不仅要表面整洁干净,而且毛巾等用具要经过高温消毒处理。所用的美容化妆品也都要符合行业卫生标准,化学成分要达标。

(6) 提供咨询服务

体育锻炼项目很多,健身器械也五花八门。不同客人对娱乐健身的项目、品种的熟悉程度也各不相同。对于一些国外进口器材,以及带有电子屏幕显示的体育器材,客人刚接触时不易学会使用,这就要求康乐部的员工提供耐心、正确、优质的指导性服务,以便客人顺利进行健身活动。

5.4.2　康乐部组织机构设置

康乐部组织机构设置,如图 5-5 所示。

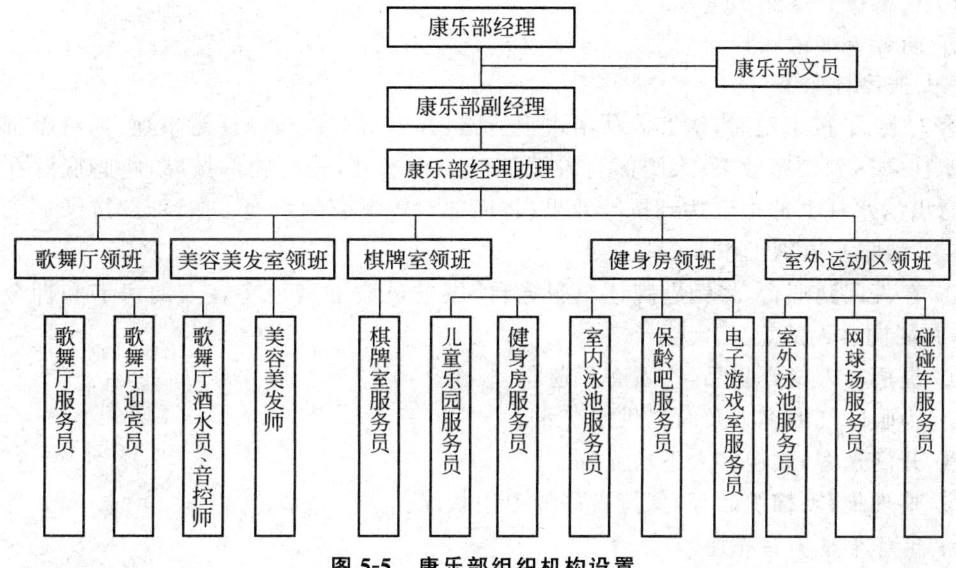

图 5-5　康乐部组织机构设置

5.4.3　康乐服务与管理

康乐部向客人提供的服务项目繁多,需要服务人员熟悉本岗位的工作标准,向客人提供规范化、标准化的服务。

1. 室内泳池服务

(1) 门口迎接

迎宾岗站于距门 8cm 处,右手拉门,站姿规范,面带微笑。

(2) 登记接待

① 客人走近吧台,接待员站于吧台内,面带微笑地进行接待登记,询问是否是住店客人。

② 住店客人需出示房卡押在吧台处,并在登记本上签字登记。

③ 将住店客人请到账台处付费,服务员及时开具落单(注明钥匙牌号与柜子号)。

④ 将钥匙牌号、房卡号码在登记本登记清楚后发给客人至更衣室更衣。

(3) 服务指导

① 告知客人更衣室位置。

② 说明拖鞋、救生圈、洗发液、沐浴露免费使用。

③ 说明水温、浅水区、深水区,告知按摩池水温,说明冲浪可消除疲劳。

④ 提醒儿童请勿超过浅水区红线。

⑤ 请客人换好衣服后将柜门锁好,钥匙随身携带,不要随意乱放。

(4) 泳池巡视服务

① 桌面垃圾及时清理,棉签及时添加。

② 劝阻客人不要跳水,钥匙随身携带。

③ 劝阻客人不要吸烟,不能穿内裤游泳,生病及醉酒不能游泳。

④ 观察更衣室热水供应。

⑤ 向客人推销饮料。

(5) 按摩池服务

客人上、下按摩池时,请客人从浴巾上行走,并告诉客人按摩注意事项,如将腰部对着冲击水柱来达到按摩效果;大腿部对着腿下面的小水柱,进行腿部按摩;将脚底踩在按摩池底冒出的水柱上冲击以达到按摩效果;将面部对着泛起的水泡,进行面部按摩。

(6) 结账及道别工作

① 客人回到吧台,将钥匙牌还至服务台,服务员应准确地将客人的房卡和押金退还客人,并征询客人的意见。

② 提醒客人检查物品,查看有无遗忘。

③ 为眼睛红的客人及时提供眼药水。

④ 开门送客,欢迎客人下次光临。

⑤ 整理拖鞋、棉织品等,保持良好的卫生状况。

2. 棋牌室服务与管理

(1) 准备工作。检查设施设备是否完好,服务员一人站于大厅门前,另一人站于吧台前,随时准备迎接宾客。

(2) 迎宾。看见客人至门外第一阶梯时,右手开门,主动微笑问候宾客。

(3) 接待。请客人阅读收费标准,服务员主动热情地介绍各麻将房特征。

(4) 排房。确定客人要开房,服务员查看排房登记表,引领客人进房,如是上海客人可直接安排进入上海麻将房。

(5) 引领。引领时走在宾客前方两侧 1.5～2m 距离处,身体略侧向宾客,注意用余光回顾宾客是否跟上,转弯时先向宾客示意,指示方向,行进时同宾客交谈,保持半步距离。上楼梯时请宾客先行,下楼梯时服务员先下。

(6) 介绍。对初来宾客要主动介绍设施情况和注意事项,自动麻将机应先试用,作示范,需语言和动作一致,熟练打开麻将机总开关。

(7) 点饮料。打开酒水单第一页,正面朝向客人,双手递给客人。身体微微前倾,双目注视宾客,双手自然下垂交叉放于体前,仔细聆听、准确默记宾客所点的饮料和小食,点好后必须将数量、品种重复一遍,让客人予以确认。

(8) 上饮料、送小方巾。身体微微前倾,保持微笑,侧身拿饮料,手势放低,拉开饮料瓶盖;饮料上完依次送上小方巾、食品;双手递上登记卡,告知客人使用时间及所点饮料,请客人核对签字确认。上茶应先女后男，为宾客上饮料和小食时，应走到旁边提醒客人，然后站立客人右边侧身为宾客上饮料，每上一样必须报出名称，让客人知道。开罐装饮料时，不要面对客人。

(9) 巡视服务。及时更换烟灰缸，用餐完毕及时换小方巾，3 小时换方巾一次，并根据客人需要更换茶水。15 分钟加水一次并更换烟缸，若宾客要求可减少进房次数。

(10) 结账。核算客人的费用，填写登记卡，双手递给客人验证，将费用报给宾客，如宾客付现款应点清数额并报给宾客知道，将找回宾客的钱和单据双手递给客人，并告知客人数额，向客人致谢，核对客人姓名。

(11) 送客。右手拉门，保持微笑，向客人致谢，欢迎再次光临。客人走后，及时清理房间，清点物品，查看有无客人遗留物品。

5.4.4　工作检查标准

1. KTV 包房环境及卫生标准

(1) 灯具完好，室内灯光柔和。

(2) 电视图像清晰，频道设置正常，功放、音箱正常、无杂音，电流声音、试音正常。检查完毕确认正常后，除 VOD 设备(计算机)不作关闭外，其他设备立即关闭。

(3) 风机、空调工作正常。营业前将空调调节至 H 挡，打开风机保持室内空气清新，客人进房约两小时后适当调节至 M、L 挡，保持恒温即可，当客人离开后立即关闭空调、电脑、电视、功放、风机等，将物品按规定摆放整齐，将门打开通风。

(4) 室内物品摆设整齐规范，古典杯、红酒杯等杯具成倒立三角状放置，纸巾盒、酒水单、烟灰缸等按规定摆放。

(5) 沙发及装饰物按标准摆放，如有靠垫，需呈倒立状放置，拉链口处朝内，不能有褶皱现象。

(6) 电视机、计算机等电线无牵拉现象。

(7) 家具表面、四周及茶几、地面、杯具无尘、无水渍。

(8) 墙、地角线、壁面、壁画、门、电器表面无尘。

(9) 室内无异味，沙发底下无秽物。

(10) 烟缸、花瓶无尘、无水渍，墙饰物无倾斜、无尘。

(11) 垃圾筒内无秽物，表面无尘。

(12) 室外走廊地毯无异物，装饰画、花瓶无尘，摆放整齐、无倾斜。

(13) 室外走廊地毯无毛团、无异味。

2. 健身房卫生检查标准

(1) 服务台及接待室。天花板光洁无尘，灯具清洁明亮，墙面干净、无脱皮现象，地面无污迹、无废弃物；服务台面干净整洁，服务台内无杂物；沙发、茶几摆放整齐，烟缸内的烟头及时清理。

(2) 更衣室。地面干净无尘，无走路留下的鞋印；更衣室内无卫生死角，无蟑螂等害虫；更衣柜表面光洁、摆放整齐，柜内无杂物；为顾客提供的毛巾、浴巾等物品摆放整齐。

(3) 健身室。天花板和墙面光洁无尘，地面干净，无灰尘，无废弃物；健身设备表面光洁,无污迹,手柄、扶手、靠背无汗迹,设备摆放整齐;光线柔和,亮度适中。

(4) 淋浴室。墙面、地面无污迹,下水道通畅,室内无异味;淋浴器表面光洁,无污迹,无水渍。

(5) 卫生间。墙面、地面光洁;马桶消毒符合要求,无异味;镜面无水迹,光洁明亮;水箱手柄、洗手池手柄光洁。

(6) 休息室。墙面、地面无灰尘、无杂物,沙发无尘,茶几干净,用品摆放整齐;电视机表面干净无尘,荧光屏无静电吸附的灰尘,遥控器无灰尘,无汗迹;室内光线柔和,亮度适中,空气清新。

3. 康乐部岗前准备工作检查标准

(1) 严格按规定着装,仪表保持整洁,符合上岗标准。

(2) 做好场地卫生清洁工作,保证场内(室内)环境及各种服务设备干净整洁。

(3) 检查各种设备设施是否完好,发现故障要及时报修,保证各种设备的使用和运转情况正常。

(4) 查阅交接记录,了解宾客预订情况和其他需要继续完成的工作。

(5) 检查并消毒酒吧器具和其他客用品,发现破裂及时更新。

(6) 检查并补齐各类营业用品和服务用品,整理好营业所需的桌椅。

(7) 保持良好的工作状态,精神饱满,待客热情。

4. 康乐部岗位服务检查标准

(1) 微笑迎宾,态度和蔼、热情,讲究礼节。

(2) 使用文明服务用语,以优质服务满足客人要求。

(3) 尊重客人风俗习惯,不讥笑、议论客人生理缺陷。

(4) 上班前不饮酒,不吃带有刺激性异味的食品。

(5) 在岗时不吃零食、不聊天、不串岗,保持正常的工作状态。

(6) 耐心回答客人提出的各种问题,指导客人正确使用饭店设备,避免客人受伤和饭店设备受损。

(7) 对客人的不文明行为要礼貌劝阻,对各种违规行为要及时予以制止。

(8) 对客人提出的合理要求要尽量予以满足,不推诿拖延,提供一次性到位服务。

(9) 发现客人遗失物品要及时上交,并按规定及时准确予以记录。

(10) 洁身自爱,对客人提出的不合理要求,要礼貌恰当地予以拒绝。

(11) 对客人已使用完的各类用品,服务员要及时予以清洁整理。

5. 康乐部离岗前工作检查标准

(1) 做好交接班的各项准备工作,整理好值班工作日志,做好场内(室内)环境卫生。

(2) 盘查本岗客用易耗品、酒水食品及其他各种营业用品,如有缺漏,及时登记补充。

(3) 将桌椅等各种服务设施整理归位,为次日营业做好准备。

(4) 认真查核当日本岗各类单据,准确填写营业报表,保证账目清楚,账实相符。

(5) 检查本岗各处门窗是否关严,各种设备是否都已关闭,并做好防火、防盗工作。

6. 康乐部环境卫生检查

(1) 服务场所整洁干净,物品摆放整齐,无垃圾、无污迹、无破损。

（2）地毯、墙面、天花板无污迹、无剥落、无蜘蛛网。

（3）空调出风口无积尘，各种灯具完好有效、明亮无尘。

（4）各种绿植、墙面艺术挂件摆放整齐、干净无尘，花卉无病变、无黄叶。

（5）服务台用品、宣传品摆放整齐，台面整洁美观，无污渍、水迹、破损。

（6）各类酒吧用具干净、明亮，无污垢、水迹、破损，各类容器干净，无异味。

（7）各类客用品干净整洁，摆放有序。

（8）随时保持营业场所正常通风，保证营业场所的空气清新、无异味。

（9）做好灭蝇、灭蚊、灭鼠、灭蟑工作，定期喷洒药物。

（10）食品要分类存放，对即将过期的食品、饮品要按规定做好退库工作。

（11）客人娱乐时，在尽可能不打扰客人的情况下随时清理场内卫生，保证客人始终拥有一个干净、舒适的环境。

（12）严格按照饭店有关规定对客用品进行消毒，保证做到客用品“一客一换”。

（13）随时打扫客用更衣室，保证更衣室的干净整洁。

补充阅读材料5-6

五星级饭店必备项目检查表（康乐部分）

序号	项　　目	是否达标
6	会议康乐设施	
6.1	应有两种以上规格的会议设施，有多功能厅，配备相应的设施并提供专业服务	
6.2	应有康体设施，布局合理，提供相应的服务	

设施设备评分表（康乐部分）

序号	设施设备评分表	各大项总分	各分项总分	各次分项总分	各小项总分	计分	记分栏
8.2	休闲度假型旅游饭店设施		65				
8.2.1	温泉浴场			5			
	自用温泉浴场（饭店同一业主投资经营）					5	
	邻近温泉浴场（1 公里以内）					2	
8.2.2	海滨浴场			5			
	自用海滨浴场或有租用 5 年以上合同（饭店同一业主投资经营）					5	
	邻近海滨浴场（1 公里以内）					2	
8.2.3	滑雪场			5			
	自用滑雪场（饭店同一业主投资经营）					5	
	邻近滑雪场（5 公里以内）					2	

续表

序号	设施设备评分表	各大项总分	各分项总分	各次分项总分	各小项总分	计分	记分栏
8.2.4	高尔夫球场			5			
	18洞以上的自用高尔夫球场(饭店同一业主投资经营)					5	
	邻近18洞以上的高尔夫球场(5公里以内)					2	
8.2.7	游泳池			10			
8.2.7.1	室内游泳池面积				3		
	不小于250平方米					3	
	不小于150平方米					2	
	不小于80平方米					1	
8.2.7.2	室外游泳池面积				2		
	不小于300平方米					2	
	不小于150平方米					1	
8.2.7.3	有池水循环过滤系统				1		
8.2.7.4	有消毒池				1		
8.2.7.5	有戏水池				1		
8.2.7.6	有水深、水温和水质的明显指示标志(立式或墙上)				1		
8.2.7.7	有扶手杆,在明显位置悬挂救生设备,有安全说明,并有专人负责现场安全与指导,有应急照明设施				1		
8.2.8	桑拿浴			2			
8.2.8.1	男女分设				1		
8.2.8.2	有呼叫按钮和安全提示				1		
8.2.9	蒸汽浴			2			
8.2.9.1	男女分设				1		
8.2.9.2	有呼叫按钮和安全提示				1		
8.2.10	专业保健理疗			1			
8.2.11	水疗			7			
8.2.11.1	装修装饰				3		
	专业灯光、音响设计,装修材质高档、工艺精致,氛围浓郁					3	
	装修材料普通,装修工艺一般					1	

续表

序号	设施设备评分表	各大项总分	各分项总分	各次分项总分	各小项总分	计分	记分栏
8.2.11.2	配有专业水疗技师				2		
8.2.11.3	专业水疗用品商店				1		
8.2.11.4	有室外水疗设施				1		
8.2.12	壁球室(每个 1 分,最多 2 分)			2			
8.2.13	室内网球场(每个 2 分,最多 4 分)			4			
8.2.14	室外网球场(每个 1 分,最多 2 分)			2			
8.2.15	室外高尔夫练习场			2			
8.2.16	室内电子模拟高尔夫			1			
8.2.17	有儿童活动场所和设施,并有专人看护			1			
8.2.18	其他运动娱乐休闲项目(每类 1 分,最多 4 分)			4			
8.3	其他		48				
8.3.1	健身房			18			
8.3.1.1	布局合理,通风良好,照明良好(与客房区域相对隔离)				2		
8.3.1.2	自然采光,光线充足				2		
8.3.1.3	装修装饰				3		
	专业设计,装修材质高档、工艺精致,氛围营造突出					3	
	装修材质较好、工艺较好					2	
	装修材料普通,工艺一般					1	
8.3.1.4	面积				4		
	不小于 200 平方米					4	
	不小于 100 平方米					2	
	不小于 50 平方米					1	
8.3.1.5	器械				2		
	专业健身器械,不少于 10 种					2	
	不少于 5 种					1	
8.3.1.6	有音像设施和器械使用说明				1		
8.3.1.7	有专用形体房,并开设一定形体课程				2		
8.3.1.8	配备专业健身教练,提供专业指导				2		

续表

序号	设施设备评分表	各大项总分	各分项总分	各次分项总分	各小项总分	计分	记分栏
8.3.2	更衣室			7			
8.3.2.1	面积和数量				2		
	面积宽敞,更衣箱数量不少于客房总数的15%,门锁可靠					2	
	面积宽敞,更衣箱数量不少于客房总数的10%,门锁可靠					1	
8.3.2.2	配备数量适当的坐椅				1		
8.3.2.3	有淋浴设施,并有洗浴、洗发用品				2		
8.3.2.4	有化妆台,并备有吹风机和护肤、美发用品				1		
8.3.2.5	有太阳浴设备				1		

饭店运营质量评价表(康乐部分)

序号	标准	评价			
5.2	健身房	优	良	中	差
5.2.1	营业时间不少于12小时,热情问候、接待	3	2	1	0
5.2.2	提供毛巾及更衣柜钥匙。有安全提示,提醒宾客保管贵重物品	3	2	1	0
5.2.3	温度合理、清洁卫生、感觉舒适、无异味	3	2	1	0
5.2.4	健身器械保养良好、易于操作,并配有注意事项,必要时向宾客讲解器械操作方法	3	2	1	0
5.2.5	照明、音像设施运行正常,照明充足、音质良好;备有饮水机与水杯	3	2	1	0
5.3	游泳池	优	良	中	差
5.3.1	水深标记及安全提示清晰、醒目(在显眼处张贴当地安全法规,要在游泳池边上能清楚地看见游泳池深度标志)	3	2	1	0
5.3.2	游泳池周边保持清洁卫生、照明充足	3	2	1	0
5.3.3	水温适当,室内游泳池水温不低于25℃,水质洁净、无混浊	3	2	1	0
5.3.4	配备专职救生人员及相应救生设施	3	2	1	0
5.3.5	提供数量充足的躺椅,且位置摆放合理,保养良好。室外游泳池提供数量充足的遮阳伞,且保养良好	3	2	1	0
5.3.6	提供毛巾,并及时更换宾客用过的毛巾。应宾客要求提供饮品	3	2	1	0
5.4	更衣室	优	良	中	差
5.4.1	天花、墙面、地面保养良好、保持清洁、无破损、无脱落、无开裂、无污渍	3	2	1	0

续表

序号	标　　准	评	价		
5.4.2	通风良好、照明合理，更衣柜保持清洁，保养良好	3	2	1	0
5.4.3	淋浴间保持洁净，布置合理，方便使用，沐浴用品保持充足	3	2	1	0
5.4.4	提供洁净的毛巾，洗涤篮保持在未满状态	3	2	1	0
5.5.3	休闲娱乐设施完好、有效、安全，无灰尘、无污渍、无异味	3	2	1	0
5.5.4	休闲娱乐项目热情接待、服务周到，外包项目管理规范	3	2	1	0

资料来源：旅游饭店星级的划分与评定 GB/T 14308—2010

5.5　安全部服务质量管理

饭店是客人休息住宿的场所，保证客人在饭店的安全是饭店的责任与义务，饭店安全部门的主要职责是保护住店客人和相关人员的人身和财产安全。

5.5.1　安全部基本工作职能

安全部是饭店和客人人身、财产安全的主管部门，负责全饭店的安全保卫和消防安全工作。

1. 开展安全教育、提高安全意识

安全部应经常开展安全和法制教育，全体员工牢固树立安全意识，认真贯彻“宾客至上，安全第一”的工作方针，要求员工在日常工作中重视并注意安全。

2. 加强消防管理、确保消防安全

安全部应教育饭店全体员工加强监督检查，及时发现并消除火险隐患；宣传消防安全知识、组织消防器材使用和火警后的处理等方面的培训；组建义务消防队，进行消防演习，从而确保饭店消防安全。

3. 抓好治安管理、维护饭店秩序

安全部应制定并落实全饭店的安全管理制度；加强日常的巡逻检查；协助公安机关查处治安案件和侦破一般刑事案件，确保饭店治安秩序。

4. 确保饭店重点和要害部位安全

安全部应着重巡查饭店的重点和要害部位，如大厅、财务部办公室、厨房、仓库等，确保万无一失。此外，安全部还应做好饭店的重大活动和重要宾客的安全保卫工作。

5.5.2　安全部组织机构设置

安全部组织机构设置，如图 5-6 所示。

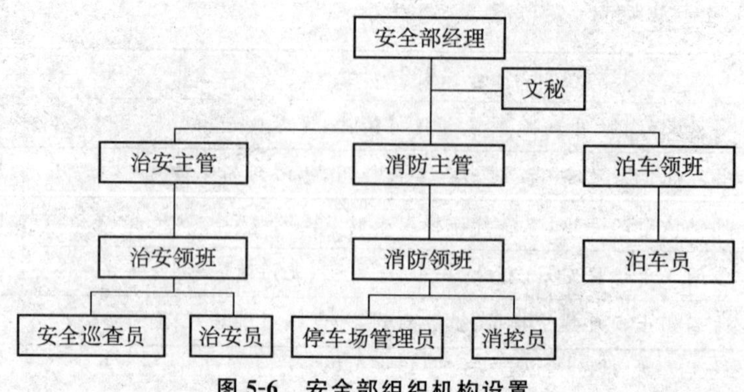

图 5-6 安全部组织机构设置

5.5.3 安全消防工作的检查点和工作标准

1. 组织机构

饭店要按照行业部门的规定,做好以下工作。

(1) 成立消防委员会。

(2) 成立安全委员会。

(3) 成立安全领导小组。

(4) 成立义务消防队。

检查关键点是建立并健全上述组织,并保证其发挥应有的作用。

2. 工作制度

饭店要按照安全和消防的需要建立相应的规章制度,编写安全消防人员各岗位工作职责和工作流程。安全消防工作的主要制度有以下内容。

(1) 安全奖惩制度。

(2) 交接班制度。

(3) 钥匙管理制度。

(4) 值班及记录制度。

(5) 进入机房重地登记制度。

(6) 施工现场安全管理制度。

(7) 长包房及出租场所安全管理制度。

(8) 重点要害部位人员政审制度。

(9) 建立防火档案。

(10) 建立各类案件档案。

(11) 建立饭店员工档案。

(12) 做好饭店消防平面图。

(13) 建立消防安全岗位责任制。

(14) 签订消防安全责任书。

(15) 重点工种人员做到持证上岗。

检查关键点是建立并健全上述15项制度,制度文件装订并妥善存放于安全部办公室。

3. 工作预案

饭店要认真制定各种应急预案，以防备万一。一般预案有以下内容。

(1) 饭店火警应急疏散预案。

(2) 诈骗犯罪的防范及处理预案。

(3) 对打架斗殴、流氓滋扰闹事的防范及处理预案。

(4) 对抢劫、凶杀等暴力事件的防范预案。

(5) 对爆炸及可疑爆炸物品的处理预案。

(6) 对精神病、出丑闹事人员的防范及处理预案。

(7) 对住店宾客丢失财物的处理预案。

(8) 对正常死亡及非正常死亡的防范预案。

(9) 对食物中毒的处理预案。

(10) 对从事色情活动的防范预案。

(11) 对非法侵害的防范预案。

(12) 对接待大型活动、重要客人的警卫预案。

(13) 看管犯罪嫌疑人的预案。

检查关键点是上述预案必须齐全，相关人员要熟知并能够应急操作，要有日常培训。

4. 安全技防设施

安全技防设施主要有以下内容。

(1) 重点部位安装防抢报警器。

(2) 安装巡逻系统(建立巡逻记录)。

(3) 客房配备客用贵重物品保险箱。

(4) 前台备有客用贵重物品保险箱。

(5) 保安监控覆盖率达到80%以上。

(6) 监控录像及回放质量清晰。

(7) 录像资料保存时间不少于10～15天。

(8) 计算机房、煤气房区域安装气体灭火系统。

(9) 厨房灶台安装自动灭火系统。

(10) 各区域安装火灾自动报警系统。

(11) 各区域安装火灾自动喷淋装置。

(12) 各灭火器完好有效(在规定有效期内)。

(13) 客房内设有“请勿吸烟”标志，“宾客安全须知”提示和“消防应急疏散图”。

(14) 公共、客房区域疏散指示灯及安全出口标志完好有效。

(15) 消防电梯控制系统运行正常。

(16) 消防广播配备3种语言。

(17) 消防排烟系统完好有效。

(18) 厨房区域安装煤气自动报警装置。

(19) 消防控制室设置专用报警电话及内部火警电话。

(20) 有消防系统维修保养记录。

(21) 有每日消防检查记录。

(22) 有消防设备设施及巡查记录。

检查关键点是技防设备设施齐全有效,坚持做好工作记录。

5. 接报火警程序

(1) 接报火警后,保安人员、客房服务员、工程人员、大堂经理3分钟之内到达现场。

(2) 消防应急包内有强光手电、防毒面具、便携式消防斧、消防绳及钩、轻便灭火器、人员撤离标志。

(3) 工程部人员携带破拆工具。

(4) 客房服务人员就近拿取灭火器。

(5) 携带应急钥匙(磁卡)。

(6) 携带对讲机及插孔电话。

检查关键点是接报火警后,保安、客房、工程、大堂经理4个部位人员要在3分钟内到达火警现场并携带上述工具。

6. 发生火灾情况下进客房程序

先敲门自报身份,应在客人同意后进入。但是要掌握紧急情况下的特殊处理程序。

(1) 无应答时,两遍敲门后,直接进入。

(2) 房间免打扰情况下,先打电话向客人说明;电话无人接听时,直接进入。

(3) 烟感报警器应在检查确认可以恢复的情况下,离开房间后复位。

检查关键点是紧急情况下,以最快的速度进入火警现场,以便尽快控制火势。

7. 安全教育培训

饭店安全部门要经常进行安全、消防等基本常识和操作规程的培训。主要培训范围如下。

(1) 接火警用语规范的培训。

(2) 职工定期安全教育培训。

(3) 新员工安全教育培训。

(4) 进行消防安全宣传和演练。

(5) 建立各类安全教育档案。

检查关键点是消防意识和消防知识的培训必须到位,坚持定期模拟演练;日常消防措施必须到位,火警报警后的处理程序必须熟练掌握;相关的消防设备设施在有效期内必须保证完好。

5.6 工程部服务质量管理

工程部是饭店的设施设备的主管部门,也是饭店重要的后勤保障部门,主要负责饭店设施设备的运行管理、维修保养、更新创造,确保饭店为客人提供一个良好的居住、工作与生活环境。

5.6.1　工程部基本工作职能

饭店的设施设备是指直接或间接影响宾客住店生活的一切设施设置。饭店设施设备的规格、性能、质量标准及设施维修保养程度，决定影响着宾客是否能在饭店内感受到舒适、方便和安全。

1. 饭店设施设备组成

(1) 饭店安全与消防设备(消火栓系统、自动喷淋系统、报警系统等)。

(2) 电梯设备(客用电梯、货运电梯等)。

(3) 饭店空调与制冷设备(锅炉、交换器设备等)。

(4) 饭店系统弱电设备(通信线路设备、有线电视系统等)。

(5) 饭店给排水系统及其环保设备(管路、阀门、压力泵等)。

(6) 客房设备(清洁机械、卫浴洁具、客房电器、洗涤机械等)。

(7) 厨房设备用品(厨具、洗碗机、西厨设备、加热器、燃器具、食品机械、层架、橱柜、制冰机、消毒设备、油烟净化、烘烤设备、冷藏设备等)。

(8) 智能产品(对讲机、音响系统、管理软件、会议系统、宽带系统、照明系统、床头控制、广电系统、网站建设等)。

(9) 餐饮设备(酒水车、餐车等)。

(10) 五金器材(工具、杂件、螺丝、照明灯、电工材料、水件、轴承、冷器配件等)。

(11) 办公设备(收款机、计算机设备、打印机、传真机、考勤机、幻灯投影、复印机等)。

(12) 康乐设备(健身设备、桑拿设备、足浴设备、游艺设备、棋牌设备、游泳设备等)。

(13) 饭店家具(组合家具、客房家具、椅子、沙发、餐台等)。

2. 工程部的基本职能

(1) 保证饭店的能源供应

工程部应确保为饭店供应能源的设备(如供电、供热、供冷、供气等)的正常运行，并根据酒店各个营业部门的业务需要保质、保量地供应能源，同时还应尽量减少能源消耗。

(2) 加强设施设备的保养

工程部应根据设施设备的种类、结构、性能、运转时间和技术要求制订相应的保养计划，确保设施设备的正常运转。同时，还应对各部门使用设备的员工进行上岗培训，重点培训将在工作中使用设备的维修保养要求。另外，工程部维修人员应对饭店所有的设施设备进行巡回检查，发现不正常状况，及时解决。

(3) 进行设施设备的维修

酒店设施设备的种类繁多，而且相当一部分设备是 24 小时连续运转的，因此很容易产生故障或损坏现象，这就要求工程部建立并健全设施设备维修制度，遇有报修时，及时派工、及时修复，确保其正常运转。在进行设施设备维修时，应勤俭节约，既不浪费维修材料，又不拖延维修时间，尽量降低维修费用。

(4) 做好设施设备的更新、改造

为了发挥设施设备的综合效益并避免其老化，增加酒店竞争能力，酒店的设施设备每隔数年即应进行更新、改造。如果是小范围的局部项目，工程部应尽量自己施工。如果是大范围或重大项目由外单位施工时,工程部应做好监理工作。此外,当酒店举办重大活动时,如大型的宴会、会议或圣诞活动等,工程部应协助并配合布置场地。

5.6.2 工程部组织机构设置

工程部的组织机构因规模、等级、服务内容、服务方式、管理模式等方面的不同而不同。常见的工程部组织机构设置,如图 5-7 所示。

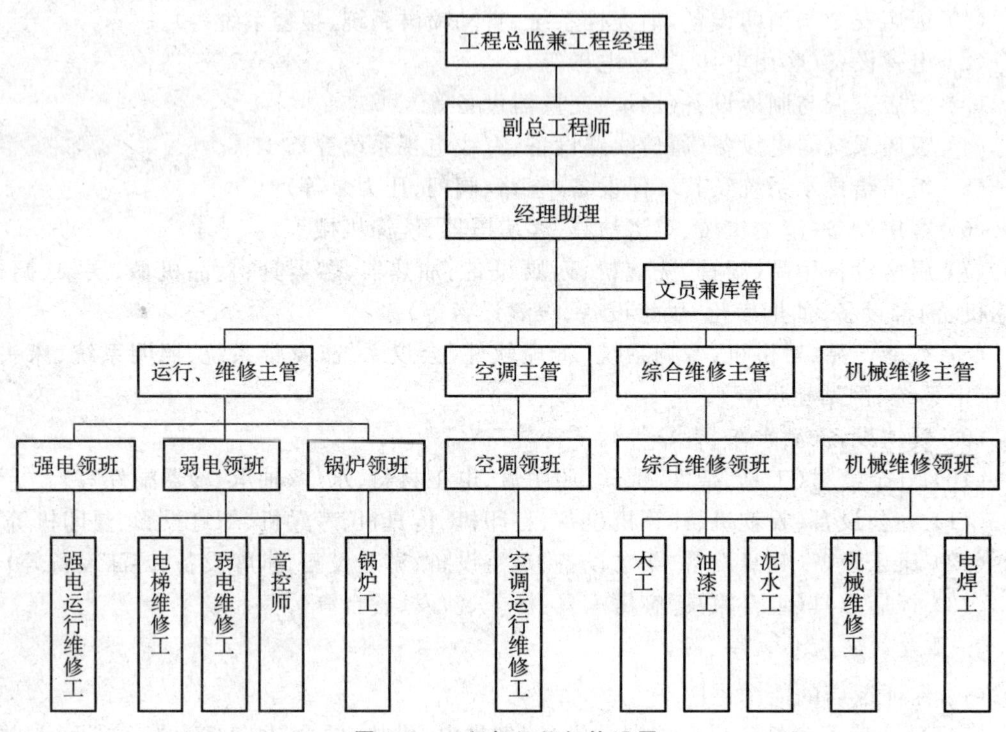

图 5-7 工程部组织机构设置

5.6.3 工程部工作标准和质量检查点

1. 设施设备公共部分检查点

(1) 工程部办公室要备有企业的相关规章制度、工程设备方面的紧急预案、安全制度等。

(2) 消防设施消防器材齐备,工作人员会使用。

(3) 工程图纸保管良好,设备资料齐全,档案目录清晰,便于查阅。

(4) 固定资产账目齐全。

(5) 低值易耗品保管有序,定期盘点。

(6) 重视节能工作,有能源消耗记录。有具体有效的节能措施,有分析检查报告和能源、水电方面的节约数据、对比资料等。

(7) 设备清洁状态良好、运行正常,日常维护到位。

(8) 各种水、蒸汽、燃气、燃油管路、阀门无跑冒滴漏现象。

(9) 管路有流向指示，阀门水泵挂牌。

(10) 压力表、温度计完好，指示正确。

(11) 需保温的管路和设备保温良好。

(12) 运行记录清晰、准确、填写及时，工作记录内容完整清楚，交接班项目齐全，各种记录均有日期、班次、签名。

(13) 部门办公室、各值班室、机房内卫生状况良好。

(14) 相关工作制度、规定、规范和必要的工作证照张贴在墙上(相关制度、规定指与本岗位有关的制度规定；必要的工作证照指电工、水暖工、电梯工等上岗操作证，均应在工作场所明示)。

(15) 照明良好。

(16) 室内无鼠迹、无蟑螂、无蚊蝇等。

检查关键点是各项制度齐全，各个部位参数、工作记录正常。

2. 供配电系统

(1) 高低压配电室内整洁明亮，通风良好，温湿度适宜。

(2) 室内应急照明保养良好。

(3) 认真执行门禁制度(机房重地，闲人不得进入；因工作需要必须进入者，应在专用的登记簿册上登记)。

(4) 门口设置防鼠板。

(5) 值班人员精神饱满，均持证上岗，证件合格有效并随时备查。

(6) 高压配电室高压操作工具、安全用品齐全有效，有年检合格证。

(7) 建筑避雷设施完好有效，有年检合格证。

(8) 应急发电机主件及附件设施保养良好，可随时启动，有定期试机记录和维修记录，燃油管理严格。

(9) 配电柜标注内容正确清晰，各种测量表记录完好，指示准确。

(10) 配电柜、配电箱清洁，无安全隐患。

检查关键点是所有操作人员要持有效证件上岗，机房内干净整洁，不得存放任何杂物。

3. 给排水系统

(1) 二次供水、蓄水设备定期进行清洗消毒。

(2) 二次供水卫生许可证、水质化验合格证齐全。

(3) 操作人员健康合格证齐全有效。

(4) 蓄水池、水箱等处均应加锁，钥匙有保管制度。

(5) 蓄水池、水箱周围清洁、无二次污染隐患。

(6) 排水系统通畅，有雨季防汛措施及器材。

(7) 污染排放水质合格不超标，化粪池定期清掏。

(8) 水中设备运行正常。

(9) 水中水质清洁无异味。

(10) 游泳池水质达标，水温符合标准。

(11) 游泳池水循环过滤系统运转正常。

(12) 设专(兼)职水化验人员。

(13) 电气焊人员证件合格有效并随时备查。

检查关键点是切实保证各种用水的水质。

4. 空调系统

(1) 为营业区域和内部工作区域提供适宜的温湿度调节和空气洁净度处理,达到国家规范要求。

(2) 中央空调系统的循环水应进行水质处理,定期化验,水质达标。

(3) 冷却塔运行良好,噪声不超标,布水合理不溢水,定期进行排污。

(4) 窗式及分体式空调安装位置合理,排列有序,冷凝水排放符合要求。

(5) 厨房排烟机有油烟净化装置。

(6) 厨房排烟道、排烟罩、排烟机和洗衣厂排风道定期清洗并有验收记录。

(7) 组合风机、风机排管保持清洁,定期清扫滤网。

检查关键点是保证空气调节的正常,要防止军团菌的发生。

5. 电梯系统

(1) 机房整洁明亮,通风良好。

(2) 供电可靠,有应急照明。

(3) 认真执行门禁制度。

(4) 电梯安全救援用品齐备完好。

(5) 所有人员持证上岗,证件合格有效并随时备查。

(6) 电梯、扶梯安全检测合格证齐全有效。

(7) 电梯、扶梯运行平稳无抖动,无异响,平层准确。

(8) 有详尽维修保养计划,维护保养记录完整、清晰。

检查关键点是工作人员持证上岗,保持电梯的正常运行和定期检修。

6. 锅炉房

(1) 锅炉房整洁明亮,通风良好。

(2) 燃油燃气管管理严格。

(3) 认真执行门禁制度。

(4) 锅炉安全检测合格证齐全有效,定期进行水质化验。

(5) 压力容器、安全阀检测合格,安全可靠。

(6) 锅炉工、水质化验员持证上岗,证件合格有效并随时备查。

检查关键点是工作人员持证上岗,保证各项参数的正常运行,锅炉房内不得存放杂物。

7. 弱电(计算机、电话、音像)

(1) 各机房设备整洁干净,状态良好。

(2) 认真执行门禁制度。

(3) 班组使用的图纸资料、设备说明等有专人管理,保存完好。

(4) 定期检查外围(网络、POS 机、前台、库房)设备,并做好检查记录。定期进行数据备份,保证数据安全。

(5) 定期对 UPS 电源进行试验,并做好检测记录。

(6) 电话维修人员定期对设备进行检测,重要操作要做好记录。

(7) 电话维修人员定期对蓄电池容量进行检测,并做好检测记录。

(8) 音像播放设备及有线、卫星电视、行政审批手续齐全,播放质量良好,人员持证上岗。

(9) 各机房消防器材齐备,布放位置得当,且在有效期内,各机房人员会使用。

检查关键点是弱电系统定期做好各种检测,保证饭店相关部门的正常运营。

典型案例

客人行李被错拿

一天上午,西安一家大酒店大堂内,各国客人来来往往,熙熙攘攘。一位新加坡客人提着旅行箱走出电梯,准备离店,在值勤的保安员小徐见行李员都在忙着为其他客人服务,便热情地迎上前去,帮新加坡客人提起旅行箱往大门走去。快到行李值台时,他发现电梯口又有离店客人出来需要帮助,就把行李提到行李值台处放下,并请值台人员代办,即回电梯为其他客人服务。

这时,又有一批日本客人离店,他们将行李放在新加坡客人的旅行箱旁,由于陪同的疏忽,既未指定服务员照看行李,又没有拿行李牌注明就去收款处结账。因此,当日本客人离店时,不知哪位客人"顺手"把新加坡客人的旅行箱一起带走了。新加坡客人为寻找自己的行李急得团团转,而这时离其乘坐的赴北京的火车开车时间只有 55 分钟了。

面对这突如其来的紧急情况,大堂副理当即安慰客人,再三请他放心,一定设法找回失物,不误火车。接着马上向酒店有关方面了解日本团队的去向。得知他们正要乘火车去兰州,便当机立断派保安员小徐随新加坡客人一起乘坐酒店的轿车去火车站寻找日本客人。结果不到半小时,就在车站候车室找到了日本客人。新加坡客人拿到失而复得的旅行箱,转忧为喜,连声称谢。

资料来源:王大悟. 酒店管理 180 个案例品析. 北京:中华旅游出版社,2007

【分析与讨论】 本案例暴露了酒店在执行服务规程上存在的问题,你认为应该如何从管理制度上堵塞这类漏洞?

本章小结

本章介绍了饭店各营业部门(前厅、客房、餐饮、康乐部)和后台保障部门(安全部和工程部)的基本工作职能,阐述了各部门相关工作的基本程序及服务质量检查工作的重点和标准。

思考与练习

概念与知识

主要概念

客房预订　宴会

选择题

1. 在饭店中,往往给客人留下第一印象和最后印象的部门是(　　)。

A. 客房部　B. 餐饮部　C. 前厅部　D. 康乐部

2. 行李员的职责包括(　　)。

A. 分配客房　B. 递送给住店客人的信件

C. 收取定金　D. 保存客史档案卡

3. 下列不属于客房对客服务内容的是(　　)。

A. 接待贵宾　B. 洗衣服务　C. 房内小酒吧服务

D. 拾遗处理　E. 预订工作

4. 客房清洁保养检查制度中,(　　)是了解工作现状、控制服务质量最为可靠而有效的方法。

A. 服务员自查　B. 领班普查　C. 主管抽查　D. 经理抽查

5. (　　)部门是饭店唯一生产、加工实物产品的部门。

A. 客房部　B. 餐饮部　C. 前厅部　D. 康乐部

简答题

1. 简述客房预订工作的程序。
2. 客房部清洁保养制度内容有哪些?客房部卫生检查方法有哪些?
3. 如何保证餐饮部菜肴出品质量?
4. 西餐宴会服务方式有哪些?分别有什么特点?
5. 简述发生火警情况下进客房的程序。
6. 饭店质检人员对工程设备中的空调系统运行检查的要点有哪些?

分析与应用

实训题

参观考察高星级饭店,观察饭店前厅部、客房部、餐饮部、康乐部等各营业部门员工的工作状态,了解各岗位员工的工作职能,评价饭店整体的服务质量水平。

第三模块

饭店服务质量管理的理念

第6章 全面质量管理基本原理

学习目标

通过本章学习，达到以下目标。

知识目标：了解全面质量管理理论的演变过程；阐述戴明 14 点质量方法的基本理念；概括朱兰的质量管理方法；解释克劳士比质量管理理论的精髓；阐述马奎斯的全面质量管理核心理论；理解现代质量管理理念中高效组织的特点。

技能目标：能够根据饭店的内外环境，根据饭店全面质量管理的基本理念设计具体管理方法。

引 例

香格里拉饭店集团的殷勤好客之路

总部设在中国香港的香格里拉饭店集团旗下现有 50 多家饭店，是亚洲地区最大的豪华饭店集团，也被视为世界最佳的饭店管理集团之一。获得高层管理人员的大力支持，并在整个集团内持续贯彻落实"香格里拉殷勤好客"的企业文化，使香格里拉获得了成功，也赢得了市场。其核心价值是尊重备至、温良谦恭、彬彬有礼、乐于助人、真诚质朴。集团的远景目标是"成为客人、员工、股东和经营伙伴的首选"。为了达到这一目标，香格里拉将建立客人忠实度放在核心地位，以改革工作进程和利用先进技术作为支柱，以领导技能作为推动力，通过建立员工的忠实赢得客人的忠实。在此基础上，香格里拉提出了 8 项经营指导原则。

(1) 我们要确保领导者具有追求经营业绩的魄力。

(2) 我们要把赢得客人忠实感作为事业发展的主要驱动力。

(3) 我们要使员工能够在为客人服务的现场及时作出果断决定。

(4) 我们要确保每家饭店乃至整个公司都取得最佳经营业绩。

(5) 我们要努力创造一个既有利于员工事业发展，又有助于实现他们个人生活目标的环境。

(6) 我们要在与人相处时表现出诚挚、关爱和正直的品质。

(7) 我们要确保政策和程序简明易行，方便客人及员工。

(8) 我们要加强环保意识,保障客人和员工的安全。

香格里拉人的使命是"每时每刻令客人喜出望外",恪守为客人提供优质服务的承诺。这其中香格里拉饭店集团大力倡导的"香格里拉殷勤好客"培训计划功不可没。这一体现集团致力于成为业界领袖的战略计划,是香格里拉为客人提供极具个性化服务的基石。香格里拉饭店集团要求下属所有饭店拨出用于培训和发展的专项预算,并由总经理亲自负责,确保饭店每年所拨出的专项培训资金均能得到充分利用。"香格里拉殷勤好客"培训计划共分以下四个单元,所有员工在入职半年内都要接受所有单元的培训。

(1) "香格里拉殷勤好客情"(1996 年推出),着重讲述香格里拉殷勤好客的核心价值,培养员工"自豪而不骄矜"的价值观。

(2) "令客人喜出望外"(1998 年推出),着重讲述"令客人喜出望外"在赢得客人忠实感方面的重要性,培养员工以客人为本"超越客人的期望"的服务理念。

(3) "积极补救,赢得客人忠实感"(2003 年推出),着重讲述工作中出现失误后积极补救的重要性,训练员工通过倾听;道歉;解决问题;超越期望,令客人喜出望外;跟进,五个步骤进行积极补救。

(4) "发扬主人翁精神"(2005 年推出),强调员工发扬对客人、同事和公司表示关心的主人翁精神的重要性,通过"SELF"——展示责任感(Show Commitment)、积极主动(Eager to Take Initiative)、自我鞭策(Lead Ourselves)和热情洋溢(Filled with Passion)营造一种对客人充满关怀、对同事充满理解、对公司充满自豪感的氛围。

资料来源:香格里拉饭店集团网站,http://www.shangri-la.com

香格里拉的质量管理从理念着手,并没有只停留在理念层次,而是进一步体现在饭店管理制度和日常管理工作中。这也是全面质量管理理论想要告诉我们的。

6.1 质量管理理论的演变

企业保证质量的目标相对明确,就是通过提供产品和服务不断地满足和超越顾客的期望,为顾客创造价值、为企业创造利润。大多数企业都非常重视产品质量,但在另一方面,获得质量就不那么简单了。历史的经验表明,质量并非终点,而是一个进程,是一个移动目标。价值随顾客期望的变化而变化,利润随新的竞争和经营成本的提高而减少。因此,需要不断探寻质量,不断寻找最有效的领导和管理系统。这里先介绍一下质量管理的发展史。

6.1.1 事后检验阶段

科学管理公认的首创者是美国的泰勒,1911 年发表了经典著作《科学管理原理》。在该著作中,他主张把产品的检查从制造中分离出来,成为一道独立的工序,这促成了质量管理的第一阶段——事后检验阶段。当时为了保证产品质量,质量管理职能从操作者转移到工长,后来随着企业规模的扩大和产量的增长,大多数企业开始设置专门的质量检验部门,把质量检验职能从直接生产工序中分离出来成为单独的工序,把质量检验人员从生产操作工人中分离出来成为独立的工种。专门的质量检验机构负责对产品进行检验,挑出不合格品,这样有利于保证出厂产品质量,对提高劳动生产率、固定资产的利用以及产品质量的提高有显著的效果。质量检验由专门部门和专业人员负责，使用专门的检验工具，业务比较专精，对保证产品质量起到把关的作用。但当时的普遍做法是，设计人员根据技术要求规定标准、生产人员按标准加工、检验人员单纯把关，三方面的人员缺乏协调配合，管理的作用非常薄弱。此时的质量管理，不仅检验工作量大、周期长、检验费用很高，而且由于是事后检验，只是挑出废品，在原材料、人工和费用成本等方面所造成的损失，已不可能挽回。不能事先预防废次品的产生和避免所造成的损失，是这一质量管理方式的最大缺点。另外，如何经济合理地确定标准、如何在产品质量需要进行破坏性检验的情况下了解和保证产品质量（如大部分军需品），也是这种事后检验方法所无法解决的问题。到 20 世纪 30 年代末，这种质量管理方式逐渐不能适应当时经济发展的要求，需要改进和发展。

6.1.2　统计质量检查阶段

20 世纪 40 年代以后，生产力进一步发展，大规模生产形成，如何控制大批量产品质量成为一个突出问题。第二次世界大战初期，美国大批生产民用品的公司转为生产各种军需品。当时面临的一个严重的问题是由于事先没有办法控制废品的产生，不能按期交货，而军需品的质量检验，又大多属于破坏性检验，事后检验既不可能，也不允许。于是 1941 年和 1942 年，美国制订了一系列战时质量管理标准。实践证明，这种质量控制方法是保证产品质量、预防产生废品的有效工具。同时，一些统计学家也着手研究用统计方法代替单纯用检验方法来控制产品质量。1924 年，美国贝尔研究所工程师休哈特提出用数理统计方法进行质量管理，并发表著名的“控制图法”，为统计质量管理奠定了理论和方法基础。第二次世界大战开始以后，为了保证军需产品的质量，数理统计的新方法开始应用于质量管理。于是，统计质量管理不仅在国防军火部门得到卓有成效的采用，而且在其他部门如民用工业部门、运输、保险部门也得到推行，统计质量管理得到很大发展。这种方法实现了从被动的事后把关到生产过程积极预防的转变，控制图及抽样检查的使用是这一质量管理阶段的很重要的特点。相对于检验把关的传统管理来说，统计质量管理是概念的更新、检查职能的更新，是质量管理方法上的一次飞跃。但这一阶段的质量管理侧重于制造过程，在实践当中难免过分强调数理方法的运用，而对有关的组织管理工作有所忽视。

6.1.3　全面质量管理阶段

全面质量管理阶段从 20 世纪 60 年代开始一直延续至今。促使统计质量管理向全面质量管理过渡的原因主要有以下几个方面。

① 科学技术和工业发展的需要。20 世纪 50 年代以来，世界科学技术发展日新月异，出现了许多大型、精密、复杂的工业工程和工业产品（如火箭、人造卫星、宇宙飞船等），这些产品对安全性、可靠性的要求越来越高，这就使产品质量成为企业十分突出的问题。原有的管理方法已难以把产品质量管理好，它要求运用“系统”的概念，把质量问题作为一个有机整体加以综合分析研究，实行全员、全过程、全面的质量管理，以达到用最经济的手段生产出让用户满意的产品。

② 20 世纪 60 年代在管理理论上出现了工人参与管理、共同决策、目标管理等新办法，在质量管理中出现了依靠工人进行自我控制的无缺陷运动和质量管理小组等。

③ 保护消费者利益运动的兴起。由于市场竞争激烈,消费者经常上当受骗,广大消费者为了保护自己的利益、买到质量可靠的产品,出现了"保护消费者"活动。要求政府制定法律,制止企业生产、销售质量低劣、影响安全、危害健康的劣质品;要求企业所提供的产品对社会和消费者承担质量责任和经济责任。因此,迫切要求企业加强质量管理,出具"质量保证单",保证产品使用安全可靠。这样就使得企业必须建立生产全过程的质量保证体系,把质量管理水平提高一步。

④ 随着市场经济的发展,竞争也越来越激烈。市场情况瞬息万变,要求企业把经营决策、经营战略提到重要的议事日程上来。企业要深入研究市场需求情况,制订合适的质量水平,不断研制新产品,同时还要做出质量、成本、交货期、用户服务等方面的经营决策。因此,企业迫切需要以现代经营管理科学作指导,现代质量管理科学也就得到了迅速发展。

全面质量管理的雏形首先出现于20世纪60年代的日本,对当时日本经济的发展起到了极大的促进作用。20世纪70年代这种质量管理方法被引入美国,20世纪80年代得到普及。倡导全面质量管理观念的代表人物有戴明、朱兰、费根堡和克劳士比。戴明提出了质量管理"14法";朱兰推崇质量控制,强调建立以顾客为导向的组织。费根堡1961年出版的《全面质量管理》一书,则比较系统地阐明了全面质量管理的理论和方法。费根堡强调,执行质量只能是公司全体人员的责任,应该使全体人员都具有质量的概念和承担质量的责任。因此,他认为全面质量管理的核心思想是在一个企业内各部门中作出质量发展、质量保持、质量改进计划,从而以最为经济的水平进行生产与服务,使用户或消费者获得最大的满意。克劳士比是使全面质量管理理念深入人心的关键人物,正是由于他的努力,全面质量管理理念迅速为世界各国所关注和接受,发展成为风靡当今世界的现代质量管理方式,使质量管理发展到一个新的阶段。应该说,全面质量管理是一个组织以质量为中心,以全员参与为基础,目的在于通过让顾客满意和本组织所有成员及社会受益而达到长期成功的管理途径。

补充阅读材料6-1

"泰斗"、"先驱"、"倡导者"以及其他人

戴明、朱兰和克劳士比为质量管理作出了巨大贡献。许多没有深入接触过这些泰斗的方法和理论的企业也同时采用了他们的各种方法和理论。对于这些不同方法的运用取决于具体企业文化和特性,因为每个企业都必须选择适合自己的方法。

戴明和朱兰被誉为日本产业革命之父。但鲜为人知的是,日本的管理人员也同样在教授和运用克劳士比的观点和理论(通常与美国的工业紧密相关)。

除了戴明、朱兰和克劳士比以外,还有许多其他人——其中既有美国人,也有日本人——也为质量管理理论作出了贡献,但是没有获得像这三位"泰斗"那样的声誉。他们包括阿曼德·费根堡、威廉·E. 康威,H. 詹姆斯·哈灵顿、今井正秋、石川磬、水野滋、理查德·J. 施因伯格、田口玄一。

资料来源:[澳]贾依·依达姆普利. 服务管理——饭店管理的新模式. 程尽能译. 北京:旅游教育出版社,2006

6.2　全面质量管理哲学

威廉·爱德华兹·戴明、约瑟夫·M. 朱兰是两位质量管理领域的先驱，很多人认为他们为第二次世界大战后日本工业的复苏和日本随后在世界市场中取得的成功作出了巨大贡献。菲利浦·克劳士比在两位前辈的基础上提出了"零缺陷"概念，并促使西方管理人员真正认识到提高质量的必要性并且认识到提高质量也是他们的责任。这些质量大师的那些当时很激进的观点现在已变成企业的部分日常用语。当饭店公司重新考虑在今天的快节奏、激烈竞争的环境中如何经营时，可以使用这些工具。

6.2.1　戴明的 14 点质量方法

威廉·爱德华兹·戴明原来是数学家和物理学家，他的贡献涉及的范围很广，既详尽地将统计技术应用到质量管理中，又始终不懈地批判传统的质量管理方法。其最著名的理论可能是他提出的"14 点质量方法"。以下简要论述这些方法，总结戴明的质量方法的核心和他改革领导特性和管理特性的观点。

1. 建立恒久的目标

戴明要求企业要有长期观念，避免狭隘地着眼于短期利益。他发现，如果企业的领导者和管理者的时间和精力完全都放在获取眼前的经济利益上，组织的前途往往会遇到危险。戴明认为一个企业要获得长期的成功，其领导者和管理者必须为未来打算。但是很多企业领导想得更多的是下一季度的红利，而不是企业未来五年的计划。令人遗憾的是，在饭店行业里，一些饭店组织通过他们的奖励系统和管理人员经常调动的政策使短期行为制度化。如果总经理们工作的连锁饭店对近期取得的利润进行奖励，每隔两三年就将这些总经理调到另一个饭店工作，这些总经理就完全有理由不集中精力制订五年计划，也没有兴趣对饭店不断地进行创新和改革。

2. 采用新的理念

戴明认为，企业一定要对变化显著的市场的新挑战作出反应。在今天激烈的市场竞争中，新的管理实践来自这样的认识，只有不断满足或超越顾客的期望才能取得长期的成功。新的管理理念和实践基于质量，而不是数量；基于重复业务，而不是一次性销售。里兹·卡尔顿饭店公司突破注重出租率与平均房价的传统经营观念，突出服务质量，把为顾客创造一个美好的经历、为顾客留下美好的回忆，把顾客百分之百满足作为企业的最高目标，在经营策略上强调顾客品牌忠诚与回头客，定价上坚持优质优价，取得了很好的经营效果。

3. 不依靠检查取得质量

事实上，戴明承认，只要检查的目的用于控制实现组织目标的过程，用于评价个人的绩效，适当的检查永远是必要的。戴明全力反对检查的最终结果可以提高产品或服务质量的观点。他认为，你无法通过产品和服务来检查质量，事后的检查不能提高质量，只能发现不足。例如，在服务员为久等的客人上菜之前检查已备好的菜单食品可能会发现问题，但这种检查无助于改进过程，而像是在挑毛病，可能会促使厨师和服务员形成一种不严谨的工作态度,还可能影响相互协作关系。当"质量"是别人的工作的时候,让员工真正重视质量是不可能的。

4. 不根据价格标签评价企业

尽管竞争可迫使价格下降,但是并不一定能保证质量。戴明提出,采购人员和审计人员需要重新规定他们改进质量的责任。购买者和供应商之间应该多一些合作,少一些敌对。企业与单一的卖主建立长期忠诚信任的关系所获得的利益要高于从价格最低的投标者那里获得的眼前利益。如果与供应商签订长期合同,他们就会更乐于投入时间和资金改进他们的产品和服务。建立了长期关系后,供应商在交货时间和交货频次上也会变得更加灵活,这对饭店企业也很重要。

5. 永恒不断地改进生产和服务系统

戴明指出,改进质量不是一次性的努力,也不是局限于解决问题。解决问题仅是"扑灭了火焰",但是其通常的后果是使生产过程又回到了原来的状态。戴明断言,管理的真正任务是想办法改进生产过程本身。工作流程可能需要重新设计,生产过程的某些部分可能应该自动化,这样才能消除隐患。

6. 实行职业培训

戴明认为传统的在职岗位培训是不够的,经理和员工应该受到正式的岗位培训。这样的培训应该为员工提供做好工作的方法,为经理提供企业内部评价工作过程和改进系统的方法。饭店企业传统的以师带徒的"传、帮、带"方式存在缺陷,培训者与被培训者之间会以讹传讹,这种缺乏规范的培训,会影响饭店服务质量的稳定性。

7. 实施有效领导

戴明强调,经理也必须是领导者。经理要有能力帮助员工做好工作和消除障碍使员工对自己的工作产生自豪感。最重要的是,经理必须对他们收集到的信息作出反应,消除障碍使员工以最佳状态工作。了解自己管理工作的领导者能够发现哪些员工需要他个别关照、训练和指导。

8. 消除恐惧

戴明反复强调,人们除非有安全感,否则是不会尽最大努力工作的。戴明认为恐惧是产生质量问题和生产率问题的一个基本原因。当经理认真履行自己的领导责任,员工相信管理者有能力领导这个组织时,就会出现更开放、和谐的工作环境。只有管理水平提高了,恐惧才会消失。

9. 消除部门之间的障碍

戴明认为部门之间的障碍来自两个方面:一是部门过分强调自身利益;二是部门过分强调自身的成功,两者都会阻碍部门间的交流与合作,不利于形成企业成功所需要的团队精神。"那是房务部门的过错"、"那不是我的工作"、"不要去问前台,他们从来不帮助任何人"等,只会增加部门间的摩擦和隔阂。

10. 不空喊口号

提高质量的口号,通常暗示员工,尽最大努力工作就能提高绩效。戴明认为,口号、横幅标语、印有标语或口号的小徽章或气球不能使提高质量的努力持续下去,这些手段的目的是激励人们工作更快、产量更高。但这些手段不但不起作用,实际上还对生产率和质量产生负面影响。戴明指出,标语和激励语言指向了不正确的人群。标语代表希望,工人们再加一把劲有可能完成管理阶层的目标,但是没有实施方法的目标是毫无价值的。戴明认为,质量管理更重要的是要指向系统内部和生产过程,而不是工人。

11. 消除工作指标(定额)

戴明的这一观点只针对一些忽视质量问题的管理者,他们往往认为生产率的依据是达到预期目标所必需的平均绩效。戴明认为,提高生产率和提高质量的关键是经理应该区分出不同员工的不同技能和才能水平,设立不同的技术等级,然后作出工作计划,让每个人都发挥出自己的最高水平,从而提高整体工作绩效。

12. 消除障碍,使员工不因工作质量而失去自尊

戴明认为,评价员工的依据常常是那些员工自己无法控制的结果,如不合用的工具、系统不完善、缺乏训练等。因此,他认为,为了达到高质量,所有员工都必须得到他们做好工作所必需的工具和培训,在工作中获得自豪感。这要求经理首先要倾听员工的意见,然后对他们的意见和建议作出反应。

13. 实施有生命力的教育和自我改进计划

随着质量改进工作的推进,整个组织的生产率水平得到了提高。随着生产率的提高,用较少的员工就可以达到与用原来的工作方法和工作过程所达到的同样结果。但是,戴明认为,提高质量一定不要以失去工作为代价。如果员工们都在连续不断的改革过程中起着积极有效的作用,就不应该有人因为生产率的提高而失去工作。戴明认为,组织今天面临的一个主要挑战是需要越来越多能投入终身学习的员工。管理者和员工都必须学习新的工作方法,包括团队工作和质量控制的基本统计技术。组织一定要乐于对自己的员工进行必要的培训投资,员工必须对自己未来的发展负责。

14. 让公司中的每个人都为完成改革任务而工作

戴明没有提出改革的蓝图。在提高质量管理的过程中,没有指导饭店组织工作的预订行动计划。他坚持认为,每个企业都应该根据上述十三点进行修改,使之适应本单位独特的宗旨、文化和市场情况。组织内的人员应该共同努力,彼此了解这十三点质量方法,然后制订合适的目标和行动计划,以达到这些目标。戴明认为,企业质量管理改革成功的关键是得到组织范围内的理解。

戴明还提出了推行全面质量管理容易犯的七个致命错误:没有提供足够的人力、财力资源来支持质量改进计划;强调短期效益、股东收益;依靠观察与判断来评价年度业务状况;工作的忙碌造成管理不一致;不管管理的需要,采用易得的资料进行过程改进;过多的纠错成本;过多的法律花费。

6.2.2 朱兰的质量管理理念

约瑟夫·M. 朱兰的质量管理与威廉·爱德华兹·戴明的许多基本观点和概念相一致,但是朱兰对在组织内部实际贯彻质量改进体系的机制进行了更深入的研究。他强调,需要有一种共同的质量语言来研究质量管理。他建议,每个组织都应该编撰和分发自己

的质量术语表,这对成功的质量改进努力是至关重要的。

1. 产品特性和无疵性

朱兰确定了一种共同的质量语言。他认为一个产品或一项服务的质量由外部和内部顾客感知到的可用性来决定。因此,他超越了质量定义,区分出质量的两个非常不同的形式或方面。他认为质量是产品特性,质量是没有缺陷的产品。

产品特性主要用于满足顾客的需要,保证这种形式的质量的关键是不断了解顾客不断变化的需要,提供使顾客获得满足感的产品。例如,许多饭店将客人入住登记和结账退房的时间缩短在3分钟以内,这种产品特性方面的质量改进的原因是,饭店发现快速办理入住手续和退房手续是顾客用来衡量饭店质量的重要标准。朱兰认为,与产品特性相关的更高质量可以使企业提高顾客满意度,增加市场份额,增加收入,有时还能保证自己的产品和服务获得额外收益。但是他指出,创造与产品特性相关的更高质量通常需要增加营业成本。在这个领域中提高质量绝不是"免费的",在过去的饭店服务质量大战中幸存下来的饭店可以证明这一点。由于新的或增加的产品特性而获得的更高质量可以得到收入,但这些收入一定要补偿相关的成本,即调查顾客需要、重新设计产品特性、为了取得这些新产品特性而实施新过程所涉及的成本等。

无疵性的产品或服务并不一定能使顾客感到满意,但是却可以避免不满意,因此是产生回头客的一种关键因素。朱兰认为,通过有效地减少产品缺陷而创造的更高质量可以降低营业成本。大多数饭店都设有服务恢复系统指导管理人员和员工解决顾客投诉,但却很少有建立正式的系统来追踪产品缺陷和衡量与无缺陷产品或服务相关的质量,因此也缺少对避免缺陷措施的开发。朱兰认为,减少出错率、减少返工、减少浪费、减少检查、减少服务恢复费用可以降低成本。为了使成本具有竞争力,公司必须不断降低产品的缺陷水平,还应减少在生产产品过程中出现的缺陷。通常对这方面质量的测量方式不是看是否完全没有缺陷,而是看缺陷的程度,一般用缺陷率来表示。这种测量方式可以用下面的公式表示。

$$缺陷率=\frac{缺陷的次数}{产生缺陷的机会}$$

缺陷率越低,质量等级越高。例如,一家饭店可能以一个月为基础,根据报告客房准备好了可供出租后需要的返工次数,测量客房清扫过程的质量。这时,分子(缺陷次数)可能是每天、每星期或每月饭店员工回应客人提出添加物品(如毛巾、香皂、玻璃杯、房间设施等)要求的次数,客房部的工作人员在清扫客房时应该把这些物品放在房间里。分母(产生缺陷的机会)可能是清扫人员应该放入每个房间的物品总数乘以每天、每星期或每月客人入住的房间数。如果客房服务的返工缺陷率是无法接受的,经理和员工可以采取措施消除产生缺陷的原因,以改进过程。"没有缺陷"的质量方法的价值在于,它使经理认识到不必要的营业成本,使他们懂得建立提高质量的目标的重要性。

2. 质量管理

为了帮助经理了解他们应该在组织内部如何注意质量问题,朱兰提出,财务管理和质量管理很相似。与财务管理相关的三个过程是管理过程的基本特征:财务计划、财务控制和财务改进。朱兰认为,按照财务管理的基本过程来安排质量管理的程序有助于质量管理。

(1) 质量计划和控制

财务计划的一个主要结果或产品是年度经营预算,企业根据经营预算对企业的运营进行控制。质量计划和控制在本质上与财务计划和控制相似。质量计划也应该是一个企业范围的行动,确定组织内某些领域具体的、可测量的目标,并制订评价标准,然后将这些目标与企业的总体质量目标协调。例如,一个饭店可能会决定,总体质量目标是在第一个营业季度末客人对服务的满意度提高 10%。部门经理和员工就要制订改进服务的措施。这些措施得到批准后,就要制订评价标准,作为质量控制的工具对员工的绩效进行监控。财务计划和控制不是一次性的活动(预算随着经营条件和市场条件的变化而重新预测),质量计划和控制同样也是组织内不断进行的活动。经理发现实际绩效与目标绩效不同时,应采取必要的修正措施。

(2) 质量改进

朱兰认为,质量计划和控制主要重视顾客的满意度,包括的活动与加强产品特性满足顾客需要有关。而质量改进重视避免顾客的不满意,消除产品或服务中的缺陷及在生产产品或提供服务过程中出现的缺陷。朱兰将质量改进定义为,以空前的规模减少缺陷,达到绩效突破——可以测量的效果,在营业成本上取得前所未有的节约。朱兰认为质量改进应该包括以下三个方面。

① 建立质量改进机构。大多数饭店公司都把全部精力放在获取高收入上,其手段是提高产品的特性以满足客人的需要。很多公司使用尖端技术来追踪顾客需求,并对顾客需求作出反应。但在另一方面,通常把缺陷当作"一般管理"费用,并将其作为经营成本的一部分而注销。但日益激烈的竞争和顾客对价值的更高要求需要企业越来越重视降低经营成本。对大多数企业而言,面临的主要困难是缺少有利于提高质量的组织机构。朱兰认为,质量改进应该统一管理,不应成为个别经理的突发奇想或首创。质量改进的协调努力应该成为公司经营计划中的一部分,具有明确的、可以测量的质量改进目标。每个饭店公司都必须根据自己的质量目标、经营规模、管理人员和员工的专长及其他因素评估自己独特的组织需要。朱兰推荐的保证年度质量改进所必需的组织基础结构是组成质量理事会(或质量委员会等其他名称)。质量理事会的基本责任是在组织内发动、协调质量改进措施,并使这些措施"制度化"。

质量理事会的成员选自各个岗位的高级管理人员。朱兰指出,由高级管理人员组成的质量理事会的价值在于,这个理事会能够发现具体的争端和问题,安排解决方案,指定负责人,或在满足经营目标时,设定跨部门工作班子。这个理事会还负责改变现行的奖励制度,这种制度的缺陷是在满足经营目标时更重视强化个人的作用,而不鼓励团队精神和向质量改进方向发展。质量理事会的职责还包括如下内容。

- 建立发现冲突和问题的过程,这个过程需要质量改进。
- 决定建立质量改进工作班子。
- 提供所需的资源,如培训、完成项目所需的时间等。
- 保证项目解决办法的实施。
- 设计评价质量改进的工具,用其做基准对照竞争对手和其他单位,并用此工具来评价管理者和员工的绩效。

• 协调质量改进项目,检查实施进度,并对其认可。

② 建立选择质量改进项目的标准。朱兰建议,一个组织的质量改进项目应该针对一些成功解决的可能性很高的主要冲突或问题,第一个质量改进项目尤其如此。他建议用下列标准选择质量改进项目。

• 针对经常遇到的冲突或问题。
• 选择有可行解决办法的项目,应该在相对短的时间内完成这个项目。
• 确信这个冲突或问题是重要的,组织内的人必须能够认识到,成功的努力对自己的部门和整个组织同样重要。
• 评价结果,无论从经济的角度还是从其他角度,整个组织中的人都会理解和鉴赏这些结果。

选择质量改进项目的标准还包括投资回报、潜在质量改进值、迫切性、技术路线的容易性、大概的解决办法所提出的变化值等。

③ 质量改进项目的过程管理。朱兰认为,项目一旦被质量理事会选中,项目的参数就要在任务陈述中规定,项目要指定一个项目组来完成。这个项目组每星期会面一小时。在每次会面会上,项目组检查自上次会面以来项目的进展情况,确定下次开会之前应采取的行动,要求各个项目组成员承担完成这些行动的责任。这些行动包括确认手头的冲突问题、找出这些问题的根源、确定解决办法、选择和实施最好的解决办法、建立控制系统以控制项目的成功。随着项目的推进,项目组定期向项目组成员、上级管理人员和其他人员发布项目报告。上级管理人员可以用这些报告来检查项目组工作进展的情况。质量改进项目组的最终报告通常总结项目取得的成果,简要描述为了取得这些成果所采取的行动。朱兰鼓励项目组在最终报告中增加一节“经验教训”,叙述项目组在质量改进中所采用的方法、步骤或改进质量的技巧,也就是那些对其他公司也适用的经验教训。

6.2.3 克劳士比的质量管理

菲利浦·克劳士比在把质量运动引入美国公司方面起到了重要作用。就此而言,他所作的贡献要大于其他所有的质量管理“权威”和专家们所作的贡献的总和。从他的第一本著作《质量免费》(1979年)开始,克劳士比的著作、演讲和电视广播节目影响了数以千计的企业管理人员,改变他们的经营行为并使他们致力于提高产品质量。克劳士比最著名的观点包括“零缺陷”和“第一次就要做好”等。克劳士比在其著作《质量无泪》(*Quality Without Tears*)(1984年)中所表达的思想在20世纪80年代初期对管理人员产生过重大影响并且成为质量管理领域里的学术研究与学术文献的先导思想。

克劳士比认为,由于大多数企业在生产规格方面都允许一定程度的误差,因此从事制造行业的企业大约有20%的收益都耗费在出现错误和改正错误方面了。就服务企业而言,克劳士比认为此类成本可能会占到企业总收益的35%。他认为工人们并不应该为产品质量低劣承担责任。事实上,必须改进管理工作。他反复告诫说,管理者的职责是“帮助员工”。

克劳士比理论的精髓包含在他所说的“质量管理四项基本原则”(The Four Absolutes

of Quality)和根据他在美国国际电报电话公司的多学科环境中实施质量改进措施的经验总结出的“质量改进的 14 个步骤”中。

1. 质量管理四项基本原则

(1) 质量的定义就是符合要求,而不是“良好”或“很好”。

(2) 生产质量的系统是预防结果,而不是检验结果。

(3) 质量的工作标准就是零缺陷,而不是差不多。

(4) 质量是用不符合要求的代价来衡量的,而不是靠指数。

2. 质量改进的 14 个步骤

(1) 管理层的承诺——让所有的员工都清楚高层管理人员的质量观。

(2) 质量改进团队——全方位地遵循质量要求。

(3) 质量衡量——清清楚楚地分析企业质量状况,如延迟交货、根据实际销售额进行预算、交货、核算成本等,使之简单明了,便于理解。

(4) 质量成本——确保企业的每一位员工都了解质量系统的必要性及没有质量系统会给企业造成的额外成本。

(5) 质量意识——使企业的每一位员工都知道质量系统的效果。

(6) 改正行为——建立可以分析缺陷和进行简单因果分析的系统以防止再次出现缺陷。

(7) 零缺陷计划——找出应该运用零缺陷原理的企业活动。

(8) 主管计划——培训主管了解质量和零缺陷原理以便用于工作之中。

(9) 零缺陷日——使部门全体员工都意识到出现变化的质量活动。

(10) 目标设定——一旦在企业的某一个部门做出变更,下一个步骤就是要求该部门的全体员工和主管制定改进质量的目标以便不断地改进质量。

(11) 消除错误成因——通过沟通程序使管理层了解现有的目标难以实现;然后重新评估目标或依靠管理层的支持来实现目标。

(12) 赞赏——管理者必须表扬那些参与质量计划的员工。

(13) 质量委员会——运用专业知识和员工的经验来认真实施企业的质量系统。

(14) 从头再来——不断改进质量意味着不断地从头开始。

6.2.4　全面质量管理的核心理念

综上所述,“全面质量管理”显然并不是一种单一的实体,而是一种整体的管理哲学。自从阿曼德·费根堡 1956 年在《哈佛商业评论》上首次使用“全面质量管理”一词以来,这一管理哲学一直受到众多学者和产业人士的影响。几十年来众多人士为“全面质量管理运动”作出了贡献,但对全面质量管理却很难准确地定义。就全面质量管理的核心理念而言,各类学术文献的观点各不相同。似乎每个人信奉各自一套不同于他人的全面质量管理基本原理。人们提出各种各样的“核心理念”以试图描述全面质量管理的实践。以下各要点(马奎斯,1991)可以帮助读者对这些核心理念有个大致的了解。

1. 消费者导向

以消费需求为导向的企业具备卓越的品质,因为它们将消费者信息系统地融入其战略规划以及产品和服务的供应之中。

2. 注重质量

以消费者需求为导向的企业非常重视质量并且将质量定义为可衡量的、客观的产品和服务品质以及消费者满意的感受。

3. 系统的不断改进

重视质量可以带来不断的改进,而不断的改进也意味着对制造过程或服务过程做出重大改变。

4. 协作

全面质量管理要求改变现有的经营"心态",即企业和员工个人的成功应该被视为集体协作而不是激烈竞争的结果。

5. 客观性

决策应该具有客观性并且基于所获得的信息。对于以前的经验应该系统地加以记录和分析,以便获得持续的改进。

6. 团队合作

团队合作就是实际进行协作。为了获得良好效果,应该向各团队传授具有创造性、分析性和能够解决问题的技巧。

7. 授权

应该对员工授权,即员工应该对影响他们的岗位设定和企业政策有话语权和决策权。

8. 教育与培训

教育与培训是必不可少的。石川磬认为,全面质量管理实际上是以教育开始并以教育结束的。

9. 共同的理念

所有的员工和经理都应该清楚和相信同一理念。这是企业统一行动、避免重复浪费和内耗的关键。

10. 领导方式

只有领导者有效地以身作则,企业才有可能发生变化。空洞的许诺和演讲只能使现存的问题变得更加糟糕。

其他一些学者和专家倾向于使用不同的词语来表达全面质量管理的"核心理念",因此上述要点绝对不是质量管理的全部内容。但是这些要点确实可以展示全面质量管理的基本理念。

仔细阅读上述要点,我们可以发现一些反复出现的论点。无论不同的专家和学者使用了哪些词汇或者强调哪些要点,我们注意到马奎斯列出的要点清单反复出现了一些有关全面质量管理的论点。

(1) 全面质量管理是以消费者为中心和消费者驱动的。

(2) 全面质量管理是一种主动寻求不断的和系统的改进的理念。

(3) 全面质量管理要求赋予员工权限并使他们参与协作。

(4) 全面质量管理要求管理者作出表率,鼓舞员工,展示领导才华。

补充阅读材料6-2

饭店全面质量管理的特点

饭店全面质量管理的特点可归纳为以下四个方面。

① 全方位的管理。针对饭店服务质量全面性的特点,对所有服务质量的内容进行管理。

② 全过程的管理。对饭店服务前的组织准备、服务中的对客服务、服务后的善后处理全过程的每一个环节进行质量管理。

③ 全员参与的管理。饭店中的每位员工及其工作都与服务质量密切相关,要求全体员工都参加质量管理工作,并把每位员工的工作有机结合起来。

④ 方法多种多样的管理。饭店服务质量的构成丰富,影响因素复杂,要全面系统地控制这些因素,就必须针对具体情况采取灵活的不同的管理方法。

综上所述,饭店全面质量管理是饭店以宾客需求为依据,以宾客满意为标准,以全过程管理为核心,以全员参与为保证,以科学方法为手段,运用全面质量管理的思想和观念推行的服务质量管理,是达到饭店预期的服务质量效果的一种有效的管理方法。

资料来源:蒋丁新.饭店管理概论.大连:东北财经大学出版社,2002

6.3 建立高效组织

现代企业对质量的重视程度远远超出了戴明和朱兰这样的宗师们所做的开创性努力。现代企业对质量管理的一个重要理念是,通过管理活动建立一个高效组织,通过团队精神的建设达到提高产品质量和生产效率的目的。柔性的、高绩效组织的运作特点是团队化、扁平化、自动化。高绩效的核心是人的问题,意味着价值、信任、授权和协同工作。要成为一个灵活的高效组织,支持快捷的决策和以团队为基础的经营活动不是简单的事情。一个公司要成为高效组织,其领导必须完全投入并参与这个改革过程。高效组织的建立可以从技能和信息,参与、组织和伙伴关系,报酬、安全和工作环境三个方面的建设着手。

6.3.1 技能和信息

高效公司把自己的员工当作宝贵的财富,并进行相应的投资。这些公司从根本上改变员工的学习方式。他们从对专业工作的培训变为重视对技能的培训,这些技能使员工具备解决问题的能力和与顾客、其他员工、其他部门相互沟通的能力。高效公司把培训看作是一个持续的过程,并为员工提供终身学习的机会。那些持续进行学习的员工能对自己提供的服务和生产的产品作出更好、更有见识的决策。终身学习的机会,如共享公司的信息,会使员工帮助公司取得更高的质量和更高的顾客满意度。

1. 培训和持续学习

当员工在生产、质量控制和顾客服务方面承担更多的责任时,他们需要在解决问题、建立团队和经营管理方面的新技能。这就需要对管理人员进行培训,使之适应新的角色。例如,成为策略计划者、教练员、教师、协调促进者等。高效组织在培训和持续学习方面投入很大,一些公司将工资总额的5%以上用于员工的教育和技能培训费用,以提高产品和服务的质量。正式的课堂教学和岗位培训都是常用的方式。一些公司建立管理培训生制度,让员工在各种岗位之间轮换,使之掌握多种技能。

2. 共享信息

高效公司发现,共享信息对公司的成功至关重要。它们向员工提供公司总体的财务和运营数据,并建立制度保证信息在组织内迅速传递。共享信息还包括战略计划、组织的工作重点、采用新技术的计划、预算紧张的情况、业务单位的运营结果、竞争对手的情况,等等。为了取得真正的成功,公司必须保证信息在组织内上下左右畅通无阻。员工的观点和见地也应该传达到公司的各个层次,组织应对此作出充分的反应。如果公司采用这种内部信息沟通体系,其生产率、质量和顾客服务都会得到改进。

6.3.2 参与、组织和伙伴关系

高效公司认识到,一线员工通常与顾客的接触最紧密。他们可能最了解公司的产品和服务,对质量和效率起着重要的作用。为了鼓励员工参与质量改进工作,高效公司采用扁平组织,将责任下放到员工小组,在工作和生产的日常决策中广泛地听取员工的意见。员工参与质量改进工作会使整个组织受益,员工会有较大的自主权和更高的任务感,公司更易于对顾客的需要和市场的变化作出反应。

1. 员工的新角色

高效组织挖掘员工智慧的一种方法是鼓励员工扮演新角色。员工成为问题的解决者、自我管理者和企业家。很多改革结构和方案,其范围涉及咨询委员会和自我领导工作组,都加强了这些新角色的责任。

2. 新的组织结构

高效组织在其组织结构中建立参与和授权机制,其方法是将决策权下放到公司的下层,用跨职能员工工作组打破部门之间的障碍。跨职能团队的成员来自不同的职能部门,为解决一个具体的问题或任务走到一起,目的是满足组织的需要。他们被要求共享信息、发掘新思想、寻求创新性方案、完成项目,更重要的是在绩效上不被单一部门的关注和需求所限制。团队成员从个人到整体都要以跨职能的方式从整个系统利益的立场上进行思考和行动。例如,一些公司建立的员工工作组由设计人员、工程人员、营销人员和生产人员组成,他们设计新产品,并发现许多通常在以后的产品开发过程中才会被发现的潜在问题。

3. 工人与管理人员的新型伙伴关系

为了真正提高效率,高效公司努力寻求在工人、工会和管理人员之间建立伙伴关系,焦点是共同负责和共同决策(原来由管理阶层决策的问题现在由工人与管理人员共同决策)。工人、工会和管理人员一起制订共同的任务和目标,在所有层次共同制订计划、共同解决问题。

6.3.3　报酬、安全和工作环境

采取分权结构的高效公司采用多种系统识别员工绩效和取得的技能，在企业内建立奖励基金，满足员工的多种不同需要。报酬系统通常将工资与个人和组织、绩效联系在一起。高效公司提供有支持作用、安全的工作环境，吸引并留住胜任的员工。

1. 报酬、绩效和技能挂钩

高效公司建立了报酬系统，将工资与个人、小组、经营单位和公司的绩效连在一起，这样就使员工能长期为企业工作。这些公司还试图让高级管理人员更关心股东关注的事情，将高级管理人员报酬与公司的长期目标连在一起。高效公司采用的奖励员工的方法包括收益共享、员工持股、利润分享、小组绩效工资、技能工资等。以激励为基础的报酬系统与其他高效技巧一样，如对员工授权、让其承担责任、参与能影响公司绩效的项目，最能发挥作用。

2. 职业安全

高效公司认为工人是一项重要的投资，因此不到万不得已，是不会让工人下岗待业的。他们对工人的职业安全有明确的承诺，一些公司采取不下岗政策；一些公司在经营不景气时，把员工送出去学习或在公司内重新分配其他工作；还有一些公司用职工持股的方式避免工人失业。在当今多变的商业环境中，高水准的培训和技能开发为工人创造了另一种形式的职业安全。高级技能使工人成为公司更宝贵的财富，更不容易下岗待业。如果真的出现了下岗待业情况，那些有多种技能的工人也会发现自己能够很快地找到新工作。如果高效公司无法避免工人下岗待业，它们会预先发布通知，发放解雇费，提供再就业服务。这些公司也向下岗工人发放一次性经济补偿，或者建立专门基金补充失业补偿金。

3. 有支持力的工作环境

高效公司认识到安全和有支持力的工作环境对提高生产力和员工献身精神的重要性。这些组织常常带头采取一些方针策略支持工作和家庭生活之间的平衡。在今天紧张的经济环境中，首先采取家庭支持和其他生活质量策略的公司可以在吸引和留住更多的有才能、有敬业心、有生产力的员工方面获得竞争优势。这些公司通常采取一些策略和计划，以促进员工的身体健康和安全。他们采取灵活的工作时间和工作日，为残疾员工提供住处，提供托儿服务等。

补充阅读材料6-3

高绩效团队的特征

全面质量管理的精髓在于工作程序的改进，改进工作程序的关键则是员工的参与。因此，可以说全面质量管理的一个主要特征就是采用团队形式。团队形式并不能自动地提高生产力，它也可能让管理者失望。研究表明，一个高绩效的团队需要表现出以下特征：清晰的目标；实现目标所必需的技能；相互的信任；对团队一致的承诺；良好的沟通；谈判沟通的技能；恰当的领导；内部和外部的支持。

资料来源：[美]斯蒂芬・P. 罗宾斯．管理学．孙健敏译．北京：中国人民大学出版社，1997

典型案例

西南航空公司的全面质量管理

美国西南航空公司是建立高绩效组织进行全面质量管理的成功典范。该公司成立于1971年,最初只在得克萨斯州提供短距离运输服务。尽管美国航空业麻烦不断,西南航空公司在其历史上还是取得了1973—2002年连续28年盈利的骄人业绩,创造了美国航空业的连续盈利纪录。这样的业绩来自公司低成本的运营模式,也直接得益于西南航空公司员工的高效率工作和在飞行途中给乘客创造轻松愉快环境的服务方式。事实上,西南航空公司的总裁兼首席执行官赫伯·克勒赫从公司成立起就坚持宣传"快乐和家庭化"的服务理念和战略,并通过员工的力量将这种理念的价值充分体现和发挥出来,在成功降低成本的同时使顾客满意。

西南航空公司对新员工的技术培训时间根据不同部门的要求从两个星期到六个星期不等。西南航空公司承担所有的培训费用,并保证其完成培训后能够被雇用。西南航空公司要求所有员工(包括飞行员)每年都要参加"关心顾客"课程的学习。西南航空公司的"人民大学"为员工和管理人员开设了很多专门的课程。这些课程包括团队建设、绩效评价、心理压力控制、安全、职业发展。这所"大学"还开设"新员工庆典"课程,这是一门一天的课程,让员工了解公司的历史、文化及工作场所实践。另外,还为非财务人员开设课程使其了解财务术语,为其他人员开设多种领导发展课程。

西南航空公司在航空公司业内创造了第一个利益共享计划。通过公司的业务通信、周报和每季度发行的新闻录像带向员工提供公司财务和营业情况的信息。员工通过多种委员会(工人管理人员联合委员会)参与决策,这些委员会对各种问题作出决策,这些问题涉及的范围很广,包括重新制订福利计划和选择新制服等。

西南航空公司建立起一种独特的政策开放体系,这一体系渗透到公司的各个部门。管理层走近员工,参与一线员工的工作,倾听员工的心声,告诉员工关于如何改进工作的建议和思想。西南航空公司与其他服务性公司不同的是,它并不认为顾客永远是对的。赫伯·克勒赫说:"实际上,顾客也并不总是对的,他们也经常犯错。我们经常遇到毒瘾者、醉汉或可耻的家伙。这时我们不说顾客永远是对的。我们说:你永远也不要再乘坐西南航空公司的航班了,因为你竟然那样对待我们的员工。"西南航空公司的管理层了解一线员工的工作,支持和尊敬一线员工的工作,甚至宁愿"得罪"无理的顾客。这使西南航空公司始终保持行业内最低的离职率。在西南航空公司,管理层的工作,第一是确保所有的员工都能得到很好的关照、尊重和爱。第二是处理看起来进展不顺利的事情,并推动其进展,帮助其变得好点或者快点。第三是维护西南航空公司的战略。

西南航空公司的综合策略已经得到了回报。到2006年,西南航空拥有的飞机已由最初的4架发展到450余架,成为美国最大的航空公司之一,每年将超过8300万名的旅客运送到美国境内的63个城市。西南航空这一品牌也已经成为美国乘客心目中"黄金航班"的象征。短航线、低价格、准点、航班服务简单朴实、员工高效及归属感等系列体系使美国西南航空的低价竞争战略得以实现,成为其他企业无法模仿的核心竞争力。1993—1996年,该公司连续4年夺得美国运输部的"三重冠",即航班最准时、行李处理得最好、顾客最满意的冠军。1997—2000 年，连续 4 年被《财富》杂志评为全球最受赞赏的公司之一，并在 2001 年《财富》杂志列出的 100 家美国最受员工欢迎的公司中名列第四。

资料来源：西南航空公司网站，http://www.southwest.com

【分析与讨论】 美国西南航空公司是全面质量管理和高效团队建设的典范，由此保证了服务质量并有效控制了成本。作为一名员工，你认为西南航空公司哪一点做得最成功？并说明原因。

本章小结

质量已经成为一个企业成功必不可少的因素。全面质量管理是改进组织运营方式的一种质量管理方法。本章从质量管理的历史演进开始，介绍了三位质量管理先驱——戴明、朱兰和克劳士比的观点和方法，马奎斯全面质量管理核心理念，以及现代管理理念中新兴的有关建立高效组织的重点内容，引导读者探寻全面质量管理的基本理念和价值观，思考企业该如何着手进行全面质量管理。

思考与练习

概念与知识

主要概念

全面质量管理　缺陷率　质量理事会　高效组织

选择题

1. 在第二次世界大战期间产生的质量管理方法是(　　)。
   A. 事后检验　　B. 统计质量检查
   C. 全面质量管理　　D. 建立高效组织
2. 戴明认为，企业质量管理成功的关键是(　　)。
   A. 建立恒久的目标
   B. 采用新的理念
   C. 实施领导
   D. 让公司中的每个人都为完成改革任务而工作
3. 朱兰将产品质量分为(　　)两种形式。
   A. 产品特性和无疵性　　B. 期望和满意
   C. 计划和控制　　D. 技能和信息
4. 克劳士比质量管理理论中最著名的观点是(　　)。
   A. 质量保证　　B. 零缺陷
   C. 质量管理四项基本原则　　D. 授权

5. 高效组织的核心是(　　)。

A. 共享信息　　B. 职业安全

C. 团队精神　　D. 员工与管理人员的新型伙伴关系

简答题

1. 什么是戴明14点质量方法?

2. 朱兰把质量分为哪两个方面? 他如何定义质量管理过程?

3. 克劳士比的"质量管理四项基本原则"和"质量改进的14个步骤"包括哪些内容?

4. 什么是马奎斯全面质量管理核心理论?

5. 现代质量管理理念的高效组织有哪些特点?

分析与应用

实训题

某四星级饭店有300间客房,于4年前开业,开业后曾以服务优良和富有传统特色而闻名,两年后投资方频繁更换总经理,已换了5任。第6任总经理上任时,该饭店的经营情况和服务质量状况与过去的名声非常不相称。部门之间沟通不畅,员工离职率居高不下,客人抱怨越来越多,老客户的续订率日趋下降。

全面质量管理或许能够帮助这家饭店。请准备一个分析报告,描述一下如何运用建立恒久目标、持续过程改进、以顾客为中心、工作团队和伙伴关系等概念,在该饭店中实施全面质量管理,让该饭店重新恢复和提升竞争力。

第7章

饭店优质服务经济学

学习目标

通过本章学习，达到以下目标。

知识目标：了解满意与忠诚的区别；了解顾客价值、可靠性服务价值的内容；知晓员工不满意的代价；掌握饭店内部关键时刻的概念；掌握优质服务经济学中经理需要了解的信息。

技能目标：能够设计以关键时刻或接触点为主体的顾客服务蓝图。

引　例

39个关键时刻

饭店伙伴公司（Hospitality Partners）是一个总部设在美国马里兰州贝塞斯达的饭店管理公司。它制定了独特的"关键时刻"服务策略，既阐明了饭店优质服务的简单性，也阐明了饭店优质服务的复杂性。公司的经营宗旨是使顾客满意，不论他们是客人、资产所有人，还是员工。从客人的角度看，实现公司的宗旨的手段是创造一个良好的环境，使客人在这个环境中有宾至如归的感觉，可以了解到各种信息，可以得到娱乐，可以得到关心。从员工的角度看，不会出现烦恼——不要忘记为饭店收账。虽然饭店伙伴公司管理的饭店都共享这一宗旨，但是每个饭店都以自己独特的方式来实现这一宗旨。

有一家饭店与一家购物中心共用一个停车场，客人到达后常常搞不清应该在什么地方停车。饭店工作人员便和购物中心的管理人员合作，将车场的墙面画上五颜六色的漫画，标明哪一区域是饭店的停车处，哪一区域是购物中心的停车处。另一家饭店的员工使用了一张标题为"你来自何地?"的地图，为客人营造了一种宾至如归的气氛。这幅大地图用来装饰前台后面的墙壁，客人登记入住后，前台服务员就会在地图上插一个别针，标明该客人的家乡。这就使每个客人都受到个性化的欢迎和接待，因而使客人感到自己是这个大"家庭"中的一员。

饭店伙伴公司的服务策略把公司经营宗旨中的"原因和方式"与每天工作中的"时间和地点"联系起来。饭店员工有机会使顾客感到愉快的时间和地点就是公司在饭店服务周期中确定的39个关键时刻。这39个关键时刻被分别排列在一个被称为"跳舞的顾客游戏”的棋盘上,饭店伙伴公司用这种游戏来训练员工。饭店伙伴公司把这39个关键时刻的每个时刻都看作是一次服务机会。这39个关键时刻指饭店总机接到电话、客房预订部接到电话、销售部接到电话、提供信息或为客人订房间、客人到达饭店门前、客人走在大堂里、行李员向客人问好、销售经理向客人问好、客人登记入住、陪同客人去房间、客人进入房间、行李员巡视房间、客人打开电视、客人要求叫醒服务、客人要求送餐服务、送餐到房间、客人需要熨斗和熨衣服、客人阅读服务手册、客人给家人打电话、客人去酒吧、客人点饮料、客人付款、客人就寝、客人接到叫早服务、客人洗澡、客人给前台打电话询问信息、客人去吃早餐、领座员向客人问好、餐厅招待向客人问好、客人点餐、给客人上餐、客人用餐、客人付账、客人向前台询问信息、客人回到房间、客人打电话请求帮助拿行李、行李员帮助客人提行李、客人退房、客人索要账单收据。

资料来源:[美]Robert H. Woods,Judy Z. king. 饭店业质量管理. 张凌云,马晓秋译. 北京:中国旅游出版社,2003

“关键时刻”为管理人员和员工提供了一个分析他们如何为客人创造价值的机会。当一个顾客光顾一家饭店的时候,他对商品和服务的质量有一定的期望值,也对住店期间的经历有一定的期望值。他们的头脑中都有一个天平,将得到的服务与期望值进行比较。顾客心中的这个天平偏向“正”的一侧的值越高,顾客感知到的服务水平就越高。饭店成功的诀窍在于优质的服务,也就是了解顾客的期望,不断地满足和超越这些期望。当然,提供这种服务的价格要为顾客所接受,也要使公司赢利。

7.1 顾客的价值

如果没有顾客光临,企业就会倒闭,顾客的价值显而易见。但人们可能还不太了解这样一个事实,如果没有足够数量的固定顾客,没有几家服务性企业能够维持很久。对饭店业而言同样如此,生存和成功主要取决于通过优质服务留住固定客人,而不是依赖促销手段和闪电式的销售策略吸引一次性顾客。

7.1.1 忠诚客人的价值

“现代质量管理之父”戴明认为,“仅仅让顾客满意还不够,生意的基础建立在忠诚的顾客之上;忠诚的顾客不仅会再次光顾,还会带来新的顾客。”什么样的客人是忠诚的客人?一个忠诚的客人的价值是什么?

1. 满意与忠诚

一位满意的客人不能等同于一位忠诚的客人,饭店企业需要的是忠诚的客人。事实上,有关研究表明,许多宣称已经满意的客人在下次光顾时会毫不犹豫地选择另一家饭店,客人的满意似乎是在客人眼前的需要得到满足的情况下产生的一种短暂的感觉,并不能保证客人对饭店忠诚。但是,顾客的忠诚度以及再次购买的意愿与满意度紧密联系在一起。顾客离开熟悉的服务企业去寻找新的服务企业已一再被证明是企业服务失败所造成的。顾客满意是获得顾客忠诚度、创造可持续良好经济效益的关键。

客人的忠诚建立在客人与饭店之间长期的牢固关系之上。在客人多次欣喜于饭店所提供的产品与服务之后，客人的忠诚度将随着时间而增长。忠诚的客人不仅会给饭店带来持续的客人，而且可以在没有任何成本的情况下带来新客人。忠诚的客人会经常光顾某饭店，并且希望它长久地存在下去。忠诚的客人还会经常以各种方式帮助企业，如向别人做宣传，向饭店提供如何改进经营的反馈意见等。如果饭店在经营过程中出现了不可避免的错误，忠诚的客人会原谅企业并给企业一次改正的机会，而其他绝大多数客人则不会这样做。

2. 顾客价值

在传统观念中，企业的利润主要由市场份额所决定。但随着市场环境的改变，市场份额不再是决定利润的主要因素，取而代之的是顾客忠诚度。顾客忠诚是指顾客对某一特定企业或品牌的产品有好评，形成偏爱，进而重复购买的一种行为取向。忠诚顾客是饭店一笔巨大的财富，对饭店的实质性贡献占据饭店顾客资产管理的核心地位（香格里拉曾经做过计算，每增长5%的回头客就能带来20%～125%的利润[①]）。

"顾客终身价值"(Customer Lifetime Value)，也被称为顾客生命周期价值，指的是每个购买者在未来可能为企业带来的收益总和。每个客户的价值都由三部分构成：历史价值（到目前为止已经实现了的顾客价值）、当前价值（如果顾客当前行为模式不发生改变的话，将来会给公司带来的顾客价值）和潜在价值（如果公司通过有效的交叉销售可以调动顾客购买积极性或促使顾客向别人推荐产品和服务等，从而可能增加的顾客价值）。忠诚顾客的终身价值最大。

忠诚顾客的价值体现在以下五个方面。

(1) 相对普通顾客来说，经常惠顾的顾客对价格的敏感程度较低，消费能力更强。

(2) 增加忠诚顾客有助于节约饭店的营销费用。忠诚的顾客会与员工交往和相互学习，重复消费的顾客对饭店称心如意，顾客的满意又使饭店员工感到自豪，从而更努力地工作，节约培训成本。

(3) 忠诚客人或客户还会产生口碑效应，向其他人推荐饭店的产品和服务。

(4) 忠诚顾客具有战略价值。战略价值代表的是顾客今后可能进行的潜在的业务。

(5) 重复购买行为有利于企业制定决策。忠诚的顾客趋向于形成特定的关系，有利于制订长期的计划，使得企业可以建立多层次的满足顾客需要的影响成本的工作方式；相对固定的顾客还可以帮助企业减少必须面对的各种要求，集中精力减少市场的混乱，使企业制定最好的预测和满足顾客需要的决策变得容易。

顾客的潜在价值表明，当不满意的顾客走出店门时，他们带走了一大笔未来的生意。如果不满意的顾客把他对饭店的坏印象告诉其他人，也增加了损害未来生意总量的危险性。有专家估计，不满意的顾客平均会把其对企业的不满告诉8～10个人，而且每5个不满意的顾客中会有一个人把其不满告诉20个人。有饭店集团所做的调查显示，饭店1/7的客人都遇到过一个与服务有关的问题，他们遇到的这个问题非常严重，足以使这个客人再也不下榻这家饭店，这意味着14%的失客率。失客率表示了由于与服务相关的因素而丧失给竞争对手的客人的比率。如果换算成损失的收益，将是一个很大的数字。因此，虽然不可能解决每位不满意的客人的问题，但是每位客人的价值和不满意客人的代价

---

① 谷慧敏．世界著名饭店集团管理精要．沈阳：辽宁科学技术出版社，2001

要求饭店努力为客人解决问题。

7.1.2 顾客对价值和服务的知觉

事实上,在当今经济生活中的每个领域,与过去相比,顾客们有更多的花钱选择,有更明确的质量期望值,更不能容忍劣质服务。只要企业能提供无烦恼、高于平均水平的服务,顾客花钱购买产品和服务时,可能不会介意企业的品牌。简而言之,今天的顾客寻求的是价值。如果产品和服务能始终如一地满足或超过他们的期望值,而且价格也可以接受,他们便认为是物有所值。

以可接受的价格提供优质服务,这是饭店业任何一个部门成功的准则。企业的生存取决于向顾客提供有价值的东西;企业的成功则取决于增强顾客对所提供价值的知觉。这种价值知觉包括潜在的顾客价值和实际实现的顾客价值两种。潜在的顾客价值是指某种产品或服务可能为顾客提供的利益,而实际实现的顾客价值则是顾客在购买并消费某种产品或服务过程中(后)实际获得的利益。潜在顾客价值与实际实现的顾客价值之间经常是不一致的。造成这种差异的原因往往是因为不同的顾客有不同的条件,在使用产品或服务的过程中的配合程度不同。因此,企业不仅要充分地向顾客揭示其产品或服务能为顾客带来的利益,而且要选择适当的服务对象,帮助顾客获得各种可能的潜在利益,也就是要保证自己的顾客能够真正感知到企业所提供的价值。饭店服务的针对性、情感化服务显得尤为重要。增强客人对饭店服务的良好知觉需要注意以下事项。

(1) 提供情感性服务。客人对服务的感受往往带有主观色彩,受客人兴趣、教育程度、职业等影响,需要提供有针对性的服务。但所有客人对饭店员工殷勤好客的服务态度是相同的,并且相当敏感。提供有针对性的情感服务,是吸引客人再次入住的第一要素。

(2) 管理客人的全程经历。饭店提供给客人的往往是一次连续性的经历。让客人高兴而来,满意而归,就要让服务的每一个环节都尽善尽美,特别是在每一个"关键时刻",要给客人留下深刻的印象。

(3) 理解顾客的利益期望。客人将他们所要的或所期望的东西与其正在得到的东西进行比较,以此对服务质量进行评估。那些能够估计到顾客的期望值并采取相应服务的饭店更容易得到顾客的信任。

顾客购买服务,并再次光顾的原因,不是因为饭店提供了优质服务,而是因为顾客感知到了这种优质服务。从具体行动来讲,我们要在特定的时间、特定的地点用特定方式使顾客意识到饭店所提供的价值。把握好与顾客接触的"关键时刻"是一种全新的管理方式。对今天的饭店经理来说,取得优质服务的关键之一,是要了解"关键时刻"对服务策略能产生何种影响,怎样创造新的管理职责。

饭店服务的关键时刻包括顾客在前台办理入住手续、顾客办理完入住手续后走进房间、顾客接受叫早服务等。顾客在这些特定的情景中的经历影响着其对服务质量的知觉。顾客在饭店停留期间所经历的关键时刻形成了连续的事件链,这些事件链使顾客对价值产生了知觉。从这种意义上说,每个关键时刻都是"服务的基本元素,是顾客得到的最小价值单位"。饭店经理应该制订新的服务策略,在客人留住期间的关键时刻向客人传递高效率、清洁卫生和礼貌服务的良好印象。

7.1.3 提供可靠服务

可靠并准确地提供服务是优质服务的核心,是饭店获取良好声誉的基础。在每一次商业接触的过程中,交易的一方总会比另一方承担更多的风险。当顾客购买服务时,相对来说他们往往比购买有形产品承担更多的风险。饭店提供的服务产品不能再次提供,也不能退货。因此,服务产品的可靠性显得尤其重要。

1. 服务可靠性的价值

确切地说,可靠性并不是顾客评估服务质量的唯一标准。在第1章我们讲过,顾客对服务质量进行评估可依据以下五个方面:可感知性、可靠性、反应性、保证性、移情性。不过,在其他四个评价依据中,可靠性却或隐或现反复出现,成为客人评估服务质量的关键。

提供可靠的服务除降低顾客购买风险外,对饭店而言还可以有以下好处。

(1) 刺激销售。

(2) 鼓励顾客的意见反馈。

(3) 确认服务供应系统中的"薄弱环节"。

(4) 改进员工工作表现。

(5) 提高顾客满意度。

(6) 改善服务供应系统。

(7) 保持市场竞争优势。

2. 传递可靠的服务

向客人提供可靠的服务,是提高客人感知价值的基础和核心,有助于建立相互信任。然而服务业相对于制造业,产品可靠性的概念更复杂,主要原因如下。

(1) 服务产品的无形性使评价无失误服务的标准变得模糊。当被评估之物实质上是一种行为而非一个实体时,顾客的期望和要求成为真正衡量服务产品可靠性的标准。

(2) 服务产品生产和消费的不可分离性使提供商不能在产品推向市场之前完全检查出其中的不合格产品。"第一次就做好"也提高了饭店服务产品生产的要求。

(3) "过失"在服务业中有更广泛的含义。具体地说,若一项服务使顾客感到迷惑或气恼,即使是精确的服务也会被认为有缺憾,这大大提高了服务业生产率损失的可能性。

有效地对付这些挑战,需要采取措施以避免服务失误。主要措施有三大类:服务领导、对服务进行彻底的检查和再检查、建立完美服务的组织结构。如图7-1所示,这三项措施构成为支撑服务可靠性的至关重要、相互联结的三根支柱。

(1) 服务领导。完善的强有力的领导是以可靠性为中心的服务策略的命脉。那些设定高服务标准的领导们,培养了"第一次就做好"的作风。正是管理者们的这种努力,饭店企业才有可能树立可靠服务的形象。

(2) 彻底的服务检查。服务承诺必须建立在严格的服务检查之上。虽然服务的无形性增加了服务检查的难度,但找到有效的方法进行事前检查和事后检验是饭店各项业务成为可靠服务的重要手段。

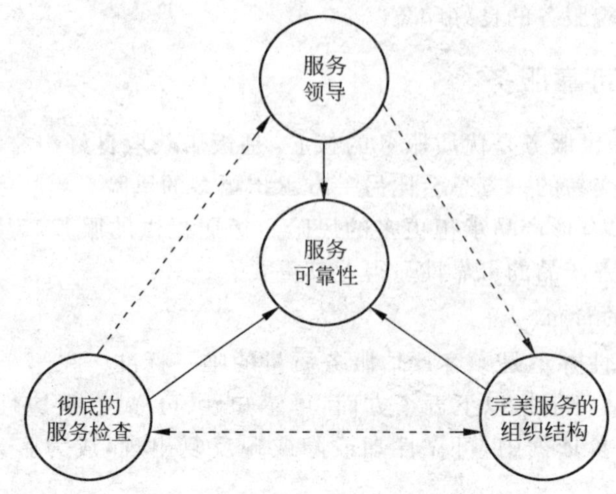

图 7-1 支撑服务可靠性的三根支柱

(3) 完美服务的组织结构。这是饭店提供可靠服务的基础。饭店行业是劳动密集型行业,员工与客人之间的相互作用对服务至关重要。以人为本的管理模式和建立相互协作的工作团队,将有助于顾客需要的满足和员工工作效率的提高。

补充阅读材料7-1

以顾客为中心

以顾客为中心已成为获取竞争优势必须具备的经营理念和行动纲领,但其真正的含义并未被多数饭店管理者理解。美国管理协会会长和首席执行官乔治·威瑟斯比认为,"以顾客为中心意味着改变公司从销售者和购买者角度来看问题的立场,把从产品特征出发变成从顾客的价值出发,以及把他们的市场接触战略从大众接触变成一对一的接触"。

资料来源:谷慧敏,邹益民. 饭店管理理论与应用研究. 北京:旅游教育出版社,2006

7.2 超越顾客的期望

期望与感觉之间的不一致是顾客进行服务质量评估的决定性因素,这一点已被广泛接受。然而,期望这个词作为一个比较的标准,通常表示两个不同的意思:顾客相信将会在服务中发生什么(预测)和顾客想要在服务中发生什么(愿望)。同时,也不存在一个概念网络来综合不同类型的期望,了解它们在服务执行的评估中产生的影响。

7.2.1 顾客期望的构成

1. 期望的两个水平

研究发现,顾客的服务期望存在着两个不同的水平:渴望的水平与满意的水平。渴望的服务水平反映了顾客希望得到的服务,即他们认为服务能够是什么样并且应该是什么样的。满意的服务水平是顾客认为可以接受的服务状况。图 7-2 三个区域表示“顾客对服务将会是什么状况”的一种评价,即顾客所预期的服务水平。

从图 7-2 中可以看到,一个容忍区将渴望的服务水平和满意的服务水平分隔开来了。容忍区是顾客认为满意的服务执行的范围。在容忍区之下的执行水平将会使顾客产生沮丧的心情并减弱顾客的忠诚心。容忍区之上的执行水平将会使顾客感到惊喜并增强他们的忠诚心。不同的顾客有不同的容忍区,而且对于同一个顾客来说,不同的服务有不同的容忍区。顾客在评价一项服务时通常对五个重要的方面进行评价,即可靠性、可感知性、反应性、保证性和移情性,这五个方面有着不同的容忍区。概括地说,哪个方面的重要性越大,则容忍区就越小,顾客越不放松这个评估服务质量的标准。饭店顾客调查研究表明,客人对饭店办理入住登记和结账离店的等待时间就非常在意。

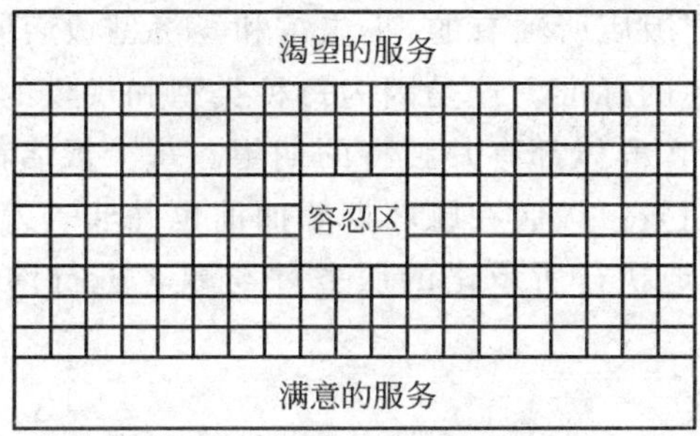

图 7-2　期望的两个水平

顾客对可靠性(遵守服务承诺)的评价比对其他方面的评价都高,可靠性与服务结果最为相关,即许诺过的服务是否被传递出来。剩下的四个方面则与服务过程更相关,即服务如何被传递。对顾客期望的研究进一步确认了顾客是将可靠性看作是服务的“核心”并且对违背诺言最不能容忍。因此,对可靠性的容忍区可能更狭窄,而且划定容忍区的两条线(即渴望的服务水平和满意的服务水平)可能会更高一些。图 7-3 画出了与服务结果和过程相关的不同方面的容忍区的差别。

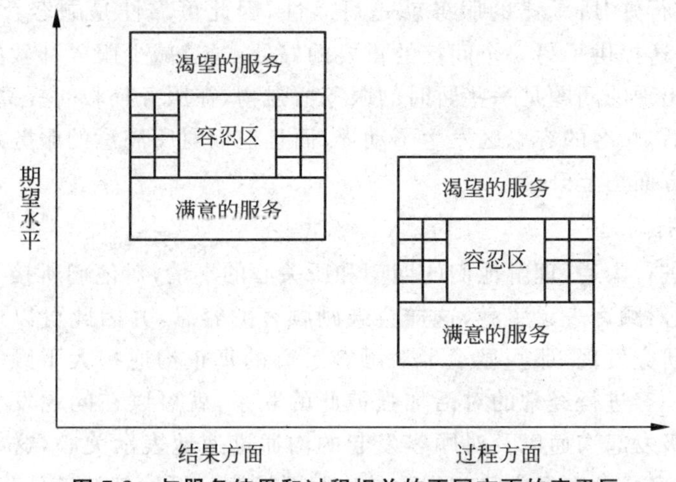

图 7-3　与服务结果和过程相关的不同方面的容忍区

2. 期望水平的变化

研究发现,相当多的证据表明顾客的期望水平是动态的,并且随着各种因素的变化相应发生波动。虽然顾客的两个期望水平都会发生波动,但渴望的水平比满意的水平变化得更慢而且变化量更小。渴望水平通常是上升的,而满意水平则很容易上升或者下降。因此,容忍区的变化类似于一架手风琴的运动,大多数情况是由于满意的服务水平出现了波动。能够影响顾客的期望水平并导致容忍区发生变化的因素,包括持久的服务加强物、个人需要、短暂的服务加强物、可察觉到的服务替换物、自我感觉到的服务角色、明确的服务允诺、口头宣传交流以及过去的经验。

7.2.2 管理顾客的期望

优质服务并非是高档饭店所独有的,小旅馆和经济型饭店同豪华度假饭店一样,都有机会可以达到优质服务的标准。这是因为每种类型和规模的饭店都有自己的顾客群体(或市场),而且每个顾客群体都有其独特的期望。每个饭店都有可能超过、满足或达不到其独特的顾客群的期望。饭店在顾客期望面前也并非一筹莫展。饭店可以通过对所做承诺进行管理、可靠地执行所承诺的服务并与顾客进行沟通来对顾客期望进行有效管理。

1. 保证承诺反映现实

一般而言,明确的服务承诺和暗示的服务承诺都完全处在饭店企业的控制中,对这些承诺进行管理是一种直接的、可靠的管理期望的方法,但也存在希望通过其承诺来引诱顾客的饭店。进行齐心协力的努力以确保对顾客所做的承诺能够反映真实的服务情况而不是被美化和理想化,这将使饭店从中受益。过多地进行许诺会损害顾客的信任,破坏其容忍度。顾客对服务的期望是相当关键的。饭店的顾客最重要的期望就是入住一间干净的安全的客房,并能从服务员那儿得到微笑服务。他们不需要夸大其词的承诺。

2. 重视服务可靠性

"第一次就执行好"所承诺的服务就是可靠性,因此可靠性是顾客首先考虑的事情。然而,可靠的服务还提供了另一个间接的重要的好处:通过减少服务补救的需要限制顾客的期望。服务中出现的问题是一些暂时的服务增强物,在服务补救时提高了顾客的期望。当服务问题发生后,顾客的容忍区发生了动摇,而且他们对所满意的服务水平在服务补救的结果和过程两方面均上升了。

3. 与顾客进行沟通

经常与顾客进行沟通,理解他们的期望和所关心的事情,对他们所接受的服务进行说明,或者只简单地对顾客表示感激,这样会鼓励顾客的容忍,并因此可以成为一种管理期望的有效方式。研究发现,那些显示了对顾客关心的真正沟通扩大了顾客的容忍。这是因为企业通过与顾客进行经常的对话加强彼此的联系,就可以在问题发生时处于有利地位。饭店员工积极发起沟通以及对顾客发起的沟通迅速地表示关心,这些都传递了一种合作的感情,而这又是顾客经常希望得到的。只要顾客一开始就知道他们期望什么,只要与他们保持联系,就不会出现让顾客失望的情况,而且还能提高顾客对企业的满意感。

7.2.3 超出顾客的期望

期望管理的失败是无法超出期望的一个主要原因。受到管理的期望提供了一个基础，使饭店企业能够通过授权和设计超越顾客需要的服务蓝图超出顾客的期望。

1. 授权给员工

授权是指在组织内部重新分配权力，使经理、主管和员工能更有能力、更有效地完成他们的工作。对于服务业来讲，只有授权给员工去服务顾客，世界上最好的方案与最具创造性的想法才能带来超越顾客需要的服务。授权的指导思想是摒弃官僚主义，以员工为企业的核心。服务授权为员工营造了一种当家做主的环境。在这种环境中，员工们可以利用他们从平时与顾客接触中获得的信息来提高服务质量，促进管理层对顾客需求的了解。服务授权还会让员工产生使命感，这种感觉可以增强员工对工作的满意度。

(1) 服务授权的目标

授权的总体目标是通过把决策的职责、权力和责任下放到组织内部的各级层次的方式，提高服务质量和增加利润。具体而言，饭店企业通过授权，可以达到以下目标。

① 提供能够满足顾客具体需求的个性化服务。

② 与顾客建立长期的良好的关系。

③ 满足顾客不可预知的、特殊的需求。

④ 鼓励员工主动作出决策以帮助顾客。

⑤ 寻求和留住那些具有远大志向和很强的人际交往能力，并且能够自我激励、自我管理的员工。

(2) 培养服务授权的氛围

当代管理中授权是一种普遍现象。授权是管理者赋予并帮助其他人得到权力并使其在组织内部施加影响的过程。有效的领导者们都知道当人们感到自己拥有权力时，就会更愿意决策并采取行动完成工作任务。有效的领导者会积极建立一种可以实现有效授权的环境，包括以下内容。

① 让员工参与其工作任务和工作方法的选择。

② 选择创造一个分工协作、分享信息、共同讨论、共享目标的环境。

③ 鼓励员工提出建议，作出决策，运用知识。

④ 当产生问题时，听取员工的意见，鼓励他们一起解决问题。

⑤ 不要墨守成规，给员工发表意见、解决问题的自由。

⑥ 通过表扬成功之处以及鼓励优秀的表现来保持高昂的士气。

(3) 授权的步骤

授权并非万能，其使用必须有一定的前提条件。除授权环境建设外，一个有知识、有技能、有经验、完全可以胜任工作的员工队伍，而且员工是内控型和追求工作的自主型为主时，授权的效果最好。同时，授权工作通常与集中培训相伴随。当员工提高了技术、能力和自信后，授权过程成功的可能性也增加了。从饭店整体角度来讲，授权给员工应该从招聘员工就开始，具体包括以下三个步骤。

① 雇用适合工作的人。应该雇用一个怀有强烈的工作责任心并且关心其工作的人。

② 训练员工想顾客之所想。向每名员工解释饭店企业的顾客服务理念,确保每个人都了解其对顾客服务好坏与企业兴衰成败有密切的关系。让员工参与制订服务方案,教会员工如何为顾客解决问题以及如何使每个顾客感到受尊重。

③ 授权员工去做任何对于满足顾客来讲是必要的事。让员工自己解决他们在与顾客接触过程中发生的每个问题,而不要干扰或批评他们。如果已教给他们服务顾客的哲学和好的解决办法,员工肯定有提供超越顾客需要的服务能力,应放手让他们去做。

2. 设计超越顾客需要的服务蓝图

顾客服务蓝图是对实施的顾客服务体系的书面描述或计划。服务蓝图基于这样一种观点,即提供服务产品的"关键时刻"是一系列服务过程的最后阶段。从本质上讲,服务蓝图是以图表的形式说明服务和细节的过程,以及这些过程之间的相互关系。因此,服务蓝图有助于管理者和员工观察、组织和控制整个服务系统。服务蓝图也可以看作是关于顾客服务的战略性计划,而此计划将被用于培训员工,指导他们做决策、与顾客交流,以及与各种顾客群打交道。

就系统地评价一项服务而言,服务蓝图显然是一种很有用的工具,可以用于找出那些没有被发现的潜在的问题——"失误点",即服务系统中曾出现过问题或者将来有可能出现问题的地方。在服务蓝图中,"关键时刻"被称为"接触点"。"失误点"和"接触点"同时存在的地方,就是服务最有可能出现问题的地方。找出服务蓝图中的"失误点"和"接触点"可以使管理者注意到采取预防性或补救性措施的必要性——如特殊培训、额外支持、建立补救体系,甚至重新设计服务系统。

补充阅读材料7-2

影响期望水平和容忍区的因素

(1) 持久的服务加强物,指的是在长时期内增强顾客对服务的敏感性的因素。例如,来自顾客的期望。

(2) 个人的需要,指由于顾客特定的身体、心理、社会特征而产生的个人的要求。例如,不同的顾客对饭店客房服务项目安排有不同的要求。

(3) 暂时的服务加强物,指在短时期内可以提高顾客对服务的敏感性的因素。例如,个人所遇到的偶然事件,以及初次服务中遇到的问题。

(4) 可感觉到的服务选择度,指顾客对他们在获得服务时的选择程度的看法。对饭店的顾客而言,当选择有限时会去获得所能得到的最好的东西,期望值不降低但容忍水平会更高一些。

(5) 自己感觉到的服务角色,指顾客对他们自己能影响所接受的服务的程度的看法。

(6) 明确的服务承诺,指公司对提供给顾客的服务所做的陈述。例如,广告、推销人员以及合同中的承诺或约定等。

(7) 暗示的服务允诺,指与服务有关的暗示,而不是明确的许诺,这会导致对服务应该或者将会是什么进行推断。例如,价格、与服务相联系的有形物等。

(8) 口头交流宣传,指由其他群体而不是公司所做的关于服务将会像什么的陈述。这些陈述既可能来自个人(如朋友),也可能来自专家(如消费报告)。

(9) 过去的经验,指顾客过去的经验与现在所提供的服务的相关的服务经历。

资料来源:李海洋,牛海鹏.服务营销.北京:企业管理出版社,1996

7.3 饭店员工的价值

与顾客的价值一样,员工的价值也是显而易见的。如果没人去干活,工作没完成,就不可能创造出任何价值,也就没有顾客来,生意就要失败。从经济意义上说,经理、主管和员工的价值是他们得到的工资和福利待遇,这是公司对其所做的工作的一种补偿。但是从优质服务的角度,也就是从不断满足和超越顾客期望值这一意义上说,员工在重要的关键时刻所表现出的工作绩效决定了饭店企业员工的价值。

7.3.1 员工的个人资源

员工对饭店的价值体现在员工的工作绩效上。员工的工作绩效可以看成是员工的个人资源和公司的组织资源结合的产物。

员工的个人资源指员工在从事不断满足和超越顾客期望值的工作时所具有的一切个人特性。这些资源包括个性、性格、人生价值观、思想、情感等。组织资源指为了满足和超越顾客的期望值,公司为员工提供的一切资源。典型的组织资源包括物理设施、技术系统、工作场所、培训系统等。这些组织资源本身并不能为顾客创造价值。一个公司可以拥有最好的设施、最尖端的技术、设计最佳的工作区及目的最明确的培训系统,但是能否利用这些资源给顾客创造价值的决定性因素是员工的工作绩效。

为了在关键时刻做好工作,员工必须把公司提供的组织资源和个人特有的才能结合在一起。离开员工的个人资源,客人的期望值几乎不可能超越,事实上,甚至无法达到。例如,假设你到一家餐馆吃饭,这时服务员开始向你背诵“当日的特色菜”。这项工作的任务是推荐菜品,以引起你的兴趣,从而增加餐馆的收入。如果服务员对这项工作不积极,投入很少的个人资源是很容易被看出来的。对特色菜的介绍变成了背诵文字,服务员被这单调的工作烦得头昏脑涨,把菜单背得非常快,毫无感情色彩。通过介绍,你知道了今天的特色菜是什么,但是实际上你得到的可能是这样的信息:“背诵当日的特色菜”是我工作的 部分,这是件必须做,但又是惹人烦的事,现在我背诵完了。那么,你想点什么呢?你也可能经历另一种情景,服务员以轻松、热情、帮助的态度向你介绍当天的特色菜。有时,服务员非常聪明,把介绍当日特色菜的行为和整个餐馆的欢迎气氛天衣无缝地结合在一起。服务员的这种表现在5分钟的班前会上是训练不出来的。它来源于服务员的个人资源,来源于服务员个人的才能,这种才能可以把本人的工作绩效和组织的一个资源,即当日特色菜,结合在一起。

管理者的领导角色是鼓励员工在工作中挖掘现有的个人资源。管理者还要鼓励员工开发新的才智,使他们把工作做得更好。饭店业的管理人员可以通过改进员工可获得的组织资源,通过培养、鼓励和奖赏员工的个人贡献,最大限度地提高员工的价值。

7.3.2 员工不满意的代价

服务性企业要取得成功,其员工一定要忠诚,一定要感到满意。企业的生存和成功取决于能否开发和保持一支具有献身精神、有生产力的员工队伍,而不是依据员工是否能够控制好旋转门来解雇员工和招募新员工,饭店、餐馆和其他服务性公司尤其如此。

员工不满意的第一个代价是损失生意。不满意的员工会与顾客发生服务方面的纠纷,从而导致顾客不再光顾。衡量员工不满意与损失生意的关系可以采用一个有创见的方法,即比较公司员工的离职率和公司的失客率。某快餐公司曾用这种方法检查本公司各个餐馆员工的离职记录。公司发现,20%离职率最低的餐馆的销售额翻了一番,其利润比20%离职率最高的餐馆高55%。这一发现导致该快餐公司着手解决绩效低下的餐馆的离职率问题,这样不仅提高了销售额,而且也增加了利润。

员工不满意的第二个代价是员工离职的直接成本。例如,解雇费、招募费及遴选费。与离职相关的附加成本或间接成本,这些成本虽然不容易确定,但确实存在。新员工的工作效率通常较低,会使浪费增加,还会增加工作中的事故。每个饭店企业都应计算其员工的离职成本。不同企业及饭店业不同领域之间的离职成本的差异很大。

在美国,饭店更换一个员工的费用从900美元到4500美元不等,更换一个管理人员的费用可能是这个数字的3倍。通过减少人员变动所节省的费用可以直接加到公司的销售收入上。为了强调员工不满意的高额代价,可以计算公司为补偿与人员变动相关的费用而需要额外增加的收入。如果一家饭店的利润率是10%,那么为弥补失去一个员工所带来的损失,则需要额外增加9000美元到45000美元的销售收入;而为弥补失去一个管理人员所带来的损失,则需要额外增加27000美元到135000美元的销售收入。

任何时间段的员工离职率都可以计算出来。通常情况下,计算经营单位、部门、班次或岗位的人员离职率更有实用价值。但一个离职率是高还是低、是好还是坏,则要依情况而定。

首先,并不是所有员工的离职原因都是对工作不满意。有些员工的离职是被迫的——被解雇了。另外一些人离职是因为要离开这个地区等其他原因。因此,一些员工离职是意料之中的事。问题是,不同经营单位或不同的服务岗位百分之几的离职率是可以接受的?答案取决于许多因素。一个基本因素是当地社区的经济情况,尤其是现实的失业率。在失业率高的地区,劳动力资源很充足,工作机会很少,现有员工可能很少有人会离职。在失业率低的地区,劳动力资源不足,工作机会相对较多。现有员工就很可能辞掉现有工作去寻求更好的工作机会。一个离职率是否可以接受还取决于离职的性质。例如,75%的离职率可能意味着这一年有3/4的晚餐班服务员变换了工作。这可能对服务质量产生破坏性的影响。但是,75%的离职率也可能代表,有3个服务岗位的人员变动了7次,其余25名员工全年一直留在公司工作。因此,很有可能,在这一年中90%的员工没有调换工作,但是离职率仍然为75%。

要评估公司的人员变动情况,仅仅依据离职率是不够的。所需要的信息应该是能准确地表明人员的变动发生在什么时间、什么地点。这样的信息可以帮助管理人员集中精力分析出现离职的原因,提出为减少员工离职应采取的措施。例如,如果公司发现大多数离职都发生在员工就职90天之内,人力资源部应该集中精力检查公司遴选新员工的过程和岗前训练的过程,部门经理应该检查其新员工的培训计划。与终止就业合同的员工进行退职谈话可以得到有益的启示。员工满意度调查也常常用于确定如何减少离职。

留住员工的一个关键因素是提高他们对工作的满意度。如果员工在工作环境中感知到价值,并感觉到得到了与自己的工作表现相一致的报酬,在一个公司工作的时间就比较长。公司要确定如何提高员工对工作的满意度,首先必须了解经理、主管和员工是如何感知工作价值的。

7.3.3 员工对工作价值和内部服务的知觉

员工对价值和质量的知觉与顾客相同。顾客对价值的知觉基于价格和所得到服务的质量;员工对价值的知觉与他们的工资和工作环境的质量有关。价值不是简单的工资和福利。人们期望他们的报酬在行业中有竞争力,与自己的技术和能力相对应。但是,员工在对价值的知觉中,要权衡比较工资和工作环境质量这两个因素。

人们评价工作环境质量的方法是,看公司所提供的工作、工作伙伴及资源在多大程度上能够满足和超过他们的期望值。吸引人们到饭店服务业工作一直都非常困难,因为人们普遍认为这一行业的大部分工人的工资都很低,而且没有发展前途。饭店业协会和一些主要饭店公司一直在努力提高公众对饭店服务业中的工作价值的认识。

要想成功地成为求职者选择的就业部门,饭店业的领导和经理必须承担两种重要的责任。首先,要提高新员工的能力。给新员工提供培训的机会,使他们能够学会如何在工作中取得成功。其次,要对新员工进行授权和支持。通过传授和指导,使他们能够在人格和专业两个方面都得到成长。

饭店业也面临着在各级岗位中留住有经验的老员工的挑战。公司总裁、总经理、分公司总管、部门经理和主管以及员工,都希望能在工作中学到新东西,能在专业和人格两个方面都得到成长。人们衡量一个职位、一个部门、一个公司和一个行业所提供的工作的质量时,部分标准是看这项工作在多大程度上,能够满足或超过自己的期望值,以使自己能够有机会在人格和专业方面都得到学习和成长。

员工也通过他们每日工作经历的质量,评价一个公司的价值。客人在停留期间会出现一些关键时刻,这些关键时刻组成了一条连续的事件链,使顾客形成对价值的知觉。同样,在每日的工作活动中也会出现一些内部关键时刻,这些内部关键时刻也使经理、主管和员工形成对价值的知觉。

内部关键时刻指一些特定的事件、情景或相互交流,在这些时刻公司雇用的任何人员与公司的某一方面进行接触,这些接触对这些人的工作生活的质量产生影响。许多因素都会对员工工作生活的质量产生影响。例如,员工到达工作单位时,看到的停车场;员工走进员工休息室时,看到的休息室环境;员工使用恰当的、工作正常的设备等,都可以被看作是内部关键时刻。顾客的大多数关键时刻都涉及与员工的接触,员工的大多数内部关键时刻也都涉及与其他员工的接触,尤其是那些为了完成自己的工作需要另一个员工帮助的时刻。

绝大多数内部关键时刻都是员工与员工之间的交流,这种相互之间的交流不是由管理层发起的,管理层对这种交流方式的影响也非常小。这些内部关键时刻产生于每天的实际工作活动中。例如,餐厅服务员与厨师讨论顾客点的一份特色菜;房务部的员工通知前台工作人员客人正在等候的房间的状态;销售经理和客房预订部经理安排大宗客房预订;审计主管回答部门经理关于近期预算报告情况的问题。

这些内部关键时刻的结果主要受同事和工友的影响,而不受经理和主管的影响。管理者在领导方面面对的主要挑战是培养一种组织文化,鼓励员工为其他员工提供最佳服务。这种组织文化的特征是每个经理、每个主管和每个员工都能认识到他们在重要的内部关键时刻对本公司、本部门的工作质量所起的作用。

部门内部和部门之间在日常工作过程中自然形成的工作流程构成了公司内部顾客和供应商之间的网络。在公司工作的每一个人都是一名顾客,因为公司中的另一名员工通过自己的工作向他提供服务。每一个内部顾客都在工作(增加价值),并为工作活动链中的下一个内部顾客提供服务,这条工作链最终为公司的外部顾客创造价值。

有效的内部服务策略可以提高员工的能力,对员工进行授权并支持员工为其他员工提供优质服务——提供能不断满足或超越其期望值的服务。管理者可以帮助员工制定服务策略。为公司的其他成员提供优质服务的基本方法如下。

① 列出在组织中需要你或你的部门以任何方式进行帮助的所有人员的名单。这个名单可能会包括一线员工、主管、经理、首席执行官或董事会成员。

② 把名单上的名字按先后顺序排列,把最依赖你的人或部门排在最前面。

③ 要具体列出对于名单上的每一个内部顾客,你可以帮助他们满足的基本需要。

④ 要尽力确定与每一个内部顾客接触的关键时刻。要找出每个关键时刻的具体质量因素。确定这个因素的标准是,顾客认为这个因素在这一刻对你提供给他的服务是否成功至关重要。

⑤ 为每一个主要内部顾客制作一份内部顾客报告卡,顾客用这个报告卡上面的标准评价你部门的服务。这些评价标准可以包括及时性、可靠性、准确性、技术水平、提供的信息的价值及为这个内部顾客服务的直接成本。

⑥ 和你主要的内部顾客交谈,请他们看你起草的服务质量标准。根据从这些交谈中获取的信息修改和确定服务报告卡上面的服务标准。

⑦ 依据与主要内部顾客交谈后确定的质量标准对你部门或工作区域的内部服务进行评价。确定现阶段服务质量水平,并找出可以立即提高服务质量的机会。要建立一个工作过程,定期检查服务质量并且寻求提高质量的方法。

补充阅读材料7-3

员工流动解决方案

员工流动短期解决方案有企业文化的显露;了解员工为什么离开;了解员工为什么留下来;向员工了解他们的需要;让员工说话;让管理人员清楚他们的偏见;开发符合企业需求的招聘计划;开发反映企业文化的入职培训;认真对待面试;认真对待流动问题

的管理。

员工流动长期解决方案有开发社交活动；用另一种语言进行培训；建立事业阶梯；实施合作伙伴/利润共享计划；实施奖励计划；提供子女保健及家庭咨询；找出员工募集的其他途径；重新规划工资级差。

资料来源：[美]Robert H. Woods. 饭店业人力资源管理．张凌云译．北京：中国旅游出版社，2003

7.4　优质服务经济效益分析

优质服务是可以不断满足或超越顾客期望的服务。顾客和员工的价值以及超越顾客期望是进行优质服务经济分析需要掌握的三个重要概念。优质服务的经济分析告诉我们，为了不断满足或超越顾客和员工的期望所做的提高质量的努力应该被当作是一种投资，而不是成本。

7.4.1　优质服务的必要性

服务质量是饭店企业取得成功的基础。优质服务提高了饭店企业的声誉以及营销活动的可信度，刺激了有利的口头宣传，增强了顾客对服务价值的感觉，并鼓舞了员工的士气，加强了员工和顾客对饭店企业的忠诚度。

优质服务的核心是可靠性并遵守服务承诺。那些经常违背诺言、不可靠、经常犯错的企业将失去顾客的信任。而顾客对饭店企业的信任是饭店最宝贵的财产。

友好的态度并不能弥补服务承诺的违背。饭店顾客希望得到他们已经预订的房间，希望他们每天的消费记录是正确的，希望他们的衬衫领子能够正确地折叠好。当服务承诺被违背后，大多数顾客对真诚的道歉表示接受。但道歉并不能抹去顾客对不可靠的服务的记忆。如果任由服务失败随意存在，那么顾客就会断定这家公司是不可依赖的，不管是友好的还是不友好的。

饭店为了获得竞争优势就必须使其可靠，但是也不能仅仅通过可靠来实现顾客抛弃竞争者这一目标。人们希望饭店做已经承诺去做的事，因此服务失败比成功更引人注意。展示优质服务的最好时机是在服务过程期间，此时服务提供者与顾客相互作用。在服务过程中，饭店有可能使顾客感到惊喜——饭店需要使顾客惊喜以超出他们自己的期望，而且饭店偶尔也需要超出顾客的期望以建立起一流服务的声誉。

7.4.2　优质服务的投资回报分析

提高质量的投资可以得到明显的回报，如更多的回头客、较低的离职率和较高的利润等。了解丢失顾客和员工的代价可以使管理者为了达到组织目标在分配有限的资源时，作出更有见地的决策。

有一个大致的估计，在当今的许多企业中，营销和服务质量两个方面优先考虑的因素不同步：一般的企业，吸引新顾客所花的费用是留住老顾客的 6 倍。但是在大多数情况下，顾客忠诚度的价值是每一次购买交易价值的 10 倍。

我们还可以增加一点,即人事工作和内部服务两个方面优先考虑的因素也不同步。公司吸引新员工所花的费用是留住老员工的6倍,而老员工的工作绩效、生产能力和忠诚度的价值在大多数情况下是替换成本的10倍。

对每个行业来说,吸引新顾客和新员工都是重要的,但是如果不在服务策略上投资,留住老顾客和老员工,饭店公司几乎不可能长久地生存下去。虽然大多数服务性企业无法留住100%的顾客和员工,但是追求一个较切合实际的目标,如80%的保留率,可以给饭店公司带来更高的利润水平。

一个公司怎样才能达到80%回头客率的目标呢?美国一位质量管理专家在一次关于"为什么顾客离开了"对某个企业的问卷调查中发现有以下原因。

① 3%的顾客搬家走了。

② 5%的顾客与其他公司交上了朋友。

③ 9%的顾客由于竞争的原因而离开。

④ 14%的顾客对产品不满意。

⑤ 68%的顾客因为店主、经理或一些员工的冷漠态度而离去。

员工离职的原因也与上述百分比相似。正如大家所看到的那样,管理者可以与顾客和员工进行有效的沟通,表示很重视他们对公司的价值,但光这样做还不足以留住他们。

要真正掌握好为顾客服务的优质服务经济学,饭店经理需要了解新信息。首先,饭店经理需要确认已有的回头客人。然后他们应该想办法证实回头客人带来的利润高于一次性光顾的客人。饭店回头客的平均账单额是否高于一次性光顾的客人?饭店回头客日均住房率是否高于一次性光顾的客人?忠实的顾客所带来的利润与日俱增吗?收集到这些必要的信息之后,管理者和员工可以制定出与客人的价值一致的策略,从而避免顾客不满意带来的高昂代价。

要有效地管理员工,饭店经理需要的不仅仅是解决工作场所冲突的员工关系计划,公司还可以采取多种措施来降低工作的不满意度,提高员工对价值的知觉,显著降低员工的离职成本。饭店公司可以通过800、内部邮件等建立沟通渠道来回答员工的问题,圆满地答复员工的投诉,解救危局,提醒高层管理者注意潜在的纠纷区或故障点。饭店还可以定期召开员工圆桌会议或与员工面谈,每隔两三年还可以在全公司范围内进行一次综合性的问卷调查来检查员工对工作的满意度。通过这些工作,饭店公司可以改进员工满意度,采用新的遴选过程,改进技能培训,提高现场作决策的自由度,给恼人的"密室"劳动以更大的自主权,赋予员工更多的提升到管理岗位的机会。

补充阅读材料7-4

日本饭店业的优质服务

所谓"优质服务"必须是始终适应客人期望的行动。评判这些服务好坏的是客人,即使相同的服务,有时有人认为是"优质服务",但有时也有人觉得它是"多余的服务"、"絮絮叨叨的服务"等"恶劣服务",因此很难评价哪种服务是真正的"最好的服务"。但是，不论客人如何感受，如果熟知构成“优质服务”的重要因素，采取最大限度的努力，就会提高客人的满意度。

资料来源：[日]高月璋介．日本酒店业服务技能培训教材．张军译．沈阳：辽宁科学技术出版社，2004

典型案例

完美的服务让总统像回家一样

美国总统布什是在美国遭受“9·11”事件后，于2001年来上海参加APEC会议的。布什下榻于上海波特曼丽嘉饭店，这家饭店接待过美国前总统克林顿。饭店有一个很重要的准则，就是为每一个客人提供个性化的体贴入微的服务。当然包括布什总统这样的一位特殊客人，使他感到在中国很安全，饭店就像他的家一样温馨。

由于种种原因，这一次布什总统没有携带夫人一起来，但饭店知道他们是一对很恩爱的夫妇，于是就从美国找来一批放大的照片，其中有他夫人和女儿的照片，还有他两条爱犬的照片，准备悬挂在总统套房的最显眼处，让他一走出电梯就可以看到。可是由于安全原因，布什上楼的路线一改再改，所有照片也只得一移再移。最后在18日晚上，布什终于来到了总统套房的楼层。当他一眼看到自己夫人的照片时，顿时非常感动地问饭店管家：“你们是怎么找到这些照片的？”管家告诉他：“这是一个秘密，我们只希望能给您带来一些家的感觉。”他笑眯眯地说：“我已经有这个感觉了。”

布什总统有晨练的习惯，而且特别喜欢跑步。饭店特意为他准备了一个放满各种跑步用品的包，里面有镶着他名字的运动衫、短裤、袜子、毛巾，甚至连鞋子上也有他的名字。他很喜欢这份特殊的礼物。他的管家在第二天早上告诉饭店，总统收到礼物的当天晚上，就穿着运动服在房间里跑来跑去。

丽嘉饭店的服务颇具个性化，对客人的爱好了如指掌，细微之处令人惊叹。美国第一夫人最大的爱好是阅读，她在大学里学的是图书管理。饭店考虑到布什在上海时间紧，没有机会买东西送给夫人，于是就买了一套英文版的《红楼梦》，并在外面用绸缎做了一个精美的盒子，作为礼物送给第一夫人。更有趣的是，布什总统十分疼爱他的两条爱犬，以前去哪里都带着它们。饭店想方设法为两条爱犬专门做了两件中国绸缎的衣服，上面还绣了狗的名字。结果布什对这些特殊的礼物爱不释手。

布什总统是得克萨斯州人，他身边很多工作人员都是他以前做州长时的老部下。除了布什总统外，怎样才能让他的工作人员在上海有宾至如归的感觉呢？送他们每人一枝黄玫瑰，因为黄玫瑰是得克萨斯州的州花，送黄玫瑰就是欢迎归来的意思。于是饭店在半年前就订了6000多朵玫瑰，一方面采用黄玫瑰来做大堂中间的巨型盆花，另外包括记者在内的所有客人进入大堂时，饭店都会献上一朵黄玫瑰。这一行为效果出奇的好，当客人看到黄玫瑰时，万分惊喜。后来，布什总统的公关顾问回国后，给丽嘉饭店总经理寄来一张卡片。她告诉总经理，当她的美国朋友听到布什在上海时住的是波特曼丽嘉饭店时，很多人马上说：“哦，这是一个美国饭店集团。”但她马上纠正他们：“这个饭店比美国饭店还要好。”

布什总统离开的那天，当他再次经过饭店后台时，突然在洗衣房门口停了下来。他不顾外面60多辆车子都在等他，走进洗衣房与员工一一握手，而且主动提出要与员工合影留念。这是很少见的，难怪白宫工作人员后来评价饭店的工作几乎接近完美。

资料来源：陈志学．饭店服务质量管理与案例分析．北京：中国旅游出版社，2006

【分析与讨论】 这是一个非常成功而有启发性的案例。个性化、情感化的服务体现了中国人民热情好客的优良传统和美德。布什总统是一国元首，这次接待也是一种荣耀。请思考，对于一般的外国VIP客人，可以通过哪些个性化途径体现我们的热情好客?

本章小结

优质服务是可以不断满足或超越顾客期望的服务。顾客的价值显而易见。饭店应该提供并传递可靠的服务让顾客满意，进而通过满意的员工让服务超越顾客的期望，将满意的顾客发展成为忠诚的顾客。满意员工的价值在于他们能够发挥出更多的个人潜力，降低不满意带来的生意损失和离职成本。为了不断满足或超越顾客和员工的期望所做的提高质量的努力是一种投资，可以获得明显的回报并帮助饭店获取竞争优势。

思考与练习

概念与知识

主要概念

顾客终身价值　内部关键时刻　授权　顾客服务蓝图

选择题

1. 一个客人的“当前价值”是(　　)。

   A. 饭店与客人做的第一笔生意

   B. 这个客人每年可自由支配的收入

   C. 在特定的一段时间内从这位客人身上获得的潜在收入

   D. 这个客人选择花在饭店产品和服务上的那部分每年可自由支配的收入

2. (　　)是“关键时刻”。

   A. 一个饭店要求顾客必须付款的时候

   B. 顾客与组织的任何方面进行接触并对其服务质量产生一定印象的任何时刻

   C. 员工、主管或另一个经理严重违犯了饭店的规章，经理必须对他们进行督导的时刻

   D. 一些特定的事件、情景或相互交流，在这些时刻饭店雇用的任何人员寻求其他员工提供服务

3. 有几个客人向你投诉午餐服务员蒂姆。客人抱怨说，蒂姆在向他们介绍当日的午餐特色菜时，显得毫无兴趣。但是蒂姆是个很好的员工——他只是在这一点上需要改进。作为他的主管，你应该(　　)。

A. 用一小段引人入胜的文字描述特色菜，然后让蒂姆记住并背诵给每位客人

B. 告诉蒂姆，如果他不能把介绍特色菜的文字描述背诵下来，你可能要调他去干和客人很少有接触或者没有接触的工作

C. 鼓励蒂姆挖掘他的个人资源，想办法使当日特色菜对客人、对自己都有吸引力

D. 与蒂姆一起进行角色训练，你扮演客人角色，让蒂姆向你背诵午餐特色菜单，直到他能让人感到亲切友好并且充满兴趣为止

4. 顾客的期望水平是(　　)。

A. 动态的　　B. 静态的

C. 总是向上发展的　　D. 孤立发展的

5. 根据一项调查，顾客不再光顾一家公司的最主要原因可能是(　　)。

A. 搬家

B. 店主、经理或某个员工的态度冷漠

C. 对公司的产品或服务不满意

D. 不再需要该公司的产品或服务

简答题

1. 一个忠诚的客人的价值是什么？
2. 员工不满意的代价有哪些？
3. 饭店如何传递可靠的服务？
4. 饭店能管理顾客期望吗？该怎么做？
5. 为了有效地掌握好为客人服务的优质服务经济学，经理需要什么样的信息？

分析与应用

实训题

经济型饭店产生于20世纪80年代的美国，特点之一是功能简化，把服务功能集中在住宿上，力求在该核心服务的基础上精益求精，而把餐饮、购物、娱乐功能大大压缩、简化，甚至不设，投入的运营成本因此大幅降低。经济型饭店的概念近几年才在中国出现，但发展迅速。截至2006年年底，中国经济型饭店连锁品牌已达100家，开业店数已超过1000家。与上一年相比，市场继续高速增长的同时，品牌数及市场供应量翻了一番，而且民族品牌占据较强的主导地位。2006年，一些新兴品牌和新兴市场的出现，也使得中国经济型饭店在业态细分和地域布局上更趋饱和，激烈的市场竞争一触即发。

服务质量是饭店品牌认知的基础。面对即将展开的经济型饭店间的竞争,请根据经济型饭店的产品和服务特点,为一个准备介入经济型饭店投资行列、规划在5年内开设100家门店的经济型饭店集团设定一个服务策略(服务宗旨),并设计一个以“接触点”为主体的服务蓝图。

第四模块

饭店服务质量管理方法

第8章

饭店服务质量管理的方法

学习目标

通过本章学习，达到以下目标。

知识目标：了解饭店服务质量分析的各种方法；掌握马尔科姆·波多里奇国家质量奖的标准体系；了解ISO 9000质量标准体系的概况；掌握饭店明察和暗访工作的要领。

技能目标：运用饭店服务质量分析方法，找出并分析服务质量中存在的主要质量问题及其原因；选择我国与饭店相关的一项质量标准或质量奖项，依据其中某个标准或整个标准体系，完成一份四星级或五星级饭店全面质量管理改造计划书。

引　例

不断下降的服务质量

陈林中是一位经验丰富的饭店职业经理人，最近受聘担任一家有400多间客房的星级饭店的总经理。作为一位资历和造诣都很深的职业人士，他深知服务质量对饭店的意义。

这是一家外贸公司和一家房地产公司合资经营的饭店，开业已经4年。前两年由一家境外饭店管理公司管理，合同到期后投资方接手自行管理。现在饭店内管理干部大部分来自这两家公司，也有部分其他饭店跳槽来的经理。近年来，这家饭店被卷入了竞争的旋涡之中，经营形势严峻，出租率下降，营收状况欠佳，服务质量大大下降。客人对服务人员冷漠、缺乏礼貌与三言两语的草率回答以及不规范的服务时常投诉。

第一个月，陈林中走遍饭店各部门了解情况，尽量与员工接触交谈。他发现员工更衣室乱七八糟，地板很脏，卫生间无肥皂、毛巾，马桶坐圈丢失，房门破损。其他员工区也同样杂乱无章，墙壁的油漆、灰泥脱落。员工食堂的伙食差，厨具变形、不洁，餐厅灯光暗淡。他完全可以设想，服务员将美味可口的食物送进套房后，只能回到一个肮脏的"地牢"里去。

他惊异地发现，这家运作了几年的高星级饭店竟然没有一套适合本店的管理模式；对中高层管理者没有做过一次系统的培训。陈林中向人事部了解员工录用情况，发现员工只要填一张申请表就被立即安排工作。为了节省劳动力成本，饭店从乡镇招了不少临时工，也用了一些下岗"大嫂"，可岗前培训只有半天，有时甚至不进行岗前培训，职业技能可想而知。有些客房服务员时常在规定时间内完不成指标。除了顶头上司的评语外，没有工作评估。原来打算在人事部办公室外设立的布告栏一直未设立,重要的人事公告没有固定的张贴场所。骨干员工已流失不少,有些部门经理正在寻找合适的单位。

在与员工交谈中,陈林中听说在班组管理过程中,有的主管、领班以罚代管,在这种环境下,员工工作必须小心谨慎,灵活性极小,以致无法应付多变的客人的需要。各部门还经常出现"救火"现象,日常工作缺乏计划,紧急情况频频发生。此外,他发现前台工作人员从未去过本店的客房,更不要说以客人身份在里面度过一夜,他们怎能热情地向潜在客人介绍客房的特色呢?同样,饭店8位餐厅经理只在本餐厅就餐,不了解其他餐厅的情况,也不了解其他饭店的餐饮经营情况。饭店15个部门经理也同样不了解其他部门在干什么。信息不灵和缺乏协调使部门间问题成堆,而客人受害则首当其冲。

饭店经营管理不善,服务质量不断下降,陈林中该怎么解决这些问题?他该怎么做才能让员工以在本饭店工作而自豪,使客人享受到舒适的服务?上述饭店面临的不是单一问题,而是全局性的、系统性的问题,因此应该采取全面系统的解决方法分阶段实施。这种系统性改造的依据可以是质量奖项的评奖标准,也可以是一套质量标准。

8.1 饭店质量分析方法

质量分析是饭店质量控制与管理的基础工作。通过质量分析,找出饭店所存在的主要质量问题和引起这些问题的主要原因,使管理人员针对性地就对饭店影响最大的质量问题采取有效的方法进行控制和管理。质量分析的方法很多,常用的有PDCA循环法、ABC分析法、因果分析法等。

8.1.1 PDCA循环法

1. PDCA循环法的概念

PDCA循环是一种科学的工作程序,是质量管理的基本工作方法。PDCA是英语Plan(计划)、Do(实施)、Check(检查)、Action(处理)四个词首字母的组合,反映了做工作必须经过的四个阶段。这四个阶段循环不停地进行下去,称为PDCA循环。

第一阶段,即计划,提出一定时期内服务质量活动的主要任务与目标,并制订相应的标准。

第二阶段,即实施,根据任务与标准,提出完成计划的各项具体措施并予以落实。

第三阶段,即检查,包括自查、互查、抽查与暗查等多种方式。

第四阶段,即处理,对发现的服务质量问题予以纠正,对饭店服务质量的改进提出建议。

PDCA法是一个不断循环往复的动态过程,每循环一次,饭店服务质量都应该提高到一个新的水平。

2. 具体运用

运用PDCA循环来解决饭店服务问题的过程,可分成4个阶段8个程序。

(1) 计划阶段

程序一,对饭店服务质量的现状进行分析,运用ABC分析法找出主要的质量问题。

程序二，运用因果分析法分析产生质量问题的原因。

程序三，从分析出的原因中找到关键原因。

程序四，制订解决质量问题要达到的目标和计划；提出解决质量问题的具体措施和方法并明确责任者。

(2) 实施阶段

程序五，按已确定的目标、计划和措施执行。

(3) 检查阶段

程序六，在程序五执行以后，再运用 ABC 分析法对饭店的服务质量情况进行分析，并将分析结果与程序一中所发现的质量问题进行对比，以检查在程序四中提出的提高和改进质量的各种措施和方法的效果，同时检查在完成程序六的过程中是否还存在其他问题。

(4) 处理阶段

程序七，对已解决的质量问题提出巩固措施，以防止同一问题在下次循环中出现。对已解决的质量问题应给予肯定，并使之标准化，即制订或修改服务操作标准、检查和考核标准以及各种相关的规程与规范。对已完成程序五但未取得成效的质量问题，也要总结经验、吸取教训，提出防止这类问题再发生的意见。

程序八，提出程序一所发现而尚未解决的其他质量问题，并将这些问题转入下一个循环中去求得解决，从而与下一循环步骤衔接起来。

补充阅读材料8-1

客人不能及时拿到电传

上海锦江饭店以“客人不能及时拿到电传”为重点运用 PDCA 方法。

(1) 课题选择。根据“先易后难，逐一解决”的原则，确定以“客人不能及时拿到电传”作为主攻的课题，需达到目标如下。

① 通过这一活动，把营业部从预订房间、问讯、住宿登记、结账到电传收发等一系列环节的质量活动，用必要的制度、方法和手段组织起来，形成一个围绕优质服务这个宗旨而进行活动的有机整体。

② 从“事后处理”的落后管理变为“事先预防”的科学管理。

(2) 现状调查。饭店经常接待大量的国宾、参加国际会议的客人和商务客人。电传作为快速传递信息的媒介已发挥越来越重要的作用。作为饭店服务项目之一，电传的收发工作做得怎样关系甚大。按照传统做法，一份电传的收发过程是这样的(当值台员打电话至客房，客人恰巧不在房时)。

A 电传员→B 值台处→C 总机→D 留言→E 客人→F 领取

正是由于这种程序上的缺陷，致使客人迟收电传的情况时有发生。当客人提出投诉时，不得不上门道歉，导致以下后果。

① 耽误了客人的事情。

② 影响了饭店的声誉。

③ 在经济上遭受了损失。

(3) 因果分析。在查明现状的基础上,通过讨论,以"为什么客人不能及时收到电传"为题进行了因果分析。从分析中发现,如有一方通知客人不及时、房号查错、忘记通知或客人不明白电话机上红灯亮的原因、留言信号发生故障等都会造成客人迟收电传情况的发生。

(4) 主要原因的调查。借助因果分析法,通过由此及彼、由表及里的分析,一致认为电传不能及时地送给客人的主要原因是在电传收发工作中存在多环节的状况,特别是电话留言这一环节,出现问题的可能性最大,而且某一环节出了问题,很难查明是哪个部门、哪一个人的责任,往往会出现互相扯皮、推诿的现象。

(5) 对策与措施。确认了"多环节"是主要原因后,对症下药,制订了相应办法。

① 加强思想教育,提高大家对工作的责任心。

② 改变过去客人有电传时用电话通知的方法,采取书面通知的方式。

③ 明确岗位责任制,合理分工,各负其责。

④ 一旦收到电传,即刻发送通知单,并具体注明日期、地点、签收人等。

(6) 效果。通过以上办法的实施,取得了以下成果。

① 从某一时期频繁发生这类情况,变为迄今为止消灭了这类现象。

② 提高了办事效率及经济效益。

③ 这种快速的传递方法为客人所称赞。

④ 提高了饭店的声誉,为竞争创造了有利条件。

⑤ 变"事后处理"为"事先预防",从管"结果"变为管"因素"。

(7) 巩固措施。从以上来看,所采取的对策及措施是行之有效的。为了巩固这一成果,又进一步采取了以下措施。

① 班组长带头层层把关,负责督促检查电传的收发情况,保证新措施的实施。

② 修订岗位责任制,把这些措施补充到岗位责任制中去。

8.1.2 ABC分析法

ABC分析法是意大利经济学家巴雷特分析社会人口和社会财富的占有关系时采用的方法。美国质量管理学家朱兰把这一方法运用于质量管理。运用ABC分析法,可以找出饭店存在的主要质量问题。

1. ABC分析法的概念

ABC分析法以"关键的是少数,次要的是多数"这一原理为基本思想,通过对影响饭店服务质量诸方面因素的分析,以质量问题的个数和质量问题发生的频率为两个相关的标志,进行定量分析。先计算出每个质量问题在质量问题总体中所占的比重,然后按照一定的标准把质量问题分成A、B、C三类,以便找出对饭店质量影响较大的一两个关键性的质量问题,纳入饭店当前的PDCA循环中去,从而实现有效的质量管理,既保证解决重点质量问题,又照顾到一般质量问题。

2. ABC分析法的程序

用ABC分析法分析饭店质量问题的程序分为以下三个步骤。

(1) 确定关于饭店质量问题信息的收集方式。具体方式有质量调查表、顾客投诉和各部门的检查记录等。

(2) 对收集到的有关质量问题的信息进行分类。例如，把饭店服务质量分为服务态度、服务效率、语言水平、清洁卫生、菜肴质量、设备设施等几类，然后统计出每类质量问题出现的次数并计算出每类质量问题在质量问题总体中所占的百分比。

(3) 进行分析，找出主要质量问题。通过对现存的质量问题进行分类，如分为清洁卫生问题、服务态度问题、外语水平问题、设备保养问题、安全问题、娱乐设施问题等，并按问题存在的数量和发生的频率，把上述质量问题分为 A、B、C 三类。A 类问题的特点是项目数量少，但发生的次数多，约占投诉总数的 70%。B 类问题的特点是项目数量一般，发生次数也相对较少，占投诉总数的 20%～25%。C 类问题的特点是项目数量多，但发生次数少，约占投诉总数的 10%左右。分类以后，可先致力于解决 A 类问题，这样做可使饭店服务质量有明显进步。同时，防止 B 类问题上升，并对 C 类问题加以适当注意。因为C 类问题往往带有偶然性或不可控性，如失窃现象和设备被损现象等。

在运用 ABC 分析法进行质量分析时要注意，在划分 A 类问题时，具体质量问题项目不宜太多，最好是一两项，至多只能有三项，否则将失去突出重点的意义。划分问题的类别也不宜太多，可为不重要的问题设立一个其他栏。ABC 分析法也可称为 ABC 管理法或重点管理法，不仅在饭店质量管理中适用，还可用于饭店物资管理。

补充阅读材料8-2

客人反映的质量问题

广州某饭店，客房部楼层服务中心从宾客投诉、客人意见表和检查服务中发现的质量问题，运用 ABC 方法进行分类，如表 8-1 所示。

表 8-1　广州某饭店质量分析表

具体质量问题	质量问题分类	每类问题发生的次数/次	占全部问题发生总数的比例/%
高层建筑不能开窗，空气不够新鲜	服务规定	140	70
电视机有时图像不清楚	设备维修	50	25
个别服务员在客房走廊说话声音太大	服务态度	10	5

根据表 8-1 分类，服务规定的问题发生次数最多，占总数的 70%以上，是 A 类问题，要重点解决；服务态度问题发生次数最少，只占 5%，是 C 类问题；中间状态的问题是设备保养与维修问题，约占 25%，是 B 类问题。然后根据问题的排列，首先解决 A 类问题，防止 B 类问题上升，然后逐步加以解决。C 类问题应该通过教育和现场管理预先控制。

8.1.3　因果分析法

用 ABC 分析法虽然找出了饭店的主要质量问题，但是却不知道这些主要的质量问题是怎样产生的。对产生这些质量问题的原因有必要进行进一步的分析。因果分析法是分析质量问题产生原因的简单而有效的方法。

1. 因果分析法的概念

因果分析法是利用因果分析图对产生质量问题的原因进行分析的图解法。因为因果分析图形同鱼刺、树枝,因此又称为鱼刺图、树枝图。

在饭店经营过程中,影响饭店服务质量的因素是多方面的,并且是错综复杂的。因果分析图对影响质量(结果)的各种因素(原因)之间的关系进行整理分析,并且把原因与结果之间的关系用带管线(鱼刺图)表示出来,如图 8-1 所示。利用这种图表分析质量问题,可以收到直观、清晰、准确的效果。

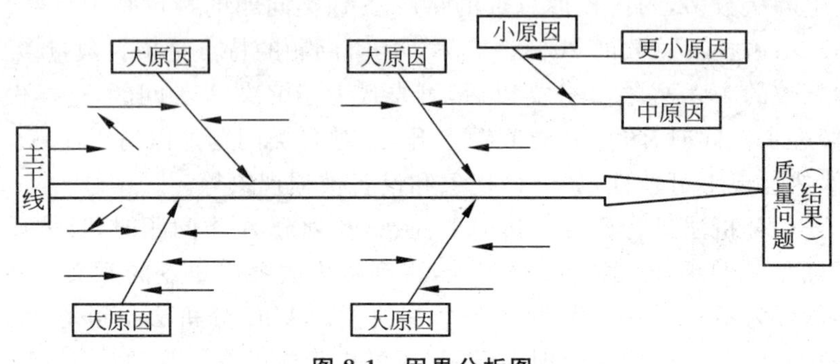

图 8-1 因果分析图

2. 因果分析法的程序

(1) 确定要分析的质量问题,即通过 ABC 分析法找出 A 类质量问题。

(2) 发动饭店全体管理人员和员工共同分析,寻找 A 类质量问题产生的原因。各种原因找出以后,还需进一步分析以查明这些原因是怎样形成的。在分析时,必须请各方面的专业人员共同参加,听取不同的意见。对原因的分析应深入,直到对引起质量问题的各种原因能够找到相应的防止措施为止。

补充阅读材料8-3

洗衣房的质量问题

某饭店洗衣房的质量问题表现在洗涤的织物不够干净,特别是餐厅台布,留有黄痕。

这里影响质量问题的主要原因是服务员的服务态度、认真程度;机器的性能、洗涤剂的质量以及操作程序。洗衣房对这些问题展开民主讨论,认为在这些大原因中都有更进一步的具体原因。例如,服务员方面的具体原因是人员操作马虎。而洗衣机操作也有两方面具体原因。一是衣物浸泡时间太短,洗涤剂还没有渗入到织物中去;二是水温不够高,洗涤剂质量也有问题。该饭店用的是低档洗衣粉,而选低档洗衣粉关键的原因是为了控制成本。此外,洗衣机本身也有问题,一是转速不够快;二是水温最高只有45℃,不够高。

在诸多原因中,主要原因还是洗衣粉的质量问题,如果选用高档洗衣粉,在现有水温下,织物仍然可以洗净。只要改用较好的洗衣粉,略微改进操作,端正服务员的态度,质量问题就会迎刃而解(见图 8-2)。

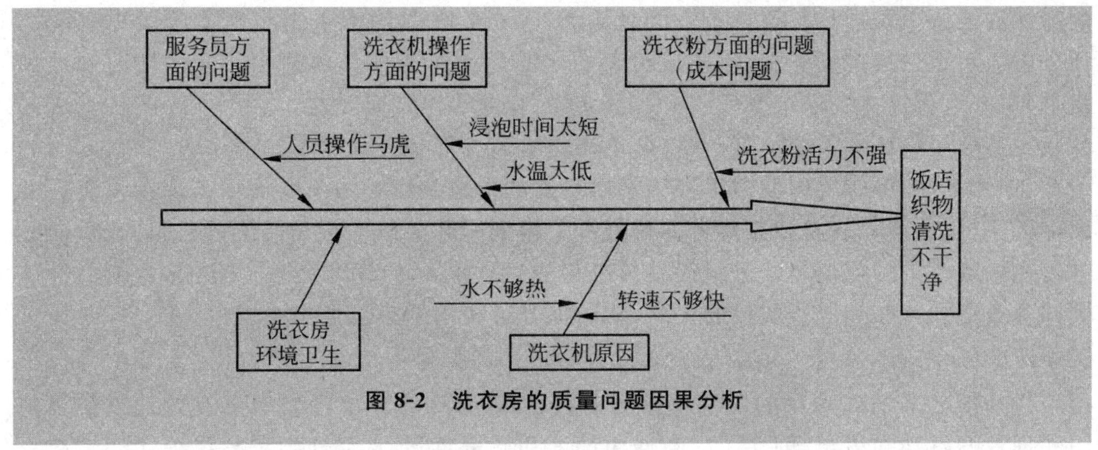

图 8-2　洗衣房的质量问题因果分析

8.2　饭店全面质量管理案例分析——里兹—卡尔顿饭店管理公司

进行全面质量管理改进的途径很多，争取质量奖项就是其中之一。马尔科姆·波多里奇国家质量奖是美国商界的完美标准，是成功管理公司的指南。里兹—卡尔顿饭店公司是一家在质量管理上精益求精的豪华饭店公司，在马尔科姆·波多里奇国家质量奖标准的指引下，里兹—卡尔顿饭店管理公司进行了持续的全面质量管理改造，并于 1992 年和 1999 年两度获得该奖项。

8.2.1　波多里奇国家质量奖

1. 基本情况

马尔科姆·波多里奇国家质量奖是美国非常重要的一个奖项，是美国各种质量奖的基础。该奖项是以美国原商业部部长 Malcolm Baldrige 的名字命名的，他积极支持质量管理工作，认为这是一个国家取得成功和保持长期繁荣的重要因素。

波多里奇质量奖从 1988 年开始，分为企业（包括制造企业、服务企业和小型企业）、健康卫生和教育机构三类，每年度在每个领域颁发三个奖项。但在大多数年份，只有三四家单位能够完全符合标准而获得此奖。自 1988 年以来，共有 1149 家单位申请该奖项，但到 2006 年为止，获奖单位总共只有 71 家。评奖的依据是《波多里奇优秀绩效评定准则》（*Baldrige Criteria for Performance Excellence*）。这是一套非常重要的质量工作评定标准，为机构业绩管理提供了一种可验证的先进管理模式以及系统的评估、观察方法。对照它，一个机构可以衡量自己是属于国内还是国际水平的优秀业绩模式。它不仅是评定美国国家质量奖的主要依据，也是评定美国总统质量奖、州颁奖项以及军队机构业绩改进的主要准则。

波多里奇国家质量奖由美国商务部下属的国家标准与技术协会（NIST）管理。申请波多里奇国家质量奖的组织，需要经历以下评审程序。①由评审部至少 5 位专家对申报材料进行独立的审查和评定。申请的满分为 1000 分，得分超过 600 分的公司进入第二阶段竞争；审查员大多是企业高级领导人，还有一些顾问和学术界人士。②对第一阶段出现的高评分申请单位进行一致性审查和评定。4～6人组成的审查组对第二阶段出现的高评分申请组织进行现场考察，审核该组织的实际运作是否与其申请中所写的情况和数据吻合，审查组将递交一份审查资料和一份调查报告给仲裁委员会。③9个评审官组成的仲裁委员会最终评审出获奖者，并将名单递交给商务部长公开发布。

自1988年以来，美国波多里奇国家质量奖的形象和影响力不断加强。现在该奖项的评审程序、优秀绩效标准和获奖者的管理方法得到国际上的认可和模仿，尤其是着重向顾客传递持续改进的价值和改进组织整体绩效这两个目标的优秀绩效标准，有力地促进了美国各类组织产品和服务质量的提高，从而提升了美国的市场竞争力。

2. 核心价值和观念

与其他公开的或隐秘的质量改进行动相比，波多里奇国家质量奖更有效地重塑了美国管理者的行动和思想，创建了一套通用词汇和质量哲学，从而在组织与组织之间架起一座桥梁。波多里奇国家质量奖的优秀绩效标准每一年都要进行修订，以更好地帮助组织应对动态的环境变化，这一标准也是组织进行自我评价、评奖及评审组向参与评审的组织反馈评定结果的基础。该标准建立在一系列相互联系的核心价值和观念基础之上，这些价值和观念深植于高绩效组织的信念和行为之中，是构建标准所需结果导向的框架基础，将关键绩效和运作要求紧密结合起来。这些价值和观念包括以下方面。

(1) 有远见的领导。一个公司的高层领导者需要为公司设定发展方向，建立以顾客为中心的观念和清晰明确的价值取向以及很有希望的前景，平衡好所有利益相关者的利益。他们应该确保所采用的战略、制度和方法能够实现绩效优秀、促进改革、强化知识和能力，确保组织持续发展。高层领导者应该启发、激发和鼓励员工为组织作出贡献、不断地发展和学习并且更具创新性和创造性。高层领导者需要负责组织领导系统的建立，并确保组织和高层领导团队能够在社会道德规范、行为和绩效上对所有利益相关者负责。在各种领导活动中，如计划、沟通、培养未来领导者等，高层领导者作为行为榜样，可以强化组织的职责、价值和期望，在组织内促进领导、责任和首创精神的建设。

(2) 以顾客为中心追求卓越。一个组织的绩效和质量由组织的顾客决定。因此，组织必须充分考虑可以给顾客带来价值的产品和服务的外形、特征、顾客购买渠道等。这种质量观点要求组织对现在和未来的顾客和市场需求保持敏感。价值性和满意度取决于包括顾客关系在内的许多因素。以顾客为中心追求卓越不仅要求组织降低缺陷率和差错率或者降低投诉率，更重要的是要以顾客为中心追求质量。一个成功的组织会把缺陷、差错和投诉的处理过程看作是留住顾客、建立顾客关系的重要机会。以顾客为中心的组织不仅关注能满足顾客基本需要的产品和服务的特性，而且也关注那些有别于公司的，竞争对手的产品和服务的特性。以顾客为中心追求卓越是一个战略性概念，要求组织关注顾客、预测市场发展趋势，还需要了解科技的发展和竞争对手的产品，并对顾客、环境和市场的变化做出迅速灵活的反应。

(3) 组织和个人的不断学习。要取得最高绩效需要组织和个人不断地学习。组织的学习包括渐进式改进和突破式改进。根据波多里奇国家质量奖的核心价值，一个组织改进质量的措施必须"嵌入"公司的运作方式中。"嵌入式的改进措施"的含义包括以下方面。①改进质量是所有日常工作的一部分。②改进质量要在个人、工作单位和组织层面上持续进行。③改进质量的过程寻求从根源上排除问题。④改进质量需要特别关注创造和分享新知识。⑤实现重大的、有深远意义的改变是改进质量的驱动力。员工、顾客、外界人士和研发机构的观点和经验，其他组织的经验教训等都是组织新知识的源泉。持续不断地学习和改进不仅可以带来更好的产品和服务，而且可以给组织和员工以更好的反应能力、适应能力、创新能力和更高的效率，让组织获得发展潜力和绩效优势，让员工满意并激励他们变得更优秀。

(4) 尊重员工和合作伙伴。组织的成功越来越依赖于具有不同背景、知识、技能、创造力和动机的员工和合作伙伴。组织寻求建立内部和外部伙伴关系以更好地实现他们的总体目标。内部关系可能包括那些能促进工人和管理者合作的关系，让员工接受继续教育和培训，给员工提供尽可能多的发展机会，如交叉培训、加入高绩效团队之类的新工作组等；也可能包括工作单位间网状关系的构建，增强组织的适应力、反应力和知识分享能力。外部关系可以是与顾客、供应商、非营利机构以及教育机构的合作。战略伙伴关系可以让组织更有机会进入新市场或者形成新的产品和服务，并且运用自己的核心竞争力或领导能力与外部伙伴的互补能力来解决共同的问题。因此，应该重视保持成功的伙伴关系所必备的条件，包括定期进行沟通，设计评估工作进程的方法，并制定应变策略。

(5) 快速反应。要想在当今不断变化和全球竞争的市场环境里获得成功，组织需要具备快速应变能力，要求日益缩短引进和改进新产品和服务的周期。非营利机构和政府部门也被要求对新的或正在显露的社会问题作出快速反应。反应速度上的改进常常需要有新的工作体系、简化的工作组织和工作进程或者从一个进程向另一个进程快速转变。在这种环境中，交叉培训和授权对员工至关重要。时间绩效的日益重要，使得从设计到生产产品或服务推向市场所花的时间成为衡量组织质量的关键尺度之一。组织的快速反应还可以推动组织在工作系统、组织机构、质量、成本和生产能力方面的同步改进。

(6) 关注未来。在现今竞争激烈的环境中，一个组织要想取得长期发展就必须有组织和市场发展的短期和长期观点。长期发展和市场领导地位要求组织具备强烈的未来意识，乐于对重要的利益相关者——顾客、员工、供应商、合作伙伴、股东、公众、社区等承担长期的义务。组织要对顾客期望、新的商业和合作机会、员工发展和工作需求、全球市场、技术创新、电子商务环境、竞争者战略调整等因素进行预测，并在计划中采取积极应对措施。关注未来包括发展员工和供应商、完成有效的连续性计划、创造革新的机会、对公众关心的社会责任进行预测等。

(7) 管理创新。创新意味着在产品、服务、进程、方法、操作等方面进行有意义的变革，为利益相关者创造新的价值。创新应该给组织带来新的绩效维度。由于创新不再局限于研发部门，而是涉及业务系统和工作进程的各个方面，这就要求组织将创新融入每天的日常工作，并通过组织绩效改进机制进行支持。创新来源于组织和员工的知识积累，因此组织快速扩散知识并把知识转化为生产力的能力在创新中显得尤为重要。

(8) 通过实际绩效进行管理。波多里奇国家质量奖认为，现代组织应该建立在一个由测量、信息和分析构成的框架上。采用绩效测量标准或指标来测量顾客、产品、服务、过程、运营、市场、竞争、合作伙伴、员工、成本、财务状况等情况的数据，这些数据还应该按市场、产品类别、工作组织等进一步细分。然后依据这些数据,分析趋势、原因和结果以帮助评估、决策和改进。选择的测量标准或指标必须是最能代表那些有助于在顾客、运营、财务和道德方面提高绩效的因素,通过数据跟踪和过程校正,使全部的进程与组织目标相一致,以更好地实现组织目标。

(9) 社会责任。组织领导应该注重社会责任、道德规范并且努力实践成为一个好公民。组织领导者应该成为符合道德规范,保护公众健康、公共安全和环境的典范。保护公众健康、公共安全和环境的典范涉及组织运营和产品生命周期,要求组织强调资源保护、降低资源消耗,在产品生产、销售、运输、使用和处置各环节中消除不良影响,并采取积极措施预防问题的发生,当问题发生时采取坦率态度,发布相关信息保护公众的知情权。组织应该从设计阶段就关注可能出现的环境问题和组织的责任,遵守地方和国家相关法律规章,帮助社区改善教育、医疗状况,保持环境舒适,节约使用资源,承担社会服务,分享公共信息,并作为法人影响私人或作为公共组织共同关注组织应该担负的社会责任。

(10) 注重结果和创造的价值。组织的绩效系统应该注重结果,而结果应该用于创造和平衡利益相关者价值,以构建忠诚、为经济发展和社会进步作贡献。组织的战略必须明确地表明重视所有支持者的要求,以保证公司的行动和计划能满足组织支持者的不同需要,避免对他们的不利影响。

(11) 系统观点。波多里奇国家质量奖提供了一系列的标准以帮助管理者管理组织并实现优秀绩效。成功实施波多里奇自成体系又相互关联的七大类标准和核心价值,需要组织的管理者具有系统观点。系统观点意味着要将组织作为一个整体来确定战略目标和行动计划,这也是企业经营成功的一个关键的必要条件。系统的观点要求组织领导者关注营业结果和顾客,要求组织利用测量所得的数据、根据指标进行的分析和组织内部获取的知识信息构建战略,而这些战略要与组织的进程、所拥有的资源和顾客以及股东满意度相协调。因此,系统观点指的是在管理好整个组织的同时还要管理好组织内部的各个组成部分。

3. 框架和标准体系

2007 年波多里奇国家质量奖的标准由 18 个项目组成,各个项目均相互关联并注重结果,决定了组织的动作和结果。它们被划分成七大类:领导;战略规划;以顾客和市场为中心;测量、分析与知识管理;以人为本;过程管理和营业结果(如图 8-3 所示)。波多里奇国家质量奖的优秀标准不是规定性的,没有规定具体的工具、方法、技术、系统或起点,不要求组织一定设有质量或计划部门,也不对组织的组织形式提出任何建议。

领导、战略计划和以顾客和市场为中心代表组织的领导作用,这些项目放在一起强调战略和以顾客为中心的领导的重要性。高层领导必须确立组织的方向,并为组织寻找未来发展的机会。以人为本、过程管理和营业结果代表组织的各项活动结果,所有行为都指向行为结果。营业结果包括产品和服务、顾客和市场、金融财政、内部运作绩效的总和,其中内部运作绩效结果包括人力资源、领导才能、管理体系和社会责任结果。测量、分析与知识管理对组织的有效管理、以事实为基础的知识导向型系统、改进组织绩效和提高竞争能力都是十分关键的。测量、分析与知识管理是绩效管理系统的基础。表 8-2 就是 2007 年波多里奇国家质量奖的标准体系。

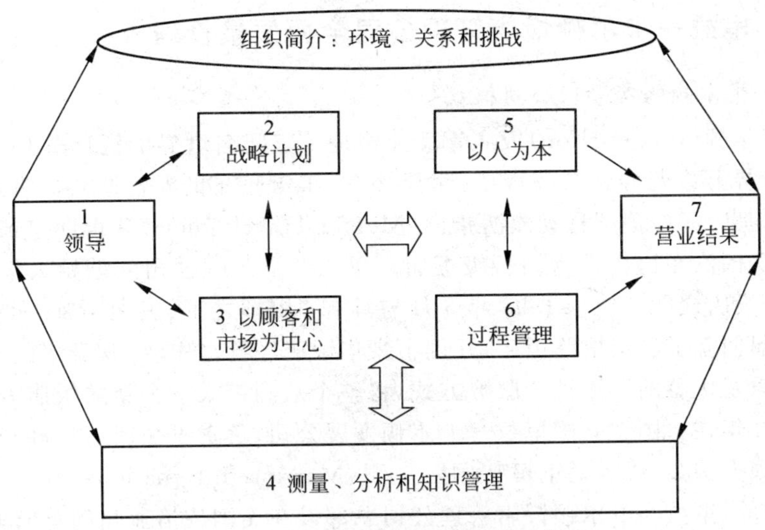

图 8-3　波多里奇国家质量奖评选框架

表 8-2　2007 年波多里奇国家质量奖的标准

类　别	分　值	
1. 领导		120
1.1　高级管理人员的领导	70	
1.2　领导体系和社会责任	50	
2. 战略计划		85
2.1　战略发展	40	
2.2　战略部署	45	
3. 以顾客和市场为中心		85
3.1　顾客和市场知识	40	
3.2　顾客关系和满意度	45	
4. 测量、分析和知识管理		90
4.1　测量、分析和组织绩效改善	45	
4.2　信息管理、信息技术和知识	45	
5. 以人为本		85
5.1　员工雇用	45	
5.2　员工环境	40	
6. 过程管理		85
6.1　工作体系设计	35	
6.2　工作过程管理和改进	50	
7. 营业结果		450
7.1　产品和服务成果	100	
7.2　以顾客为中心的成果	70	
7.3　财务和市场成果	70	
7.4　人力资源成果	70	
7.5　过程有效性成果	70	
7.6　领导结果	70	
总　分		1000

资料来源：波多里奇国家质量奖 2007 年评奖标准。

8.2.2 里兹—卡尔顿饭店管理公司全面质量管理

1. 里兹—卡尔顿饭店管理公司概况

里兹—卡尔顿(Ritz-Carlton)饭店管理公司是一家闻名世界的饭店管理公司,其主要业务是在全世界开发与经营豪华饭店,截至2006年年底在世界各地共拥有63家豪华饭店。所有饭店都曾经在美国移动旅游指南(Mobile Travel Guide)获得四星或五星级的评定,而且都被美国汽车协会评为钻石级饭店。里兹—卡尔顿公司的创始人恺撒·里兹被称为世界豪华饭店之父。他于1898年6月与具有"厨师之王、王之厨师"美誉的August Ausgofier一起创立了巴黎里兹饭店,开创了豪华饭店经营之先河,其豪华的设施、精致而正宗的法餐,以及优雅的上流社会服务方式,将整个欧洲带入一个新的饭店发展时期。里兹随后于1902年在法国创立了里兹—卡尔顿发展公司,负责里兹饭店特许经营权的销售业务,后被美国人购买,成为马里奥特国际集团(Marriott International Inc.)下属的一个独立机构。目前,里兹—卡尔顿饭店管理公司总部设在美国佐治亚州的首府亚特兰大。

与其他的国际性饭店管理公司相比,里兹—卡尔顿饭店管理公司虽然规模不大,但是管理的饭店却以完美的服务、奢华的设施、精美的饮食与高昂的价格成了饭店之中的精品。里兹—卡尔顿公司也是美国服务行业唯一一个两度获得美国波多里奇国家质量奖的公司。里兹—卡尔顿饭店公司在质量方面的努力目标是永远不失去一个顾客。

2. 里兹—卡尔顿饭店管理公司的全面质量管理①

里兹—卡尔顿饭店公司在听说波多里奇国家质量奖之前就开始了追求质量之路。然而,里兹—卡尔顿饭店公司的高层管理者并不满足。尽管他们希望继续和建立以质量为基础的组织文化,但是他们对如何达到这些目标已无计可施,直至开始准备申请波多里奇国家质量奖。经过多年的努力和1991年申请失败的经验,里兹—卡尔顿饭店公司终于在1992年首次赢得波多里奇国家质量奖。虽然2007年波多里奇国家质量奖的评奖标准与1992年的已经发生变化,但包括核心价值在内的基本内容并没有发生太大的变化。下面将从2007年波多里奇国家质量奖的七个方面分析里兹—卡尔顿饭店公司是如何进行全面质量管理和改进的。

(1) 领导

波多里奇国家质量奖在"领导"方面的标准主要是检验高级管理人员的个人领导能力,检验其在公司内外是否创造和维持以顾客为中心的工作,是否创造和维持可以促进最佳绩效的领导体系,检验高级管理人员的价值观和期望是如何与公司的管理系统结合在一起的,检验公司是否承担了社会责任和义务。

在里兹—卡尔顿饭店公司中,高级领导集团兼任高级质量委员会的成员。这些高级领导亲自制定了两个最初的质量策略,旨在扩大里兹—卡尔顿饭店公司的质量领导能力。第一个质量策略是新饭店启动的质量保证措施。从1984年开始,里兹—卡尔顿饭店公司的高级领导一直都亲身保证,每个新饭店的产品和服务都要符合公司主要顾客的期望。这个质量保证策略的一个重要方面发生在集中而紧张的"七日倒计时"期间。在此期间,

---

① 根据1992年里兹—卡尔顿饭店管理公司申请美国波多里奇国家质量奖的概要整理而得。

高级领导者和新饭店员工肩并肩地工作，里兹—卡尔顿饭店公司的董事长兼首席执行官亲自传达公司的原则，树立员工与顾客交往的形象，帮助每一个工作领域确定一个愿景陈述。在整个启动阶段，高级领导者监控各工作领域，要求 100％满足顾客的需要，并对业绩突出的员工给予表彰。第二个策略是建立里兹—卡尔顿饭店公司金牌标准，包括三步服务法、公司座右铭、里兹—卡尔顿饭店公司信条和里兹—卡尔顿饭店公司基本要求（见表 8-3）。它既是员工工作的指导，也是企业文化的体现。在高级领导者的带领下持续对金牌标准进行强化，强化手段包括培训、日常班组会、袖珍卡片、公告板以及各个饭店采取的其他独特方法，使员工能极好地理解公司的愿景、价值、质量目标和工作方法，并愿意为之效力。

表 8-3 里兹—卡尔顿饭店管理公司的金牌标准

三步服务法： 1. 热情和真诚地问候宾客，如果可能，尽可能称呼宾客的名字 2. 对客人的需求作出预期，积极满足宾客的需要 3. 亲切地送别，热情地说再见，如果可能的话，做到使用宾客的名字向宾客道别	座右铭： 我们是为女士和绅士提供服务的女士和绅士	信条： 对里兹—卡尔顿饭店的全体员工来说，使宾客得到真实的关怀和舒适是其最高的使命

基本要求：

1. 所有的员工都要了解、服从并尽力做到公司的信条。
2. 我们的座右铭是“我们是为女士和绅士提供服务的女士和绅士”。要用团队工作和“横向服务”营造积极的工作环境。
3. 所有员工都要按照三步服务法行事。
4. 所有员工都要通过并取得培训合格证书，以保证他们了解如何在自己的岗位上执行里兹—卡尔顿饭店公司的标准。
5. 每个员工都要了解他们的工作领域以及在每个战略计划中确立的饭店目标。
6. 所有员工都要了解他们的内部顾客和外部顾客（客人和员工）的需要，以便提供他们预期的产品和服务。用客人特殊要求登记卡记录客人的具体需要。
7. 每个员工都要不断地去发现饭店上下存在的缺陷。
8. 任何员工接到顾客投诉，都要“接受”这种投诉。
9. 所有员工都要保证能及时安抚客人。要迅速作出反应，立即纠正出现的问题。要在 20 分钟内给客人去电话确认问题已得到解决，以使客人满意。要尽一切努力不失去一个客人。
10. 客人投诉事件记录表用于记录和传达所有客人不满意的事件。每个员工都有权解决问题并防止其再次发生。
11. 毫不动摇地达到清洁标准是每一个员工的职责。
12. “微笑——我们在舞台上”，永远保持积极的目光接触。对客人使用得体的语言。
13. 在工作场所内外，都要成为你所在饭店的形象大使。始终谈论积极和正面的事情。不要发表消极和反面的评论。
14. 要陪同客人走到饭店的其他区域，不要只是指点方向。
15. 要了解饭店的情况（如营业时间等），以便能回答客人的询问。在向客人介绍店外餐馆设施时，一定要优先向客人推荐本饭店的零售店和餐馆。

续表

16. 要使用得体的电话礼节。电话铃响3声之内一定要“微笑”地接听电话。如果必要，可以请求打电话的人“请您稍等一下好吗?”不要阻挡打来的电话。尽可能不进行电话转接。
17. 制服要一尘不染;要穿得体安全的鞋子;要佩戴正确的胸牌。既要充满自信又要注意个人仪容。
18. 要保证员工在紧急情况下都了解他们的职责，并且知道应付火灾和保护生命安全的操作程序。
19. 如果出现危险、人身伤害事件或者需要什么设备和帮助，应立即通知你的主管。要节约能源，要对饭店的财产和设备进行恰当的保护维修。
20. 保护里兹—卡尔顿饭店的财产是每一个员工的职责。

“三步服务法”规定了员工与客人交往的活动和应作出的决策。公司的座右铭“我们是为女士和绅士服务的女士和绅士”，这不仅仅是一句话，它是一种文化，公司的高级领导者富有成效地创造这种文化，顾客和员工们可以体验到这种文化。里兹—卡尔顿饭店公司的信条是里兹—卡尔顿饭店员工们的指导方针。它强调，高度个性化的顾客满意度是公司的首要工作，也是员工的责任，还解释了公司所提供的每个产品和服务的主要特点。里兹—卡尔顿饭店公司的基本要求描述了公司为客人解决问题的程序及公司的清洁、房务、安全和效率标准。横向服务原则使大家都了解了内部顾客(员工)满意度的价值。

高级领导者的一个主要职责是保证公司进行业务活动的同时可以整体上保护环境和社会。生命的安全和保障是里兹—卡尔顿饭店公司优先考虑的问题。每个新建饭店在建立之初，都设计有一套由三个因素组成的安全系统，包括对薄弱环节进行分析;确立在安全方面应该优先考虑的因素;组建一个综合的安全系统。其主要做到及早侦测到火灾和其他紧急情况并作出反应;可以理智地处理紧急情况并疏散客人;把财产损失降到最小。

(2) 战略计划

波多里奇国家质量标准的“战略计划”检查组织如何确立战略方向，如何确定重要的计划要求，还检查如何将这些计划要求变成有效的绩效管理系统，与未来的竞争者和关键的基准联系在一起。

里兹—卡尔顿饭店公司每一个新饭店开业，都有一个使新开业的饭店从开业之日起就能达到最高的旅游业质量等级的控制计划，并由从全公司范围内的其他饭店里特别挑选出来的职员来保证饭店开业那天所有的工作领域、程序和设备都准备就绪。开业之后，控制计划逐渐被修改转化为饭店的营业计划，其主要目标是提高里兹—卡尔顿饭店公司产品和服务质量，缩短周期时间，提高其价格和客人的留住率。通过对饭店业内外基准的研究，里兹—卡尔顿饭店公司开发出了一个严格控制的综合计划系统(见图8-4)。

在公司的每个层次——从公司领导到每个饭店的720个工作领域中的经理和员工——工作小组的任务是制定目标和行动计划，由公司的筹划指导委员会审查。这些小组用以下方式提高里兹—卡尔顿饭店公司的质量和生产率。

① 鼓励里兹—卡尔顿饭店公司的员工思考日常活动之外的事情。

② 加强里兹—卡尔顿饭店公司不同职能领域之间的沟通。

③ 统一各方为解决问题而作出的努力。

此外，每个饭店都有质量领导者，担当制订和实施行动计划的小组和工人的智囊和顾

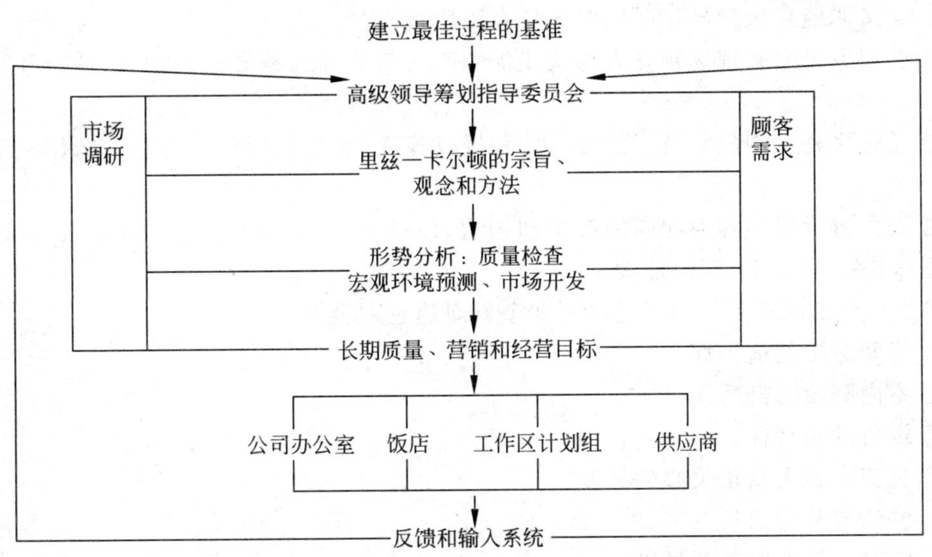

图 8-4　里兹—卡尔顿饭店公司长期战略计划模型

问。所有行动都要经过筛选才实施，以保证计划都经过充分的研究。

随着里兹—卡尔顿饭店公司的发展，顾客满意和不断提高质量变成了其战略计划的基础。到 1996 年公司优先考虑的因素实际上包括了无缺陷。里兹—卡尔顿饭店公司计划成为第一家顾客留住率达到 100％的饭店公司，还计划加大降低周期时间和提高效率的力度，以便能为客人提供不断改善的价格/价值。所有计划者围绕着一个中心，即调配里兹—卡尔顿饭店公司的资源——时间、金钱和人员——来满足客人和员工的愿望和需要。

(3) 以顾客和市场为中心

波多里奇国家质量奖"以顾客和市场为中心"的标准是，检查公司如何获得和使用顾客和市场信息，在了解顾客的基础上确保产品和服务满足顾客期望并发现新的发展机会；如何建立和发展与顾客的关系来提高顾客满意度和忠诚度。

里兹—卡尔顿饭店公司坚信顾客满意度的重要性，一开始就绝对理解里兹—卡尔顿饭店公司顾客的需要和期望。

里兹—卡尔顿饭店公司收集顾客信息的方法有以下几种。

① 旅游业界的各种研究提供的信息。

② 来自不同市场分区重点群体的信息。

③ 一线员工收集的有关客人爱好的信息。

④ 刚刚使用过里兹—卡尔顿饭店公司产品和服务的客人提供的信息。

⑤ 通过里兹—卡尔顿饭店公司的客人和旅行策划者满意度系统收集的信息。

⑥ 从新建饭店的不同部门收集的信息。

里兹—卡尔顿饭店公司通过五种方法将顾客的满意度和其他与质量有关的信息结合到自己的经营管理系统中。

① 金牌标准领导。

② 交叉职能高级领导集团同时兼任高级质量委员会成员。

③ 公司办公室和现场领导人与伙伴供应商一起为高级领导集团搜集、综合和分析质量数据。

④ 通过多种机制鼓励员工的参与性和授权管理,充分利用整个劳动力队伍的潜力和技术专长。

⑤ 努力进行以顾客为导向的营销和销售,以确定不同市场分区的需要,告诉这些顾客里兹—卡尔顿饭店公司的能力。

里兹—卡尔顿饭店公司通过以下九个方面超越顾客期望。

① 房间分配的适当性。

② 室内陈设的舒适性。

③ 设备的独特性。

④ 员工对客人真正关心的态度。

⑤ 整洁有礼貌的员工。

⑥ 随时为客人服务的员工。

⑦ 能预测客人需要的员工。

⑧ 了解饭店现场信息的员工。

⑨ 熟悉客人个人爱好的员工。

在员工对客人真正关心方面,里兹—卡尔顿饭店公司比行业平均水平高出32分。里兹—卡尔顿饭店公司评估客人满意度的主要方法是客人和旅行策划者满意度系统(见图8-5)。

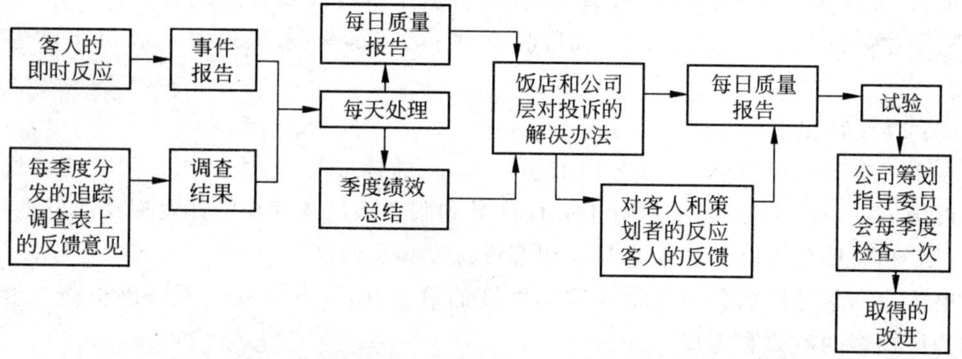

图8-5 里兹—卡尔顿饭店公司的客人和旅行策划者满意度测量系统

顾客满意度数据被划分成几个主要的顾客区段和产品品种,在里兹—卡尔顿饭店公司研究伙伴的帮助下对这些数据进行分析。每个饭店负责自己的绩效,公司高级领导者负责整个连锁饭店集团的问题,按照地区标准和全国标准确定改进的方向。每年顾客满意度数据都通过里兹—卡尔顿饭店公司的战略计划过程确立目标和行动计划。

尽管里兹—卡尔顿饭店公司将业务拓展到世界各地,顾客对里兹—卡尔顿饭店的满意度仍然保持很高水平。有97%威望显赫的顾客认为饭店的服务满足他们的期望,并且体验到了难忘的经历。连续两年,那些计划在里兹—卡尔顿饭店召开会议的顾客,对员工的满意度达到97%,对设施的满意度达到95%,对操作程序的满意度达到94%。相比较而言,同期里兹—卡尔顿饭店公司最势均力敌的竞争对手的顾客满意率只有57%。

（4）测量、分析和知识管理

波多里奇国家质量奖在“测量、分析和知识管理”方面的标准，用于检查组织如何选择、搜集、分析、管理和改进数据、信息和知识，如何使用不断进步的信息技术；也检查组织如何通过有效地管理其数据和信息以支持在以顾客为导向的绩效和市场方面的最佳表现。

里兹—卡尔顿饭店公司广泛部署和应用各种信息系统收集和使用与顾客的反应和满意度有关的信息。这些系统提供的重要数据包括网上关于客人爱好的信息、无缺陷产品和服务质量、提高质量的机会。这些系统包括自动特征管理系统（搜集和管理客人的爱好）、质量生产报告系统（搜集饭店内 20 多个信息来源的信息，用于管理人员早期预警）、员工绩效管理系统（确定员工工作绩效的典型行为，并将之作为遴选新员工的依据）。

里兹—卡尔顿饭店公司建立的基准是饭店业的最佳实践和绩效。里兹—卡尔顿饭店公司中的每一家饭店的质量、营销和财务结果都被搜集和综合起来，以确定哪些质量因素使各家饭店产生这样的财务结果。这些经营管理系统，与建立基准结合一起，使里兹—卡尔顿饭店公司的领导者和质量改进小组能够更好地确定目标和解释经费的支出。

（5）以人为本

波多里奇国家质量奖“以人为本”的标准用于检查组织怎样充分开发劳动力潜能，使他们与组织的使命、战略和行动计划相协调；也检查组织采取了何种努力建立和保持一个有助于产生最佳绩效、使员工充分参与并有助于个人和组织成长的环境。

里兹—卡尔顿饭店公司中每一个饭店的人力资源部都与饭店的其他部门紧密配合，开发员工的潜能，使他们可以全面迅速地满足客人的期望。里兹—卡尔顿饭店公司中的所有饭店都有一个人力资源主任和一个员工培训经理。饭店质量领导者帮助这些人制订计划。每个饭店的工作单位都有一名员工培训教师负责本单位员工的培训和新员工资格认证工作。

里兹—卡尔顿饭店公司采取“性格—特征招聘法”，在过去的 3 年中使人员更替率降低了 50%。里兹—卡尔顿饭店公司的每个饭店一开业，培训部经理就和饭店高级管理人员一起组成一个新员工岗前教育小组，在两天的时间内，亲自示范里兹—卡尔顿饭店公司的金牌标准和方法，并且向所有新员工灌输这些价值观。3 周后，这个新员工的岗前培训小组再次集合做后续工作，检查最初岗前教育培训是否有效，如果必要，继续提供额外培训。这次检查后，每一个成功地通过检查的员工便成为里兹—卡尔顿饭店公司的“女士”或“绅士”。对员工的下次检查由工作区域负责人和其部门的培训主管负责。新员工通过综合培训掌握他们各自岗位的工作程序。在培训的最后阶段，员工必须通过笔试和技能表演才能得到认证。工作区域小组负责确定每一个岗位的质量认证成绩标准。另外，每天在每个工作区域的每个班次，都召集员工开一次简短的质量班前会，向员工介绍在工作中出现的 Mr. BIV，即错误（Mistakes）、返工（Rework）、故障（Breakdowns）、不协调（Inefficiencies）和变化（Variations）的实例。通过这些手段和其他机制，员工接受 100 多个小时的质量教育，让他们能够提供最佳服务、解决问题、确定战略质量计划及产生新的质量想法。

员工的参与性和授权意识的提高在一定程度上源于有效的质量培训。在里兹—卡尔顿饭店公司，每个员工能够做到以下要求。

① 竭尽全力地满足顾客的要求。

② 适当地与其他员工联系,以便迅速地为顾客解决问题(横向服务的观念)。

③ 可以花费高达2000美元的代价来满足客人的要求。

④ 确定产品和服务是否可以被顾客接受。

⑤ 决定销售合同中的条款(销售和营销)。

⑥ 参与制订自己工作领域的计划。

⑦ 为了解决问题而与他人谈话。

里兹—卡尔顿饭店公司的员工有很多机会可以得到褒奖。在各种领域总共设置了39项奖励,表扬员工的杰出表现。对员工绩效评价的依据是对员工的期望,这些期望在新员工岗前教育、培训和认证过程中都对员工进行了解释。持续达到里兹—卡尔顿饭店公司绩效标准的员工可以得到口头和书面表扬。表现最佳的员工可以获得参加新饭店启动小组的资格。面向小组的奖励包括一笔奖金。此外,里兹—卡尔顿饭店公司的员工都是该饭店与顾客服务目标相结合的奖金分享系统的成员,以鼓励员工实现这些目标。

里兹—卡尔顿饭店公司保护员工和客人的健康和安全。在开业之初,采取适当必要的技术和程序来消除安全和保安问题。安全、保安和健康工程师不断进行检查。公司实行员工健康计划、员工交叉培训、员工退休计划来确保员工的个人保障。公司每年对员工进行调查,以确定员工对工作的满意程度和他们对里兹—卡尔顿饭店公司质量标准的理解程度。员工们都非常清楚地知道,饭店和个人把最佳绩效放在第一位。

(6) 过程管理

波多里奇国家质量奖在"过程管理"方面的标准检查组织核心能力和工作体系,包括如何设计、管理和改进关键流程,以保证工作系统传递顾客价值、达到组织成功并实现可持续发展;还检查组织对紧急事件作出反应的应急机制的建设情况。

里兹—卡尔顿饭店公司的产品管理过程主要包括三个不可缺少的部分:金字塔形互交小组(见图8-6)、基本产品管理过程、区域产品管理过程。里兹—卡尔顿饭店公司的高级管理者保障整个过程和目标的实施,与来自多个不同领域的职业发展计划专家合作,防止或解决新饭店开发过程中出现的问题。

以下几个方面能够提高里兹—卡尔顿饭店公司的管理效率。

图8-6 里兹—卡尔顿饭店公司金字塔形互交小组

① 产品和服务设计方面

a. 标准设计小组。

b. 将每个新建饭店项目所有设计、营销、运行和法律职能相互联系在一起,以便预测需求和评估进展情况。

c. 全力关注基本的、区域的和各个顾客的需要。

d. 同步启动控制计划来检测和评估设施建设、室内陈设等。

e. 不断强调工作原则，不断强调防止出现问题。

f. 在开业前由高级领导者对产品和服务进行最终评估。

② 供应商方面

针对某项活动，如会议和宴会，注重以下环节。

a. 所有的内部与外部供应商都尽可能早地参与这个活动的设计。

b. 在每次活动之前核实生产和交货的能力。

c. 准备好样品，然后由活动的策划者鉴定。

d. "活动之后"进行总结评估以便不断地提高质量。

e. 所有与里兹—卡尔顿饭店公司的客人接触的供应商都必须遵守公司的原则。

③ 服务的保障体系

在饭店开业之后，为客人传送优质产品和服务的一个重要部分是采用系统控制。里兹—卡尔顿饭店公司有三种类型的控制。

a. 员工的自我控制。自发学习，通过公司对员工的筛选和发展过程进行管理。

b. "基本控制机制。"授权给第一个发现问题的人中断其正常工作，立即对问题进行调查并纠正，记录这次事件，然后回到正常工作中。问题在每日的质量生产报告中要有所反映，对重复发生的问题进行调查并进行永久性纠正。

c. 关键(成功)因素控制。过程小组以顾客和组织的需要为标准决定质量、速度和成本绩效。将这些测量标准与基准和顾客满意度数据进行比较，以便分配资源和确定正确的行动方案。

④ 检查与服务质量改进(进行内外部检查)

a. 所有检查都要由检查人员做记录。

b. 所有做了记录的检查结果都必须交给被检查单位的高级领导。

c. 该单位的高级领导负责采取行动。

d. 要对前一次检查提出的修正性措施的实施和有效性进行评估。

(7) 经营结果

按照波多里奇国家质量奖"经营结果"标准，检查公司在主要产品和服务领域的绩效和质量改进情况，以及以顾客为中心、财务和市场、过程绩效、领导等方面的实施效果，主要比较依据是竞争对手和其他生产类似产品和服务的组织的绩效水平。

里兹—卡尔顿饭店公司将自己的质量水平与世界上最优秀的饭店产品和服务进行比较，包括可靠而及时地传送设备、个性化服务、真正关心客人的员工、最好的食品和饮料及物有所值等 100 个具体的质量测量标准。在 1986—1991 年，里兹—卡尔顿饭店公司一直是美国高质量饭店产品和服务的基准。里兹—卡尔顿饭店公司的绩效水平比其最强的竞争对手高 10%，还一直比行业平均水平高 95%。

1990 年和 1991 年，里兹—卡尔顿饭店公司被扎卡特调查机构(Zagat Survey)指定为美国饭店产品和服务质量的基准。里兹—卡尔顿饭店公司也是唯一一家所有被调查项目都被扎卡特调查机构赋予最高分(从"极好"到"完美无缺")的饭店集团。在这两年中，旅游业专家进行的独立产品分析发现，里兹—卡尔顿饭店公司的产品和服务在国际上具有竞争力,在人力资源利用方面堪称一流。

除了致力于提高产品和服务的质量以外,里兹—卡尔顿饭店公司的领导还非常重视质量文化,极大地改进了过程的测量标准,有以下具体措施。

① 顾客价值。里兹—卡尔顿饭店公司认为任何两个客人的需要都不会是完全相同的。里兹—卡尔顿饭店公司的目标是预先确定每个客人的需要和期望。在1989—1991年这三年间,里兹—卡尔顿饭店公司的员工记录了12000位顾客的爱好,进行了100%的改进。

② 过程再造。从1989年开始,那些整理好可以出租的客房一直100%地按时出租。在预开业期间,每间客房的员工人数下降了12%。饭店启动与外部供应商的伙伴关系,以五种主要供应品为例,每件成品的平均运送时间从20天缩短到只需1天。

③ 员工流动率。里兹—卡尔顿饭店公司在减少补缺员工人数方面的努力主要体现在使用预测工具上。从1989年开始,里兹—卡尔顿饭店公司在补缺员工人数方面的绩效已经提高了将近47%,比"行业最佳水平"高16%。

④ 劳动生产率。在饭店行业,生产率的测算标准是每个营业客房上所花费的小时数。在1989—1991年里,里兹—卡尔顿饭店公司将每间客房所需的时间缩短了8%。

⑤ 自动化系统的运用。里兹—卡尔顿饭店公司的管理信息系统部门的任务是保证公司的六个主要自动化系统的可靠性。通过采用多种方法进行多次测试和以小组为单位解决问题,里兹—卡尔顿饭店公司的新饭店系统的绩效3年增加了将近100%。

⑥ 部门间合作。由于里兹—卡尔顿饭店公司采用了横向服务原则和以小组为单位的改进机制,部门之间进行合作的比例已经从1989年的78%提高到1991年的86%。

⑦ 单位客房效益。里兹—卡尔顿饭店公司每间客房所创造的效益是公认的"行业最佳",差不多是行业平均水平的5倍。

补充阅读材料8-4

里兹—卡尔顿饭店公司的成就

1992年获得美国商业部颁发的"马尔科姆·波多里奇国家质量奖"。

1997年,那不勒斯和旧金山两市的里兹—卡尔顿饭店被授予"AAA五钻饭店"和"莫比尔五星饭店"称号。

1997年,在美国、加拿大和加勒比海地区的总共52家饭店中有12家里兹—卡尔顿饭店被授予"AAA五钻饭店"。所有正宗的里兹—卡尔顿饭店都达到至少一个"AAA四钻"、"莫比尔四星"。

1998年,那不勒斯和旧金山的两家里兹—卡尔顿饭店被授予"莫比尔五星饭店"称号。

1998年,美国25家五星级饭店中,里兹—卡尔顿饭店占了两家;《美食》杂志评其为"全美最佳饭店连锁(或集团)",并在"最佳客房评比"中被评为"世界最佳饭店连锁(或集团)"。

1999年,总裁兼首席执行官豪斯特·舒尔茨被誉为"世界公认的饭店业主"。

1999 年，里兹—卡尔顿饭店再度获得美国商业部颁发的“马尔科姆·波多里奇国家质量奖”。

资料来源：谷慧敏．世界著名饭店集团管理精要．沈阳：辽宁科学技术出版社，1999

8.3　饭店质量认证——ISO 9000 质量标准及其实施

除了按照质量奖项的标准来进行全面质量管理以外，也可以通过质量标准来帮助饭店推行全面质量管理。被普遍接受和用得最广泛的标准是国际标准化组织管理的 ISO 9000质量标准。ISO 9000 质量标准是常识性准则和惯例，指导企业管理其产品和服务质量。位于浙江萧山的金马饭店通过九个月的努力，获得了 ISO 9000 质量标准认证证书，证明该饭店达到了国际标准化组织的质量管理的基本要求，帮助饭店管理者更有效地管理饭店。

8.3.1　ISO 9000 质量标准

1. 基本情况

ISO 9000 质量标准由国际标准化组织（International Organization for Standardization）管理。ISO 是世界上最大的国际标准化组织，成立于 1947 年 2 月 23 日，前身是 1928 年成立的国际标准化协会国际联合会（简称 ISA）。1906 年成立于英国伦敦的 IEC，即“国际电工委员会”，是世界上最早的国际标准化组织。IEC 主要负责电工、电子领域的标准化活动。ISO 负责除电工、电子领域之外的所有其他领域的标准化活动。ISO 为非营利组织，现有 117 个成员，包括 117 个国家和地区。

ISO 的最高权力机构是每年一次的“全体大会”，其日常办事机构是中央秘书处，设在瑞士的日内瓦。中央秘书处现有 170 名职员，由秘书长领导。

ISO 9000 公布于 1987 年，并不断进行修订，是一个包括五个相关标准（从 9000 到 9004）的标准体系。ISO 9000 证书不是运营设施的法律文件，但是 ISO 9000 标准提供了国际上认可的标准，证明某个运营单位达到了国际标准化组织制订的质量管理的要求。ISO 9000 标准有意识地为理想的质量系统制订的蓝图，提供了共同的质量语言和标准的国际竞争场所。采购代理商喜欢 ISO 9000 证书，因为它可以保证经认证的公司达到了商业经营的基本标准。这些标准不要求采用专门的质量方法或规定详细的步骤，而是有目的地用书面形式陈述了大家广泛接受的准则，要求管理人员负责向顾客提供优质产品和服务。

要得到 ISO 9000 标准认证，企业必须证明其遵循自己的程序、检查产品和服务质量、培训员工、整理档案、纠正缺陷。ISO 9000 标准认证以运营设施为单位，不以公司为单位。如果一个运营设施的质量系统在质量文件和质量工作方面都达到了 ISO 9000 标准，就可以得到认证。ISO 9000 标准认证由经认可的认证组织实施，这些认证组织的工作包括以下内容。

（1）检查运营设施的质量文件，确保该系统达到 ISO 9000 标准；

(2) 审查运营设施,以保证文件描述的系统有效。

每年认证机构对经认证的单位进行大约两次不提前宣布的审查。ISO 9000 标准的最大优点是普遍性,但可能也是最大的缺点,使其缺少了世界级公司要求自己及其供应商应达到的那种质量。尽管有缺点或不足,ISO 9000 质量标准仍然代表国际商务界在赞同和鼓励追求质量的努力方面发挥着重要作用,表现如下。

① 指导消费者选购自己满意的服务。

② 帮助服务企业建立、健全高效的质量体系。

③ 给服务企业带来信誉和更多的利润。

④ 节约大量的社会检验费用。

⑤ 提高服务企业及其产品的国际竞争力。

⑥ 通过质量认证可以有效地促进服务企业提高服务质量,保护使用者的安全、健康和利益。

2. ISO 9000 质量标准理念

在 ISO 9000 质量管理体系(2000 年版)的质量管理标准中,始终贯穿一些最基本、最通用的一般规律和原则,主要是以顾客为关注焦点、领导作用、全员参与、过程方法、管理的系统方法、持续改进、基于事实的决策方法、与供方的互利关系,简称为"八项质量管理原则"。

(1) 以顾客为关注焦点

组织依存于顾客。因此,组织应当理解顾客当前和未来的要求,满足顾客要求并正确超越顾客期望。顾客是每一个组织存在的基础。因此,组织应把顾客要求放在第一位。这个指导思想不仅领导要明确,还要在全员中贯彻。

(2) 领导作用

领导者确立组织统一的宗旨及方向,应当创造并保持员工能充分参与实现组织目标的内部环境。领导的作用是指最高管理者具有决策和领导组织的关键作用。为了使建立的质量管理体系保持其持续的适应性、充分性和有效性,最高管理者应亲自主持对质量管理体系的评审,并确定持续改进和实现质量方针、目标的各项措施,落实到组织的各职能部门和相关层次,让全体员工理解和执行。

(3) 全员参与

各级人员都是组织之本。只有充分参与,才能使他们的才干为组织带来收益。全体员工是每个组织的基础。组织的成功不仅取决于正确的领导,还有赖于全体人员的积极参与。所以,应赋予各部门、各岗位人员应有的职责和权限,为全体员工营造一个良好的工作环境,激发他们的创造性和积极性。通过教育和培训,增长他们的才干和能力,发挥员工的革新和创新精神,为员工的成长和发展创造良好的条件,这样才会给组织带来最大的收益。

(4) 过程方法

将活动和相关的资源作为过程进行管理,可以更高效地得到期望的结果。组织为了有效地运作,必须识别并管理许多相互关联的过程,并以顾客要求为输入,提供给顾客的产品为输出,通过信息反馈测定顾客满意度,评价质量各体系的业绩。

(5) 管理的系统方法

一个组织的体系由大量错综复杂、相互关联的过程组成的网络构成。最高管理者要成功地领导和运作一个组织,要用系统的和透明的方式进行管理,也就是对过程网络实施系统管理,可以帮助组织提高实现目标的有效性和效率。这种方法不仅可以提高过程能力及产品质量,还可为持续改进打好基础,最终导致顾客满意和组织获得成功。

(6) 持续改进

持续改进是一种管理理念,是组织的价值观和行为准则,更是一个组织的永恒目标,是一种持续满足顾客要求、增加效益、追求持续提高过程有效性和效率的活动。其实质是一种 PDCA 循环(计划—执行—检查—处理)。

(7) 基于事实的决策方法

有效决策是建立在数据和信息分析的基础上的,统计技术是最重要的工具之一。用数据说话,以事实为依据,有助于决策的有效性,减少失误并有能力评估和改变判断和决策。

(8) 与供方互利的关系

组织与供方是相互依存的、互利的关系,从这种关系可增强双方创造价值的能力。因此,把供方、协作方、合作方都看作是组织经营战略同盟中的合作伙伴,形成共同的竞争优势,可以优化成本和资源,有利于组织和供方共同保持利益。

这八项管理原则之间相互关联、相互作用,成为实现组织目标的理论基础。以顾客为关注焦点,目的是为了达到持续业绩改进,在领导的关键作用下,全员参与采用系统的管理方法对过程进行有效控制,并采用科学有效的统计技术进行决策,与供方建立起良好的合作伙伴关系,为实现组织的永恒目标达到顾客满意而努力。

3. ISO 9000 质量标准体系

ISO 9000 质量标准是一个不断修订完善的标准,最新一版的标准发布于 2000 年。2000 年版 ISO 9000 族国际标准的核心共有四个。

ISO 9001:2000 质量管理体系——基础和术语

ISO 9001:2000 质量管理体系——要求

ISO 9004:2000 质量管理体系——业绩改进指南

ISO 19011:2000 质量和环境管理体系审核指南

ISO 9001 质量管理体系的“基础和术语”规定了质量管理体系的术语和基本原理。该部分内容主要包括 8 项质量管理原则;分 10 个部分描述的 87 个术语;与 8 项原则相呼应的质量管理体系基本原理。ISO 9004 质量管理体系中的“业绩改进指南”给出了质量管理的应用指南,描述了质量管理体系应包括的过程,强调通过改进过程,提高组织的业绩。通常情况下,当组织的管理者希望超越 ISO 9001 标准的最低要求、追求增长的业绩改进时,往往以 ISO 9004 标准作为指南。ISO 19011 质量和环境管理体系审核指南遵循“不同管理体系,可以共同管理和审核”的原则制订,为审核基本原则、审核大纲的管理、环境和质量管理体系的实施以及对环境和质量管理体系评审员资格要求提供了指南。

ISO 9001 质量管理体系的要求是组织建立质量管理体系的标准,也是申请认证的依据,因此对组织而言,是最基本的,也是最有价值。它对组织的质量管理体系提出各项要求,包括质量管理体系、管理职责、资源管理、产品实现、测量分析和改进五个方面。各方面的总体要求分别如下。

(1) 质量管理体系

组织应按本标准的要求建立质量管理体系,形成文件,加以实施和保持,并持续改进其有效性。具体工作包括以下内容。

① 识别质量管理体系所需的过程及其在组织中的应用。

② 确定这些过程的顺序和相互作用。

③ 确定为确保这些过程的有效运行和控制所需的准则和方法。

④ 确保可以获得必要的资源和信息,以支持这些过程的运行和对这些过程的监视。

⑤ 监视、测量和分析这些过程。

⑥ 实施必要的措施,以实现对这些过程策划的结果和对这些过程的持续改进。

(2) 管理职责

最高管理者应通过以下活动对其建立、实施质量管理体系并持续改进其有效性的承诺提供证据。

① 向组织传达满足法律、法规要求的重要性。

② 制定质量方针。

③ 确保质量目标的制定。

④ 进行管理评审。

⑤ 确保资源获得。

(3) 资源管理

资源包括人力资源和基础设施以及工作环境。组织应确保资源实现以下要求。

① 实施、保持质量管理体系并持续改进其有效性。

② 通过满足顾客要求,提高顾客满意度。

(4) 产品实现

产品实现包括策划和开发产品所需的过程。在对产品实现进行策划时,组织应使输出形式适合于组织的运作方式。组织应确定以下方面的适当内容。

① 产品的质量目标和要求。

② 针对产品确定过程、文件和资源的需求。

③ 产品所要求的验证、确认、监视、检验和试验活动以及产品接收准则。

④ 为实现过程及其产品满足要求提供证据所需的记录。

(5) 测量分析和改进

测量分析的改进标准要求组织进行以下工作。

① 顾客满意度监测和分析。作为对质量管理体系业绩的一种测量,组织应对顾客有关组织是否已满足其要求的感受的信息进行监视,并确定获取和利用这种信息的方法。

② 内部审核。组织应按策划的时间间隔进行内部审核,以确定质量管理体系是否符合策划的安排和本标准的要求以及组织所确定的质量管理体系的要求;是否得到有效实施与保持。

③ 过程监测。组织应采取适宜的方法对质量管理体系过程进行监视,并在适用时进

行测量。这些方法应证实过程实现所策划的结果的能力。当未能达到所策划的结果时，应采取适当的措施进行纠正，以确保产品的符合性。

④ 产品监测。组织应对产品和特性进行监视和测量，以验证产品要求已得到满足。这种监视和测量应依据所策划的安排，在产品实现过程的阶段进行。

⑤ 不合格品控制。组织应确保不符合产品要求的产品得到识别和控制，以防止其非预期的使用或交付。

⑥ 数据分析。组织应确定、收集和分析适当的数据，以证实质量管理体系的适宜性和有效性，并评价在何处可以持续改进质量管理体系的有效性，这也应该包括来自监视和测量的结果以及其他有关来源的数据。

⑦ 改进。组织应利用质量方针、质量目标、审核结果、数据分析、纠正和预防措施以及管理评审，持续改进质量管理体系的有效性。

8.3.2　ISO 9000 质量标准在金马饭店的实施

1. 金马饭店概况

金马饭店总投资 4.2 亿元人民币，总建筑面积 5.2 万平方米，拥有各式客房 410 间，是浙江省规模最大、档次最高的五星级旅游饭店之一，是金陵饭店集团的连锁饭店。饭店自 1996 年 5 月开业以来，已成功地接待了赤道几内亚总统、第 13 届国际激光光谱会议等重大国事会议和高层次国际会议。饭店曾荣获 1996 年度浙江省十佳休闲度假宾馆(榜首)，1997 年、1998 年浙江省优秀旅游饭店，2000 年被浙江省旅游局评为首批“绿色饭店”、浙江省级优秀星级饭店，2000 年通过 ISO 9001/14001 的认证。

2. 金马饭店导入 ISO 9000 标准

1998 年 2 月被评为四星级饭店的金马饭店，一直将质量视为经营管理中的头等大事，并以国家星级标准为准则来衡量自身的软、硬件建设，在几年的经营中取得了较好的经济效益和社会效益。金马饭店追求质量的脚步并没有就此停止，其领导层孜孜不倦地按照现代企业的要求，建立和完善管理制度和作业标准，确保饭店服务质量不断稳定提高。2000 年 12 月 12 日，金马饭店的努力获得了回报，饭店一次性通过了 ISO 9001/14001 质量管理和环境管理体系认证。

(1) 取得共识

为促进各类服务企业以更为有效的方法管理服务活动质量，国际标准化组织(ISO)在先期发布的 ISO 9004《质量管理和质量体系要素——指南》的基础上，针对服务业的特性于 1991 年发布了 ISO 9004—2《质量管理和质量体系要素——第二部分服务指南》，ISO 族标准很快成为全世界应用最广泛的标准。正如人们所说，“获得了 ISO 认证就等于获得了通向国际市场的通行证”。开展 ISO 认证工作对于饭店来说，既有利于加强饭店的质量管理，有利于保证宾客和社会所要求的质量，有利于饭店各层次人员素质的提高，也有利于树立饭店形象与国际接轨。此外，即使饭店通过了认证，认证机构还会进行一年一次或两次的抽检，如果饭店管理质量已不符合认证标准，饭店的质量认证标志也会被撤销。这种外来的压力，同市场竞争压力一样将迫使饭店持续不断地提高服务质量。经过慎重考虑和广泛动员，在领导层和饭店员工取得共识的基础上，金马饭店于 2000 年 3 月开始正式导入了ISO 9000/14000国际标准。

(2) 正确处理实施ISO认证与星级标准的关系

金马饭店在2000年时还是四星级饭店,以星级标准为指导原则进行管理。但饭店星级标准对硬件设施和物品配备的规定较为具体、翔实,对软件管理和服务质量的要求却比较原则、笼统,在实际操作中不易把握,该标准注重的是服务提供的结果。与星级标准不同的是,ISO 9000质量体系从过程控制着手,加强内部管理和服务质量控制,体现以顾客为中心的服务理念,是饭店原有管理体系的一种补充和深化。同时,ISO管理体系更注重服务提供的过程,通过种种内部控制和互查机制来确保饭店所提供服务的质量,这在一定程度上是对星级标准有力的补充和有效的支持,对饭店原有的管理起到监督、补充和完善的作用。

ISO 14000环境管理体系从资源的有效运用、污染预防、引导绿色消费等方面抓起,减少人类活动对环境、资源造成的破坏和污染,促进社会与企业的可持续发展。1999年,金马饭店开展"创建绿色饭店"活动,制订建设绿色饭店的规划并付诸实施,在围绕生态环境保护、降低物品消耗、提供绿色产品、引导宾客绿色消费等方面进行了大量的工作,既降低了成本开支,又增加了经济效益。开展ISO 14000认证则是在此基础上的又一次提升,把环保工作与星级标准结合起来,列入饭店管理的日常议程,以此将饭店的绿色管理制度化、程序化,既为饭店本身也为周围环境的可持续发展提供保证。

(3) 确保ISO体系的贯彻实施

使宾客满意是饭店的主要奋斗目标。要使宾客满意,饭店提供的产品就必须确保宾客规定的或潜在的需要得到理解和满足,因此金马饭店各层次人员对各项质量原则应尽到自己的责任和义务,并在对已有质量管理体系和宾客评价服务效果的反馈的基础上持续改进。这些需要在质量管理体系文件中体现出来,并作为质量体系运行的法规性依据。质量管理体系由文件编写、体系运行和审核认证三个阶段组成。

金马饭店经过几年的运转,已经制订了一套较为健全的并且符合国际标准的制度体系,为ISO 9000/14000的认证提供了良好的制度基础。饭店以认证为契机,通过三个多月的努力,根据实际操作情况,在原有制度的基础上参照ISO 9004—2的要素要求编写出一套富有金马饭店特色、结构合理、层次分明、可操作性强的管理体系文件。整套文件分为管理手册、程序文件、作业指导书、操作细则四个层次,共计334个文件,20余万字。文件编写完成后,饭店以文件规定的质量方针和环境方针作为管理的起点,于6月23日投入体系的试运行阶段,并进行多层次的磨合。

① 体系与原有标准间的磨合。在试运行阶段,金马饭店在全店范围内采取综合教育和骨干强化相结合的培训方式,使员工对ISO标准有全面的认识,使各级人员明确质量体系文件要求,自己该做什么、该怎么做。再在此基础上对现行文件与以往标准的差异进行培训,并在培训学习和实践操作的过程中不断完善体系文件。为确保体系的建立,总经理亲自带头参加了ISO内审员资格培训,分别有33名和7名管理人员取得了ISO 9000与ISO 14000内审员资格。

② 文件化记录体系的全面建立。ISO强调的是建立一个文件化体系,要求饭店建立完备的质量记录体系来检查和监督各项工作。这不仅是工作量化的具体表现,也是以往

工作中所欠缺的，要求饭店力求做到每个质量问题、宾客投诉和宾客意见都有记录、检查、验证和反馈，并做好纠正和预防措施。通过反复的检查和反馈，饭店加强了体系运行的有效性，使影响服务质量的因素始终处于受控状态下，从而提供宾客信得过的产品。

③ 开展质量活动拓展服务理念。ISO 9000 质量管理体系导入后，在如何进一步提升服务理念和管理思路上，饭店着实下了一番工夫。例如，开展评选“饭店形象代表”的活动，不仅使员工服务意识得到提升，也是按 ISO 标准对全员进行的一次关于质量意识的强化培训。其后，饭店又积极将国际金钥匙组织“先利人后利己”这一服务理念引入饭店，通过努力，金马饭店在 2000 年的 9 月 5 日正式成为中国饭店金钥匙组织的一员；同时围绕“优质服务是最好的促销”这一中心进行了评选“服务促销之星”的活动，希望通过个性化的服务来促进饭店与宾客之间的沟通与理解，提高宾客满意度。

(4) 重视环境因素提升环境意识

在 ISO 体系的导入中，以往一些“习以为常”的事逐渐引起了饭店的关注，主要表现在对环境因素的重视和环境意识的提升方面。例如，饭店大堂采用的是网架玻璃构造，盛夏烈日照射产生能源消耗和紫外线辐射等问题，是饭店以往没有意识到的。ISO 体系的引入，使饭店领导层决定制订减少能源消耗的管理方案，在网架玻璃结构外张拉遮阳布，既大大减少大堂区域的能源消耗，也改善了视觉效果。又如化学品的管理，以往饭店虽然也非常重视，但没有采取具体措施，通过 ISO 的运行，饭店对化学品的安全性能和危害程度进行了分析，从采购、使用、存放到废弃都制订了相应的操作程序，还新辟了危险品、化学品、废弃物品及化学废弃物品四个专用储存仓库。此外，饭店在进行添置、改造或更新项目时不仅对投入产出进行分析，还增加了对环境影响的分析和评估，对有环境影响的项目均制订出减少环境污染、减少环境影响的具体措施。

(5) 实施强有力的领导

在新旧标准的磨合过程中，遇到了不少困难——人员不足、时间紧迫、经验缺乏等。由于是初次接触 ISO 体系，大部分文件编写人员缺乏经验，加上没有现成的范本可供参考，首批文件编写出来的时候，存在逻辑性和可操作性不强等诸多问题，许多文件都写了改，改了写，经过多次推敲后才定稿。质量体系文件发布实施之后，正值饭店经营旺季，一些主要经营部门感觉时间紧，没有时间整改。饭店最高管理者坚持贯彻 ISO 9000/14000 标准与饭店经营运转两手抓，将考核贯彻标准任务像考核经营任务一样落到实处，明确各部门经理在贯彻标准中的职责和任务，调动和提高各部门实行贯彻标准的积极性和责任感，以确保饭店按时进行整改。饭店结合日常运转开展自查和质量检查活动，在自查和质检中发现的问题，凡在本部门能实施的就自行整改，凡是涉及与其他部门协调才能解决的，由总经理亲自主持接口会议协调处理。饭店还按计划、分阶段组织了两次管理评审，对质量管理体系的适用性、有效性、充分性以及质量方针、环境方针的适宜性，对环境管理方案执行等情况进行了实事求是的评估，并对存在的问题与不足提出了改进意见，限期完成，再进行跟踪验证。通过大家的努力，饭店终于成功地导入了 ISO 运行体系，并有效地将 ISO 9000 标准与星级标准、ISO 14000 标准与“绿色饭店”结合起来，使饭店的管理活动更加完善，管理思路更加清晰，管理接口更加顺畅，经营管理步入良性循环，经济效益和社会效益都获得提高。

通过了ISO质量管理体系和环境管理体系的认证,金马饭店取得了两张进入国际市场的通行证,并取得了良好的经济效益。与1999年相比,2000年金马饭店宾客满意率达97.26%,提高了1.05%,营业收入增长了4.8%,饭店综合经济效益(GDP)提高了10.1%。在出租率高于1999年的情况下,能源消耗比1999年同期降低2%,其中用电量降低4.5%,用水量降低1.3%。

补充阅读材料8-5

质量管理与控制的五大手段

研究服务质量,关键是搞懂质量管理与控制的手段,即用什么方法能控制质量、提升质量。笔者在多年培训的实践中,总结了提升质量与控制的手段,这些手段缺一不可,且要综合运用。

① 观念——开展服务质量的关键;

② 培训——保证服务质量的基础;

③ 激励——提供优质服务的动力;

④ 标准——管理服务质量的依据;

⑤ 督导——控制服务质量的核心。

资料来源:陈志学.饭店服务质量管理与案例解析.北京:中国旅游出版社,2006

8.4 饭店质量检查——明察和暗访工作

饭店尤其是高星级饭店,要了解自己企业的服务质量如何,客人的感受如何,除了通过宾客意见书和宾客满意度调查的方法之外,还有一条常用的途径,就是采取明察和暗访的做法。明察和暗访如何实施?具体如何操作?饭店如何利用明察和暗访报告改善服务工作呢?下面做一些相关的介绍。

8.4.1 明察工作

明察是饭店服务质量管理的方式之一,可以与饭店服务质量的日常检查、偶然暗访等其他方式相结合,相互交叉、相互弥补、相互促进,提升饭店质量管理意识,规范服务质量标准和操作程序。明察在促进各饭店之间相互学习和借鉴方面作用尤其明显。实践证明,明察可以运用在某个单体饭店,可以运用在某个地区的行业管理和质量保证体系中,也可以运用在饭店管理公司中。

1. 明察的概念

明察是指质量管理检查部门采取对被检查单位明确告知、公开检查的方法。被检查的饭店或被检查的部门会被事先告知,检查人员将于何时、采用何种方法对哪些部门进行质量检查,还会被明确告知检查人员的组成结构、身份等。质量管理检查部门可以是饭店自身的质量管理部门,也可以是饭店管理集团或管理公司的质量管理部门,还可以是饭店行业管理部门。明察时,检查人员一般在被检查单位的专人陪同下,对被检查部门或被检查内容按一定的检查标准进行质量检查。

2. 明察的作用

(1) 明察是公开透明的，可给予被检查的饭店直接的指导帮助

明察检查的是饭店对操作标准的贯彻情况，是一种质量管理控制的方法，具有明确告知、明白检查的特点，也就是公开、透明的特点。所谓“公开”，是指对于质量检查而言，采取的是公开进行的方式；所谓“透明”，是指检查的内容、方式，甚至检查的时间、检查部门、检查人员都是明示的。由于是明察，检查人员可以在检查的同时，对不合格、不规范的部门和做法进行当场纠正和指导，比起间接的、不直面的指导和帮助，更及时、准确、有效。

(2) 确立和保持操作标准

对新投入运营的饭店而言，各项管理制度和规章还在磨合，员工的技能还在熟练，即使开业一段时间的饭店，制度和操作程序也会存在不健全的情况，员工也会在工作中出现偷工减料、减少程序、降低标准等问题，饭店通过明察，请检查人员做一些具体的、专业的指导，能够促使新饭店尽快确立规范的操作标准，提醒老饭店不能降低标准，而是要始终保持操作程序的规范性。如果经常有明察人员的检查和纠正，饭店各个岗位的人员就会逐步形成良好的工作习惯，建立并保持工作标准。

(3) 促进信息共享

明察工作的成员一般是饭店负责质量管理的人员或饭店行业资深的从业人员，整个检察过程由被检查饭店人员跟随或带领。这种工作方式有几个好处：一是专业的检查人员熟悉饭店情况，了解专业操作，清楚操作细节，能够很专业地指出问题。二是不同饭店的相互检查，检查人员有机会看到和了解其他饭店的操作情况，可以从中捕捉到很多信息。三是在明察过程中，各个饭店可以做到对信息的共享，各饭店可以在不花费任何成本的情况下，学习和借鉴到对本企业有益的质量管理做法。

(4) 有助于提升检查人员质量管理水平

现代社会，知识和信息变化极快，宾客对饭店质量的要求也在不断变化，一个饭店管理者如果长期置身于自己的饭店中，常年埋身于本饭店或者本专业的管理事务当中，很快就会落后。组织质量明察，就是一个在检查过程中相互学习、共同提高的过程。由于检查人员的组成存在跨专业的特点，有的是客房比较专业，有的是餐饮比较专业，有的是前厅比较专业，检查人员有机会对各个部位的专业知识通过在检查过程中眼看、手摸、用心感受进行了解，并向其他成员学习，明察也是培养和造就质量管理专家的机会。

(5) 促进企业管埋者注重质量标准

在饭店日常运行中，饭店管理者更多关注的是效益，每一天都在盯着收益报表，而质量标准、质量要求等，经常会被忽视。每年组织适量的质量明察活动，会促使管理者在努力经营的同时，腾出更多精力抓饭店服务质量，抓好程序的贯彻和标准的执行，并可以借明察契机组织一些带有整顿性的活动，促使被检查的饭店不断提升质量管理水平。在明察过程中，检查人员提出存在的不足和问题时，每一个饭店都会针对问题进行整改。如果多次接受这样的检查，多次进行整改，在这个循环的过程中，不知不觉地饭店的操作标准趋于规范，饭店的质量水平将不断提高。

3. 饭店质量明察操作流程

明察是提高饭店质量管理水平的有效方式之一,主要有以下几个步骤。

(1) 建立和完善《质量管理标准操作手册》

质量检查,如同工业管理当中的质量检验。工业管理的质量检验,会有相关的检验标准、检验工具、检验方法、检验流程、检验记录等。同理,饭店的质量检验要做得规范、持久,也必须制定操作标准、操作程序等规范性的东西。这些规范的合集就是《质量管理标准操作手册》(以下简称《质量手册》)。《质量手册》制定的最基本原则是,所有内容要贴近企业的真实情况,各条款是本饭店适用的。手册内容的文字表述应简洁、易懂,便于操作。《质量手册》的制定是一个持续完善的过程,需要在运用的过程中进行阶段性修改。

(2) 按照《质量手册》要求进行整顿自查

饭店管理集团或管理公司在做质量明察之前1个月,会发出公告或通知,将明察的内容、要求、方法等明示。饭店得到明察的指示后,一般要做全员动员,把检查标准、要求等做公告,要求各个部门按照《质量手册》中规定的标准对自己的岗位进行清理、整顿。在正式明察到来之前,饭店方会自行组织几次按照管理公司的标准和要求进行的自查。在自查中,存在的问题会不断得到纠正,饭店的秩序得到很好的整顿,这是饭店借力推动标准化的良好时机。事实上,这也是培训员工了解和学习操作标准的过程,可以提高员工对工作要求的认识、对质量标准的认识、对集团或管理公司质量观的认识。

(3) 确定明察的内容

① 检查一线面客的各个岗位和操作内容。从检查人员抵达饭店开始,检查主要应包括以下内容,见表8-4。

表8-4 明察的检查内容

检查区域	检查内容
前厅区域	饭店门前的环境、卫生,车辆疏导,门卫的跑步拉门动作,门卫的微笑、问候;大堂的气氛、行李的服务、前台接待服务程序、办理入住登记时间等
客房区域	客房设施设备及卫生状况,服务程序,包括开夜床、洗衣服务、维修设备设施服务;客房舒适度,各种必需品的配备和质量以及方便宾客的程度
餐厅区域	餐厅卫生状况、环境硬件情况、服务氛围、服务程序等。通过零点的方式,检查菜单情况、服务员的点餐服务和推销意识、上菜速度、上菜顺序、酒水服务程序、菜品质量、餐后结账服务等,以评判餐饮整体服务质量
康乐区域	康乐场所的卫生状况、设备设施状况、相关证照是否齐全等
公共区域	饭店各个部位的消防设施设备情况、各个岗位在服务当中的衔接状况

检查对客服务质量,有两项内容是要求检查人员通过电话进行的,一是检查饭店"一站式"服务操作情况。例如,将电话打到商务中心,要求派送一个接线板,此时,可以看他们如何回答宾客,是让宾客自己再次拨打电话,找客房管家部联系派送接线板,还是回答"好的,我们马上联系解决"。现代饭店,尤其是高星级饭店,都要求做到"一站式"服务,不管宾客找哪个部门或者哪个岗位,接听电话的服务员都必须接受请求,并通过饭店内部的信息传递,尽快解决宾客的问题,满足宾客的需求。二是检查送餐服务。检查人员要通过

电话要求提供送餐服务，根据饭店提供的送餐菜单，点相关的餐品和饮品，并记录时间；待送餐服务员到达房间时，要看他们的进门服务程序、餐车的摆放和餐品的摆放是否规范，与宾客的对话是否规范等。

② 检查二线的各个岗位和操作内容。检查内容主要包括二线卫生状况、办公秩序、员工区域的文化氛围、员工生活区的设施设备情况、厨房卫生、库房管理、地下停车场的管理、工程设施设备管理等。

上述这些检查内容，一般需要一个检查团组，根据分工各自深入饭店，按照预先制定的检查表格，进行检查和记录。检查人员在面上的检查，要在饭店相关人员的陪同下，一个项目一个项目地进行走动检查。而有些项目是需要体验式检查的。例如，消防应急的检查，可以通过以烟雾过大引发客房报警的方式，来检查饭店消防应急方案的执行情况。

(4) 给出检查结论

① 评价打分。各项检查结束后，检查人员要各自根据打分表格的内容，实事求是地、公平地给出评价和打分。所有检查成员的打分要进行汇总，并计算出饭店的总得分。

② 评价报告。仅仅给出得分是不够的，检查人员还要根据检查的情况，用报告形式给予总体评价。肯定饭店做得好的地方，本着帮助饭店提高服务质量水平的态度，提出饭店存在的不足和问题，促进改善。肯定和批评都要用具体的事实来说明。例如，饭店的某些硬件设施非常舒适、饭店的某些服务细节非常人性化、某些硬件舒适度不够、色彩搭配不协调，服务态度生硬、服务技能不够好等软性问题也要有具体的事例。

(5) 检查后的跟进措施

对于饭店而言，质量明察结束后，不能得到结论就完事。质量检查是为了更好地改进质量管理工作，因此，饭店管理者要高度重视明察报告中的“肯定”及不足和问题。

① 分析报告内容。首先，质量管理部门要认真阅读明察报告，并认真分析明察报告的所有内容。具体方式，可以采用量化的手段，将所有报告中的“点”进行数字化对比，将数据做成图表，一目了然地看到饭店的强势和弱势、优点和问题。

② 给予员工表扬和奖励。根据报告内容，对于被肯定的“点”和员工，要大力表扬，以激励员工，使员工更加热情和具有责任感。

③ 分析问题，进行整改。对于报告指出的问题，要认真分析，找出原因，并根据问题“点”，责成责任部门、责任人制定整改措施，能整改的立即整改，不能马上进行整改的问题，要制订整改计划。对员工中存在的突出问题或共性问题，从培训角度进行解决。

④ 做好整改报告。对于明察中的问题，饭店在整改之后，应该有整改报告回馈上级部门，这是饭店重视明察工作并认真对待明察问题的一个重要标志。整改报告要正视指出的问题，写明整改措施、整改效果和今后的预防措施等。

8.4.2　饭店暗访工作

1. 暗访的概念

饭店的暗访，即在被访者完全不知情的情况下，饭店专业人士以客人的身份入住该饭店，在消费体验中了解饭店的硬件设施是否舒适，清洁卫生是否到位，员工的服务是否令人满意等真实情况。概括地说,其作用就是真实地了解一个饭店的日常运作情况,发现其中存在的问题,帮助饭店管理者从客人的角度了解饭店真实的一面,找出存在的问题,以便不断改进服务质量,达到让客人满意的程度。

2. 暗访的作用

(1) 暗访可以记录真实的场景

暗访如同录像带、录音带,能记录一个饭店运营的过程。例如,暗访人员利用在客房内的方便条件,可以认真地、彻底地检查客房卫生的真实情况,可以检查客人很少去看的枕芯卫生情况、被褥的干净程度、床底下的卫生是否合格等,同时运用照相、录影等技术手段将其录制下来。暗访人员在餐厅或者康乐等公共场合,是不方便拍照的,但是他们可以记录场景的情况,记录服务人员的聊天现象、服务语言不规范或者服务程序出现差错的现象等。这些记录,作为暗访报告,如同录像、录音真实地、客观地记录了他们体验到的一切。

(2) 暗访可以反映饭店薄弱环节的真实情况

一般来说,饭店的管理者很难发现管理的薄弱环节。这是因为管理者出现,员工会非常敏感,他们会千方百计做到最好,甚至在管理者面前近乎于表演,使管理者欣赏他。可是人都有消极的、懒散的一面,在管理的薄弱时间也会懈怠。例如,一家饭店在一个双休日里,员工们得知饭店的总经理们全都外出了,于是松懈下来。恰好暗访人员此时到该饭店入住,行李员无视客人的到来,没有主动上前服务,前台的几个服务员在相互打闹、嬉戏中为客人办理了登记入住手续。客人进入客房,看到地面多处有杂物、地板上有果汁、垃圾桶内有许多垃圾、窗台上一层尘土、备用枕套是用过的、火柴盒的磷面是被划过的,等等。客人就这样被安排进一间没有认真做过卫生的房间。在餐厅,前半段服务还可以,后半段基本没有什么服务,表现为:没有给客人添水;上水果不换碟;客人要了两种点心,后台却忘单了,一直没有上;整个服务过程中,员工的笑脸很少。这就是客人记录的薄弱环节的真实一面。这种情况在双休日、节假日、晚间等管理比较薄弱的时间段常常发生,员工们或者嬉戏打闹,或者懒散打不起精神,对客人的服务不能进入精神饱满的状态,此时管理者大多数不在现场,一般是很难发现的。暗访人员可以帮助饭店记录这样的场面。

(3) 暗访可以给饭店与饭店管理公司提供改进服务的信息

暗访人员大都是资深的饭店业从业人员,见多识广,能够较多地了解饭店发展的信息、客人的需求、新产品的运用、硬件的更新换代等情况。通过暗访人员的报告和评价,可使饭店经营管理人员从中了解到许多新的信息和比较前沿的硬件换代产品,同时也能客观地了解到随着时代的发展,客人产生的新需求。利用好这些信息,对管理者经营管理饭店有非常重要的帮助。

(4) 暗访是助推器,可以帮助饭店不断改进管理和服务工作

暗访能够从客人的角度、专业的角度反映饭店存在的一些薄弱问题或存在的死角问题,反映整个经营状态和服务状态。如果饭店管理者高度重视暗访的结果,利用暗访报告中反映出的问题和现象,很好地分析、研究和解决这些问题,无疑会对饭店的经营和管理起到推动作用。

3．暗访工作的步骤

如何进行暗访，不同的集团或饭店有着不同的做法。国际饭店管理集团通常的做法是"飞行检查"，即暗访人员根据集团的要求和暗访的使命，飞往世界各地集团下的饭店，以商务客人的身份入住并进行暗访检查。检查之后，总部将暗访报告发给被检查的饭店，集团总部会要求各成员饭店按照报告中指出的问题进行整改，总部也会在适当的时候，对这家饭店进行复查，复查重点是上次暗访中的问题，看他们是否彻底整改。如果没有整改，或整改不彻底，这家饭店的总经理恐怕就要受到一定的处罚。

我们国内的饭店，因为多数是单体饭店，各饭店更多的是为了自身管理的需要，为了提升管理水平和服务水平，饭店管理者会邀请具有一定资质的饭店业资深人员，对其饭店进行暗访。暗访后，根据暗访报告内容，饭店进行自我整改。

国内比较有规模的饭店管理集团或饭店管理公司也经常组织暗访，对旗下的饭店实施监控，并将暗访作为一项制度坚持做下去。

国家旅游局通常根据全国星级饭店评定和复核的需要，对相关饭店进行暗访式的检查和复核。这种检查和复核，一般聘请星级评定人员操作。

上述这些暗访的操作方式一般是大同小异的，主要有以下几个步骤。

(1) 确定暗访人员

① 受检查的单位自动邀请暗访人员。通常情况下，饭店的总经理认为需要通过暗访了解本饭店的服务情况和客人的感受，根据自己了解的同行中比较熟悉的人员，同时又认为能够承担暗访检查的专业人士，与其进行商谈，把本饭店情况做些介绍，把需要暗访检查的目的、重点部位、要求等内容与对方进行沟通，得到被邀请方的同意后，确定具体检查的时间段。然后，被检查单位就把暗访权限交给邀请方。现在也有邀请纯客人，即不是从事饭店工作的人士进行暗访，请他们从宾客的角度体验服务，提出意见和建议。

② 管理集团或管理公司如果需要对所属饭店进行暗访，负责质量管理的人员就会根据公司的要求，寻找能够承担此项任务的合作方。通常情况下，有三种途径。一种是邀请专业公司进行暗访。现在根据饭店业的需求，社会上有从事过饭店业工作的专业人士成立咨询公司，往往对一些单体饭店做一些咨询顾问工作，同时也担任暗访工作。另一种途径就是邀请饭店或管理公司的专业人员(即同行)，对其所属饭店进行暗访检查。第三种途径就是管理集团或管理公司自己组织暗访检查队伍，自己进行对各饭店的暗访。还有一种途径(现在还比较少用)就是请入住的客人，进行暗访。

(2) 确定暗访方案

暗访方案的主要内容有确定暗访的内容、时间、以什么身份入住、如何进行暗访检查、准备哪些"暗访道具"、如何与服务人员接触、如何防止被饭店管理人员或服务员发现自己的真实身份等，方案越细越周到，越利于工作。

暗访道具主要是一个行李箱，以便更像一位远道而来的商务客人；准备一两件换洗的衣物，以便检查洗衣服务程序。有的暗访人员在衣兜里放置些容易遗漏的物件，如零散的钱币、记有电话等内容的纸条等，以便查看收洗衣的程序；可以考虑携带手提电脑，以便查看饭店客房内上网的速度等。因为现代社会商务客人是离不开计算机的，饭店内上网是否迅速、网络服务如何,是影响商务客人是否愿意入住饭店的重要因素之一。还可以与相关的朋友沟通,请其帮忙在适当的时候,从外线打进电话来,以便检查饭店服务人员如处理留言、处理找人电话等程序。总之,要把为期一天(通常情况下暗访以一天为一个检查时间段)的暗访方案设计周到,有准备、有步骤地进行暗访检查。

(3) 确定暗访内容

暗访内容可以根据该饭店的要求进行设计和准备,也可以根据管理集团或管理公司的设计确定暗访内容。国家旅游局出台的《星级饭店访查制度》,是配合星级评定和复核设计的,吸取了国外饭店集团的一些做法,其主要特点是表格化、量化检查点,使检查内容以分数的表现方式显示,便于评分、比较,便于操作,使暗访或者检查评价比较有说服力。其不足是都用表格和分数显示检查内容,服务当中"活"的内容无法记录,一些检查人员运用此表时再附以文字,以概述服务细节、人员表现等内容。不管打分也好、评价也好,主要是达到真实记录的目的,反映一家饭店服务的真实过程。暗访的主要检查点集中在一线服务岗位。

一般情况下,主要检查点分别是前厅电话预订、电话总机服务、门卫迎客、送客、行李服务、前台接待、客房服务、客房卫生、客房设施设备、客房洗衣、个性化要求和服务、房间的整体舒适度、早餐服务、正餐服务、大堂吧和酒吧服务、送餐服务、康乐服务、商务中心服务、整体环境氛围、人员精神面貌、服务人员待客礼貌程度、服务人员对客人的关注程度等。每个检查点主要是检查其硬件设备设施状况、清洁卫生状况、人员精神状态、服务状态、服务程序的规范性和服务过程的灵活性、对个性化要求的处理方式等。

暗访内容的确定,可以是表格方式,可以是表格加文字方式,同时也可以在方便的地方进行拍照记录,以便更加生动、真实地描述场景、客观地反映检查情况。但是一定要掌握好暗访的技巧,不要弄巧成拙。

对于二线岗位,暗访人员很难访查,可以检查工程维修的处理速度、处理程序等,可以检查二线人员的服务意识,如故意将需要一线服务岗位的需求,打电话到二线某个岗位,看其是否具有一步到位的意识、是否推辞、是否愿帮助客人解决问题等。

(4) 整理检查内容,并做出检查报告

暗访人员在整个暗访检查中,应该随时记录检查情节,将相关内容填入表格。在整个暗访结束后,认真地回顾暗访过程,填写所有检查项目的表格内容,有些项目还要用文字描述。如果有照片(目前一般为数码拍照),应该分类整理并加以说明,分成不同的文件包存入电脑或刻制到光盘中,作为暗访报告的辅助部分。

文字说明部分,主要是对检查的客观记录、对整个饭店情况的综合描述和评价。文字说明部分,对被暗访的单位而言,应该是非常重要的。因为只依靠表格填写的记录和所得出的分数,不能具体说明某部位如何好,或者如何不好,而只有配合文字说明,才能具体反映出其状态的好与不好,如何不好,存在什么问题。

作为暗访人员,一定要实事求是地记录所看到的情况和自己的感受,不得编造或者夸大、缩小事实。因为被暗访的单位拿到暗访报告后,都会非常重视,会根据报告中的内容对号入座,了解什么时间发生在哪个岗位上的事情。如果不能够真实描述,饭店就无法针对性地去整改。如果夸大事实,被指责的岗位和员工就会被冤枉或者被处理过重,导致管理者对员工处理不当。

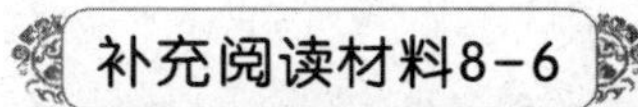

补充阅读材料8-6

星级饭店评定与复核中的暗访

一、如何开展暗访检查?

暗访目的:为加强对饭店星级评定工作的监督,国家旅游局有组织地以暗访方式对星级饭店或者正在申报星级的饭店进行检查。未经国家旅游局授权,各级星评机构和星评员不得随意实施对星级饭店的暗访工作。

暗访人员:通常情况下,五星级饭店的暗访工作由国家星评监督员承担。国家级星评监督员由国家旅游局负责选聘和委派,名单保密。

暗访形式:每次暗访检查由一到两名星评监督员承担。星评监督员以普通住店客人的身份入住饭店,全程不对外暴露真实身份,暗访费用由国家旅游局承担。

暗访时间:一般情况下,星评监督员在店停留时间须达到24～36小时,如需要,可延长至48小时。

暗访依据:

1.《旅游饭店星级的划分与评定》(GB/T 14308—2010);

2.《星级饭店访查》(LB/T 006—2006)。

暗访结果:暗访结束后,星评监督员应向国家旅游局提交一份有本人签名的书面检查报告,如有必要,还需提供相片、录音等资料。暗访报告作为国家旅游局对该饭店进行星级评定(复核)的重要依据。

二、暗访检查的重点有哪些?

(一)各区域的硬件档次匹配和各功能区位划分合理程度;

(二)饭店前厅、客房、餐饮三大核心区域的舒适度感受;

(三)饭店设施设备清洁卫生、维护保养情况,使用方便程度;

(四)饭店前厅、客房、餐饮各主要服务项目的质量达标程度;

(五)饭店员工的态度、服务意识、业务能力和应变能力;

(六)饭店安全设施、安全措施及应急管理的达标程度。

暗访时,星评监督员也可根据受检饭店服务产品与服务类型的差异,设置相应的特殊情境实施服务与质量的考察,同时应注意避免评价的主观性。

三、暗访检查报告的主要内容有哪些?

(一)总体印象

客观真实地反映饭店设施、服务和管理方面的总体印象。

(二)分项感受

应从前厅、客房、餐饮、会议康乐、公共区域、员工等方面分别说明。

(三)存在问题

应从设施设备、清洁卫生、服务、管理等方面列举。

(四) 整改意见

应分条列举,有理有据,意见明确。这一部分内容可能将由国家旅游局监督管理司通过省级旅游管理部门反馈给受检饭店。

(五) 暗访结论

明确受检饭店是否符合星级标准要求,并提出相关的处理意见。

(六) 补充材料

对于饭店存在的一些突出问题,应有照片和详细文字记录(写时时间、地点、场景、人物等内容)作为证明材料。

资料来源:刘士军,鲁凯麟.旅游饭店星级的划分与评定(GB/T 14308—2010)——条款解析与操作实务.北京:中国旅游出版社,2011.

4. 暗访工作的注意事项

对饭店的暗访,需要处理好以下几个问题。

一是暗访人员是以商务客人的身份出现,应注意隐蔽自己的暗访身份。暗访人员既要对饭店的各个部位进行检查和记录,又不能做得太明显,不要过多地对员工提出各种问题,以免被识破暗访的身份。

二是做暗访,一般要请饭店专业人员,但是暗访人员并不是每一个专业的专家。他们有的是客房出身,有的是前厅出身,有的是餐饮出身,只是某个方面比较内行,不可能所有的岗位都是专家。因此,在暗访过程中,会对有的岗位检查得比较专业,有的岗位就不一专业了。例如,客房专业的人员,一定能够对客房查得专业、到位,滴水不漏,但对餐饮就不可能查得很专业了。也就是说,检查人员不可能都很在行,会有偏颇的现象。为了弥补这个缺陷,可以采取不同专业的几个人组合的形式进行检查,能够弥补上述缺失。

三是暗访只是某一天或某一个服务过程的记录。也许记录的是某些偶然性的情况,不一定具有代表性。例如,暗访人员来到前台,正好碰上一位实习生,其服务不够熟练,并不代表所有的前台服务都不熟练;暗访人员来到餐厅,碰到两位员工聊天,也并不代表所有的餐厅员工都有聊天现象。但是,偶然中会有必然的因素。因此,暗访报告反映的问题,都需要饭店方面认真对待,从现象中找出问题的根源。

四是暗访人员只能接触到一线服务的岗位,不能对于整个饭店的情况都作出评价。暗访人员可以通过打电话、要服务、提出工程维修等方式部分地接触到二线(后台)服务人员,并做相应的检查。但是毕竟不可能对饭店做全面的评判,其暗访报告更多反映的是面客服务的情况,这点需要被暗访的饭店理解。

五是暗访人员要注意检查饭店在周六、周日、晚间和节假日期间的状态。这种时候,往往是饭店管理薄弱、人员状态松弛的时候,往往也是问题暴露比较充分的时候。

六是暗访人员如果在某家饭店感觉员工氛围特别好,各种服务非常周到、热情,所有岗位都是非常殷勤、服务过度的话,很可能是被饭店方识别出了暗访人员的身份。遇到这种情况,可以更换人员,在适当的时候,再次入住进行暗访。将两次或多次暗访情况进行综合,以达到暗访结果的真实性。

典型案例

没有冬天的饭店

温特莱饭店位于北京 CBD 商务区，开业 10 年来围绕打造一个“没有冬天的饭店”的理念，管理层和员工做了大量努力。截至目前，该饭店是北京唯一一家通过 ISO 9001、ISO 14001 和 OHSAS 18001(职业健康安全体系)认证的饭店，有 8 位中国区国际金钥匙代表。一位台商 10 年来一直住在该饭店，他说是温特莱饭店的细腻打动了他。

总经理贾翠萍介绍说，为了打造温馨的商务饭店，管理层在许多方面进行了创造性探索。所有客房没有带“4”的号码，充分考虑了中国人的文化传统；在客房卫生间，专门制作了一个眼镜托架，为戴眼镜的客人提供方便。考虑到康体中心占地面积大、利用率不高，决定把健身器材放到各个楼层，供客人免费使用，还提供水果和矿泉水。为增加客房的文化内涵，所有名人住过的客房，都在门口做了明显标志，客房内有名人的照片、签字的饭店浴袍等用品。2003 年，饭店特别推出了女性客房，在客房配置了女性用品以及女性喜欢的工艺品，投入使用后，受到客人的欢迎。

为了体现饭店为商务客人服务的特色，饭店在客房进行了一些富有文化味道的布置。例如，饭店和附近的社区、学校进行合作，把学生的绘画作品，按照 CBD 主题的要求进行装裱。在公共卫生间，饭店布置了许多漫画。饭店大力推出湘粤菜系，在较短的时间内，获得中国餐饮名店称号，有两名厨师获得大师称号，五色豆、金猪手成为招牌菜。为加大宣传力度，饭店在部分楼层布置了一些彩色图片。“我们希望客人出了客房就能闻到菜的香味。”餐饮总监隋立华这样介绍。

温特莱的细腻也表现在对员工的态度上。员工为饭店获得荣誉称号，饭店报销员工付出的费用。员工的家属生病了，饭店会派人去看望。在总经理的安排下，饭店率先在内部对员工进行职业生涯设计，根据每个员工的实际情况，设计以后的发展道路，大大提高了员工的凝聚力和战斗力。

资料来源：中国旅游报，2007-04-04

【分析与讨论】 饭店业是深刻实践“细节决定成败”的行业。细节的完美来自饭店对服务质量的不懈追求。请思考，通过了 ISO 9001、ISO 14001 和 OHSAS 18001(职业健康安全体系)认证，温特莱饭店的管理者为什么还要特别强调细节？

本章小结

很多饭店服务质量问题是全局性、系统性的问题，全面质量管理是提高企业产品和服务质量的有效途径。本章介绍了质量分析和全面质量检查的方法，帮助饭店找到需要解决的问题，选取了利用质量奖项和质量标准推进饭店全面质量管理的两个例子——里兹—卡尔顿饭店公司和金马饭店，分析它们如何建立、健全质量体系来实践全面质量管理理念。马尔科姆·波多里奇国家质量奖和 ISO 9000 质量标准为企业建立质量体系提供了具体指导，并为企业实行对内、对外质量保证作出了明确规定。

思考与练习

概念与知识

主要概念

ABC分析法　因果分析法　波多里奇国家质量奖核心价值

选择题

1. “PDCA”饭店服务质量分析方法是按(　　)顺序进行的循环管理。

A. 计划—处理—检查—实施

B. 计划—检查—实施—处理

C. 计划—实施—处理—检查

D. 计划—实施—检查—处理

2. 在饭店服务质量管理中,寻找饭店存在的主要质量问题的最有效方法是(　　)。

A. 因果分析法　B. PDCA循环法　C. ABC分析法　D. ZD管理法

3. 下面哪一项最不能说明波多里奇国家质量奖中的“组织和个人的不断学习”的核心价值?(　　)

A. 改进质量是所有工作单位日常工作的一部分

B. 所有组织必须依据定性的标准测量其改进过程的进展情况

C. 改进质量的过程是寻求从根源消除问题

D. 实现重大的、有深远意义的改变是改进质量的驱动力

E. 改进质量要在个人、工作单位和组织层面上持续进行

F. 改进质量需要特别关注创造和分享新知识

4. 不属于里兹—卡尔顿饭店公司“三步服务法”的是(　　)。

A. 同客人保持目光接触

B. 热情和真诚地问候宾客

C. 对客人的需求作出预期,积极满足宾客的需要

D. 亲切地送别,热情地说再见

5. 里兹—卡尔顿饭店公司的“过程管理”主要包括除了(　　)的三个部分。

A. 金字塔形互交小组　　B. 基本产品管理过程

C. 突破性改进小组　　D. 区域产品管理过程

6. ISO 9001质量管理体系的要求包括除了(　　)的五个方面。

A. 质量管理体系　　B. 管理职责

C. 资源管理　　D. 产品实现

E. 测量分析和改进　　F. 顾客关系管理

7. ISO 9000与我国饭店星级标准的主要区别在于,ISO 9000更强调(　　)。

A. 质量管理理念　　B. 过程控制

C. 领导者的领导能力　　D. 以顾客为中心

简答题

1. PDCA 循环法的核心思想是什么？其分析操作过程该如何运作？
2. 简述 ABC 分析法的程序。
3. 美国波多里奇国家质量奖(2007)从哪几个方面检查企业产品和服务的质量？
4. 试述 2007 年美国波多里奇国家质量奖评奖标准之间的关系。
5. 里兹—卡尔顿饭店在“以人为本”的质量管理方面做了哪些工作？
6. 什么是 ISO 9000/14000 质量标准“八项质量管理原则”？
7. 金马饭店导入 ISO 9000/14000 标准体系分哪几个步骤完成？

分析与应用

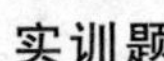

实训题

1. 找一家三星级饭店作为饭店服务质量分析的对象，运用因果分析图或 PDCA 管理循环的方法做具体分析，找出饭店服务质量中存在的主要质量问题。

2. “全员参与”是 ISO 9000 质量管理体系“八大质量管理原则”之一，请参考金马饭店的做法，设计一个五星级饭店导入 ISO 9000 后持续调动员工积极性参与质量管理的培训和过程管理方案。

第9章
饭店服务质量改进

学习目标

通过本章学习，达到以下目标。

知识目标：了解与掌握饭店服务金三角；饭店服务质量改进时的原则、方法；服务蓝图的组成及其在质量改进中的作用。描述服务补救系统基本构成；明确顾客投诉的类型和处理顾客投诉的原则和程序。

技能目标：能够识别和描绘顾客在酒店的服务蓝图；遵照处理客人投诉的原则和程序，正确处理客人投诉。

引　例

成功的"服务补救"

"今天中午我用餐后回房间，碰巧在楼层碰到服务员，我让她两点差十分叫醒我，可是两点十分时，我还……（回头看了一眼音响师）那边有录音，下面的我就不讲了。"这段话是在某城市一饭店总经理培训班上一位教授讲课时说的话。教授的话可能是有意或无意的，但有位旁听者——该店质检主管可听得清清楚楚。

一个小时后，课间休息，质检主管便来到客房部总机值班室了解情况，值班话务员说中午没有客人要求叫醒服务。质检主管又看了值班记录，确认没有任何叫醒服务记录，便直奔客房部楼层服务中心，找到当值领班小邵，询问讲课教授入住的楼层由哪位服务人员负责。小邵说那名员工已下班回家了。质检主管又问能否联系到她，小邵说估计联系不到。看质检主管追问得这么急，小邵便问有什么事情，非得现在找到楼层服务员。质检主管就把刚才教授讲的事情讲给领班听。刚说完，小邵脸上刚才的微笑服务没有了，眼神中流露出一丝惊恐。质检主管一看便问："教授不会是跟你说了，你没有叫醒教授吧？"这时小邵才回过神来，对质检主管说，教授中午回来时在走廊碰到她，要求中午叫他，我回服务中心后忙起来就给忘得一干二净了，这可怎么办啊？质检主管听了小邵的陈述之后，对小邵说："如果教授今天不在培训课上提起，我们的服务会在教授的心中大打折扣，会造成不良影响。教授下午6点下课，晚上10点左右的火车回广州，你要在这段时间内做一些补救的措施，把影响降到最低。"经过短时间的协商，他们决定做以下工作：①将这一情况通报部门经理以及值班经理。②为教授房间内配备一个果篮，并配一张精致的歉意卡。③教授下课后回房，要在第一时间内向教授当面真诚致歉，并主动承认自己的一时失误给教授带来不便，恳求客人原谅。

时间一分分地过去，对小邵来讲，每分钟都很漫长。下午6点准时下课，10分钟后，质检主管通知小邵："教授乘电梯回房间。"小邵和值班经理带着果篮敲开了教授的房间，说明了来意，并诚恳地向客人表示了歉意。教授明白了个中原因的同时，也对酒店在接待工作中为一点点失误力争去弥补感到了吃惊，经过有效且良好的沟通之后，教授言语中流露出想购买一些本地特产的意思，小邵主动担当了教授的临时导游，在陪同客人购物回酒店后，教授还主动给小邵留下了电话号码，并对小邵的诚实和热情给予了很高的评价。小邵在与教授微笑道别时说："您的这次之行虽然出现了一点小小的差错，但我相信，正是这一点小差错，会让您在心里留下一个美好的回忆。"

在酒店的对客服务中，不可能不出现一丝一毫的差错，但最怕的是当差错出现后，客人的沉默、服务人员的回避，造成客人流失、服务下降。因此，我们在对客服务中，要用心去关注、感受客人的每一个动作、每一眼神、每一句言语……正如这个案例中的教授有意无意的一句话，便引起了质检主管的足够重视，及时了解、及时沟通、及时补救，最终达到了在通常情况下达不到的效果。

9.1　饭店服务组织管理的基石——服务金三角

根据服务的定义，服务的目的在于满足顾客的需要。饭店业作为服务业的一个重要构成部分，与制造业在生产运营过程中存在较大的区别。其中最大的区别是，同其他服务性行业一样，饭店企业服务传递的方式是顾客趋向服务组织，只有顾客来到饭店企业，服务产品才同时进入生产和消费的过程，而且在产品生产和提供过程中，顾客不仅直接接触饭店的员工，而且还会直接接触到饭店所拥有的设施和设备(如饭店客房的计算机系统)。此外，顾客还会直接感知到饭店的环境气氛(如饭店餐饮部桌椅的摆放、酒吧饮品的陈列、各对客营业部门的室内装潢等)，只有这些因素结合才能创造出顾客满意的服务。制造业的生产过程，顾客是不直接参与的，看到的和感受到的只是最终的成品。制造业对生产的环境、生产过程以及所使用的机器设备，一般只需要考虑如何降低生产成本、提高生产效率、提高产品的质量以及文明生产不污染环境等。

正因为饭店企业在提供服务过程中，顾客可以参与到服务的生产过程中，接触到饭店企业的许多方面，所以饭店在确定其指导思想来构筑自己的管理模式时，一定要从整体出发，不能忽视有可能与顾客发生接触的每个部分，从重视饭店各个组成部分的角度提出具有自身行业特点的理论框架。

9.1.1　"服务金三角"的含义

"服务金三角"由美国服务业管理的权威卡尔·艾伯修先生在总结了许多服务企业管理实践经验的基础上提出来的，是一个以顾客为中心的服务质量管理模式，由服务策略、服务系统、服务人员三个因素组成。这三个因素都以顾客为中心，彼此相互联系，构成一个三角形。

“服务金三角”的观点认为,任何一个服务企业要想获得成功——保证顾客的满意,就必须具备三大要素:一套完善的服务策略;一批能精心为顾客服务、具有良好素质的服务人员;一种既适合市场需要,又有严格管理的服务组织。服务策略、服务人员和服务组织构成了以顾客为核心的三角形框架,形成了“服务金三角”,如图9-1所示。

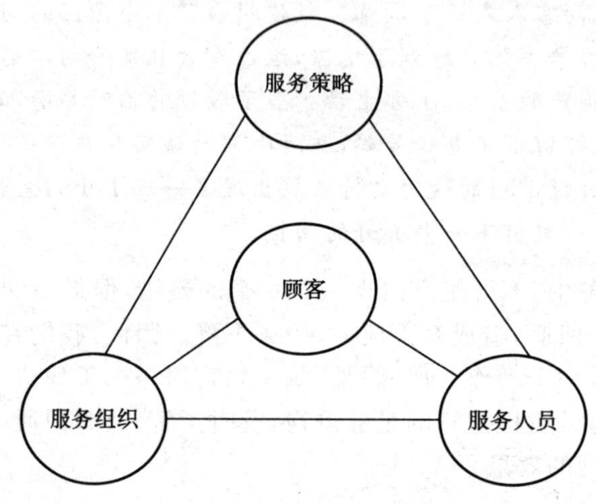

图9-1　服务金三角

由于“服务金三角”以清晰的构图反映了服务业管理中必须以顾客为中心的最本质的特点,同时又指出了加强服务业管理中最关键的三大要素,因此为世界各地服务业管理界所认可,并把其誉为服务企业管理的“基石”。尽管各种服务企业提供的服务是多种多样的,但是管理的基本模式基本上是一致的。因此,“服务金三角”理论在饭店行业也有着广泛的适用性。

9.1.2　顾客是饭店“服务金三角”的核心

1. 顾客的定义

关于什么是“顾客”,现在社会上流传着各种各样的说法。“顾客是上帝”,这是一种来自国外的说法。“上帝”在外国人的心目中是法力无边、惩恶扬善的化身,谁得罪了“上帝”,谁必将大祸临头。不管是谁,在“上帝”的面前只能俯首帖耳。因此,必须以“顾客就是上帝”来规范人们的行为。“顾客是衣食父母”,这是一种带有“中国味道”的说法。就是说,饭店经营者如果使顾客在消费服务的过程中感到满意,就好像为自己的父母尽到了一份孝心。这种说法似乎更能为大多数经营管理者所认同。“顾客是亲人”,这出自一线员工之口,不仅包含了把饭店的顾客当作“上帝”、把顾客当作“衣食父母”的内容,而且还包含着“情重物轻”的意思。这种说法既显得特别亲切,同时又具有可操作性。以上种种说法,都具有强烈的感情色彩。作为一种术语和定义,显然就不够严谨。

此外,在日常生活中,人们还常把顾客称为消费者,把消费者也称为顾客。其实这两个概念既有区别,又有联系。简单地讲,顾客是指在某特定饭店进行购买活动的人;而消费者则是使用和消费饭店卖出东西的人,但是消费者也许会到饭店直接购买,也许不会向饭店购买，而是通过其他人转送获取，如中秋佳节之际顾客将从饭店购买的月饼赠予自己的亲朋好友。这时月饼的直接购买者就是饭店的“顾客”，而“亲朋好友”则称之为饭店的消费者。所以，消费者不一定是顾客。如果从营销距离的角度来分析，则顾客与饭店企业营销距离最近，只有他们才能与饭店进行直接的接触；而消费者和饭店的营销距离相对较远，因为消费者不一定直接与饭店接触，消费者消费的饭店企业的产品可能是使用由别人赠送的物品进行消费。至于社会大众，则是由顾客和非顾客、消费者和非消费者组成，包括社会中的每个人。相对于饭店企业而言，社会大众与饭店的营销距离最远，作为一个成功经营的饭店，不仅要维持既有的顾客，而且要尽可能争取广大消费者和社会大众成为饭店的新顾客。

2. 顾客的特性

(1) 顾客是有需求的群体。顾客作为一种消费群体，都有着共同的基本需求。饥思食渴思饮，这是人类这一生物体的共同的需求。古今中外，概莫能外。由于不同地区、不同自然条件和社会环境的影响，顾客存在共同基本需求的同时，必然也有着不同的特定需要。因此，在研究顾客共同的基本需求变化规律时，更应该依据顾客的不同，如性别、年龄、职业、民族以及所从事行业的不同，来探索顾客在不同条件下的特定的需求变化规律。

(2) 顾客的活动是生理需求和心理需求的共同反映。饭店等旅游服务性企业主要为顾客提供满足其食、住、游、购、娱等方面的需求。因此，顾客来饭店消费，首先是为了满足其生理需求，这是最基本的。但是顾客的活动也反映了顾客的一种心理需求。心理是人脑的机能，人的心理过程包括人的感觉、知觉、记忆、思维、情感和意志等。心理特征包括人的兴趣、能力、气质、性格等。顾客的活动可以充分体现出顾客的心理过程和心理特征，尤其需要指出的是，随着人们生活水平的不断提高，顾客在购买过程中，心理需求的比重日益提高。因此，饭店为满足顾客需求，必须探索顾客的心理特征。

(3) 顾客的心理活动必然会受到社会群体的制约和影响。顾客作为直接接触饭店的人，不仅是自然人(有着生理和心理的需求)，而且也是社会人，是某种社会群体(如不同家庭、不同阶层、不同种族等)的成员。顾客需求必然要受到不同社会群体的影响和制约。具体来说，这些影响包括经济和文化的影响、社会和家庭的影响、企业和推销人员的影响等。因此，饭店通过学习社会学、人际关系学等知识来探索顾客心理活动的规律是十分重要的。

(4) 市场经济中顾客购买行为有自主权。在竞争日趋白热化的饭店行业市场上，饭店企业面临的竞争对手越来越多，这也意味着消费者有了更加广泛的消费选择范围。因此，饭店要想在激烈的竞争市场中占有自己的一席之地，甚至脱颖而出，只有充分地满足顾客的多层次需求，才能为自己赢得相应的利润。也就是说，对于任何饭店企业来讲，饭店经营成功与否，都取决于有自由选择权的顾客，取决于顾客喜好什么、愿意花钱买什么、在哪儿买、什么时间买等。因此，不断进行市场调查，深入分析顾客的活动规律，才能使饭店立于不败之地。

3. 顾客在饭店管理中的地位

饭店企业服务的生产提供过程，就是将服务从服务提供者手中传递到服务接受者——顾客手中的过程。这一服务提供过程，相当于制造业的生产和分配过程，但是在特征上则完全不同。因为在饭店服务提供过程中,服务作为一种“产品”,不仅被生产出来,同时在向顾客提供过程中,被顾客消费掉。也就是说,饭店服务的提供过程具有两大特征。其一,饭店作为服务的提供者,与顾客之间的关系十分密切。和制造业中顾客与产品生产过程分离的特征不同,饭店企业的顾客直接参与了服务的生产过程,与服务的提供者之间同时存在相互接触,这就使得二者之间的关系带有浓厚的人际关系的色彩。其二,服务的提供过程和消费过程之间的关系也与制造业不同。在制造业中,生产和消费彼此分离并相对独立;而在饭店行业中,生产过程和消费过程是同时进行的。几乎同时发生的生产过程和消费过程(在有些情况下,生产过程略早于消费过程)使服务生产与商品生产之间具有很大的区别,从而导致饭店在企业管理中具有自己的特色。

在饭店企业管理体系中,顾客这一角色将出现两次,一次是作为服务市场中的消费者;另一次则是作为服务提供过程中的一个组成部分。顾客在服务行业中既充当消费者又充当参与者的双重角色,使得“顾客参与”在饭店企业管理中无疑占有不可忽视的重要位置。

9.1.3 “服务金三角”的关键要素

服务策略、服务人员、服务组织是“服务金三角”的三大关键要素。

1. 服务策略

饭店企业要想提供成功的服务,给顾客创造完美的消费经历,第一个关键要素在于饭店企业必须制定一套明确的服务策略。制定服务策略必须根据顾客的期望并加以细分,使顾客的期望与饭店提供服务的能力相配合,这样就可以为顾客提供满意的服务奠定一个良好的基础。

美国哈佛商学院教授海斯凯特指出:“一项服务不可能使所有人得到所有的满足。服务组织与制造厂商不同,无法在同一时间提供超过一种的‘产品’——也就是超过一种形式或水准的服务。作为服务企业的经营者,你必须选择或细分出某一群顾客,再给予特定的服务,只有按照顾客们的需要,制定出一套服务策略并提供服务,才能在顾客的心目中拥有竞争上的优势。所谓细分就是区分出具有相同特性消费群体的过程,通过细分化可以设计并提供每个消费群体所需要的产品和服务。”

服务市场的细分是饭店企业实施各项营销策略的基本前提,是根据服务市场需求的多样性和购买者行为的差异性,把整体服务市场(即全部顾客和潜在顾客),划分为若干个具有某中特征的顾客群,以便确定自己的目标客源市场。市场细分是饭店目标市场确立的客观基础。

服务市场需求的差异性和顾客购买动机的差异性取决于社会生产力发展水平、市场产品供应的丰富程度以及顾客的收入水平。当社会经济落后,产品供应相对缺乏的时候,这些差异表现并不明显。但是当社会经济发展到一定程度,市场供应比较充足,购买力提高的时候,需求的差异性便明显地呈现出来了。这一点在顾客对饭店服务的需求方面的变化上显得尤其突出。例如,饭店企业在设立之初仅仅是满足顾客吃住方面的生理需求,但随着消费水平和能力的不断提升,顾客对饭店服务的消费不仅超出了传统的吃住需求,进一步延伸到游、购、娱等服务需求,而且即便是传统的需求也产生了明显的需求差异化表现。对于日益多变的顾客服务需求，任何一个饭店企业都不可能同时满足。因此，制定细分化的服务策略对饭店企业就显得非常重要了。例如，满足顾客不同需求的主题客房（包括电影客房、水泥管客房、镜子客房、监狱客房等）和主题餐厅（如知青饭店、丽人餐厅、马桶餐厅等）等，在当前竞争市场上都得到了一定的市场认可。

（1）实施细分化服务策略的作用

① 使饭店为顾客提供恰如其分的服务成为可能。实施细分化服务策略最重要的作用在于可以使饭店针对不同顾客群的需求，根据自身的能力来提供恰如其分的服务。因为对于顾客来讲，如果饭店企业提供的服务不能满足顾客的需求，则顾客必然会愤然离去，并转移到竞争对手那里。但是如果饭店提供给顾客的服务远远超过了顾客的期望，必将大大增加服务成本，那么即使服务的目标是正确的，也会因为成本太高而使饭店面临亏损，甚至走向破产。

② 使饭店的服务能力与顾客需求保持相对平衡。饭店提供的服务产品是无形的，具有非贮存性，不能像制造业那样可以用库存的手段来调节淡季和旺季的需求之差。对于饭店业来讲，解决服务能力供需平衡的最有效的方法就是把顾客的服务需求细分，这样可以使许多顾客的服务需求变得比较容易预测，从而掌握其变化规律，减少因服务需求的大幅度起伏，造成服务供需之间的不平衡。

③ 使饭店服务能力充分满足顾客需求。实施细分化的服务策略，才能充分满足不同顾客的不同需求。任何一家饭店都可以通过市场细分，找到属于自己的目标市场——某个顾客群体。然后对这一顾客群体再做某些程度的细分，划分出几个层次，研究每个层次的各自特征，并制定一套相应的服务策略，以满足不同顾客的不同需求，从而使饭店业在激烈的市场竞争中独领风骚。

（2）制定细分化服务策略的难点

尽管饭店服务细分化和对营销的细分化有许多共同之处，但是营销的细分化往往集中在顾客的明确需求，即利用眼前的生意，买还是不买来判断某个目标市场是否存在。而服务的细分化则集中在顾客的期望上，这是一种潜在的需求。

对顾客期望的这种潜在需求进行确认，要比对顾客明确需求的确认困难得多。例如，顾客进入某家饭店，决定购买哪种类别的服务产品需求往往具有相似的特征，但在消费服务的具体过程中所期望获得服务的方式和细节，就会因顾客的经济条件、生活习惯和文化程度的不同而有所差异。收入不高的顾客期望得到质优价廉、性价比高的服务，而收入高的顾客则往往对服务所蕴涵的文化内涵，以及服务产品及其提供方式能否代表其身份、地位、凸显其个性品位有更多的关注。

此外，饭店服务作为一种非具体的产品，具有无形的特征。不同的顾客群有不同的期望，只要饭店企业提供的服务与顾客的期望稍有偏离，就会对顾客的满意程度造成冲击。更何况，由于服务没有具体的产品可供检验，顾客往往会把服务和提供服务的系统联系在一起，即不同的服务提供系统，就会使顾客觉得服务产品的差异。例如，顾客对提供服务的饭店员工，不仅要看服务人员是否能按照饭店标准化程序提供高效率的服务，而且服务人员的衣着和谈吐也影响到顾客对饭店服务的感受。

解决这一问题的关键在于以下几点。首先，要把了解顾客期望的重点放在最重要的顾客身上。因为顾客的期望值会五花八门,但是只有属于"关键少数"的顾客期望才最有代表性。其次,找出饭店所能提供的服务与顾客期望之间的差异,来确定顾客的真正期望。再次,要按顾客的期望加以分析,尽可能对各种期望的顾客提供良好的服务。最后,饭店还必须利用广告、承诺、价格等手段来约束顾客的期望。

2. 服务人员

要确保饭店能成功地为顾客提供服务,第二个关键要素是服务人员,因为对顾客来讲,与饭店的接触是通过第一线的服务人员来实现的。服务人员既是饭店企业的代表,又是服务的化身,因此服务人员的素质的高低对饭店企业来讲极为重要。

首先,饭店企业的第一线员工是要直接接触顾客的。这一点和制造业员工有很大不同。举例来讲,在生产流水线上的工人,由于其操作过程必须标准化和程序化,所以其中很少有不确定性的成分,有时甚至基本不需要判断力。一切只要按程序、按标准进行操作就可以了。但是作为饭店的第一线员工,行业的性质决定了他们必须与饭店顾客保持密切的接触。尤其是在这种接触中充满了不确定性,因为顾客的需求和期望是五花八门的。饭店服务人员在提供服务的过程中,在很多情况下需要服务人员自行判断应如何解决顾客遇到的问题,有针对性地提供服务。因此,要使饭店企业能够提供令顾客满意的服务,训练一支具有良好素质的服务员工队伍是必不可少的。

令人遗憾的是,许多饭店并没有把足够的时间和资金放在对第一线员工的培训和激励上,尽管许多饭店的管理者都在大声疾呼服务的重要性,但由于很多饭店只关注眼前的利益,在实际运作过程中往往不愿对员工的训练和教育进行投资,以防"为他人作嫁衣",其最终的结果是使提供服务的饭店丧失可持续发展的可能。

由于饭店服务是无形的,顾客对服务的评价,常会根据自己和服务人员打交道的经验来判断。一位性格暴躁的服务人员,虽然有很高的工作技能,但顾客对其评价往往不如一位和颜悦色的服务人员评价高。可以设想一下,一个饭店如果出于某种原因,提供服务的系统出现了故障,服务效率大大降低,但是只要饭店的员工仍在关心他们,了解他们的需求并且尽量设法补救,顾客必然会给予谅解。

其次,饭店还必须明白,在第一线提供服务的员工,是在从事一种"情绪性劳动",要使饭店员工做好这种"情绪性劳动",就必须具备从事"情绪性劳动"的本领。例如,作为一名出色的饭店服务人员,必须要善于捕捉顾客的眼神,因为"眼神"是顾客的所有表情中表达能力最强、也是最微妙的部分。一名服务高手,可以从顾客转瞬即逝的眼神中,观察到顾客的内心需求和期望,就能主动询问主动服务,甚至在有些情况下,顾客自己还没有完全意识到,只是在心中下意识地一闪念,饭店服务员就能通过对顾客眼神的捕捉,主动提供服务,这种带有强烈"情绪色彩"的服务,不仅显示了服务人员的高超技巧,同时也肯定会赢得顾客的好感。卓越的服务人员不会害怕顾客提出问题,而是随时欢迎顾客提出各种不同的需求,因为这可以充分显示自己解决顾客问题的能力,并从中获取工作的成就感和满足感。

再次,饭店行业中服务人员的人际关系要比制造业中员工的人际关系复杂得多。在制造业中,管理者和员工之间的关系比较单一。在饭店等服务性行业中就不同了,饭店行业的服务人员不仅要与自己的管理者接触,同时还要与服务消费对象——顾客进行接触。这种复杂的关系就决定了饭店企业中的服务人员必须接受两重安排，即顾客和管理者的安排。这无论是对于管理者进行管理，还是服务人员接受管理，都极大地增加了难度。

最后，必须强调的是，第一线的服务人员必须具有良好的素质。因此，饭店必须保持员工队伍的相对稳定。而在服务性行业中，饭店企业的员工流动率相对而言是比较高的。在其他行业，正常的人员的流动率一般应该在 5%～10%，作为劳动密集型企业，饭店的流动率也不应超过 15%，但近年来饭店行业的员工平均流失率高达 40%～50%，员工流失率一直居高不下。需要特别指出的是，饭店所需要或招聘的一些高学历、高层次的管理人才流失情况更加严重，他们往往是在参加完饭店培训后，掌握了一定的技术能力和服务意识，就选择跳槽。例如，杭州市 10 家饭店 2000 年招聘了 168 名大学生，到 2003 年年初已流失 111 名，流失率为 66.1%，其中进饭店不到 1 年流失的大学生有 81 名，占流失人数的 73%，个别饭店连续 3 年新招聘的大学生几乎全部在第一年内流失。

因此，饭店企业的管理人员必须采取多种措施，包括各种物质和精神的奖励，充分调动员工的积极性，同时还要加强对员工的培训，努力提高他们的服务技能，培养他们的服务素质。因为就管理而言，员工素质的高低相对顾客服务的优劣，两者是息息相关的。

3. 服务组织

每一个饭店都必须建立相应的服务组织，其目的是为了保证饭店在确定细分化的服务策略以后，通过服务提供系统的建立对提供服务的过程进行有效的控制，使饭店能及时准确地提供服务，以达到特定的目标市场中顾客的需求。

(1) 服务组织建立的必要性。在饭店内部建立相应的组织机构，除了可以把最高管理层所规定的目标有效地贯彻到基层外，对于饭店来讲，还有如下独特的作用。

首先，饭店员工本身的行为就构成了服务这一“产品”的组成部分，而制造业中工人的行为可以影响产品的质量，但不会构成产品本身的一部分。饭店员工，尤其是一线员工的服务行为对顾客所感受到得服务质量有着极其重要的作用，而且越是提供无形服务比重高的服务，顾客心理感受的分量就越重。

其次，由于服务产品具有无形性，不能贮存，所以很难依靠“库存”来解决供求之间不平衡的矛盾。最好的解决办法，只能靠有效的服务组织的管理者合理配置各种资源，以及时消除各种“瓶颈”现象，提高饭店的工作效率。

再次，由于服务具有生产和消费同时进行的特征，服务传递模式为顾客趋向服务组织。要想更好地组织客源，当前不少饭店都采用了连锁化经营模式，实施集团化发展战略，而这就避免不了饭店的分散性布局。为了使分散布局的各个分店都能达到集团规定的统一规范或标准，饭店就非常有必要建立强有力的服务组织和管理部门，以对高度分散的各个饭店进行有效的控制。

最后，由于服务质量不能像有形产品那样通过事后把关剔除不合格产品，所以必须依靠饭店所建立的高效的组织机构的力量进行有效的事前和事中控制，如果实现不了这一点，仅靠“事后把关”是无法提供让顾客满意的服务的。

(2) 服务组织包含的内容。服务组织中主要包括两大系统，一是“软件”系统；二是“硬件”系统。所谓“软件”系统主要包括饭店组织内管理系统和规章制度系统。这些内容是组织中的“法规”,是饭店组织中每个服务人员都必须遵守的。所谓“硬件”系统是指饭店用来为顾客提供服务的设备和设施。这里着重论述饭店组织中的“软件”部分(主要是指管理等内容)。

饭店“软件”系统的作用在于其能从组织上、制度上保证组织内各项工作的执行、考核与落实,使饭店企业能正常运行,不断实现饭店的目标。具体来说,饭店组织的“软件”系统主要包括下述四个子系统。

① 总体控制系统。总体控制系统是指饭店组织内部承担管理控制职能的各管理部门。总体控制部门的设置要根据服务组织的不同类型来加以区别。这里主要阐述总体控制系统的任务,包括三方面内容。一是组织管理目标的制定。一般情况下,服务组织管理目标的确定,先由饭店内部各部门提出目标意见,上报综合部门审定,经饭店最高管理者批准后确定目标。二是饭店内部管理制度的制定和完善。三是饭店内部管理制度的执行和考核。总体控制的职能在于统一饭店各部门管理者的认识,认真执行饭店组织内部的规章制度,充分运用各种机制、监督机制和激励机制,促进管理规章制度的执行。

② 过程控制系统。过程控制系统是针对饭店所提供的服务需要多岗位、多部门共同完成的具体情况提出来的。过程控制必须对提供服务的全过程进行整理、优化,尽可能减少不必要的服务环节,对服务过程所涉及的饭店各部门进行科学、合理的划分,并确定相应的工作标准,使饭店形成一条像制造业流水线一样的有形“流水线”,凡是与服务过程有关的各个部门和服务人员都能明确自己在整个服务组织中的作用和地位,使各部门各环节形成一个彼此独立又相互合作、相互制约,一环扣一环、一环保一环的有序、高效的服务过程控制系统。

③ 信息反馈系统。信息反馈系统是根据总体控制和过程控制的要求设置的。利用既定的程序、方法和手段,从饭店内部和外部(主要是顾客)获取信息,再经过加工、整理、筛选、传递,建立信息网络为饭店组织的最高管理者科学决策提供依据。

信息反馈系统是饭店为顾客提供服务,满足顾客需求的条件和基础。因此,饭店作为一个服务组织,应根据实际情况,有计划地配备计算机等现代化的信息装备,以提高信息反馈系统的科学化和现代化。

④ 考核监督体系。为了保证饭店的高效运行,并能给顾客提供高品质的服务,饭店必须对服务人员进行有效的控制,在饭店组织的“软件”系统中必须建立有效的考核监督系统。

考核监督系统和总体控制系统是相辅相成的。总体控制的目的是保证饭店管理目标的实现,并对实施过程的偏差进行调控,考核监督的目的是保证饭店各部门管理规章制度的执行。

考核监督强调在自我管理的基础上,实行自我控制,同时再辅之以行政手段和经济手段,并且要运用积极的激励手段代之以消极的惩罚手段,以保证饭店内部各项管理制度的顺利执行。

总之,“服务金三角”不仅是服务企业的管理基石,也是饭店实施高效管理的一个重要依据。

9.2　饭店服务质量改进体系

根据饭店业服务质量的构成和特性，在饭店中推进服务质量改进的基本点是以顾客的物质需求和精神需求为依据，以提高顾客满意程度为标准，以领导支持、全员参与、各种制度和持续改进为保证，以服务的专业技术和各种适用的科学方法为手段，以取得最大的社会和经济效益为目的。

9.2.1　饭店服务质量改进的原则

ISO 9000 中对质量改进的原则的描述是“组织的产品、服务或其他输出的质量是由使用它们的顾客的满意度确定的，并取决于形成及支持它们的过程来实现；质量改进应不断寻求改进机会，而不是等待出现问题再去抓住机会”。饭店服务质量改进也有需要遵循的原则，主要包括以下几项原则。

1. 过程改进原则

饭店质量改进的根本是服务过程的质量改进。质量改进通过过程来实现。在饭店服务质量改进过程中，改进模式的确定、改进组织和团队的建设、改进方案的制订、改进目标的评价及改进过程的事实及监控等共同构成了饭店服务质量改进过程的质量改进环。质量改进环上的每一个过程都将直接影响饭店服务质量改进的效果和结果。因此，首先应对饭店服务质量改进全过程进行细化分解，直至质量改进环的最基本单位。其次，应明确饭店质量改进的目标和效果，从最小单位开始进行改进过程。

2. 持续性原则

饭店质量改进应以追求更高的过程效果和效率为目标，比较通用的质量改进步骤是：寻找不足—改进—巩固—寻找新的不足—新的改进—巩固。饭店服务质量改进是以已有的饭店服务产品和服务过程为基础的，对服务过程中涉及的达不到顾客要求而造成顾客不满的问题进行原因分析，探讨解决问题的措施，并在征询顾客意见后，有效实施这些措施并评价其有效性。在完成这一阶段的质量改进后，饭店进入下一轮新的改进，如此循环往复，持续不断。

3. 预防性原则

持续的质量改进包括“主动进攻型”改进，如通过头脑风暴法提出合理化建议等；也包括如纠正措施的“被动型”改进。但饭店质量改进的重点在于预防问题的发生，而不仅仅是事后的检查和补救。饭店服务质量改进的关键应该是消除、减少服务质量隐患，防止出现服务失误、顾客不满等问题。这就要求对影响饭店服务质量的诸多因素进行事前质量控制，如通过完善服务系统、修正服务标准和制度、提高服务人员素质、确立科学的人性化的服务程序等方面防止发生服务质量问题。只有这样，才能实现永久性的、根本性的质量改进。

除了上面提到的原则之外，还包括硬件质量与软件质量并重的原则、全员参与的原则、循序渐进的原则、持之以恒的原则、注重培训的原则、注重奖励的原则等。因此，饭店服务质量改进模式的构建应当结合以上所提出的改进原则，使建立的改进模式符合过程改进原则,符合持续性原则,符合预防性原则,符合硬件质量与软件质量并重、全员参与、循序渐进、持之以恒、注重培养、注重奖励等原则。

9.2.2 饭店服务质量改进模式的支持体系

为了保证饭店服务质量改进模式的有效运作,需要建立与之相适应的支持体系,以便在组织上和制度上为饭店服务质量改进提供必要的支持。饭店服务质量改进模式的支持体系包括三部分:基本组织结构、全员参与、制度体系。

1. 基本组织结构

饭店服务质量改进模式在基本组织结构方面主要分为四级:饭店高层管理者、质量管理委员会、改进团队、团队成员。

(1) 饭店高层管理者

饭店服务质量改进必须由最高管理者发动,其过程的有效性是与最高管理者的投入成正相关关系的。没有高层管理者的承诺和支持,饭店服务质量改进就失去了人力、资源、财务等方面的有效支持。饭店高层管理者是饭店服务质量改进的最高组织者。

(2) 质量管理委员会

质量管理委员会是由饭店的高层管理者委任并组成的,其成员主要是饭店的主要部门负责人。饭店质量管理委员会的基本职责是指导、协调饭店服务质量改进过程,并使其文件化、制度化,是领导和运作饭店质量改进活动的有效工作平台。饭店质量管理委员会的成员并不直接参与解决具体的服务质量改进问题,其作用是确定服务质量改进的总体方针政策,支持和协助饭店质量改进活动。他们的责任是根据不同服务质量改进活动和过程的情况和特点,挑选并授权最合适的、符合改进活动要求的、能胜任的主管去承担该项任务,全权负责处理问题,将处理的结果定期向质量管理委员会报告,并传达质量委员会的指示。

(3) 服务质量改进团队

服务质量改进团队是饭店质量管理委员会的直接下属组织,负责饭店服务质量改进的具体活动。质量管理委员会将饭店服务质量改进活动的任务授权给服务质量改进团队,由改进团队完成改进项目。服务质量改进团队不在饭店的组织机构图中,是一个临时性组织,其形式如质量管理小组、服务质量改进小组、提案活动小组等。服务质量改进团队是解决饭店服务质量改进问题的一个有效的组织形式。

(4) 团队成员

服务质量改进团队的成员来自饭店的各个部门,来自影响服务质量的各个不同领域,他们所掌握的技能和经验决定了完成饭店服务质量改进具体项目的有效性和效率。团队的成员可以由饭店员工自愿申请参加。

2. 全员参与

在饭店服务质量改进的系统中,全员参与是服务质量改进工作的重要内容,全员参与是指饭店中的所有成员以及饭店相关者都能积极、明确地参与到服务质量改进的活动中。全员参与主要体现在以下几个方面。

(1) 顾客参与

饭店服务质量改进的最直接的动力就是对质量提出新的问题和新要求,而其中问题和要求的最主要来源就是饭店服务的接受者——顾客。一方面,顾客可以提出饭店现有服务存在的问题和差距;另一方面,顾客可以对饭店服务项目和服务质量特性提出更高一级的期望和要求。饭店应采用系统化、规范化的方法调查和分析顾客需求,通过调查问卷、鼓励顾客填写意见卡、认真对待顾客投诉、完善顾客档案等途径使顾客参与到饭店服务质量改进中来,从中识别改进的机会。所以说,顾客参与是饭店服务质量改进的起始点,也是改进活动的重要输入活动。

(2) 员工参与

饭店高层管理者不仅要重视改进活动的团队参与,而且同样要重视员工的个人参与。员工是组成饭店服务质量改进团队的成员,同时也是改进项目的具体实施和操作者,构成了饭店质量改进的基础。只有调动各个员工的积极性和创造性,提高各个员工的质量意识和能力,饭店服务质量改进才能有效开展和完成。饭店可以采取自上而下和自下而上的员工参与方式,由饭店管理者指派需要参与的员工,或者由员工自主报名参与。

(3) 跨部门参与

饭店服务质量改进是一个复杂的系统性活动,涉及饭店的几个部门甚至所有部门。所以饭店的所有部门(包括前厅、客房、餐饮、质量等部门)对服务质量改进过程的实施都负有责任。因此,为了使服务质量改进达到预期的效果,饭店应使每个部门都有权利和义务参与服务质量改进,使每个部门都清楚饭店服务质量改进过程的目标,以及质量改进过程的方法和技术。在改进项目的实施过程中,应当根据改进项目涉及的不同问题选择需要参与的部门和人员等。

(4) 供应商参与

饭店对外部的依赖是任何饭店都不能忽视的共性问题。随着经济一体化的发展和供应链思想的成熟,企业之间的协作关系将更加密切和多元化。饭店的服务质量改进过程同样离不开供应商的参与和贡献。例如,某饭店发现机器自动折叠出的毛巾有一个小问题,那就是很多毛巾折叠后,饭店的标识图案都不能显示在正中间,这就需要饭店员工对毛巾进行重新折叠,既费时又费力。后来经过调查发现,是由于供应商提供的毛巾图案没有印在标准的位置,最后通过与供应商协调使这一问题得到圆满的解决。因此,饭店应当积极地与供应商进行沟通,使其了解饭店服务质量改进的目标、要求等,使供应商能够配合饭店服务质量的改进。

3. 制度体系

制度体系主要包括质量体系、培训制度和奖励制度。

(1) 质量体系

饭店质量体系的有效运行是服务质量改进活动得以成功的体系支持和保证,从长远观点出发,饭店为了持续、有效地开展服务质量改进活动,以追求卓越的质量经营业绩,就必须建立和完善饭店的质量体系,并确保体系的有效运行。良好的质量体系包括质量标准、质量原则、质量活动程序等。

(2) 培训制度

饭店服务质量改进的顺利开展,还需要饭店培训制度的强力支持。科学、合理的培训能够有效提高饭店各个层次员工的知识和能力,进而推动饭店质量改进的有效进行。饭店的培训制度不仅应当保证饭店普通员工能够得到服务质量观念和改进技能方面的培训,而且应当保证饭店高层管理者也得到服务质量改进方面的培训。同时,饭店培训还要做到定期和持续,并选择合适的培训内容和培训方式。只有如此,才能使饭店服务质量改进获取人力资源的支持,保证饭店服务质量改进的持续开展。

(3) 奖励制度

为了支持饭店服务质量改进活动的有效开展,饭店也应当具备良好的奖励制度,一是应对饭店服务质量改进活动的成果进行评价,这种评价应当做到客观、公正。二是依据饭店的奖励制度对那些在改进过程中为改进目标的实现作出贡献的部门和个人进行物质和精神奖励,并鼓励他们继续努力达到更新、更高的水平。

9.3 服务蓝图

9.3.1 服务蓝图含义及其构成

有形产品可以用图纸、规格对其质量特性进行描述,但对于服务这种特殊产品来说,因其具有无形性的特征,很难进行具体的说明。这不但使服务质量的评价在很大程度上依赖于我们的感觉和主观判断,更给服务设计和质量改进带来了挑战。20世纪80年代美国学者 G. Lynn Shostack 和 Kingmam Brundage 等人将工业设计、决策学、后勤学和计算机图形学等学科的有关技术应用到服务设计方面,为服务蓝图法的发展作出了开创性的贡献。两位在服务质量管理和服务营销领域里进行研究长达20年之久的美国女专家 Valarie A. Zeithaml 和 Mary Jo Bitner 在1995年出版的《服务营销》一书中,则对服务蓝图法做了综合性陈述。

1. 服务蓝图的含义

服务蓝图(Blueprinting)是一种准确地描述服务体系的工具,借助于流程图,通过持续地描述服务提供过程、服务遭遇、员工和顾客的角色以及服务的有形证据来直观地展示服务。经过服务蓝图的描述,服务被合理地分解成服务提供过程的步骤、任务及完成任务的方法,使服务提供过程中所涉及的人都能客观地理解和处理,而不管他们是企业内部员工还是外部顾客,也不管他们的出发点和目的是什么。更为重要的是,顾客同服务人员的接触点在服务蓝图中被清晰地识别,从而达到通过这些接触点来控制和改进服务质量的目的。

饭店业作为服务业的一个组成部分,其产品同样体现出明显的无形性特征,因此饭店业既可以借助绘制服务蓝图的方法有效设计饭店的服务流程,也可以借助服务流程图开展服务提供过程的控制,并借助流程图找出服务接触的关键点以及服务过程中存在的问题,以有效改进饭店服务质量。

2. 服务蓝图的组成

整个服务蓝图被三条线分成四个部分,自上而下分别是顾客行为、前台接触员工行为、后台接触员工行为以及支持过程,如图9-2所示。

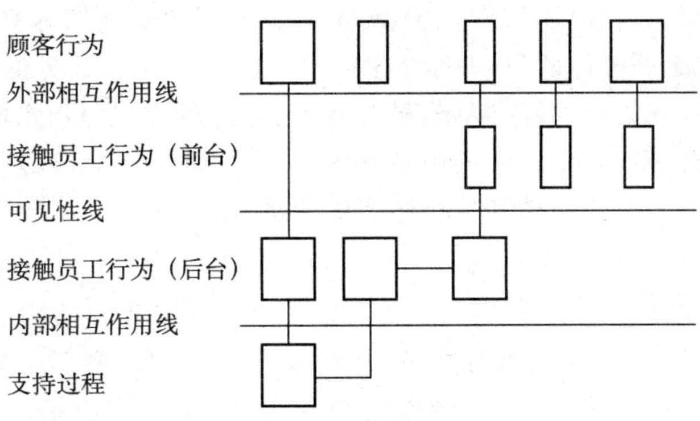

图 9-2　服务蓝图的组成

（1）顾客行为

最上面的一部分是顾客行为，这一部分紧紧围绕着顾客在采购、消费和评价服务过程中所采取的一系列步骤、所做的一系列选择、所表现的一系列行为以及它们之间的相互作用来展开。例如，在一个顾客在餐厅用餐的例子里，顾客的行为就包括预订—入座—点菜品和酒水—等候菜品—查看账单—支付账单—取车离开等。

（2）接触员工行为(前台)

前台员工行为是直接与顾客接触，是顾客看得见的。以顾客餐厅用餐为例，饭店前台员工为顾客提供的看得见的行为包括接受预订确认时间—引客入座—接受点菜—上菜—出示账单—收取信用卡或现金—返还信用卡或找零及收据—提醒顾客带齐物品并送别顾客。

（3）接触员工行为(后台)

除了顾客看得见的与一线员工的直接接触行为外，另一种是顾客看不见的支持前台活动的接触员工的后台行为。接触人员的行为和步骤中顾客看不见的部分包括查看可能时间，加入预订—核实预订，取菜单—将点菜单交给厨房/酒库—从厨房取菜品—从收银处取账单—与收银员交接等。

（4）服务支持过程

最后一部分是服务的支持过程，这一部分涵盖了在服务传递过程中发生的支持接触员工的各种内部服务及其步骤和它们之间的相互作用。在上例中服务支持活动包括维持预订系统、准备菜单、保留点菜/账单记录、食品制作、账单制作、结算等，都将出现在蓝图的这一区域。

隔开四个关键行动领域的三条水平线，上面的一条线是“外部相互作用线”，代表了顾客和饭店之间直接的相互作用，一旦有垂直线和其相交叉，顾客和顾客之间的直接接触就发生了。中间的一条水平线是“可见性线”，把所有顾客看得见的服务活动与看不见的分割开来，通过分析有多少服务发生在“可见性线”以上，有多少发生在“可见性线”以下，饭店就可非常容易地了解员工为顾客提供服务的情况，并区分哪些活动是接触员工前台行为，哪些活动是接触员工后台行为。第三条线是“内部相互作用线”，把接触员工的活动同对其提供服务支持的活动分隔开来，是“内部顾客(一线员工)”和“内部服务人员(二线员工)”之间的相互作用线，如有垂直线和其相交叉则意味着发生了内部服务接触。

另外,有些饭店企业在绘制服务蓝图时,通常在蓝图的最上部有有关服务证据方面的内容,表示顾客在整个服务体验过程中所看到的或所接受到的服务的有形证据或者说有形展示,如声音、语调和语气、餐厅装修、员工外表、餐台布置、菜品、账单,甚至包括饭店的其他顾客等。而在有的饭店所绘制的服务蓝图中,会增加一条职能分界线,进一步把内部支持活动划分成管理职能的活动和执行职能的活动。

3. 服务蓝图的要素

服务蓝图包括"结构要素"与"管理要素"两个部分。服务的结构要素,实际上定义了服务传递系统的整体规划,包括服务台的设置、服务能力的规划。服务的管理要素,则明确了服务接触的标准和要求,规定了合理的服务水平、绩效评估指标、服务品质要素等。通过不断完善服务蓝图中的"结构要素"和"管理要素"体系,饭店可以制订符合"顾客导向"的服务传递系统,即首先关注识别与理解顾客需求,然后对这种需求作出快速响应,努力使介入饭店对客服务的每个人、每个环节,都做到把"顾客满意"作为自己"服务到位"的标准,以达到改进饭店服务质量的目的。

9.3.2 服务蓝图在饭店质量改进中的作用

服务蓝图具有直观性强、易于沟通、易于理解的优点,作用主要表现在以下几个方面。

(1) 通过建立服务蓝图,促使饭店从顾客的角度更全面、更深入、更准确地了解所提供的服务,使饭店更好地满足顾客的需要,有针对性地安排服务和服务提供过程,提高顾客满意度。

(2) 通过建立服务蓝图,研究可见性线上下区域内的那些前、后台接触员工行为,掌握各类员工为顾客提供的各种接触信息,有助于饭店建立完善的服务操作程序,有助于明确职责、落实岗位责任制,有助于明确培训工作的重点,有针对性地提高员工服务技能等。

(3) 服务蓝图揭示了组成饭店服务的各要素和提供服务的步骤,有助于明确各部门的职责和协调性,有助于理解内部支持过程和非接触员工在服务提供过程中的角色和作用,激发他们的积极性和主动性,从而为和顾客直接发生接触的饭店员工提供高质量服务创造条件。

(4) 蓝图中的外部相互作用线指出了顾客的角色,以及在哪些地方顾客能感受到饭店服务产品质量。这不但有利于饭店有效地引导顾客参与服务过程并发挥积极作用,而且有利于饭店通过设置有利的服务环境与氛围来影响顾客满意度。而可见性线则促使饭店谨慎确定哪些员工将和顾客相接触,是谁向顾客提供服务证据,哪些东西可以成为服务证据,从而促进合理的服务设计,明确质量控制和改进活动的重点。

(5) 服务蓝图有助于质量改进。例如,从服务蓝图可以判断服务过程设计是否合理、充分、有效率,还有哪些地方需要调整和改变,所进行的这些改变将如何影响顾客或饭店接触员工以及其他的过程,这些考虑有助于识别饭店服务的失败点以及饭店服务活动链的薄弱环节,从而为饭店服务质量改进指明方向。

(6) 服务蓝图为内外部营销建立了合理的基础。例如,服务蓝图为饭店营销部门和广告部门有针对性地选择必要的交流信息、做好市场调查及顾客满意度调查工作,或是寻找顾客特别感兴趣的卖点提供了方便。

另外，通过对现有服务的服务蓝图的分析，饭店管理人员有可能发现重造服务系统的机会，增加或删除某些特定的内容，重新定位服务，以吸引其他细分市场。例如，一家在团队市场已取得成功的饭店决定要在商务市场建立更大的品牌忠诚度，用服务蓝图将所有的“顾客经历”反映出来，重新设计其服务过程的某些方面，以便向商务顾客提供更个性化的服务，而且对每一种接触，饭店都可以根据顾客反馈确定一个预期服务标准，并建立相应的控制服务绩效的系统。

9.3.3　绘制服务蓝图的基本步骤

服务企业多种多样，同一服务企业又可提供不同的服务，就是对于同一服务而言，描绘蓝图的不同目的也会使所描绘的蓝图有所不同。因此，服务蓝图也就多种多样。尽管如此，建立服务蓝图的过程还是有一些共性步骤可循。

1. 识别需要制订蓝图的服务过程

蓝图可以在不同水平上进行开发，既可以是在整个饭店或部门层面上的概念性服务蓝图，也可以是只对某一项具体服务项目的服务蓝图。如图 9-3 所示，顾客在酒店的服务蓝图也可以为饭店特定服务项目中某一个具体环节而设计。因此，饭店具体在什么层次上设计蓝图需要在出发点上就达成共识。饭店要建立服务蓝图，其第一步骤就是识别欲建立服务蓝图的服务过程，明确对象。而识别需要绘制蓝图的过程，则首先要对建立服务蓝图的意图作出分析。如果目的大体在于表达总体流程的性质，那么概念蓝图不需要太多细节。如果蓝图要用于诊断和改进服务过程，那就要更加详细些。由于有些人比别人更加重视细节，该问题经常被提出，需要蓝图开发团队给予解决。如果服务过程例外事件不多，可以在蓝图上描绘比较简单、经常发生的例外补救过程。但是这样会使蓝图变得复

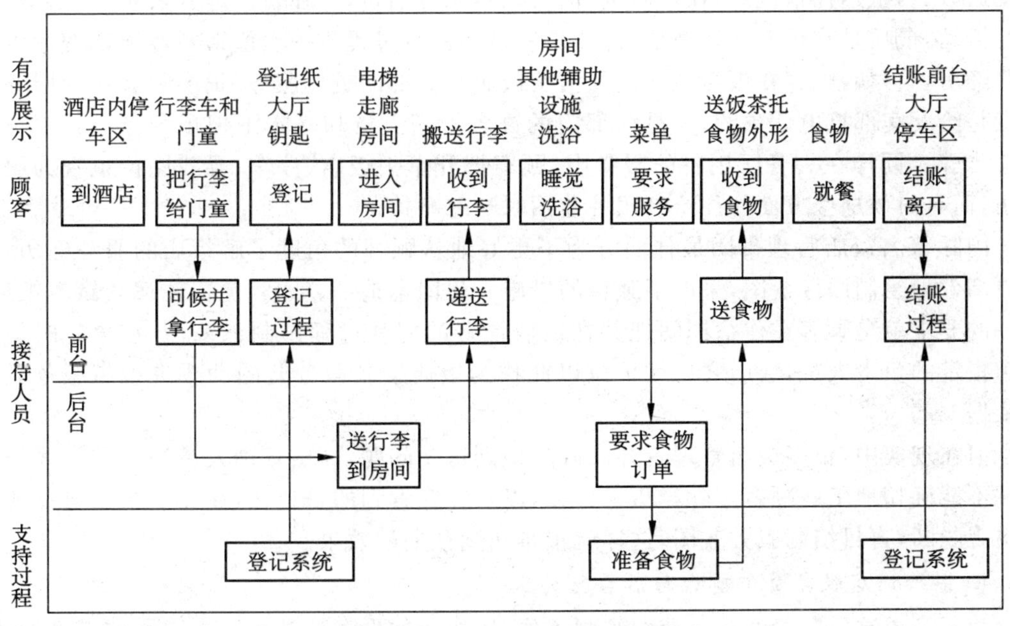

图 9-3　顾客在酒店的服务蓝图

杂、易于混淆或不易阅读。一个经常采用的、更好的形式是在蓝图上显示基本失误点,有必要时为服务补救过程开发新的子蓝图。

2. 识别顾客(细分顾客)对服务的经历

由于不同类型的顾客对饭店服务的需求表现出明显的差异性,因此在设计蓝图时不可过于笼统,否则将达不到完善服务流程、改进服务质量的目的,服务蓝图的绘制也就失去了其实际意义。因此,饭店在识别顾客对饭店服务的经历时就需要对饭店的顾客群进行市场细分。而市场细分的一个基本前提是,每个细分部分的需求是不同的,因而对服务或产品的需求也相应变化。假设服务过程因细分市场不同而变化,这时为某特定的顾客或某类细分顾客开发蓝图将非常有用。在抽象或概念的水平上,将各种细分顾客纳入一幅蓝图是可能的。但是,如果需要达到不同水平,开发单独的蓝图就一定要避免含混不清,只有这样才能使饭店服务蓝图的效能最大化。

3. 从顾客角度描绘服务过程

该步骤包括描绘顾客在消费和评价饭店服务中执行或经历的选择和行为。如果描绘的过程是饭店内部服务,那么顾客就是参与服务的一线员工,即与顾客发生直接接触的员工。从顾客的角度识别服务可以避免饭店在设计服务蓝图时把注意力集中在对顾客没有影响和实际意义的过程和步骤上。该步骤要求饭店必须对顾客是谁达成共识,有时为确定顾客如何感受服务过程还要进行细致的研究。如果细分市场以不同方式感受服务,就要为每个不同的细分部分绘制单独的蓝图。

有时,从顾客角度看到的服务起始点并不容易被饭店准确识别。例如,在国际旅游中,旅游者最初的活动是到旅行社进行咨询,进而选购旅游路线,然后在旅行社确定具体出游时间,到机场登机,在飞机上享受航空公司提供的空中服务,之后经旅游目的地的中转交通服务,抵达住宿饭店,在饭店进行餐饮、娱乐等消费,并在目的地开展观光、游览、购物等活动,最后是乘机返回客源地,这才是完整的消费过程或一次值得顾客回忆的完美的消费经历。再如,顾客在饭店住宿期间消费饭店女宾部的美体服务,很多顾客认为服务的起点是给女宾部打电话预约,但是该部门的许多管理人员却基本不把预约当成其服务的一个步骤。同样在去餐厅用餐的服务中,顾客把开车去饭店、停车、寻找座位也视为服务经历,而有时候这些方面往往绘制服务蓝图时被忽略掉。

国际著名饭店管理集团最佳西方为了更好地从顾客的角度了解饭店的服务经历,进而更高效地绘制服务蓝图,采取了独特的措施。集团邀请部分顾客免费住宿其旗下饭店,唯一的要求就是顾客在住宿期间把其在饭店消费的完整过程录制下来,并在离店时交给饭店指定的负责人员,饭店之后就可以以此作为饭店绘制服务蓝图和改进饭店服务质量的依据。

但在现实中,很多饭店管理者并没有意识到这一问题,高层管理人员和不在一线的员工并不能确切地了解顾客实际经历了什么,以及顾客看到的是什么,往往是根据自己的了解主观臆断,盲目绘制服务蓝图,这样就很难达到预期的效果。

4. 描绘饭店服务员工前台与后台行为

为了完成这一阶段的服务蓝图绘制工作,饭店应首先画外部相互作用线和可见性线,然后图示从一线员工的角度所理解的服务过程,并区分员工前台可见性行为和员工后台不可见性行为，以及哪些活动是完全暴露在顾客面前的，而哪些活动是顾客所看不见的。

5. *图示饭店内部支持活动*

图示饭店内部支持活动即画出内部相互作用线，把顾客行为、服务人员行为与支持功能相连，这样可以识别接触人员活动和内部支持活动之间的联系。在这一过程中，内部行为对顾客或直接或间接的影响才显现出来。从与顾客的联系的角度看，可以发现某些饭店内部服务过程可能具有重要意义，而有些则没有明显的联系，这就应予以去除。

6. *在每个顾客行为步骤加上有形展示(有形证据)*

在完成上述工作后，为了更好地控制整个服务过程，给顾客创造完美的服务经历，饭店还应在服务蓝图上添加有形展示，说明顾客在接受服务的过程中所看到的东西以及所能接触到得有形物质，也被称之为有形证据，具体包括餐桌餐椅、餐具、台布、员工制服、账单等。它能够帮助分析有形物质对饭店整体服务过程和服务质量的影响，同时也能说明饭店整体战略及服务定位的一致性。

9.3.4　建立服务蓝图的注意事项

(1) 建立服务蓝图不是饭店中的某一个人或某一个职能部门的事，往往需要建立一个开发小组，吸收各方代表的参与，尤其是顾客和饭店一线服务人员的积极参与。

(2) 对已存在的饭店服务过程建立服务蓝图时，必须按照实际发生的情况描述过程，而不能按所策划或认为是理想的情况来描述。在设计服务蓝图的过程中，如果发现部分环节对顾客没有实际意义，就应该及时剔除。同时，在绘制服务蓝图时饭店也可以将原来的某些环节忽略掉，把对顾客有意义的服务环节增加进来，使饭店的各项服务逐步得以改进和完善。

(3) 如果饭店不同细分市场的顾客经历服务的方式不同，饭店就应该对每一细分市场绘制单独的服务蓝图。

(4) 现代技术的发展使得可见性线的划分更趋复杂，而且使可见性的含义更加丰富。

(5) 在进行服务蓝图设计中，饭店可充分借助计算机图形技术。

9.4　服务补救

对完善服务的不懈追求是优质服务的特征。然而，即使是那些全心相信完美服务哲学的典范饭店也不能完全避免服务失误，错误是每项服务的组成部分。虽然尽了最大的努力，但即使是最出色的饭店也不能防止偶尔没有菜单中提供的饭菜、电梯停止运行、送餐服务超时。由于服务经常是在顾客在场时执行，因此错误是不可避免的。

9.4.1　服务补救的理论基础

顾客服务质量越来越受到重视，但饭店企业包括其他企业在纠正顾客所遭受的服务过失方面，仍存在许多缺陷。大多数时候，饭店的反应或其根本没有反应，让投诉的顾客感觉更糟糕。对服务中出现的问题不能作出令人满意的解答，这一条就足以使饭店有必要加强力量进行服务补救。此外，服务补救还为加强同顾客的联系以及建立顾客对企业的忠诚提供了一个极为重要的契机。

1. 可靠性是服务质量的核心

在竞争的市场经济中,一个企业最终目标以及其采用的各种各样营销策略的目的在于向顾客提供较高的价值。最新的管理理论的一致看法是,一个企业的竞争地位主要由企业因素,即企业的能力或企业的核心竞争力决定。对于服务企业,往往是这些核心竞争力不能满足顾客的期望。大量研究表明,违背服务承诺是令顾客对服务企业感到失望的最重要因素。换而言之,服务企业的核心竞争力是否能与提供履行承诺的服务联系在一起,也就是与服务的可靠性紧密联系在一起,是其在竞争中制胜的关键。可靠性是服务质量的核心。

2. 留住老顾客还是争取新顾客

尽管对任何一家服务企业来说,有时似乎有源源不断的潜在顾客,但是企业最主要的目标还是必须着眼于保持现有顾客的忠诚度。这是因为争取新顾客总是比留住老顾客耗费更多。另外,不断地寻求新顾客意味着现有顾客没有得到很好的对待,结果只能是失去顾客满意度,损坏企业的声誉。从长远的观点看,服务策略的目的就是履行服务承诺、提高顾客忠诚度、减少顾客不满意。

3. "第二次必须做好"

从顾客是否重新惠顾的意愿可以清楚地表明这个顾客是否会忠诚于企业或转向其竞争对手。在竞争激烈的环境中,顾客根据一个企业是否能够提供完美无缺的服务来决定是否忠诚于这个企业。这就给服务企业带来一个问题。服务产品在生产和消费过程中存在很多人为因素,所以失误是不可避免的。考虑到失误的不可避免性,服务企业如何处理失误就成为留住客人的至关重要的因素。

当失误发生时,顾客从企业处理失误的方式来判断企业对服务质量的承诺是否属实。出现服务失误后,企业必须想方设法使顾客感到满意。如果企业在出现服务失误后没有做到确保顾客满意,顾客对企业的信心就会下降,而对企业的不利宣传就会增加。第一次失误可能会得到原谅,但是如果企业的第一次服务失败后没有采取补救措施,这就是二次失误,使服务"再度偏离"顾客期望,结果会使顾客对企业的负面印象加深。

9.4.2 服务补救系统

服务补救是一个企业为了使由于服务或产品不能满足期望而感到不满的顾客重新感到满意而采取的一系列步骤。有效的服务补救能够提高企业的竞争力,能够在质量和价值方面为企业树立良好的形象。但在某种程度上,优秀的服务补救比可靠的服务更难做到,而且也显得更为重要。仅仅一次未能很好地处理服务中的问题,就可能极大地损害通过多次可靠地执行服务才建立起来的声誉。

饭店企业承受不起由于三心二意地随便处理服务问题而造成的损失。为了更好地解决问题并取得最大的利益,饭店必须有一套系统化的不断发展的服务补救程序。虽然不同的饭店有不同的特点,但服务补救应该包括如图 9-4 所示中所列的一般构成部分。程序应该分为识别服务问题、有效地解决问题和从服务补救中学习三个基本阶段。

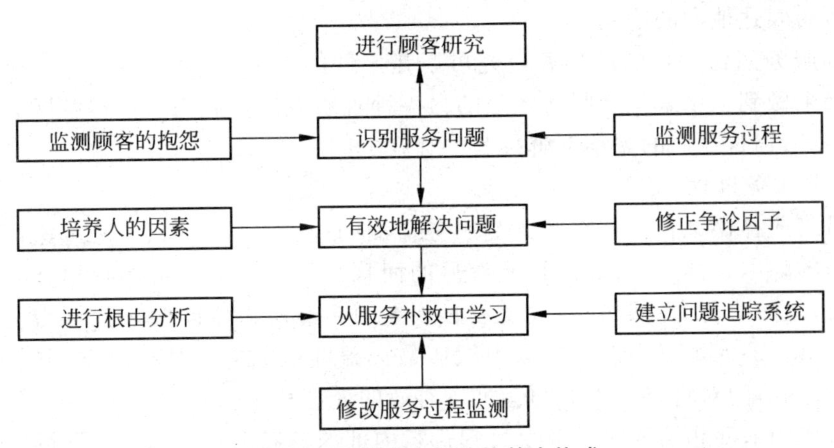

图 9-4　有效服务补救的基本构成

1. 识别服务问题

设法找出顾客的失望之处，不管其有多么微小，这是建立优质的服务补救信誉的基本步骤。为了成功地将服务问题揭示出来，就需要最大限度地去捕捉顾客的不满情绪。为了不让服务问题从眼皮底下溜走，企业有必要建立一个有效的系统来监测顾客的抱怨，进行顾客研究及监测服务过程。

（1）监测顾客的抱怨

对顾客自发的评论进行检查是一种识别服务缺陷的方法。许多饭店现在正在利用这一方法，广泛拓宽沟通渠道，如免费电话线路、评论卡以及为顾客设立的意见箱。即使缺乏这些渠道，在无人请求的情况下顾客也会提供反馈信息，而且一些人已经这样做了。每一个饭店都可以从用于捕捉和分析顾客投诉的系统中获益。

为了有效地发生作用，一个发展的投诉处理系统必须立刻采取内部行动来解决其所收到的投诉。同时，必须立即采取外部行动向投诉的顾客表示道歉，承认饭店里确实存在让他们不满意的地方，并把将要采取的改正措施通知他们。然而，对顾客的投诉作出反应的系统，不管其多么有效和灵敏，对优质服务补救来说都是不够的。专家们进行的广泛研究表明，许多经历过服务问题的顾客只是简单地选择了不进行投诉，因为他们找不到一种有效的不会带来烦恼的方式去进行投诉，或者是因为他们相信投诉将不会产生任何影响。如果顾客认为公司确实对他们并不在意，则像免费电话那样的沟通渠道也不会起到鼓励顾客进行投诉的作用，尤其是当电话总是占线时。只有当顾客经历了严重的服务问题时，他们才可能提出投诉。因此，饭店仅仅依靠自发的投诉而不找出问题的所在，那就不可能有效地进行服务补救。如果想知道哪些顾客不愿自找麻烦去提出投诉，一种实用的办法是通过研究将其找出来。

（2）进行顾客研究

通过正式的或非正式的顾客研究来请顾客发泄抱怨，这是对监测自发的投诉的一种必要的补充。采取行动请顾客发出投诉，这显示了对顾客的一种关心和爱护，而消极地等待顾客作出自发的投诉则很难体现这一点。不满意的顾客通常持怀疑态度而不愿自找麻烦去打饭店的免费电话或填写一张卡片，只有当他们认为饭店确实对他们感兴趣时他们才乐于向饭店表达他们的不满。

以识别服务问题为目的的顾客研究可以是定性的也可以是定量的,可以通过观察也可通过提问来做到。用来识别服务缺陷的另一种观察方法是雇用一些神秘顾客来经历并评价一次服务,通过他们的观察来解决其中存在的问题。

(3) 监测服务过程

通过员工或神秘顾客来观察服务是服务监测的一种形式。然而,通过这样的特定监测识别出来的问题,对顾客来说都是能看见的而且是经历过的。虽然找出并解决这些问题也很重要,但一个有力的服务补救过程必须在顾客经历这些问题之前努力去预料问题的发生。对潜在的麻烦点的识别可以为饭店最大限度地减少补救的必要,并使饭店做好准备,有更多的时间对将要发生的问题进行有效的处理。

预测服务中的问题需要对服务总过程进行内部的幕后监测。内部监测的一种方法是对服务蓝图进行细致的检查以找出失败点,即服务中存在潜在问题的地方。另一种与服务蓝图相类似的方法是对过去的失误进行系统的追踪和分析。一旦找出了潜在的失败点,就必须对可能出现麻烦的迹象进行仔细地、连续不断地观察,而且必须制订应付偶然事件的计划,以使在问题发生时对其进行处理。

当然,并不是所有的服务问题都能在顾客经历之前被识别出来。但是通过对服务的系统化的监测还是可以探察到许多服务中存在的问题。在顾客看来,不能进行积极的服务补救往往是比出现基本的服务问题更为严重的缺陷。这些基本的服务问题,顾客很可能会发现它们并将之当作不可避免的事情。对服务过程进行预防性监测有助于把失误减少到最小限度,以及在积极的服务补救市场上提供一个巨大的竞争优势。

2. 有效地解决问题

我们多次强调,可靠性在服务执行时是顾客首要考虑的问题,但在服务补救中与过程有关的质量的其他方面也起着重要作用。可靠性,或者说是首次就正确地做好服务,确实是服务的最重要方面,这一点可以从大量调查中证实。但应注意的是,若第一次未能有效地实施服务该如何办?于是评估服务质量的其他标准——反应性、保证性、移情性、可感知性等其他方面被提了出来。

(1) 培养人的因素

优质的服务补救需要使用优秀的人。因为有关质量的三个方面,反应性、保证性和移情性都是由人对服务的执行而直接导致的结果。即使是那些顾客与饭店员工之间交流很少的低接触服务(如保安、厨房),在出现问题后也会变成一种高接触的服务。因此,无论哪一种服务,负责解决问题的员工都应该确定所做的服务补救是使顾客重新树立对饭店的信任,还是使问题恶化造成再次偏离。

以下四条建议有助于饭店激励员工采取行动,最大限度地将出现问题的情况转向对顾客和饭店都是积极的方向。

① 让员工为服务补救做好准备。其着重需要进行的培训包括帮助顾客发泄不满、减轻愤怒的沟通技能培训,有效并快速地处理特殊情况的创造力培训、服务技能培训以及交叉培训。

② 授权给员工。给员工以满足顾客需要的权力与训练员工成为一名有效的问题解

决者同样重要。

③ 让员工的工作更便利。除了培训和授权外，顾客服务代表还需要精神上的支持和一个令人愉快的工作环境来确保能以最佳状态执行服务。

④ 奖励员工。培训、授权、提供支持系统之外，还要激励员工出色地解决问题并鼓励干得好的人使之干得更好。

(2) 修正争论因子

一个服务问题从好的方面说是给顾客造成了不方便；从坏的方面说，又可能是一个严重的负担。即使问题最终解决了，还是让顾客遇到一些金钱上的损失或非金钱损失或两者兼有。换而言之，无论顾客在什么时候经历了服务问题，都会被迫牺牲一些东西，而如果第一次就正确执行了服务，他们就不用牺牲任何东西了。学者们把这些牺牲称为“争论因子”。

要实现优质的服务补救必须对争论因子进行修正。饭店得为顾客做得更多，而不仅仅是重新招待这项服务。让顾客更容易地进行投诉，积极地探察和改正服务问题，授权员工当场快速作出补偿，都能在一定程度上缓和这些争论因子。但仅仅是缓和还不能完全赔偿顾客的损失，一次真正的问题解决过程应该使顾客感到他们从服务补救过程中获得了比他们牺牲的更多的东西。

3. 从服务补救中学习

解决问题的工作不仅意味着修正有缺陷的服务并加强与顾客的联系，还是用来改善服务的诊断性信息的有效来源，饭店也应该能够从每一次服务补救中尽可能多地学到一些东西。有效的学习包括寻找并改正造成服务缺陷的根本原因，重新调整对服务过程的监测，建立追踪问题的信息系统。

(1) 进行根由分析

顾客所经历的服务失误预示着服务系统中存在严重的问题。做一切必需的工作以使顾客安心，这当然是一次有力的服务补救的重要部分。但如果目标是要阻止失误的再次发生，那这样做就很不够。为了使饭店从服务补救中充分受益，就必须努力去寻找并确认这些失误的根本原因。要从失误中学习，也就是说，当需要有一个长期的解决办法时不要过快地下结论进行改正。过快进行改正或采取权宜之计，都可能导致将来再次出现问题，使饭店长时间内损失更多，并且会削弱饭店在市场中进行有效竞争的能力。

(2) 修改服务过程监测

对服务进行监测是用来识别服务问题的一种策略。从对过去的失误进行系统的追踪和分析而获得的信息可以知道服务过程监测中所发生的变化，从而使服务过程监测更加有效，并帮助我们寻找服务问题再次发生的根本原因。而对个别的服务总是进行根由分析能在有必要再监测的服务过程中找到以前未发现的失误点。

(3) 建立问题追踪系统

要最大限度地扩大饭店从服务补救努力中获得的好处，建立用以捕捉与每次服务补救相关的信息的发展系统是必不可少的。如果没有一个问题追踪系统，要寻找服务问题的缘由获得提高服务可靠性的机会十分困难。作为一个坚实的基础，这样一个系统可以利用饭店的服务补救经历创造学习机会。

追踪系统必须进行不断地改进以便能快速地发现潜在的麻烦点,对麻烦点加以分析以提高服务质量。为了保证系统能够通用,员工应该能够使信息直接输入系统。这也有利于收集那些帮助员工进行服务补救的相关信息。为了充分利用系统中的信息,管理部门应该接受、讨论并定期报告对提出的建议采取的行动,这些报告概括了服务中所出现的问题的种类及发生的频率。

9.4.3 服务补救策略

无数次服务接触使顾客对企业产生一种整体印象,而"关键时刻"的印象在获得顾客满意度和影响顾客未来惠顾决策方面起着重要作用。每一次服务接触都是企业证明其出色的服务质量的机会,也可以是失去顾客信任和忠诚度的关头。另外,员工对企业处理问题的方法会铭记在心。因此,服务企业是否能够针对服务失误投诉作出迅速反应,是企业对员工和顾客传递的重要信号。如果企业针对每个顾客的具体需求作出反应,如果员工具备娴熟的人际交往技巧从而能够灵活地应对所遇到的任何情况,服务补救才能达到最佳效果。以下的一些知识和建议有助于优质服务补救的开展。

1. 宾客投诉类型

不管宾客由于哪个原因生气或向饭店投诉,有一点可以肯定,即那位宾客对饭店产品不满意,怀有失望的情绪。客人投诉往往是因为饭店工作上的过失,或饭店与宾客双方的误解,或不可抗力,或某些客人的别有用心等因素造成的。按照客人投诉的内容不同,可以将投诉归为多种原因不同类型。

(1) 饭店服务项目的设置不能满足宾客的需求

服务项目是饭店服务质量的重要组成部分。饭店服务项目的设置受制于饭店的规模、等级、可用资金、主要客源市场、设施设备、地理位置、员工素质等因素。宾客对饭店服务项目感到最不满的是他们所需要的,而且认为饭店理所当然应该设置的项目并没有设置,或者虽已设置,却形同虚设,实际上不能发挥作用,于是客人失望了。前者例如,热水供应,客人要用热水淋浴,但打开龙头却只有冷水;后者例如,虽有所谓的热水供应,实际上却比冷水热不了多少,客人怕着凉不敢淋浴。这两种情况都会使客人失望。

(2) 饭店设施设备出差错

因饭店设施设备使用不正常、不配套而让客人感觉不便造成投诉。例如,客房空调失控、大厅电梯无法正常运转、排水系统失灵,等等。

(3) 饭店员工的服务态度与宾客期望存在较大差异

从心理学角度分析,饭店员工的服务态度由以下三个部分构成:员工对宾客和自身工作的认知、情感与行为倾向。饭店严格的纪律、日复一日近乎机械、重复的简单操作以及宾客对饭店服务质量的高期望会消磨员工的工作热情。而饭店客人普遍有较强的尊重需求,他们对服务态度的不满常源自认为员工对其不够尊重。因此,十分重要的一环是强化员工对宾客尊重需求的认识,在服务过程中员工应尽一切可能避免有伤宾客自尊心的言行,努力提供个性化服务,以满足其尊重需求。

(4) 饭店服务质量标准太低,达不到宾客的需求水平

饭店的工作程序、操作规范和规章制度是在实践中逐步完善的。饭店的最根本目标

是通过宾客对饭店产品质量满意而实现社会效益和经济效益，因此饭店的各种程序、规范与规章制度都必须接受宾客的检验。

（5）员工服务语言使用不当

语言是饭店员工向宾客提供服务的必要手段。根据投诉统计资料，因员工语言使用不当刺伤宾客自尊心而导致投诉的比例不低。过于随便的语言、硬搬礼貌用语、忽视或不理解中西方文化差异、当着宾客的面用方言交谈、伴随说话的不恰当体态语言等都不应出现在对客服务过程中。

（6）服务技能技巧欠缺，服务效率低

宾客的失望也可能起因于员工生疏、笨拙的服务技能技巧和低下的服务效率。员工良好的态度只能给客人以一般的印象，客人是否真正满意还与员工的服务技能、他们需求获得满足所花费的时间有关。

（7）饭店与宾客之间存在误会

来自世界各地的海外宾客，其生活习惯、文化渊源与我国有较大不同；来自五湖四海的国内宾客，东西南北的生活习惯和方言土语也大相径庭，这些差异都可能成为误会的原因。此外，人的生理和心理状况、处境都在不断变化，又可能导致其他误会。饭店员工对待误会的态度应该为，一是尽量避免误会的发生，特别应避免可能导致严重后果的误会的发生；二是发生误会后应尽快予以纠正，努力不让客人火气升级。

（8）宾客方面的问题

宾客心情不佳，或个性怪癖，或性格暴躁，对饭店员工并无差错的服务百般挑剔或乱发无名火、最后还站在“上帝”的地位上向饭店投诉。对于这类投诉，饭店只要坚持“客人总是对的”原则，以真挚诚恳的态度道歉，在通常情况下可以缓解这些客人的不满。从另一方面分析，饭店碰上这类客人，正是饭店向社会显示其高明服务技巧和优良服务态度的绝好机会。

客人投诉有不同的表达方式，一般可分为以下类型。①理智型。这类客人在投诉时情绪显得比较压抑，他们力图以理智的态度、平和的语气和准确清晰的表达向受理投诉者陈述事件的经过及自己的看法和要求，善于摆道理。这类客人的个性处于自我状态。②火暴型。这类客人很难抑制自己的情绪，往往在产生不满的那一刻就高声呼喊，言谈不加修饰，一吐为快，不留余地。动作有力迅捷，对支吾其词、拖拉应付的工作作风深恶痛绝，希望能干脆利落地彻底解决问题。③失望痛心型。情绪起伏较大，时而愤怒，时而遗憾，时而厉声质询，时而摇头叹息，对饭店或事件深深失望，对自己遭受的损失痛心不已是这类客人的显著特征。这类客人投诉的内容多是自以为无法忍耐的，或是希望通过投诉能达到某种程度的补偿。

2. 宾客投诉处理原则与程序

投诉处理是服务补救系统的终端，由其向失望且采取投诉行为的客人提供第二次服务。宾客投诉处理需要了解投诉处理的原则和一般程序。

（1）投诉处理的原则

① “客人永远是对的。”我们应强调的是，即使客人是“百分之百的错”，他们一旦投诉了，在处理过程中必须义无反顾地遵循“客人永远是对的”原则。这也是饭店体现至高无上服务理念的具体展示。

② "宾客至上。"接待投诉客人,受理投诉,处理投诉,本身就是饭店服务项目之一。饭店员工的工资是谁送来的?是宾客,我们要发自内心地感谢客人。对客人投诉持欢迎态度,不与客人争吵,不为自己辩护,表达出愿为客人排忧解难的诚意。再则,受委屈是饭店服务人员的职业角色所要求的,也体现了饭店员工崇高的职业素养。

③ 兼顾客人和饭店双方的利益。管理人员在处理投诉时,身兼两种角色。既是饭店的代表,代表饭店受理投诉,必须考虑饭店的利益;同时,只要受理了宾客的投诉,也同时成了客人的代表,为客人追讨损失赔偿。管理人员必须以不偏不倚的态度,兼顾客人和饭店双方的利益,公正地处理投诉。

(2) 投诉处理的一般程序

在一般情况下投诉处理有以下程序。

① 热情接待。向客人表示同情、理解与道歉,再根据具体情况给客人安排休息,递上毛巾,送上茶水等,不容许任何推诿或冷漠。

② 耐心倾听。接待者必须以极其耐心的态度听完客人的叙述。这期间应不时点头称是,说一些同情、安慰之类的话。最好在笔记本上把要点记下,以示自己十分重视客人的投诉。接待者还可以提些问题,了解对方的态度与要求,同时也再次向对方显示自己是在认真地听、认真地思索,并将认真地处理。

③ 表明态度。通常情况下,接待者不可能给对方以一个即时的结论,但必须向对方表明自己将尽最大的力量,以最快的速度,给对方以尽可能满意的答复。同时,接待者应尽可能明确讲清,什么时候将把处理意见告诉对方。如果是住店客人,请他先到房间休息;如果是离店客人请他留下联系方式。

④ 表示感谢。在分手时向客人道歉,对客人的合作理解表示感谢。

⑤ 部署处理。与客人分手后接待者须即刻部署处理程序。

⑥ 征求意见。将饭店的处理意见以最快的速度告知客人,征求客人对处理结果的意见。

⑦ 吸取教训。记录存档,总结经验教训,以利于今后改进工作。

⑧ 跟踪访问。跟踪客人的反映,过一段时间跟客人联系,打一个电话或写一封信,对客人的宽容和合作再次表示感谢。这也是饭店有效的营销手段之一。

补充阅读材料9-1

投诉的结果

总的来说,投诉行为会导致三种结果:表达、退出以及报复。

表达指消费者口头表达出其对企业或产品的不满。高度表达指消费者向经理或管理高层表达不满。中度表达指消费者直接向销售人员表达其不满。低度表达指消费者不向与该企业或产品有关的任何人表达其不满。

退出指消费者不再光顾该企业或不再使用该产品。高度退出指消费者决定永不再购买该企业的服务或产品。中度退出指消费者决定只要有可能就尽量不再购买该企业的服务或产品。低度退出指消费者不改变其购买行为,并继续像往常一样购买。

报复指消费者采取行动有意损害企业及其将来的业务。高度报复指损害企业物质利益或向他人极力进行关于该企业业务的反面宣传。中度报复指消费者为企业制造较小的不便并且仅将其遭遇告诉几个人。低度报复指根本不对企业进行报复的情况。

有趣的是，这三种投诉行为并不是互相排斥的，也可被看作是同时发生的三个方面。有三种高度结果行为的消费者可能会有爆炸性表现。相反，具有高度表达、低度退出和低度报复的消费者将会是永久投诉者，而且其购买行为也会一切如常。

资料来源：[美]约翰・E.G. 贝特森，K. 道格拉斯・霍夫曼. 服务营销管理. 邓小敏，王志刚译. 北京：中信出版社，2004

典型案例

马尼拉奇遇记

两位大学教授前往马尼拉参加会议，他们在文华东方饭店预订了客房。这是公认的亚太地区最好的饭店之一。文华东方饭店声称能够提供“不仅体现其自身利益，更重要的是体现客人、员工和股东的利益”的个性化服务。这种服务承诺是为了与总公司“成为全球公认的最豪华的饭店集团之一，在每一家连锁饭店都为客人带来不同寻常的满足感”的目标相一致。事实上，这个饭店集团由于其出众的服务和优异的管理而经常荣获国际大奖。

两位客人被告知他们将在机场享受到饭店的专人接机服务。一切都正常，他们一下飞机，就很快找到接机服务员。这名服务员告诉他们这项服务的费用，然后他们就乘坐豪华轿车迅速抵达了饭店。

到达饭店后，他们受到了门童的迎接，并把他们带到前台。前台一位笑容可掬的女士向他们表示欢迎，为他们办理了入住手续。然后她把他们领到了客房。去客房的途中，她着重介绍了饭店以及客房的各种有特色的服务。两位客人从年轻服务员的介绍中看出了第一个问题。不经意之间，她透露接机服务员只向他们推荐了饭店最贵的豪华轿车的迎接服务，实际上从机场到饭店还有同样可靠的出租车服务，费用要便宜得多。想到他们有限的经费，再想想服务员不告诉他们乘坐出租车这一选择，两位客人开始怀疑服务员只向他们介绍豪华轿车服务是不是想“宰”他们。但是在他们受到热情的接待后，他们决定把这次的经历归结于自己运气差。

第二天，两位客人打算步行十分钟去会议地点。因为那时正在下雨，他们就走到服务台，请求借一把伞。在四处找了五分钟之后，服务员抱歉地说所有的免费雨伞都借出去了。客人接受了解释。考虑到这是台风季节，于是客人就想最好还是为以后几天预订两把雨伞。这个请求马上被记录下来。

当天晚上，其中一位客人想用客房的直拨电话给家里打电话。他仔细研究了一下计费方法，最后算出如果加上服务费、各种税费以及外汇兑换费用等，每分钟他大概需要花 5 元。打完电话后，他急着想查看账上的收费情况是不是这样。当他得知他打的 4 分钟电话需要交费 45 元时，可以想象他们是多么震惊！他检查了最初的计算，发现最初计算的费用是对的。他把这个情况反映给客房部经理。客房部经理做了调查，承认服务指南上的电话计费方法容易让人产生误解,并向客人保证她会考虑怎样解决这个问题。

后来的三天一直在下雨,两位客人一再要求借雨伞,但都没有借到。他们不相信像文华东方这样的饭店会没有足够可供出借的雨伞,也不明白为什么老是得不到每天预订的雨伞。质问了服务台后,他们终于明白他们的怀疑是对的,服务部根本没有可供借用的雨伞,他们一直受到欺骗。但是两位客人被告知他们可以在饭店的零售店购买雨伞。

两位客人决定向饭店的管理层进行投诉。他们写了一封投诉信,表达了对雨伞欺骗事件、豪华轿车欺骗事件、误导性电话收费指南的不满。他们在信中还对如何防止此类事件的再次发生提出了建议。

很快一名客房服务员来到了他们客房,赠送给他们一篮水果,还带来一封楼层经理的信件。接着服务部经理来了并承担了"雨伞问题"的责任。她为给客人带来的不便表示道歉,并且向两位惊讶的客人赠送了两把雨伞,还为他们提供免费的豪华轿车送机服务。不久客房部经理来了,告诉他们有关电话费问题的解决办法。她很有礼貌地解释说电话费用没有错,但是她对服务指南所造成的误解表示道歉。为了安抚客人,她提出给客人的电话费打10%的折扣。过了一会儿,他们又得到了驻店经理的道歉信。这位经理对服务部未能借给客人雨伞承担了全部责任。

此外,饭店还设法防止类似问题的再次发生。当天晚些时候,这两位客人亲眼目睹前台的员工忙着往柜子里摆放雨伞,以供将来客人借用。饭店还马上通知机场的接机服务员以后必须告知每一位客人所有的交通选择。至于电话收费,饭店及时修改了服务指南,清楚说明了电话的计费方法。

资料来源:[澳]贾依·坎达姆普利.服务管理——饭店管理的新模式.程尽能译,北京:旅游教育出版社,2006

【分析与讨论】 文华东方的服务补救措施给人留下了深刻的印象。饭店为其失职承担了责任,各有关部门的经理也及时承担了各自应该承担的责任,问题得到了圆满的解决。更重要的是,文华东方饭店的员工真正把这封投诉信看成是一次提高服务质量的机会。这些给两位客人留下深刻印象的做法,毫无疑问会吸引他们再次入住文华东方。根据这一案例,结合本章的内容,请思考,文华东方的卓越服务来自哪里?

本章小结

饭店企业要想提供成功的服务,给顾客创造完美的消费经历,就必须具备三大要素:一套完善的服务策略;一批能精心为顾客服务、具有良好素质的服务人员;一种既适合市场需要,又有严格管理的服务组织。服务策略、服务人员和服务组织构成了以顾客为核心的三角形框架,即形成了"服务金三角"。"服务金三角"不仅是服务企业的管理基石,也是饭店实施高效管理的一个重要依据。在饭店服务质量改进活动中,需要建立服务质量改进体系,同时可以借助服务蓝图开展服务提供过程的控制和找出服务接触关键点存在的问题，建立对客人投诉进行管理的服务补救系统，将帮助饭店管理者有效地改进饭店服务质量。

思考与练习

概念与知识

主要概念

服务补救　服务金三角　服务蓝图

选择题

1. 服务金三角的三大关键要素是指服务策略、服务人员和(　　)。

A. 服务项目　　B. 服务机构　　C. 服务态度　　D. 服务组织

2. 服务金三角的核心是(　　)。

A. 服务人员　　B. 服务策略　　C. 服务组织　　D. 顾客

3. 服务质量改进的原则有过程改进、持续性和(　　)原则。

A. 预防性　　B. 预测性　　C. 全员参与　　D. 领导参与

4. 服务补救系统一般包括识别服务问题、有效解决问题和(　　)三个构成部分。

A. 从服务补救中学习　　B. 培养人的因素

C. 进行顾客研究　　D. 监测服务过程

简答题

1. 简述服务金三角的构成？
2. 饭店服务质量改进模式的支持体系包括哪些内容？
3. 服务蓝图的组成有哪些内容？
4. 服务蓝图在战略改进中有什么作用？
5. 投诉处理的一般程序包括哪些？

分析与应用

实训题

设计一份顾客在餐厅用餐的服务蓝图。

第10章

饭店服务质量管理创新

学习目标

通过本章学习，达到以下目标。

知识目标：熟悉饭店质量管理主题活动开展过程；明确服务方式的选择依据；了解饭店服务质量不断改进的四个步骤。

技能目标：设计饭店服务质量管理主题活动方案；从细微环节着手，进行服务方式和质量管理制度创新。

引　例

她离开了饭店

A女士多年来一直是一家中型城市饭店的常客。提供友好轻松的氛围、使客人有种"家外之家"的感觉是这家饭店推销自己时作出的承诺。A女士很喜欢这种服务，曾经向许多朋友和同事提到这家饭店的个性化服务和轻松的氛围，正是这两点使这家饭店比该城市的豪华饭店所提供的先进产品和服务更吸引她。

A女士并不知道的是这家饭店最近安装了新的信息系统，正在积极地宣传饭店运用信息技术来"改进已经很出色的顾客服务"的新举措。当A女士到达饭店后，她没有被安排入住她常住并且也是最喜欢的客房，因为其他客人已经入住了她常住的那间客房。不仅如此，当她走进"新"客房时，她发现该客房还没有打扫过。

她来到前台投诉，那天初次上班的前台接待员不知道A女士是谁，因此也根本没有意识到她是饭店常住的重要客人。这位前台接待员只知道没有及时打扫房间是客房部的问题。这位接待员告诉A女士这个问题会得到解决，但是A女士清楚地感觉到该接待员认为这是"其他人的问题"。接待员让A女士在饭店的大堂里等候。

在大堂不耐烦地等待时，A女士看到了饭店的新宣传册，上面写着"提供友好轻松的氛围、使客人有种'家外之家'的感觉"，还看到了饭店试图运用新的信息技术"改进已经很出色的顾客服务"的新举措。等了一会儿，A女士又回到前台询问其客房的情况。她看到接待员敲打着键盘，神情越来越沮丧。

"这台计算机我怎么也无法使用。"接待员抱怨道。

A女士没有理会她的话,她问她的客房收拾得怎么样了。

"我正在想办法安排,"接待员回答说,"客房服务员说要我把相关程序输入计算机以后他们才会去打扫客房。"

A女士深深吸了口气,拿起自己的包,转身走出了饭店大门……

变革是当今社会不可避免的现实,这是因为我们在持续不断地进行着创新。饭店企业必须利用信息技术加强饭店运营、营销、人力资源等各部门的工作效率,但与此同时,更重要的是必须采用统一的技术系统来整合这些职能以便使服务供应过程更为简单、快速、高效并更具个性化。技术是辅助工具,"高科技"永远不能取代"高情感"。如果企业认识不到这一点,不能将技术或者其他硬件系统转化为服务,更多像A女士这样的客人就会流失。创新不只指突破性的巨变,也包括日常的细微变化。饭店服务质量管理的创新也包含这两类。这其中细部的创新是主体,其主角是饭店的员工,而实施大规模变革的推动者则是领导层。

10.1 服务质量管理主题活动

饭店服务质量管理创新重要的内容之一是管理主题活动的策划。一项好的服务质量主题活动,不仅可以提高活动期间的服务质量,还可以促进饭店管理的改进,长期改善某些服务环节,同时提高管理层与员工之间、员工与员工之间的团结合作,增进员工对饭店的认同感和归属感。

10.1.1 质量管理主题活动

饭店服务质量管理活动包括接待服务活动本身的组织和质量管理活动的组织两个方面。前者主要是对服务质量标准的执行和控制,做到服务质量标准化,服务行为规范化,服务过程程序化。后者主要是开展服务质量管理主题活动,目的在于发动群众,制造声势,促进服务质量的提高。

1. 主题选择

要使主题活动卓有成效,必须选择有影响力和吸引力的主题。活动的选择可以从三个方面考虑:一是构成饭店服务质量的基本要素或重要问题;二是饭店服务质量中存在的薄弱环节;三是结合消费时尚、饭店服务的发展趋势,创造新的服务或消费理念。

2. 活动时间

主题活动的时间安排要恰当,不宜太短。主题活动时间过短会由于主题活动的氛围刚营造出来,还没有达到高潮,或者由于主题活动的信息还没有让客人都了解到,而难以达到预期效果。一般主题活动可以分几个阶段,每一阶段都有所侧重或逐步深入。

3. 活动实施

成功的策划必须不折不扣地实施。在主题活动的实施过程中,必须注意三点。第一,组织到位。主题活动的领导职责、管理工作、执行过程要落实到人,做到事事都有人负责。第二,宣传到位。必须利用各种宣传手段,把主题活动做到深入人心、人人皆知,人人参与。第三,措施到位。必须建立主题活动的激励机制和约束机制,制订能够吸引员工积极参加、员工通过努力能够实现的目标,并通过各种方法激励员工不断地去努力。

10.1.2 保证服务质量的主题活动

对接待服务标准的执行和控制是饭店质量管理的基本内容。日常的管理和检查程序,是确保饭店提供标准服务的基础。但制度和管理并不能保证饭店随时提供标准服务,标准也存在贯彻是否到位和是否需要修订等问题。以接待服务标准的执行为宗旨的主题活动,是饭店保证服务质量日常管理之外的有益补充。这类主题活动的主要目的在于通过提高员工的服务意识和服务技能来提高饭店的服务质量。以下是几个保证质量主题活动的实例。

1."用心服务每一天"

策划经过理论考核、实践操作考核两次测试,以及员工、管理人员和宾客认同的三道关卡,推选出饭店年度"服务之星"。评星活动首先从参与书面理论知识考核的员工中选拔出成绩优异的前50位员工,之后通过各岗位的实际操作考核,同时由员工与管理人员无记名投票,最后根据最近三个月宾客反馈情况及两次邀请"神秘客户"暗访受表扬情况,最终产生10名"服务之星"。"服务之星"产生后,由总经理亲自授予服务之星胸牌及光荣证书,并安排组织外出学习考察等培训活动。

2.征集"服务实例100问"

通过向饭店员工征集"服务实例100问"的形式,提升饭店员工对客服务的专业技能。征集活动可以以三个月为限,分三阶段完成。首先,由各部门一线员工整合平时对客服务中的难点及客人较关心的问题,以书面的形式汇总到部门。其次,经饭店中层以上管理人员筛选,并选取有代表性的100例制订出相应的解决方案。最后,由人力资源部编印成册下发给每位员工培训学习,从而提升饭店整体的对客服务品质。

3."学标准、练技能,细微之处见真情"

饭店在开业之初或新进员工较多的时期,可以开展"学标准、练技能,细微之处见真情"服务质量主题活动,时间一般以一季度为限。由于是针对处于实习阶段的非熟练员工,主题活动应分为三个阶段。第一阶段是宣传动员培训阶段,将活动的内容、口号张贴在员工橱窗、工作间及办公室内,并开展学习岗位职责、工作流程和读一本好书活动。第二阶段为检查和技能提升阶段,对第一阶段培训效果进行测试,继而强化岗位技能,并开展相关征文活动。第三阶段为服务意识提升和总结阶段,通过微笑问候和饭店特色服务的再培训,以及礼仪示范岗和礼仪竞赛将主题活动推向最高潮。此外,将在活动期间涌现出来的优质服务案例在员工橱窗内展示。每位员工在活动期间的表现可作为本季度参评"优秀(杰出)员工"的主要依据之一。

4."强化基础,追求满意"

"强化基础,追求满意"服务质量主题活动,可以围绕服务礼仪、评星等工作展开。"强化基础",要求从饭店基础服务出发,强化对礼仪、微笑等服务的要求。"追求满意",要求以宾客为中心,从专业化、人性化、极致化的角度,为宾客提供"满意+惊喜"的服务过程。

整个主题活动可分为三大板块。第一板块，强化服务标准。通过饭店、部门、班组三个层面的培训和学习，强调服务标准化，为宾客提供热情、贴心的服务。在此期间，饭店可邀请“金钥匙”专业人士到饭店进行“金钥匙”理念的培训，进一步强化和传播“金钥匙”服务理念。第二板块，“微笑大使”评选活动。活动邀请宾客和饭店后台工作人员作为评委，评选出“微笑大使”。同时，饭店安排专业人士对饭店服务进行暗访。第三板块，开展“主题活动大家说”总结大会，以座谈形式对服务质量主题活动进行回顾和总结，同时结合各阶段的活动、相关人物、事件做回顾和访谈，同时举行“微笑大使”颁奖授徽仪式。

5. “推行微笑敬语服务，提升服务品牌”

“推行微笑敬语服务，提升服务品牌”服务质量管理主题活动的目的在于进一步强化质量意识、规范服务流程。主题活动可以分为学习培训、服务质量现场检查考核两个阶段，两个阶段衔接紧密，时间一般以一个月左右为宜。学习培训阶段主要考查员工有关礼节礼貌、仪容仪表、安全卫生、基本服务英语会话等方面内容。检查考核阶段除安排笔试以外，还可以在现场对一线人员进行微笑、敬语、仪表仪容、安全卫生、岗位规范等内容的抽查考核。考核合格人员授予证书并与薪酬挂钩，激发员工参与意识，提高服务质量。

10.1.3 提高服务质量的主题活动

提高服务质量的主题活动的目的是通过对服务质量的管理，促进饭店服务质量的提高。这类主题活动的重点不在服务技能方面，而在员工的服务意识和服务态度上，在更高的层次上提高饭店的服务质量。以下是几个提高服务质量的主题活动的实例。

1. “用心做事，真情服务，注重细节，追求完美”

这一服务质量主题活动的根本点在于培养员工细节服务的意识。主题活动可在一季度内完成，可分为两个阶段。第一阶段是推广阶段。饭店通过学习《细节决定成败》一书，使员工对“细节”在服务中的重要性有一个深入的了解。第二阶段为深化阶段，可以包括三部分内容。第一部分是“细节服务，从我做起”主题征文活动。征文内容主要围绕“饭店细节服务”，以发生在员工周围的“细节服务”小故事为文章素材。饭店将对本次收集到的文章进行评比，对获奖员工予以奖励。第二部分为优质服务案例和各岗位细节服务小建议的收集。第三部分则是以小品会演的形式进一步深化主题活动。

2. “关怀在于殷勤真诚”

这一主题活动的目的在于体现饭店服务中的关怀文化，而这种关怀服务体现为殷勤和真诚。本主题活动的直接结果是培养员工将关怀服务的殷勤和真诚通过对客服务行为体现出来。主题活动可以分两个阶段进行。第一阶段为《关怀服务 100 例》的修订。从培训员层面、部门领班层面、班组员工层面分别组织三轮研讨修订《关怀服务 100 例》，将关怀的理念通过服务指南以场景用语的形式提供员工参考。第二阶段为以“关怀在于时时刻刻”为主题的常用服务用语和专业服务用语的提炼。第三个阶段是前两阶段成果的实践和修订。第四阶段是关怀服务方式的推广。

3. “信心、和谐、信赖”构筑温馨之家

“信心、和谐、信赖”主题活动主要通过培养员工对饭店的信心，营造员工间、班组内、管理层与员工间的和谐氛围，以赢取住店客人的信赖和尊重为主要途径，提高饭店员工的服务意识，构筑员工、宾客的温馨之家。活动分三个阶段开展。第一阶段为宣传推广、准备阶段。通过橱窗张贴、悬挂横幅的方式营造主题活动氛围，并以班组为单位组织对主题活动内容的培训。第二阶段为活动的开展阶段。以构筑"信心之家"、"和谐之家"、"信赖之家"为主线组织各项活动内容。通过召开"市场形势"分析座谈会或饭店品牌与发展专题访谈为员工构筑"信心之家"；通过组织"我爱我家"演讲比赛、饭店员工与管理人员篮球对抗赛及员工集体"夏日纳凉"等系列活动来构筑"和谐之家"；通过深入开展服务承诺活动、设立快速服务通道及设立宾客意见回收箱的方式来为宾客打造"信赖之家"。第三阶段为总结表彰阶段。在质量主题活动表彰会上，饭店可以举办"我真，故我在"员工才艺大赛，为员工提供一个充分展示自我才华的舞台。

4."火星12行动"

"火星12行动"，即"MARS 12"，M——More active(更积极主动)、A——Any where & Any time(随时随地)、R——Ready to service(全心投入，整装待发)、S——Smile faced(微笑面对)、12——把12分的热情灌注到我们的行动中去。因此，"MARS 12"的目的是围绕"积极、迅捷、亲和、热情"，培养员工主动寻求并准确判断顾客需求的意识，在第一时间为宾客提供迅捷有效的服务，以饱满的热情迎接每一位宾客的到来。饭店各部门要结合活动主题，组织员工学习，策划并提炼部门实施方案与细则。在之后的实施阶段，饭店将定期检查各部门活动的实施情况，要求"有宣传、有执行、有奖惩、有成效"，并开展评比，适当的时候，邀请专业人士进行专项暗访。期间开展包括树立一个"行动示范岗"、制作一期活动宣传专刊或开展一次活动成果分享会等活动。最后评出"最佳组织部门"和若干"行动之星"，饭店可以组织获奖人员参加为期两天的高星级饭店参观考察活动作为奖励。

5."双百"竞赛

在饭店全体员工中开展"百日服务无投诉，百日安全无事故"的"双百"竞赛活动，以持续提高服务质量和管理水平，推动饭店的各项工作有序进行。饭店首先要成立活动领导小组，同时可以开通竞赛活动热线。"百日服务无投诉"以各部门接到的投诉量为评判依据，分为批评性投诉和建设性投诉，依照投诉类型如宾客投诉、一线投诉、员工投诉、协调投诉、管理投诉、安全投诉等记入考核项目，竞赛小组领导认定的有效投诉将记分考核。"百日安全无事故"即部门所辖范围内的设施、设备、人员、车辆、卫生、财产、作业要做到安全生产率100%。饭店质检部受理整个竞赛活动中的服务投诉、安全及相关事件的调查，在每周一例会通报汇总情况，同时在饭店大堂设立告示牌，请客人予以监督。行政办在办公区域设立竞赛栏，每15天对投诉内容、分析、结果、措施、跟踪处理等一系列情况进行公布，让各部门了解竞赛进展状况。

补充阅读材料10-1

抓住主题活动，营造服务气氛

饭店的主题活动必须以客人满意为中心，针对饭店服务质量的重要性、关键因素、客人的敏感点及饭店的薄弱环节来设计。同时，主题活动只有全体员工的主动参与才能结出丰硕的成果。所以，主题活动的设计，既要考虑饭店的目标，也要考虑员工自身发展目标，注意主题活动的吸引力和目标的层次性，形成“比学赶帮超”的竞争氛围，既要使员工产生做好每一项服务的压力，又要形成员工寻找每一次服务机会的动力，从而真正营造急客人所急，想客人所想，人人争当礼貌使者、服务明星的浓厚的服务氛围。

资料来源：陈志学．饭店服务质量管理与案例分析．北京：中国旅游出版社，2006

10.2 提升服务品质的服务方式创新

服务品质是指饭店服务产品的品位和质量，要求饭店在保证服务产品高质量的同时还要保证其品位。有品位意味着饭店提供的服务不能有失顾客的身份，而是应通过饭店与顾客接触的活动来凸显和提升顾客的身份和地位。饭店与顾客接触的活动形式，称之为服务方式。

10.2.1 服务方式的选择

饭店的服务方式很多，有微笑服务、主动服务、VIP 服务、标准化服务、个性化服务、定制化服务、亲情服务、“金钥匙服务”等。一般饭店企业都有很多种服务方式，但并不是每一种服务方式都能够既保证符合自身的实际情况，又满足客人的需要、超越客人期望，而且能够支持企业赢利。根据饭店的实际情况有效选择服务方式十分重要，以下几个原则可供参考。

(1) 原则性与灵活性相结合。一方面，服务标准和要求不能随意更改，也不能随意迁就客人；另一方面，饭店要根据不同客人的需要适时提供有针对性的灵活服务。例如，客人不能带宠物进饭店等，就是原则，但是客人已把宠物带至饭店要求入住，饭店就应提供相应的托管服务或帮助客人联系安排宠物托管服务机构。

(2) 以培养忠诚顾客为出发点和落脚点。不管选择哪一种服务方式，最终是要让客人满意。在服务中，能制造让客人满意加惊喜的服务，就能培养更多的忠诚顾客。

(3) 在规范化的基础上提升个性化、细微化、情感化的服务。规范化是基础，三星级以上的饭店理所应当要做到规范化服务，但仅仅规范化服务还不够，若能在规范的基础上提升，做到个性化、细微化和情感化的服务，则能让客人更加满意。

(4) 突出实用性及有效性。选择服务方式不是为选择而选择，一定要根据本饭店的实际情况和客人的喜好来进行有针对性的选择。

10.2.2 受客人欢迎的服务方式

由于每个客人的喜好、身份、经历、价值观、关注点不同，受客人欢迎的服务方式也就因人而异。但亲情服务、个性化服务、细微化服务、超值服务等方式，仍然是最受客人欢迎的服务方式。

1. 亲情服务

亲情服务是优质服务具体化的表现形式之一，要求服务员在对客服务中不但做到服务规范,更要在语言、眼神、行动等方面真正协调一致,真正设身处地为宾客着想,以主人翁的态度真诚地为客人创造一种宾至如归的感觉。其根本的要求是把客人当亲人、当朋友,对客人真诚、关爱、用心、微笑,进行情感交流。饭店与客人的情感分享要求员工对客服务要有爱心、有用心、有关心。

(1) 有爱心。员工全心投入本职工作,才会处处有心、时时用心。如果服务员不具备对工作、对客人的这份爱心,那么所表现出来的客人与饭店的关系,只会是冷冰冰的经济关系。

(2) 有用心。有了发自内心为客人服务的真心,服务才会由被动变为主动,在提供吃住等功能性服务的过程中,察言观色,用心揣摩客人的心理。客人的需求有时是显而易见的,有时却在无形之中,一个眼神、一个手势、一个欲言又止的神态,都可能预示着客人的某种隐性需求。

(3) 有关心。服务中的用心,为提供给客人的关心奠定了基础。服务人员在有心的基础上,用心揣摩,细心了解客人的个性化需求,在服务过程中融入浓浓的人情味,将原来陌生的彼此由服务连接起来,对客人投入一份感情,将他们当作自己的亲人或朋友,从而使客人的自尊、情绪、癖好等得到最大的满足。

2. 个性化服务

个性化服务基于标准化服务之上,是服务发展的更高阶段。个性化服务为顾客提供具有个人特点的差异性服务,能让接受服务的客人有一种自豪感、一种满足感,从而留下深刻印象,并赢得他们的忠诚而成为回头客。个性化服务以鲜明的针对性服务和灵活性,已经成为饭店业的一种趋势,由其所产生的客人与饭店之间的亲和力也是饭店增强市场竞争力的有力法宝。饭店如何才能做好个性化服务呢?

(1) 培养员工个性化服务意识。激发员工真诚和发自内心地为客人服务的意识,让他们更细心关注每位宾客,想客人所想、急客人所急,多站在客人的立场上想问题,并服务在客人提出要求之前。

(2) 建立顾客个人档案。通过多种途径收集顾客的资料,尤其是饭店常客的资料。档案内容包括顾客的社会人口学特征、职位头衔、消费偏好、文化差异、禁忌、购买行为特征、住店行为等。一则为了更有针对性地服务顾客;二则可大大简化顾客的登记入住手续、缩短登记入住时间。

(3) 设计个人专门服务。提倡个性化服务不能单纯片面地理解为只是为少数人提供优质服务,而是要让每一位客人都能够感觉到自己是在享受着为自己所特别安排的服务。专门服务并不独特,重点是尊重客人的个人癖好。见面称呼客人的名字、头衔,在客房按顾客个人的要求配备枕头,上客人喜欢的饮料、报纸、鲜花,按客人喜好铺床,按客人喜好改变食品加工方法、调整作料等,都是服务专门化策略。

3. 细微化服务

每每听到一些客人在称赞某某饭店优质服务的时候,也总是提一些令他们难以忘怀的小事。一个饭店优质服务的关键是细节,体现也是细节,最受客人欢迎的还是细节。细节出口碑,细节出真情,细节出效益,细节是服务的魅力所在,细节决定成败。掌握了这个要点,优质服务其实也就变得简单,就看经营者善不善于去做。那怎样去寻找细节呢?

(1) 坚持标准和流程。服务出现瑕疵是因为规定的标准和程序没有得到贯彻,这是服务中最难解决的顽症——标准褪色。员工要关注品质本身是否达到标准。

(2) 培养细节意识。员工的细节意识靠管理者培养,管理者的细节意识,来自自我学习和对饭店的高度负责态度。认识到了细节在优质服务中的重要性、在当今饭店竞争中的重要性,管理者就应带有忧患意识投入到狠抓细节的工作中来。这种忧患意识不仅自己要有,还要通过各种途径、办法让全体员工都有。让他们从强制到自觉,从被动到主动,真正从思想上绷紧细节这根弦,也就是要关注全过程、全方位、全天候的细节,不得有任何灰色领域。

(3) 量化。细致到极致,越细越好,因为细致代表卓越,全部细节都要体现"以客为尊"的思想。量化的细节刚开始可能会很生硬,但流程制订好后,员工照本宣科也会熟能生巧。规范中透出灵活,就是量化所要达到的目的。

(4) 因人而用。细节取决于人,需要对工作充满热情、性情开朗、工作细心的人去完成。大部分员工通过学习培训都可以做到,对于少数经过培训仍不能满足要求的员工应该调换岗位。

(5) 激励。激励员工多想、多做、做好。要通过多种奖励方式在全店形成一种想细节、做细节的氛围,只有这样才能使饭店的服务质量大大提高,才能出现客人满意、饭店满意的双赢局面。

4. 超值服务

客人是"花钱买服务"的消费者,很渴望在饭店里享受到自己的"心理需要",这是一种"经济心理化"的表现。创建"经济心理学"学说的未来学家阿尔温·托夫勒曾指出,饭店应该具备"双重服务",即不仅要以优质的"功能服务",而且要以优质的"心理服务"去赢得客人的满意。在"经济心理化"的进程中,"心理服务"的重要性日益增强。饭店里的超值服务包括超值的功能服务,但更多的是心理服务,其核心是创造让客人"前所未有"、意想不到的美好感觉和经历。

10.2.3 服务方式创新

顾客需求不断变化,饭店的服务方式也在不断创新。这些创新型服务有的来自于饭店有意识的安排,有的来自于员工的即兴发挥,这些都让客人感受到了饭店对他们的尊重,领略到了饭店服务的优秀品质。

1. 专业管家服务

上海R大饭店以"为所有客人提供24小时的专业管家服务"闻名。如果你瞧见哪位服务生身穿白衬衫、红马夹、黑色西装外套,毕恭毕敬地向你点头微笑:"您好,有什么可以帮您?"没准他就是一位饭店管家。从客人入住的那一刻起,饭店管家会全程陪伴,打点一切。

饭店管家首先是一位有心人。接待每一位客人前,饭店管家都必须根据饭店资料了解客人,包括客人平时睡的枕头多高,喜欢鹅绒枕头还是弹性棉的,枕套喜欢用棉布还是丝绸,衣架需要木头的还是塑料的等。接待客人过程中,饭店管家随时用心关注客人,提供完美的细节服务。例如，客人在房间里的冰箱中挑选的是红酒还是可乐？如果是可乐，是百事还是健怡？有的人喝咖啡不放糖，有的只加一滴牛奶，还有人只喝某年出产的酒，并且必定加冰块。有人喜欢用依云水洗澡，有人习惯早起，有人晚上喜欢吃夜宵……这些细节，管家看在眼里，记录在手册上。饭店管家还需要保持专业的仪态和礼节。例如，与客人说话时，距离最好保持在一臂半；敲客人的房门，每次按门铃的间隔，控制在7秒左右；走路不能东张西望，一旦眼睛余光扫到周围有客人，应立即停下脚步，给客人让路；给客人递笔时，应握住笔的前部，使客人接到的是笔的后部，让他们拿得顺手；送报纸时，将报纸斜靠在手臂上，露出每张报纸的报头，让客人一目了然。管家还必须百般技能样样精通。他会熨衣服会叠西装，能替客人打包行李箱；他是个好导游，熟悉当地各种娱乐活动、餐饮地点，能迅速根据客人的喜好，推荐合适的地点，并订餐、订车、订票；如果客人需要，管家还要充当翻译和私人顾问，陪同客人出门游玩；一旦遇到商务客人，还得充当临时秘书，帮助收发 E-mail，复印、打印文件。

2. “首问责任制”

“首问责任制”指的是凡是饭店在岗工作的员工，第一个接受宾客咨询或要求的人，就是解决这位宾客咨询问题和提出要求的责任人。作为一种新的服务理念，首问责任制把管理与创新聚焦后体现在每一位员工的服务环节中，而管理的技术又使员工素质、服务水平更加优化。饭店是一个出售服务的行业，饭店本身是向宾客提供服务的载体，饭店的属性决定了员工必须要为宾客提供优质服务，而优质服务单凭一种热情是远远不够的，需要一种形式来规范服务。首问责任制赋予了优质服务新的内容，进而使饭店对于宾客的热情寓于规范服务之中。在这个前提下，把优质服务作为一种特殊的商品提供给宾客，而饭店则不断创造出更多的商业机会。

按照首问责任制的要求，饭店在岗员工应该做到以下几点。一是属于本人职责范围内的问题，要立即给宾客的询问以圆满答复，给宾客的要求以妥善解决。二是虽说是员工本人职责范围内的问题，但因宾客方面的原因，目前不能马上解决的，一定要耐心细致地向宾客解释清楚，只要宾客方面的原因不存在了，就应马上为宾客解决问题。三是属于员工本人职责范围之外的问题和要求，首问责任者不得推诿，要积极帮助宾客问清楚或帮助宾客联系有关部门给予解决，直到宾客的问题得到圆满的答复，要求得到妥善的解决。除此之外，首问责任制还要求员工做好超前服务以及宾客离店的延伸服务等。

3. “宾客赏识”服务计划

内蒙古G饭店为推动饭店服务创新，真正了解客人所需，满足客人多元化的需求，推出了“宾客赏识”服务计划。宾客赏识是对客人的认知过程，就是站在客人的角度，通过关注客人、揣摩客人的喜好来发现客人需求的对客认知过程，也就是通过每一位员工的用心服务，挖掘客人的内心需求信息，使客人体会到充满人性化、个性化、人情味的服务，给客人物超所值的感受。

一个初夏的上午，赏识部员工小朱正在大厅巡视。两位老年外宾夫妇走到前台，小朱快速来到客人身边，询问客人是否需要帮助。客人称他们的朋友已经预订过房间。前台接待员根据客人姓名找到预订后，为客人办理入住登记。小朱注意了一下，发现客人的房型是一个标准间，在用流利的英语与客人交谈过程中告诉了客人所订的房型。客人的一句话以及无意间流露出的一丝遗憾的目光引起了小朱的注意。交谈中客人说，他们是来这里旅游的，并且是夫妇二人的银婚纪念日。得知这一信息，小朱立即在征得客人同意后将预订的标准间换为大床间。办理完手续，小朱亲自引领客人来到房间，介绍了房间的设施设备，然后离开房间。回到办公室，她即刻将这一情况汇报给赏识部经理，大家商量决定一定要为客人庆祝这个特殊的日子。经过精心的布置与安排，晚上 8:00，当客人外出返回房间时，他们被房间内的景象惊呆了。柔和的灯光下，房间弥漫着淡淡的玫瑰花香，一个精致的蛋糕代表对客人的祝福，一瓶庆祝的红酒摆放在桌子上，精美的小卡片写满了来自饭店的热情洋溢的祝福。客人当即将电话打到大堂经理处询问并致谢。当客人离店时，赏识部经理、大堂经理亲自在大厅内等候恭送，再次送上祝福。那位老先生激动地说，他及夫人的这次中国之行非常愉快，他们没有想到饭店员工为他们精心准备了银婚纪念日的庆祝，非常感动，执意要求再见小朱一面，“给她一个拥抱”。

4. “睡眠管家”服务

B 饭店位于纽约商业区曼哈顿，是一家历史悠久的商务旅游饭店。饭店认为饭店服务的卖点不是提供什么高科技产品，而是一晚舒适的睡眠享受。为了保证客人在这座“不夜城”里有充足的睡眠，饭店专门增设了“睡眠管家”(Sleep Concierge)这一职位，保证客人在 B 饭店里有优质的睡眠体验。饭店还承诺，如果你在饭店晚上无法入睡，饭店将给你免费的入住服务。饭店为客人提供了 11 种不同类型的枕头，里面填有绒毛的、荞麦粒的、绸缎质地的、防过敏的、充水的、磁疗作用的、柔软的颈枕，防打鼾的枕头，还有瑞典产的“释压记忆”枕头，五英尺大小根据人体结构设计的枕头等。除了枕头外，B 饭店特有的 SertaTM 床垫是由科技含量高的钢丝弹簧泡沫和高级丝线缝制而成，床上覆盖着 Frette 床单和羽绒被褥。充满熏衣草芳香的浴室帮助客人松弛神经，更快地进入梦乡。而饭店的窗户是双层玻璃加上密封窗框，在喧嚣的都市中保证室内的安静平和。饭店的 SPA 和按摩中心为客人提供舒弛筋骨的服务。饭店还提供睡前食用的牛奶和著名的 Chef Larry Forgione's 曲奇饼干。B 饭店“睡眠管家”服务的宗旨是“尽一切努力为客人提供优质的睡眠环境”，让他们精神饱满地迎接第二天的忙碌工作。

5. “殷勤带房”服务

在充满竞争的市场经济中，人们的生活节奏越来越快。以商务客人入住为主的高星级饭店，如何温馨细微地为客人提供人性化服务，如何恰如其分地向客人展示饭店的关爱，让客人体验受尊重的感受，是饭店不断追求的目标。由于商务客人入住饭店行色匆匆，除了快捷地办理入住及离店结账手续外，如能见缝插针地增加服务内容，则服务的水准更见不俗。“殷勤带房”服务就是一项值得推行的服务方式，让客人在舒适的环境中不知不觉地体验“家外之家”的感觉。

广东 S 大饭店根据市场的变化，对传统意义的带房服务内容进行更新，实施了“殷勤带房”服务，即在亲切招呼和热情问候每一位在前台登记的客人后，再像对待重点客人一样带客人上房间并辅以沿途介绍饭店设施服务，而进房间后客房服务员会马上送来热茶和香巾，让一般客人享受非一般的 VIP 礼遇。“殷勤带房”服务，通过带房人员与客人的接触，将客人对饭店的第一印象作出正面的导向。

补充阅读材料10-2

个性化服务走向国际化

一些连锁饭店集团利用客人的数据库确保其所属每一家饭店都能提供客人所喜欢的产品和服务。

例如,万豪向客人提供客房选择(吸烟客房或非吸烟客房)、早餐饮料选择(咖啡或茶)、晨报选择等。数据库营销使饭店把这些服务和其他服务项目准确地提供给特定的消费群体,甚至具体到个人。

就报纸的选择而言,现代技术意味着,如果一位客人入住圣地亚哥万豪饭店时要了一份伦敦《泰晤士报》,那么之后,他住进迈阿密万豪饭店时这家饭店也会为他准备好一份《泰晤士报》。

资料来源:[澳]贾依·依达姆普利.服务管理——饭店管理的新模式.程尽能译.北京:旅游教育出版社,2006

10.3 服务质量改进的制度创新

全面质量管理是饭店服务质量的系统性改进。以马尔科姆·波多里奇国家质量奖和ISO 9000等标准体系为基准构建企业全面质量管理体系的实践过程中,需要多种多样的改进服务质量的创新型制度,确保质量管理体系与符合本饭店实际的各种制度联结起来。

10.3.1 服务质量的不断改进

不断改进是指在饭店企业内部,为了满足顾客的需要或超越顾客的期望,而进行的不断改进工作方法的努力,这样就可以为顾客提供比过去更好、更快或成本效益更高的产品和服务。不断改进既包括渐进性改进也包括突破性改进。这两种改进方法的主要区别在于变化的规模和结果的大小。渐进性改进活动在饭店或部门的内部改进或优化现行的工作过程,其最终结果是有限的,但是在质量、速度和节约方面能得到稳步的提高。突破性改进活动重新设计工作过程,其结果是在质量、速度和节省开支方面得到前所未有的提高。饭店服务质量管理制度的创新往往包含了这两种改进,并使服务质量在一定时期内持续改进。

不断改进服务质量的管理制度创新主要包括四个基本步骤。

(1) 确定改进的机会

饭店在什么方面需要改进?哪些产品、服务或工作过程需要改进?你如何决定着手要做的事情?你可以按照以下步骤从众多需要改进的领域中挑选一个,集中力量进行改进。

① 识别改进意见。饭店可以从客人、管理人员和员工三个渠道通过问卷调查、面谈等意见收集法识别现存的服务问题或不能满足或超越顾客期望的现行工作过程。

② 写出问题陈述。从顾客反馈意见、管理目标、员工反馈意见得到的每种改进想法都应变成一个问题陈述,把改进思想搞清楚,详细阐述有待改进的领域,避免误解,为客观

分析问题和过程奠定基础。

③ 制订选择标准。质量改进小组或质量管理部门可以根据对客人的重要性、对管理阶层的重要性、对员工的重要性、改进领域的稳定性、资源的可获得性、立刻获得成功的可能性等来评估和评定供选择项目的等级。

④ 选择一个需要改进的领域。在选择标准达成一致后，通过实地调查确定需要改进的领域，然后通过投票法、优先权决定法等方法选择要解决的问题。

(2) 对需要改进的目标领域进行分析

要解决的问题确定后必须对需要改进的目标领域进行分析。分析的广度和深度取决于需要改进领域的性质或范围。对一些问题的分析可能比另一些问题要少一些，但是所有问题都需要一定程度的分析。分析步骤包括以下内容。

① 建立基准评估标准。通过实地调研(在尽可能短的时间内完成)，确定问题的基本标准，用以评估不断改进的效果。

② 分析过程。用文件资料说明出现问题过程的具体情况，将解决问题的注意力集中于工作过程上。

③ 识别潜在原因。用头脑风暴法等方式找出问题的潜在原因。

④ 确认根源。将多种原因归纳为至关重要的主要原因，然后找出这些主要原因的根源。根源就是问题开始的地方。

(3) 制订和实施改进措施

在不断改进过程的这个阶段，小组通常很容易提出潜在的解决方法。为了获得切实的解决方案，进行周密的措施安排，需要进行以下四个步骤。

① 确定潜在的解决方法。改进工作组经常采用头脑风暴法确定潜在的解决方法。头脑风暴活动后，小组可以将重点放在根源和基准评估标准上，在书面改进陈述中详细说明解决办法的思路。思路清晰的书面改进陈述应当阐明解决措施，制定解决措施要达到的目标，指出怎样用前面建立的基准评估标准对取得的成绩进行评估。

② 选择最佳解决方法。回顾前面对问题进行评估和排队时用过的标准，选择解决问题的最佳方案。最终的选择标准可能包括客人的可接受性、管理人员的可接受性、员工的可接受性、成本效率、措施的及时性和实用性等因素。

③ 进行试验。如果可能，在实施解决方案之前，应当在限定的范围内对其进行试验性运行。通常解决方案在试验阶段，可以揭示一些小组在全面实施方案之前必须解决的问题。

④ 制订行动计划。大规模地进行改进会影响许多人和一些不同工作领域，因此为了帮助小组组织和计划必要的活动，应该制订一个行动计划。这一计划一般以时间为基础，规定实施解决方案的人员的具体职责。

(4) 对改进过程进行评估

实施了解决方案并规范新的工作过程之后，小组应该对其有效性进行评估，并采取必要的纠正措施，确保改进工作的持续进行。小组要定期评估他们为了解决问题而采取的新的过程或解决措施，用这种方法跟踪改进工作的成果。这些评估标准与试验阶段的评估标准相同。每星期、每月、每季度都采用这些实地调查的方式跟踪解决方案实施的结果，一直到需要改进的目标领域情况稳定，达到改进目标为止。

10.3.2 创新型服务质量管理制度

1. 肯德基的“神秘顾客”

“神秘顾客”是世界著名的快餐公司“肯德基”首创的,成为高效的监督检查系统的一个环节。山姆先生们每月一次或两次不定期地到餐厅用餐,以一般顾客的身份不动声色地进行检查,因此被称为“神秘顾客”。肯德基来到中国后,也将“神秘顾客”带到了中国。总公司聘请了国外一家著名的调查公司,由他们派人担任神秘顾客,各分公司经理也不识他们的庐山真面目。

“神秘顾客”的检查在到达餐厅门口时就已经开始,从店面的招贴画到灯光的亮度,从食品的品质、品位到服务是否快捷周到,他们按对各地连锁店的统一要求打分,内容涉及如“收银员是否用目光注视,面带微笑,并向你问候”等各种细节。为保证神秘与适时,“神秘顾客”评分时须远离餐厅,但离店时间又不能超过5分钟。“神秘顾客们”都不是专业人员,他们完全从普通顾客的角度给餐厅全方位评分。答卷24小时内便来到总公司的办公桌上,然后反馈给被评分的公司,由他们根据评分情况调整内部管理。“神秘顾客”成为“肯德基”公司内部管理的一种工具,给员工带来压力,员工必须将每位顾客当作“神秘顾客”服务。

神秘顾客的做法已被我国旅游界所接受,旅游管理部门在星级评定和复核时的“暗访”就是采用了“神秘顾客”的方式。许多饭店在服务质量管理上,也借助了“暗访”的形式,但大部分饭店并没有像肯德基那样将“神秘顾客”的管理制度嵌入饭店的经常性管理中。

2. 北京L饭店“对客服务不断进取的工作程序”

北京L饭店是中国最早的假日饭店。开业以来,以其齐全的设施、人情化的服务、自成一体的培训教育体系、行之有效的管理制度和不断进取的精神树立了一个优秀饭店的形象。L饭店有一套全面提高服务质量的工作细则——“对客服务不断进取工作程序”。

(1) 实施步骤

① 分析现状。L饭店各部门每三个月召集一次会议,讨论部门工作中存在的问题,寻找问题区域。信息来源中,一是客人的意见反馈;二是管理人员日常工作检查记录。通过分析,发现哪些方面做得好,哪些方面可以做得更好,哪些方面做得不好。后两点正是部门工作中的问题区域。

② 寻找原因。确定了问题区域,部门经理就要和有关员工共同分析产生这些问题的原因。分析时不能独立地看问题或只触及问题的表面,应对相关因素作系统分析,以便找出工作的障碍。例如,前厅部通过对客服务现状的分析,发现时常有客人反映留言服务不准。前厅部对问题做了较系统的分析,内容包括留言单设计是否正确,是否已真正教会员工正确地使用留言单,留言服务程序是否可行,员工是否因语言障碍而影响了留言服务质量,发现问题后是否及时做了跟踪培训,总台管理人员是否根据业务量适时合理地安排人手,与其他工作小组的衔接有无不妥。经过系统而仔细的分析,找出了问题的原因:留言单列项不科学;工作高峰时人手安排不足。

③ 达成解决问题的一致意见。列出造成问题的各种原因,并就以下三点达成一致的

意见：重点解决哪些问题、解决问题的措施是什么、衡量成果的方法是什么。

④ 采取行动。实施行动计划，检查每个环节。明确要求由谁来负责实施各项措施、行动计划和各项措施的落实日期是什么、跟踪检查的方法是什么、如何让员工参与。

⑤ 检查结果。主动听取客人的意见，重新评估部门工作，有什么新的变化，哪些方面已经改进了，改进了多少，实际上又在重新分析现状、寻找原因……检查的内容包括对客服务方面有哪些变化，是否有必要继续实施行动计划？哪些问题变得较次要了、为什么？跟踪检查的方法是否有效，哪些问题仍需要改进？

（2）实施此项"工作程序"的关键

① 以客人为中心，将有实质内容的客人意见和管理人员日常工作检查记录作为反映问题的主要信息来源。

② 对问题迅速作出反应。

③ 对问题进行全面而系统的分析。

④ 让各层有关人员参与此项工作的全过程。

⑤ 通过与程序实施前的情况对比来衡量效果，尽量用数据和信息作为衡量的依据。

⑥ 如无改进则再次分析问题，调整行动计划直到解决。

（3）饭店高级管理层对实施过程的控制

各部门将程序的实施情况定期向质检部门汇报，质检部门汇总成贯彻执行表。通过情况汇总，发现各部门在执行过程中存在的以下偏差。

① 缺乏鉴别真正问题的能力，因而真正的、关键的问题并没有恰当解决。

② 对问题缺乏系统分析。

③ 没能使各层人员普遍参与程序实施的全过程。

④ 未能及时纠正问题让客人带着问题离开。

⑤ 没有跟踪调查，错误地认为"行动计划一旦实施，问题就会自行解决"。

⑥ 部门经理没能亲自参与。

针对以上不足，质检部对各部门管理人员进行培训，使这些问题得以纠正。

"对客服务不断进取工作程序"是一个以客人为中心的不断提高服务质量的循环体系，使各部门能及时有效地发现并解决对客服务中存在的问题，循环往复不断进取，变被动为主动。这一举措已成为 L 饭店保持优质服务的有力武器，值得同行借鉴。

3. OEC 管理模式

OEC 是英文 Overall Every Control and Clear 的缩写，意味全方位地对每天、每人、每事进行清理控制，是海尔集团推出的一套新的管理企业的模式。其主要内涵贯穿在工作的"日事日毕，日清日高"的"日清"制度。具体说，就是企业每天的事都有人管，做到控制不漏项；所有的人均有管理、控制的内容，并依据工作标准对各自控制的事项按预订的计划执行，每日把实施结果和计划指标对照、总结、纠偏达到对事物发展过程的实时控制，确保事物的发展向预定的目标前进。这一管理方法又可以概括为"总账不漏项，事事有人管，人人都管事，管事凭效果，管人凭考核，问题要纠偏，结果要兑现"。

海尔起步于中国冰箱业群雄逐鹿之时，从诞生初始就认识到了企业基础管理的重要性。他们试过每月定期地进行质量考核和召开质量分析会，并每月出示黄牌警告质量责任人员。这些管理方法都曾经被作为成功的经验在青岛市介绍推广。OEC被新闻报道之后,许多人误认为这是"海尔"引进的一种国外管理方法,事实上这实实在在是海尔人的独创。用张瑞敏总裁的话来说,OEC凝聚了全体海尔人的心血,从实践中来,升华到理论高度后又有效地指导了实际工作。

OEC管理法的核心就是将过去对结果的管理转为瞬间状态的控制、对过程的管理,以达到精细化、零缺陷。张瑞敏曾借用一位美国管理学家的话阐述了OEC模式上的这一核心思想。这位美国人认为,企业应该是任何时候都没有激动人心的事发生。张瑞敏说,没有激动人心的事发生说明企业运行过程时时处于正常。而这只有通过对每个瞬间都有严格的控制才可能实现。不少中国企业一直摆脱不了"运动"式的管理,热衷于搞这个"月"那个"月"的管理,看起来轰轰烈烈激动人心,但运动一过,又回到老样子,长期在低水平状态徘徊。

OEC管理法的主要内涵是"日事日毕,日清日高"的制度。"日清",指完成当日目标,但"日清"之后还有更高的目标,这就是"日高"。每日寻找差距,自己打倒自己,以求第二天干得更好。这是海尔管理模式独创性中非常重要的一点,正是这一点推动着管理运作过程使企业处于不断向上的良性循环之中。

在海尔车间入口处和作业区显眼的地方,一块60厘米见方的图案分外引人注目,白方块上印着一对特别显眼的绿色大脚印,这就是海尔现场管理的"6S"大脚印。其内容是整理、整顿、清扫、清洁、素养、安全,因这6个词英文拼写的第一个字母都是"S",故简称6S。6S脚印旨在提醒上岗的员工,其责任区是否按要求做了,符不符合标准。每个海尔人都在"日清"的基础上,自觉地追求"明天我是否能做得更好"。

张瑞敏认为,有了先进"硬件"之后,企业的氛围是生存发展的重要基础。基础管理就是要创造一种氛围。企业要进入国际市场与世界一流名牌竞争,就要追求每天向上发展,而企业要不断向上,又必须为全体员工创造每个人通过自己的努力都可以登上更高的台阶,更好地实现自己价值的机会和氛围。

4. 宁波K饭店的奖惩累积分制

创新是饭店发展的一个永恒课题。但创新并不一定是系统性的,针对一个点、一个面的改革,也是创新。宁波K饭店详细制订服务过失奖惩累计分,将点选在服务和卫生方面,并率先在客房部推行,这就是一种制度创新过程。具体过程是,当某员工被饭店质检人员检查出过失后,饭店将予以记扣过失分一次,质检人员还将对该员工进行跟踪检查,或由部门质检员检查反馈,给予立功抵过的机会。当该员工服务出色或有明显进步时,饭店将给予奖励分,以抵消过失扣分。这一制度以奖励分抵消过失分的方法,给员工一次改进工作的机会,改变了饭店原来质检中只有扣分的情况,也避免了员工因为扣分多难以接受的现象,从而加大质检工作的正面激励作用。此制度一经推行,当即就受到了该店员工的热烈欢迎,经过一段时间的试行,饭店服务相关数据分析改善明显。

5. "黑点"制度

饭店的质量管理常常会出现这样的现象,当某部门被查出质量问题,质量管理部门扣罚该部门时,部门则将责任全部推至员工身上。受罚的始终是服务员,能主动承担责任的管理层甚少,员工"敢怒不敢言",心里不服气,带着情绪工作影响质量的稳定。上海某饭店在实施质量管理中推出“质量管理‘黑点’制度”。所谓“黑点”制度，就是饭店各部门每月被查出质量问题超过一定限度，该部门经理将被记“黑点”，每月“黑点”达到一定量时则要扣该部门经理奖金和记过失分，分管总经理（副总经理）所分管的部门“黑点”达到一定量时同样要被记“黑点”和记过失分。具体依据和实施方式如下。

（1）考核依据和落实部门。按国家颁发的《旅游饭店星级的划分与评定》以及饭店制定的管理规范为“黑点”制度的考核依据，由质量管理部负责检查落实。

（2）适用范围。管理上出问题，对问题的处理应着眼于自上而下，某一部门质量出错，是部门领导管理上的失职，部门经理必须承担一定的责任，因此在制定“黑点”制度时，他们将适用范围定为部门经理以上人员，即将部门的质量状况同部门经理直接挂钩，同分管总经理直接挂钩。

（3）实施办法。根据部门的大小、承担责任的轻重、可能发生质量问题的概率以及在饭店中所处的地位等因素，将饭店各部门分为三档。第一档为客房部和餐饮部，占有饭店大部分的经营面积，又是经营一线部门，直接面对客人，承担责任较重，发生质量问题的概率较高。第二档为商场部及后勤保障部门，如工程部和采购运输部，客房、餐饮质量的稳定与后两个部门有着密切的关系，发生质量问题的概率较低。第三档为财务部、人事培训部、安全部、总经理办公室等职能部门，发生质量问题的概率较前更低。以第一档客房部、餐饮部为例，他们进行了这样的规定。

① 每月被质量管理部查出质量问题满 30 条，记该部门经理“黑点”一次。

② 每月被质量管理部查出多次重复发生或第二次查出未整改的质量问题 5 条，记该部门经理“黑点”一次。

③ 每月质量管理部查到严重的质量问题 3 条或被市旅游局在星级复核中查到质量问题 3 条，记该部门经理“黑点”一次。

（4）考核办法。在实施考核时，他们将“黑点”同部门经理的经济收入挂钩，同部门经理的工作评估及政绩考核挂钩。每月“黑点”达一定量的经理除了被扣罚奖金外，严重的还被记过失分（按照该店规定，过失分将影响年终奖等各项奖金的发放，过失分一年达 20 分将被辞退），分管总经理（副总经理）所分管的部门质量不达标，同样会受到经济处罚。具体的考核办法如下。

① 每月部门经理记“黑点”两次，扣该部门经理奖金 5%，以此类推。

② 每月部门经理记“黑点”三次，记该部门经理过失分 1 分。

③ 分管总经理（副总经理）所分管的部门，每月记“黑点”六次，记分管总经理“黑点”一次，分管总经理每月记“黑点”三次，记过失分 1 分。

④ 每月汇总。由质量管理部提出扣罚报告，报总经理审批。

“黑点”制度的实施，进一步明确了该店的工作责任制，大大激发了部门经理的工作责任心和主动性，改变了质量工作只有质量管理部关心的局面，各部门的质量工作由原来的被动管理上升为主动管理，广大员工的质量意识也随之提高，对消除质量“常见病”、“多发病”起到积极作用，从而推动了饭店质量管理工作的整体提高。

补充阅读材料10-3

没有最好,只求更好

质量是企业的生命,是经济发展战略的核心。质量管理是现代管理的中心,其最基本的任务就是持续不断地进行质量改进。随着市场竞争越来越激烈,质量改进的范围也越来越广,越来越深入。企业开始把着眼点放在满足顾客的需求上。持续产品质量竞争力的思路是使组织的全员参与到实现组织的长期成功的过程中,这就要求管理者要做长期不懈的努力。

资料来源:吴振兴.质量经理工作手册.哈尔滨:哈尔滨出版社,2006

典型案例

叫醒失误的代价

小姚是刚从旅游院校毕业的大学生,分配到房务中心是为了让他从基层开始锻炼。今天是他到房务中心上班的第二天,轮到值大夜班。接班没多久,电话铃响了,小姚接起电话:"您好,房务中心,请讲。"

"明天早晨5点30分叫醒。"一位中年男顾客沙哑的声音。"5点30分叫醒是吗?好的,没问题。"小姚知道,叫醒虽然是总机的事,但一站式服务理念和首问负责制要求自己先接受客人要求,随后立即转告总机,于是他毫不犹豫地答应了。

当小姚接通总机电话后,才突然想起来刚才竟忘了问清客人的房号!再看一下电话座机,吓出一身冷汗——这部电话机根本就没有号码显示屏!小姚顿时心慌,立即将此事向总机说明。总机告称也无法查到房号。于是小姚的领班马上报告值班经理。值班经理考虑到这时已是三更半夜,不好逐个房间查询。再根据客人要求一大早叫醒情况看,估计十有八九是明早赶飞机或火车的客人。现在只好把希望寄托在客人也许自己会将手机设置叫醒,否则的话,只有等待投诉了。

早晨7点30分,一位睡眼惺忪的男性顾客来到总台,诉称酒店未按他要求叫醒,使他误了上飞机,其神态沮丧而气愤。早已在大堂等候的大堂副理见状立即上前将这位客人引到大堂咖啡厅接受投诉。

原来,该客人是从郊县先到省城过夜,准备一大早赶往机场,与一家旅行社组织的一个旅游团成员会合后乘飞机外出旅游。

酒店方立即与这家旅行社联系商量弥补的办法。该旅行社答应这位客人可以加入明天的另一个旅游团,不过,今天这位客人在旅游目的地的客房预订金270元要由客人负责。接下来酒店的处理结果是:为客人支付这笔订金,同时免费让客人在本酒店再住一夜,而且免去客人昨晚的房费。这样算下来,因为一次叫醒失误导致酒店经济损失共计790元。

资料来源:王大悟.酒店管理180个案例品析.北京:中华旅游出版社,2007

【分析与讨论】 酒店叫醒服务必须制定一套严密的服务程序和严格的管理制度,并且一丝不苟地在实际操作中贯彻执行,才能避免叫醒失误,稳定并提高服务质量。在此案例中,该酒店叫醒服务有哪些环节需要改进和完善?

本 章 小 结

变革是当今社会不可避免的现实，这是因为我们在持续不断地进行创新。服务质量管理的创新可以从三个方面进行：主题活动、服务方式和管理制度。主题活动强调时段性，具有涵盖范围广、活动方式灵活多样的特点，更具有原创性和独特性。市场需求特征和产品特色影响服务方式，具有明显的时代特征，是饭店提升服务品质的重要手段。服务质量管理制度创新的动力是饭店不断改进服务质量的努力，其源泉是饭店服务质量管理的实践和主题活动、服务方式创新。

思考与练习

概念与知识

主要概念

服务方式　个性化服务　服务质量的不断改进

选择题

1. 质量管理主题活动一般要经过(　　)。

A. 主题选择　　B. 活动时间安排
C. 活动实施　　D. 以上三个步骤

2. 质量管理主题活动可以保证服务质量也可以(　　)服务质量。

A. 不影响　　B. 提高
C. 强化　　D. 降低

3. 入住饭店的一位年长客人生病了，小柳在客人床前端茶倒水细心照顾是(　　)。

A. 亲情服务　　B. 个性化服务
C. 细微化服务　　D. 超值服务

4. 饭店的超值服务赢得客人满意的关键除优质的“功能服务”外，更具吸引力的是优质的(　　)。

A. 细致服务　　B. 创新型服务
C. 心理服务　　D. 体贴服务

5. 一个不断改进工作小组优化了饭店内洗衣操作程序，让客房清扫员把分类整理床单作为客房清扫程序的一部分。这个例子说明的概念是(　　)。

A. 渐进性改进　　B. 根源分析
C. 因果关系分析　　D. 突破性改进

简答题

1. 保证服务质量和提高服务质量的质量管理主题活动有什么区别？

2. 服务方式的选择要注意哪些原则?
3. 当前受客人欢迎的服务方式有哪些?
4. 不断改进、渐进性改进和突破性改进有什么区别?
5. 不断改进服务质量的制度创新主要包括哪四个步骤?

分析与应用

实训题

为本地一家五星级饭店设计一个为期一个季度的服务质量管理主题活动。

附录　习题参考答案

第1章　概　　述

概念与知识

主要概念

质量指产品或服务,满足规定或潜在需要的特征和特性的总和。

服务质量是服务的客观现实和客人的主观感觉融为一体的产物。

服务质量差距是指顾客对服务的期望与顾客对企业所提供的服务感受之间的差距,也可理解为服务的客观现实与顾客主观感受质量的差距。

服务承诺也称服务保证,是一种以顾客为尊、以顾客满意为导向,在服务产品销售前对顾客许诺若干服务项目以引起顾客的好感和兴趣,招徕顾客积极购买服务产品,并在服务活动中忠实履行承诺的制度和营销行为。

选择题

1. A　2. F　3. B　4. E

简答题

1. 简述服务质量的内涵。

【答】　服务质量的内涵包括服务质量由服务的技术质量、职能质量、形象质量和真实瞬间构成;服务质量有预期服务质量与感知服务质量之别;服务质量的评判具有很强的主观性;服务质量具有关联性和过程性。

2. 顾客评价服务质量的标准有哪些?

【答】　顾客评价服务质量的标准有可靠性、反应性、可感知性、保证性和移情性。其中可靠性指饭店在服务中履行自己事先作出的各种承诺,为客人提供正确、安全、可靠的服务的概率。反应性指企业随时准备愿意为顾客提供便捷、有效的服务。可感知性是指服务产品的“有形部分”。保证性指服务人员的友好态度与胜任能力,能增强顾客对企业的服务质量的信心和安全感。移情性指企业要真诚地关心顾客,了解他们的实际需要(甚至是私人方面的特殊需要)并予以满足,使整个服务过程富有“人情味”,而不仅仅是态度友好。

3. 实行服务承诺有哪些措施?

【答】　实行服务承诺制可以采取以下措施。

(1) 制订高标准。可以是无条件的满意度保证,也可以针对如运送时间等的单项服务保证,无条件保证的好处是,不论时间如何变化,顾客所期待的与实际得到的服务都能保持一致。

(2) 不惜付出相当的赔偿代价。不管提出什么保证,赔偿代价都要有相当的意义,才能吸引心存不满的顾客主动前来投诉、有效地挽回失望的顾客,刺激企业吸取失败的教训。不痛不痒的保证,等于没有保证。

(3) 特别情况特别处理。

(4) 提供简洁的保证。企业的服务保证,必须言简意赅,让顾客一看便知。

(5) 简化顾客申诉的程序。提供服务要多花一些心思与代价,尽量减少申诉过程的不便,才不致既流失顾客,又失去从申诉中学习改善的机会。

(6) 将服务满意度列入企业发展的经济指标。

4. 现代服务业的质量意识有哪些?

【答】 现代服务业的质量意识主要包括以下四个方面。①只有好的质量与坏的质量之分,而不存在着较好的质量与较差的质量之分。②我们在第一次做一件事的时候,就要把这件事做好。要做到这一点,就要求我们事先培训好员工,防止错误的发生。③开展无缺陷运动,如无缺陷日和无缺陷周,使员工养成无缺陷工作的习惯。④确立质量的成本与责任意识。坏的质量将增加不必要的成本支出,这就是由立即纠正或赔款所产生的支出。不少饭店为了增加员工的质量责任意识,对服务不好的员工进行罚款。

5. 对服务质量差距的分析有何意义?

【答】 对服务质量差距进行分析与研究,不论是对于促进企业自身的生存与发展,还是对于促进整个国民经济的持续、稳步的发展,都具有十分重要的意义。①有利于企业更有针对性地了解服务质量中存在的问题和不足,发现服务质量管理中的主要漏洞和薄弱环节,为改进服务工作,提高服务质量,提升服务质量管理水平提供客观依据。②有利于企业及时调整服务规范和服务质量标准,优化服务流程,改革服务机制,整合服务资源,实现企业的可持续发展。③有利于企业掌握顾客意之所思、心之所想,以便有效提供适销对路的高附加值的服务产品,充分满足顾客需求和期望。④有利于企业及时识别和把握市场机会,获取市场优势并将其转化为竞争优势。⑤有助于实施顾客满意战略。⑥有利于顾客获得更多、更快的优质服务,实现顾客价值的最大化。

分析与应用

实训题

要点:根据服务质量评价的五个标准,主要通过问卷调查、顾客打分的方式进行。问卷包括两个相互对应的部分,一部分用来测量顾客对企业服务的期望;另一部分则测量顾客对服务质量的感受,而每一部分都包含上述五个标准。在问卷中,每一个标准都具体化为4～5个问题由被访者作答。显然,对于某个问题,顾客从期望角度和从实际感受角度所给的分数往往不同,二者之间的差异就是此企业服务质量的分数,即:SERVQUAL分数=实际感受值－期望分数。评估整个企业服务质量水平实际上就是计算平均SERVQUAL分数。服务质量测定一般采取评分量化的方式进行,分八个程序进行测量预期质量和感知质量，最后求差距值。

第2章　饭店业与饭店管理

概念与知识

主要概念

饭店是指为公众提供住宿和其他服务的商业性的建筑设施与机构。

组织结构是指组织内部的指挥系统、信息沟通网络和人际关系等各部分之间的一种组成关系。

等级链即饭店组织中从上到下形成若干管理层次，从最高层次的管理者到最低层次的管理者之间组成一条等级链，依次发布命令、指挥业务。

直线—职能制又称混合制，是以直线制控制严密为基础，吸取职能制中充分发挥专业人员作用的优点综合而成的一种组织结构。

饭店制度是企业组织管理过程中借以引导、约束、激励全体组织成员行为，确定办事方法，规定工作程序的各种章程、条例、守则、规程、程序、标准、办法的总称。

选择题

1. C　2. B　3. C　4. A　5. B　6. D

简答题

1. 饭店的组织结构主要有哪几种形式？各自的适用范围如何？

【答】　饭店的组织结构主要有以下三种类型。①直线制，只适合用于产品单一、规模较小、业务单纯的小型饭店；②直线—职能制，又称混合制，是以直线制控制严密为基础，吸取职能制中充分发挥专业人员作用的优点综合而成的一种组织结构。目前我国单体饭店普遍采用这种组织结构形式。③事业部制，采取此种组织结构的多数为多元化经营的饭店集团。

2. 饭店组织结构的设计应遵循哪些原则，包括哪些内容？

【答】　饭店的组织结构设计是以组织结构安排为核心的组织系统的整体设计工作。组织结构设计原则指的是对饭店组织建构的准则和要求。凡是符合设计原则的通常被认为是合理的，否则就需要进行组织变革。如何变革同样要从组织设计原则中寻找方向。为了达到组织的功能，组织结构设计必须遵循以下原则。①目标明确化原则；②等级链原则；③分工协作原则；④管理幅度原则；⑤精简高效的原则。

饭店组织结构设计的内容包括选择饭店组织管理总体模式；饭店组织机构的设置；岗位设计；管理层次和管理幅度的确定；建立信息沟通网络；建立组织管理制度。

3. 如何理解和贯彻“制度无情人有情”这一观点？

【答】　俗话说，制度无情人有情，一方面我们要严格按照制度办事；另一方面在具体管理中要注意方式、方法，把管理工作艺术化，从而提高管理的有效性。

饭店制度管理的艺术性，一是必须注意针对性，要求我们在执行制度中坚持“一把钥匙开一把锁”，必须根据不同的人采取不同的办法。二是要注意灵活性，要做到具体情况具体分析，灵活处理，如奖惩并举、恩威并施、将功补过、多样化选择等。三是要注意做到以理服人，以情感人，做好思想工作。四是要注意创造性，讲究与时俱进，方式多样，生动活泼。

4. 饭店制度有哪些类型？饭店制度管理的基本要求有哪些？

【答】 饭店制度是企业组织管理过程中借以引导、约束、激励全体组织成员行为，确定办事方法，规定工作程序的各种章程、条例、守则、规程、程序、标准、办法的总称。依照制度规范涉及层次和约束内容的不同，可将其分为四大类：基本制度、管理制度、业务技术规范、个人行为规范。

饭店制度管理的基本要求主要有科学性、严肃性、艺术性。

第3章 饭店服务质量及其管理的一般要求

概念与知识

主要概念

饭店服务质量即以饭店设备、设施等有形产品为基础和依托，由饭店员工所提供的活劳动而形成的无形产品所带来的，让客人在饭店中获得物质和精神需要的满足程度。

饭店服务交互质量管理是指为实现饭店交互服务质量的提高，而采取的加强交互过程的控制，实施交互服务的培训，并创造顾客参与服务过程的互动环境的管理活动。

选择题

1. A 2. C 3. C 4. D 5. A

简答题

1. 简述饭店服务质量的属性。

【答】 饭店的服务质量，对顾客而言就是服务的使用价值。要使顾客得到一种愉快的经历，饭店服务必须具有六大质量属性：功能性、经济性、安全性、时效性、舒适性和文明性。

2. 简述饭店服务质量软件构成的内容。

【答】 饭店产品的软件质量是指无形的服务，通常包括九个方面内容。①服务项目；②服务效率；③服务态度；④礼仪礼貌；⑤职业道德；⑥操作技能；⑦清洁卫生；⑧服务时机；⑨安全保密。

3. 饭店服务交互质量管理的基本内容有哪些？

【答】 饭店服务交互质量管理不仅限于饭店内部服务行为的管理，还包括对内外环境的了解，其具体的管理内容包括7个方面。①对市场需求的了解；②现场服务的引导和监督；③服务补救；④调动激励因素；⑤听取顾客反馈意见，完善服务后续工作；⑥竞争管理；⑦服务质量责任管理。

4. 饭店服务的动态管理包括哪些具体内容？

【答】 饭店服务的动态管理是由服务本身内在的动态性所决定和控制的。只有动态的管理体系才能适应服务的动态发展，才能最终满足服务消费者的动态需求。饭店服务的动态管理包括四个层面的具体内容。①服务项目的动态管理；②服务标准的动态管理；③服务员的动态管理；④服务管理人员的动态管理。

5. 饭店服务质量管理的基本要求有哪些？

【答】 根据饭店服务质量在管理方面的特点，饭店服务质量管理有以下要求。①以人为本，内外结合；②全面控制，“硬、软”结合；③科学管理，点面结合；④预防为主，防管结合。

分析与应用

实训题

要点：饭店的服务质量由硬件质量和软件质量构成，顾客对饭店整体服务质量的满意程度也从以上两方面内容进行反映。可通过设计问卷的形式，对顾客进行调查，分析该饭店的顾客满意率。

第4章　饭店服务质量管理环节

概念与知识

主要概念

饭店服务标准化是指要求饭店根据质量标准，并结合本饭店的实际，制订自己企业内部的标准体系。

服务质量预警就是饭店根据每月的分析及积累的档案资料，预测出有可能出现的质量问题，及时予以警告，提醒各部门防患于未然。

选择题

1.B　2.D　3.C

简答题

1. 饭店内部的质量标准分哪几个方面？

【答】　饭店内部的质量标准一般分为三个方面。

(1) 工作标准，是饭店对部门、各类人员的基本职责、工作要求、工作程序、工作规范、考核办法所作的规定，是衡量工作质量的依据和准则。

(2) 技术标准，是饭店对服务所要求达到的程度和水准所作的规定。饭店服务质量技术标准内容包括：设施设备质量标准、实物商品质量标准、服务质量标准。

(3) 管理标准，是饭店对管理的规则、规章、程序及其他管理事项所规定的标准。

2. 饭店质量控制体系由哪几个环节组成？

【答】　饭店质量控制体系由以下环节组成。

(1) 服务质量检查的组织形式。为了做好饭店的服务质量保障工作，就需要建立相应的机构，在具体实施检查的过程中，各个饭店采取不同的组织形式。

(2) 服务质量检查的实施方式。饭店服务质量检查的组织形式一经确定，就要考虑检查的方式，在实践中，检查的方式多种多样，大体上可以归纳为饭店统一检查、部门自查、外请专家进行技术诊断、走动式巡检。

(3) 检查报告。对服务质量的每一次检查后，都应该完成一份服务质量检查报告，以反映检查的结果。起草报告时应做到客观、严格、公正、全面、细致。

(4) 检查中注意的问题。服务质量检查是保证饭店服务质量的有效形式，为了使它在服务质量管理中发挥出最大的作用，收到最好的效果，我们有必要明确在实施检查中应该注意的几个问题。①各种检查的周期；②检查人员的素质，要具有良好的职业道德和公正的人品，要有专业能力；③检查人员的权威性；④前台和后台都应被列为检查的对象；⑤检查应该从难、从严、从实际出发。

(5) 检查后处理与整改。在检查程序完成以后，还应该根据检查的结果，分析产生问题的原因，制订解决问题的方案，并采取措施予以落实。否则，检查就失去了意义。

3. 饭店服务质量检查有哪几种方式,各有什么特点?

【答】 饭店服务质量检查大体上可以归纳为以下几种:①饭店统一检查。这种检查由饭店服务质量检查的最高机关组织,定期或不定期实施。由于它是饭店服务质量检查的最高形式,因此具有较高的权威性,容易引起各部门的重视。②部门自查。所谓自查,就是饭店按照服务质量的统一标准,要求各部门、各班组自己对自己进行检查。同时,各部门会受到饭店的服务质量管理机构的督察。③外请专家进行技术诊断。外请专家表现出较高的专业性,还会带来一些其他饭店在控制服务质量方面的经验,这些对于任何饭店都是重要的。④走动式巡检。饭店管理人员的每一次走动都应作为是对服务质量的一次检查,对这一过程中发现的每一问题都应及时纠正。

不论是哪一层次的检查,其形式都可以分为明察和暗查两种。明察是在事先通知后的检查,可以了解被检查部门在较为充分的准备之后的服务质量的状况。当然,这也可能因经过过多的"装饰"而缺乏真实性,但却可以反映饭店服务质量在临近自己最高水平时的基本状态。与之相反,暗查则是了解饭店服务质量日常基本水准的手段,与明察相比,尽管在暗查的过程中,会发现更多的问题,但它反映的却是真实的情况。

4. 饭店服务质量检查报告起草应注意哪些问题?

【答】 饭店服务质量检查报告起草时应做到客观、严格、公正、全面、细致。①客观,就是应该将检查现场发生的实际情况记录下来,一是一,二是二,不掺杂任何主观的看法和评论。②严格,就是以饭店管理模式和服务操作标准为依据,不放过任何一个微小的违章言行,以使服务质量能够保持在一个较高的水平上。③公正,就是不能以个人的好恶来组织报告的内容,不以个人的好恶对检查到的问题进行夸大或缩小。④全面,就是不能随意对检查过的内容进行取舍,使报告成为一个经过加工的"成品"。⑤细致,就是记录下检查中的每个细节。除了记录当事人行为外,还要记录他所使用的语言,所作出的表情和反应,记录好检查的时间、地点、场合、人物等一切应该记录下来的内容。

5. 饭店服务质量评价与改进过程的要素有哪些?

【答】 服务质量评价与改进过程就是实施服务过程作业的连续评价,以识别和积极寻求服务质量的改进机会。服务评价与改进过程包括以下三个程序。①数据的收集;②数据分析;③服务质量的改进。

分析与应用

实训题

要点:找一家三星级饭店作为服务质量检查的对象,重点对其经营的前台区域作为检查的重点,检查的内容可以从酒店的硬件设施和软件服务两方面入手,有条件的话建议通过消费体验(如在餐厅用餐或入住酒店客房)对该酒店进行一个全面的服务质量的检查,完成一份服务质量检查报告,以反映检查的结果。起草报告时应做到:客观、严格、公正、全面、细致。

第5章 饭店服务产品质量控制与管理

概念与知识

主要概念

客房预订即客人在未抵店前向饭店预先提出用房的具体要求。

宴会是在普通用餐基础上发展而成的一种高级用餐形式，是指宾主之间为了表示欢迎、祝贺、答谢、喜庆等目的而举行的一种隆重、正式的餐饮活动。

选择题

1.C　2.B　3.E　4.D　5.B

简答题

1. 简述客房预订工作的程序。

【答】 预订工作的程序如下。①通信联系；②明确订房要求及细节；③接受预订或婉拒预订；④确认预订；⑤记录、储存订房资料；⑥预订取消或变更；⑦客人抵店前准备。

2. 客房部清洁保养制度内容有哪些？客房部卫生检查方法有哪些？

【答】 为保证客房清洁保养的质量符合饭店标准，及时发现问题并予以纠正，客房部必须建立内部逐级检查体系，主要包括服务员自查、领班普查、主管抽查及经理抽查。为提高客房检查的效率，保证客房检查的效果，饭店各级人员查房时，应通过看、摸、试、听、闻等方法，对客房进行全方位的检查。

3. 如何保证餐饮部菜肴出品质量？

【答】 开餐时厨房应遵循“以餐厅需要为依据，以炉灶为中心”的指导思想，根据宾客需求及时烹制美味可口的菜肴。餐饮部各级管理人员在开餐时应抽查菜肴质量，发现问题及时解决。从菜肴的配菜到烹制的整个流程，厨师长都需抽查。同时，餐厅的传菜员在取菜时，应检查菜点质量，做到“五不取”，即：数量不足不取；温度不适不取；颜色不正不取；调、配料不全不取；器皿不洁、破损或不符合规格不取。

4. 西餐宴会服务方式有哪些？分别有什么特点？

【答】 西餐宴会服务有英式、美式、俄式三种。英式服务适合家庭式便宴，气氛轻松，较为随便，菜肴装在大盘中由服务员端上餐桌，然后由客人自己动手依次传递从中取食。美式服务因其速度快、效率高，适合大型西餐宴会。不需要派菜服务，每道菜每客一盘，食物相同，多采取流水作业。一桌菜可以一次端出，保证各桌同时上菜。俄式服务常见于豪华宴会。上菜时服务员先分派餐盘，然后逐一派菜，费时较多。

5. 简述发生火警情况下进客房的程序。

【答】 先敲门自报身份，应在客人同意后进入。无应答时，两遍敲门后，直接进入；房间免打扰情况下，先打电话向客人说明；电话无人接听时，直接进入；烟感报警器应在检查确认可以恢复的情况下，离开房间后复位。但是要掌握紧急情况下的特殊处理程序。紧急情况下，以最快的速度进入火警现场，以便尽快控制火势。

6. 饭店质检人员对工程设备中的空调系统运行检查的要点有哪些？

【答】 饭店质检人员对工程设备中的空调系统运行检查的要点有营业区域和内部工作区域提供适宜的温湿度调节和空气洁净度处理；中央空调系统的循环水质达标检查；冷却塔运行情况；窗式及分体式空调安装位置、冷凝水排放；厨房排烟机的油烟净化装置及清洗验收情况。检查关键点是保证空气调节的正常，要防止军团菌的发生。

分析与应用

实训题

要点：参考书本上列举的各岗位的工作职能，观察饭店前厅部、客房部、餐饮部、康乐部等各营业区域的员工工作状态,如站姿、员工对客人的礼节礼貌、服务用语等,说明饭店整体的服务质量。

第6章 全面质量管理基本原理

概念与知识

主要概念

全面质量管理指的是一个组织以质量为中心,以全员参与为基础,目的在于通过让顾客满意和本组织所有成员及社会受益而达到长期成功的管理途径。

缺陷率即产品或服务中出现的缺陷数的计量单位,可以用下面的公式表示:

$$缺陷率=\frac{缺陷的次数}{产生缺陷的机会}$$

质量理事会即通常由高级管理者组成,其目的是在组织内部发动和协调质量改进措施,并使这些措施制度化。

高效组织指的是支持快捷决策和以团队为基础的经营活动的组织,它们往往通过设计吸引人的工作场所来提高工作效率并获取较好的经营成果。

选择题

1. B　2. D　3. A　4. B　5. C

简答题

1. 什么是戴明14点质量方法?

【答】 戴明14点质量方法包括建立恒久的目标;采用新的理念;不依靠检查取得质量;不根据价格标签评价企业;永恒不断地改进生产和服务系统;实行职业培训;实施有效领导;消除恐惧;消除部门之间的障碍;不空喊口号;消除工作指标(定额);消除障碍,使员工不因为工作质量而失去自尊;实施有生命力的教育和自我改进计划;让公司中的每个人都为完成改革任务而工作。

2. 朱兰把质量分为哪两个方面?他如何定义质量管理过程?

【答】 产品特性和无疵性;质量管理过程包括质量计划、质量控制、质量改进。

3. 克劳士比的“质量管理四项基本原则”和“质量改进的14个步骤”包括哪些内容?

【答】 质量管理四项基本原则:质量的定义就是符合要求,而不是“良好”或“很好”;生产质量的系统是预防结果,而不是检验结果;质量的工作标准就是零缺陷,而不是差不多;质量是用不符合要求的代价来衡量的,而不是靠指数。

质量改进的14个步骤:管理层的承诺、质量改进团队、质量衡量、质量成本、质量意识、改正行为、零缺陷计划、主管计划、零缺陷日、目标设定、消除错误成因、赞赏、质量委员会、从头再来。

4. 什么是马奎斯全面质量管理核心理论?

【答】 马奎斯全面质量管理核心理论包括消费者导向、注重质量、系统的不断改进、协作、客观性、团队合作、授权、教育与培训、共同的理念、领导方式。

5. 现代质量管理理念的高效组织有哪些特点?

【答】 注重员工技能培养和信息共享,建立员工参与为特色的伙伴关系,提供有支持作用、安全的工作环境,培养团队精神。

分析与应用

实训题

要点：保证总经理任职期限以建立恒久目标；持续完善管理程序、改善服务规程；以顾客为中心提供服务产品，加强培训控制差错率，减少服务质量投诉；建立部门间、部门内工作团队，建设团队精神以及员工与饭店间的伙伴关系，促进部门间协调，降低离职率。

第7章　饭店优质服务经济学

概念与知识

主要概念

顾客终身价值指的是每个购买者在未来可能为企业带来的收益总和，由历史价值、当前价值和潜在价值三部分构成。

内部关键时刻指一些特定的事件、情景或相互交流，在这些时刻公司雇用的任何人员与公司的某一方面进行接触，这些接触对这些人的工作生活的质量产生影响。

授权指在组织内部重新分配权力，使经理、主管和员工能更有能力、更有效地完成他们的工作。

顾客服务蓝图是对实施的顾客服务体系的书面的描述或计划。

选择题

1. D　2. B　3. C　4. A　5. B

简答题

1. 一个忠诚的客人的价值是什么？

【答】　忠诚顾客的价值体现在五个方面。①相对普通顾客来说，经常惠顾的顾客对价格的敏感程度较低，消费能力更强；②增加忠诚顾客有助于节约饭店的营销费用；③忠诚客人或客户还会产生口碑效应，向其他人推荐饭店的产品和服务；④忠诚顾客具有战略价值；⑤重复购买行为有利于企业制定决策。

2. 员工不满意的代价有哪些？

【答】　员工不满意的代价包括损失生意；解雇费等离职成本；招募和遴选新员工的费用。

3. 饭店如何传递可靠的服务？

【答】　饭店可以通过服务领导、对服务进行彻底的检查和再检查、建立完美服务的组织结构三项措施，建成一个支撑服务可靠性的相互联结的服务管理体系来传递可靠服务。

4. 饭店能管理顾客期望吗？该怎么做？

【答】　能。饭店可以通过保证承诺反映现实、重视服务可靠性并加强与顾客的沟通来管理顾客期望。

5. 为了有效地掌握好为客人服务的优质服务经济学，经理需要什么样的信息？

【答】　首先，饭店经理需要确认已有的回头客人。然后他们应该想办法证实回头客人带来的利润高于一次性光顾的客人。相关信息包括饭店回头客的平均账单额是否高于一次性光顾的客人？饭店回头客日均住房率是否高于一次性光顾的客人？忠实的顾客所带来的利润与日俱增吗？收集到这些必要的信息之后，管理者和员工可以制定出与客人的价值一致的策略，从而避免顾客不满意带来的高昂代价。

分析与应用

实训题

要点：服务策略(宗旨)可以是“宾至如归”、“使我们的顾客满意”、“每次都按时提供优质服务”、“让客人高兴”等。顾客服务蓝图可以参照饭店伙伴公司的39个关键时刻，按经济型饭店提供的服务进行筛选。

第8章　饭店服务质量管理方法

概念与知识

主要概念

ABC分析法，即以“关键的是少数，次要的是多数”这一原理为基本思想，通过对影响饭店服务质量诸方面因素的分析，以质量问题的个数和质量问题发生的频率为两个相关的标志，进行定量分析。

因果分析法是利用因果分析图对产生质量问题的原因进行分析的图解法。

波多里奇国家质量奖核心价值包括有远见的领导、以顾客为中心追求优秀、组织和个人的不断学习、尊重员工和合作伙伴、快速反应、关注未来、管理创新、通过实际绩效进行管理、社会责任、注重结果和创造的价值、系统观点等11项价值，这些价值和观念深植于高绩效组织的信念和行为之中，是构建标准所需的结果导向的框架的基础，将关键绩效和运作要求紧密结合起来。

选择题

1. D　2. C　3. B　4. A　5. C　6. F　7. B

简答题

1. PDCA循环法的核心思想是什么？其分析操作过程该如何运作？

【答】 (1) PDCA循环是一种科学的工作程序，是质量管理的基本工作方法。PDCA是英语Plan(计划)、Do(实施)、Check(检查)、Action(处理)四个词首字母的组合。它反映了做工作必须经过四个阶段。这四个阶段循环不停地进行下去，称为PDCA循环。

第一阶段，计划。提出一定时期内服务质量活动的主要任务与目标，并制订相应的标准。

第二阶段，实施。根据任务与标准，提出完成计划的各项具体措施并予以落实。

第三阶段，检查。包括自查、互查、抽查与暗查等多种方式。

第四阶段，处理。对发现的服务质量问题予以纠正，对饭店服务质量的改进提出建议。

PDCA法是一个不断循环往复的动态过程，每循环一次，饭店服务质量都应该提高到一个新的水平。

(2) 运用PDCA循环来解决饭店服务问题，可分成八个程序。

① 计划阶段

程序一，对饭店服务质量的现状进行分析，运用ABC分析法找出主要的质量问题。

程序二，运用因果分析法分析产生质量问题的原因。

程序三，从分析出的原因找到关键的原因。

程序四，制订解决质量问题要达到的目标和计划；提出解决质量问题的具体措施和方法以及责任者。

② 实施阶段

程序五，按已确定的目标、计划和措施执行。

③ 检查阶段

程序六，在程序五执行以后，再运用 ABC 分析法对饭店的服务质量情况进行分析，并将分析结果与程序一中所发现的质量问题进行对比，以检查在程序四中提出的提高和改进质量的各种措施和方法的效果，同时检查在完成程序六的过程中是否还存在其他问题。

④ 处理阶段

程序七，对已解决的质量问题提出巩固措施，以防止同一问题在下次循环中再出现。对已解决的质量问题应给予肯定，并使之标准化，即制订或修改服务操作标准，制定或修改检查和考核标准以及各种相关的规程与规范。对已完成程序五但未取得成效的质量问题，也要总结经验教训，提出防止这类问题再发生的意见。

程序八，提出程序一中所发现而尚未解决的其他质量问题，并将这些问题转入下一个循环中去求得解决，从而与下一循环步骤衔接起来。

2. 简述 ABC 分析法的程序。

【答】 用 ABC 分析法分析饭店质量问题的程序分为三个步骤。①确定关于饭店质量问题信息的收集方式。具体方式有质量调查表、顾客投诉和各部门的检查记录等。②对收集到的有关质量问题的信息进行分类。③进行分析，找出主要质量问题。通过对现存的质量问题进行分类，并按问题存在的数量和发生的频率，把上述质量问题分为 A、B、C 三类。A 类问题的特点是项目数量少，但发生的次数多，约占投诉总数的 70%。B 类问题的特点是项目数量一般，发生次数也相对较少，约占投诉总数的 20%～25%。C 类问题的特点是项目数量多，但发生次数少，约占投诉总数的 10%。分类以后，可先致力于解决 A 类问题，这样做可使饭店服务质量有明显进步。同时，防止 B 类问题上升，并对 C 类问题加以适当注意。

3. 美国波多里奇国家质量奖(2007)从哪几方面检查企业产品和服务的质量？

【答】 领导，战略规划，以顾客和市场为中心，测量、分析与知识管理，以人为本，过程管理和营业结果。

4. 试述 2007 年美国波多里奇国家质量奖评奖标准之间的关系。

【答】 领导、战略计划和以顾客与市场为中心代表组织的领导作用，这些项目放在一起强调战略和顾客为中心的领导的重要性。高层领导必须确立组织的方向，并为组织寻找未来发展的机会。以人为本、过程管理和营业结果代表组织的各项活动结果，所有行为都指向行为结果。营业结果包括产品和服务、顾客和市场、金融财政、内部运作绩效的总和，其中内部运作绩效结果包括人力资源、领导才能、管理体系和社会责任的结果。测量、分析与知识管理对组织的有效管理、以事实为基础的知识导向型的系统、改进组织绩效和提高竞争能力都是十分关键的。测量、分析与知识管理是绩效管理系统的基础。

5. 里兹—卡尔顿饭店在“以人为本”的质量管理方面做了哪些工作?

【答】 招募合适的员工、“女士”和“绅士”培训、质量教育、褒扬员工、保护员工和客人的健康和安全、员工个人保障计划等。

6. 什么是ISO 9000/14000质量标准“八项质量管理原则”?

【答】 在ISO 9000质量管理体系(2000年版)的质量管理标准中,始终贯穿着一些最基本、最通用的一般规律和原则,主要是以顾客为关注焦点、领导作用、全员参与、过程方法、管理的系统方法、持续改进、基于事实的决策方法、与供方互利的关系,简称为“八项质量管理原则”。

7. 金马饭店导入ISO 9000/14000标准体系分哪几个步骤完成?

【答】 文件编写、体系运行和审核认证。

分析与应用

实训题

1. 要点

运用PDCA管理循环法,先对饭店服务质量的现状进行分析,运用ABC分析法找出主要的质量问题。运用因果分析法分析产生质量问题的原因,首先从分析出的原因中找到关键的原因,然后制订解决质量问题要达到的目标和计划,最后提出解决质量问题的具体措施和方法以及责任者。

2. 要点

高层领导者正确领导,管理队伍统一思想,赋予各部门、各岗位人员应有的职责和权限,为全体员工营造一个良好的工作环境,激励他们的创造性和积极性。具体方案可以根据以上几个方面来设计。

第9章 饭店服务质量改进

概念与知识

主要概念

服务补救是一个企业为了使由于服务或产品不能满足期望而感到不满的顾客重新感到满意而采取的一系列步骤。

服务金三角即服务策略、服务人员和服务组织构成了以顾客为核心的三角形框架。

服务蓝图是一种准确地描述服务体系的工具,借助于流程图,通过持续地描述服务提供过程、服务遭遇、员工和顾客的角色以及服务的有形证据来直观地展示服务。

选择题

1. D 2. D 3. A 4. A

简答题

1. 简述服务金三角的构成?

【答】 服务金三角由服务策略、服务人员和服务组织构成。

2. 饭店服务质量改进模式的支持体系包括哪些内容?

【答】 饭店服务质量改进模式的支持体系包括基本组织结构、全员参与、制度体系三部分内容。

3. 服务蓝图的组成有哪些内容?

【答】 服务蓝图的组成内容分别是顾客行为、前台接触员工行为、后台接触员工行为以及支持过程。

4. 服务蓝图在战略改进中有什么作用?

【答】 服务蓝图具有直观性强、易于沟通、易于理解的优点,它的作用主要表现在以下几个方面。①通过建立服务蓝图,促使饭店从顾客的角度更全面、更深入、更准确地了解所提供的服务,使饭店更好地满足顾客的需要,有针对性地安排服务和服务提供过程,提高顾客满意度。②通过建立服务蓝图,研究可见性线上下区域内的那些前、后台接触员工行为,掌握各类员工为顾客提供的各种接触信息,这有助于饭店建立完善的服务操作程序,有助于明确职责、落实岗位责任制,有助于明确培训工作的重点、有针对性地提高员工服务技能等。③服务蓝图揭示了组成饭店服务的各要素和提供服务的步骤,这样有助于明确各部门的职责和协调性;有助于理解内部支持过程和非接触员工在服务提供过程中的角色和作用,激发他们的积极性和主动性,从而为和顾客直接发生接触的饭店员工提供高质量服务创造条件。④蓝图中的外部相互作用线指出了顾客的角色,以及在哪些地方顾客能感受到饭店服务产品质量。这不但有利于饭店有效地引导顾客参与服务过程并发挥积极作用,而且有利于饭店通过设置有利的服务环境与氛围来影响顾客满意度。⑤服务蓝图有助于质量改进。⑥服务蓝图为内外部营销建立了合理的基础。另外,通过对现有服务的服务蓝图的分析,饭店管理人员有可能发现重造服务系统的机会,增加或删除某些特定的内容,重新定位服务,以吸引其他细分市场。

5. 投诉处理的一般程序包括哪些?

【答】 投诉处理的一般程序应包括热情接待、耐心倾听、表明态度、表示感谢、部署处理、征求意见、吸取教训、跟踪访问八个程序。

分析与应用

实训题

要点:根据服务蓝图的组成内容分别是顾客行为、前台接触员工行为、后台接触员工行为以及支持过程。描绘顾客在餐厅用餐的服务蓝图,从顾客预订餐位、就餐过程中的服务如点菜品和酒水、菜肴服务和账单服务等整个过程。

第10章　饭店服务质量管理创新

概念与知识

主要概念

服务方式即顾客与顾客接触的活动形式。

个性化服务是指以标准化服务为基础,为顾客提供具有个人特点的差异性服务。

服务质量的不断改进指在饭店企业内部,为了满足顾客的需要或超过顾客的期望而进行的不断改进工作方法,努力为顾客提供比过去更好、更快或成本效益更高的产品和服务。

选择题

1. D　2. B　3. A　4. C　5. A

简答题

1. 保证服务质量和提高服务质量的质量管理主题活动有什么区别?

【答】 前者的主要目的在于通过提高员工的服务意识和服务技能来提高饭店的服务质量,而后者的主要目的是通过有意识的服务质量的管理,在员工的服务意识和服务态度上,在更高的层次上提高饭店的服务质量。

2. 服务方式的选择要注意哪些原则?

【答】 原则性与灵活性相结合;以培养忠诚顾客为出发点和落脚点;在规范的基础上提升个性化、细微化、情感化服务;突出实用性及有效性。

3. 当前受客人欢迎的服务方式有哪些?

【答】 亲情服务、个性化服务、细微化服务、超值服务等。

4. 不断改进、渐进性改进和突破性改进有什么区别?

【答】 不断改进是指在饭店企业内部,为了满足顾客的需要或超越顾客的期望,而进行的不断改进工作方法的努力,这样就可以为顾客提供比过去更好、更快或成本效益更高的产品和服务。不断改进既包括渐进性改进也包括突破性改进。这两种改进方法的主要区别在于变化的规模和结果的大小。渐进性改进活动在饭店或部门的内部改进或优化现行的工作过程,其最终结果是有限的,但是在质量、速度和节约方面能得到稳步的提高。突破性改进活动重新设计工作过程,其结果是在质量、速度和节省开支方面得到前所未有的提高。饭店服务质量管理制度的创新往往包含了这两种改进,并使服务质量在一定时期内持续改进。

5. 不断改进服务质量的制度创新主要包括哪四个步骤?

【答】 ①确定改进的机会;②对需要改进的目标领域进行分析;③制订和实施改进措施;④对改进过程进行评估。

分析与应用

实训题

要点:这是一份计划书,应该包括主题活动发起的原因、目标、活动时间、活动实施安排、活动负责人、预算和活动结束后的评估等。

参 考 文 献

[1] Criteria for Performance Excellence(2007). http://www.quality.nist.gov/.

[2] Marchese, T. "TQM Researches the Academy", American Association of Higher Education Bulletin, November, 1991, 13～18.

[3] [美]Robert H. Woods, Judy Z. king. 饭店业质量管理[M]. 李昕译. 北京:中国旅游出版社,2003.

[4] [美]Robert H. Woods. 饭店业人力资源管理[M]. 张凌云,马晓秋译. 北京:中国旅游出版社,2003.

[5] 陈志学. 饭店服务质量管理与案例解析[M]. 北京:中国旅游出版社,2006.

[6] [日]高月璋介. 日本酒店业服务技能培训教材[M]. 张军译. 沈阳:辽宁科学技术出版社,2004.

[7] 谷慧敏. 世界著名饭店集团管理精要[M]. 沈阳:辽宁科学技术出版社,2001.

[8] 谷慧敏,邹益民. 饭店管理理论与应用研究[M]. 北京:旅游教育出版,2006.

[9] [澳]贾依·依达姆普利. 服务管理——饭店管理的新模式[M]. 程尽能译. 北京:旅游教育出版社,2006.

[10] 蒋丁新. 饭店管理概论[M]. 大连:东北财经大学出版社,2002.

[11] 李任芷. 旅游饭店经营管理服务案例[M]. 北京:中华工商联合出版社,2000.

[12] [美]洛丝特. 全面质量管理[M]. 李晓光译. 北京:中国人民大学出版社,1999.

[13] [美]桑德拉·黑贝尔斯,理查德·威沃尔二世. 有效沟通[M]. 李业昆译. 北京:华夏出版社,2005.

[14] [美]斯蒂芬·P. 罗宾斯(第9版). 管理学[M]. 孙健敏译. 北京:中国人民大学出版社,1997.

[15] 梭伦. 星级宾馆饭店经营管理[M]. 北京:中国纺织出版社,2004.

[16] 吴振兴. 质量经理工作手册[M]. 哈尔滨:哈尔滨出版社,2006.

[17] 郑向敏. 饭店质量管理[M]. 北京:旅游教育出版社,2006.

[18] [美]约翰·E.G. 贝特森,K. 道格拉斯·霍夫曼. 服务营销管理[M]. 邓小敏译. 北京:中信出版社,2004.

[19] 邹益民. 饭店整体管理原理与实务[M]. 北京:清华大学出版社,2004.

[20] 邹益民,周亚庆. 饭店管理——理论、方法与案例[M]. 北京:高等教育出版社,2004.

[21] 栗书河. 饭店督导管理[M]. 北京:旅游教育出版,2009.

[22] 孙晨阳. 饭店质量管理[M]. 北京:旅游教育出版社,2008.

[23] 梁玉社,陶文杰. 饭店服务质量管理[M]. 上海:格致出版社,上海人民出版社,2010.

[24] 沈建龙,金辰怡. 餐饮服务与管理[M]. 北京:中国人民大学出版社,2012.

[25] 罗峰,杨国强. 前厅服务与管理[M]. 北京:中国人民大学出版社,2012.

[26] 雷明化,葛华平. 客房服务与管理[M]. 北京:中国人民大学出版社,2013.